山东耕地质量评价与应用丛书

# 安丘耕地

于庆满　孙运甲　主编

山东大学出版社

**图书在版编目(CIP)数据**

安丘耕地/于庆满,孙运甲主编.—济南:山东大学出版社,2013.3
ISBN 978-7-5607-4760-6

Ⅰ.①安…
Ⅱ.①于… ②孙…
Ⅲ.①耕地资源—耕地评价—安丘市
Ⅳ.①F323.211

中国版本图书馆 CIP 数据核字(2013)第 060530 号

责任编辑:赵 岩 宋亚卿
封面设计:张 荔

出版发行:山东大学出版社
社 址 山东省济南市山大南路 20 号
邮 编 250100
电 话 市场部(0531)88364466
经 销:山东省新华书店
印 刷:山东鸿杰印务集团有限公司
规 格:787 毫米×1092 毫米 1/16
13.5 印张 12 插页 323 千字
版 次:2013 年 3 月第 1 版
印 次:2013 年 3 月第 1 次印刷
定 价:42.00 元

# 《安丘耕地》编辑委员会

# 序　言

昔先王之经理天下也，辨土地川泽丘陵衍沃原隰之所宜。安丘市地处山东半岛中部，是中华人类文明的发祥地之一，土地肥沃，物产丰富，古来先民就在这片土地上创出一个又一个文明。安丘古代农业发达，物产极为丰富且历史久远。距今约一万年前，已有原始人类生活在这片辽阔的大地上。当时尚未产生农业，原始人类依靠采集和渔猎为生，史称旧石器时代。至新石器时代，生活在这块土地上的先人们创始了农业生产。据考证，早在中原大地还在游牧之时，母系氏族先民就开始了水稻的种植。明万历《安丘县志》记载："自古始，汶潍之地，作物尤富。"据志书推断，夏商时期，安丘先民就能种植黍、稷、麦、稻、桑、麻。至周时期物产极为丰硕，开创出名甲四方的农业生产。宋元时期，安丘先民就注重培育创新，而培育生产的"文官果"名闻天下，是为古代安丘特产，一时天下慕名者接踵而来。这些丰富的物产培育出了一代代安丘先贤。

古志曰："三代而上，产利于方；三代而下，方蓄于产。"近年来，安丘经济出现了前所未有的发展，特别是农业生产，更是骏马当先，涌现出樱桃、草莓、大姜、大蒜、花生等数个农业特色品牌；生态农业更是驰名中外，被国家命名为"安丘特色"。然随着人民生活水平的不断提高，对农产品质量的要求也越来越高。面对人口、资源、环境的多重压力，以及改革开放以来农村经营体制、耕作制度、种植制度的变化，化肥、农药的使用等，耕地质量也发生了很大的变化，人民对提高农业生产效益和农产品品质越来越重视，这就需要科学地指导安丘农业生产。

安丘古贤云："古之君子，见地之所产，觇知其土之美恶，而栽成辅相之道施焉。"土地是人类赖以生存的重要资源，关系到社会的稳定和发展。只有合理利用土地和切实保护耕地，才能促进经济的可持续发展。新中国成立以来，历届安丘市委、市政府领导十分重视耕地保护工作，20 世纪 80 年代初开展了土壤普查，对土壤资源进行了质量评价，全面摸清了各种土壤类型、面积、分布和生产性能，为土地资源的综合利用、施肥制度改革、大面积提高粮食产量和农民增收作出了积极贡献。21 世纪初，农业部适时启动了全国测土配方施肥资金补贴试点项目，安丘市成为试点县。按农业部的统一部署，安丘市农业局在山东省土肥站、潍坊市土肥站的支持帮助下，组织全市广大农业科技工作者，历经六年多的艰苦努力，通过实地采集、科学分析和精心汇总整理，完成了《安丘耕地》这部全面反映安丘耕地状况的专著。

《安丘耕地》的出版发行，不仅是安丘农业发展史上的一件大事，也是安丘全市的一件大事，标志着安丘市的农业科技水平又上了一个新台阶。全书共22万字，配有丰富资料图片，并且有来自全国的专家给予的理论数据。该书既有理论又有实践，是全市农业工作者的指南，希望广大农业科技工作者和农民朋友们认真学习并加以应用。同时，也希望农业部门根据大家的意见和要求，不断地对该书进行补充、更新和完善，使其更具针对性和指导性，为推广新技术、新品种提供准确依据，为农民增收、农业发展和建设新农村作出更大的贡献。

安丘市人民政府市长 [signature]

2012年8月16日

# 前　言

土地是人类赖以生存和发展的最基本的资源，是一切物质生产中最基本的源泉。耕地是土地的精华，是农业生产中最基本的、不可替代的生产资料。随着农业发展进程的加快，耕地与人口、耕地与环境、耕地与粮食安全、耕地合理利用与管理已成为人们密切关注的重要课题。因此，开展耕地地力、环境调查与质量评价工作，了解耕地资源质量状况，加快测土配方施肥技术的推广应用，对提高农业的综合生产能力，增强安丘市农产品参与国际竞争的能力，促进农业结构调整和优质、高产、高效、安全、生态农业的发展，以及增加农产品数量，改善农产品质量，防治土壤面源污染，优化农业生产环境，降低生产成本和切实有效提高农业生产效益，具有举足轻重的作用，也是建设社会主义新农村的重要组成部分，更是实现农业可持续发展的必然选择。安丘市自 2007 年起实施国家测土配方施肥项目，同时开展了耕地地力调查与质量评价工作，对耕地进行了准确的“诊断”，查清了耕地基础地力状况、耕地土壤理化性状、环境质量、水资源状况以及障碍因素，“辨证施治”，为提出耕地资源合理配置建议、种植业结构调整规划、标准化生产意见、农田污染防治措施和可持续发展战略提供了科学依据。根据《全国耕地地力调查与质量评价总体工作方案》及《全国耕地地力调查与质量评价技术规程》的要求，并结合安丘市耕地的实际情况，精心组织，科学谋划，严谨务实，勤奋工作，较圆满地完成了本次耕地地力调查与质量评价工作，并取得了一系列的成果。

2007～2012 年，先后对安丘市的 10 个镇、2 个街道办事处、1 个旅游湿地开发区的 96285.7$hm^2$ 耕地进行了土壤取样和农户调查，共采集土壤样品 8600 个，其中粮田 3062 个，瓜菜田 1880 个，油料作物田 1287 个，果园 794 个，生姜田 1287 个，其他作物田 290 个。化验分析了 pH、土壤有机质、全氮、碱解氮、有效磷、速效钾、缓效钾、交换性钙、交换性镁、有效硫、有效锌、有效铜、有效钼、有效铁、有效硼、有效锰及土壤质地等 21 个项目，共计化验 59950 项次。按照要求，对 8600 个农户进行了生产情况调查，掌握了第一手资料。用于耕地地力评价的样点有 1730 个，其中粮田 595 个，瓜菜田 326 个，油料作物田 293 个，果园 158 个，生姜田 292 个，其他作物田 66 个，采集水样样品 60 个。

通过系统分析，获得了翔实的数据，形成了安丘市耕地地力调查与质量评价工作报告、技术报告和专题报告，绘制了安丘市耕地地力等级图、安丘市土壤养分分布图、安丘市土地利用现状图等24种重要图件，建立了安丘市耕地资源信息管理系统和安丘市测土配方施肥专家咨询系统。

在耕地地力调查与质量评价工作中，因农业生产环境发生重大变化，情况复杂，工作范围广，又首次在耕地调查中采用先进的"3S"技术和模糊数学评价方法，所以，要求严，技术难度高，时间紧，任务重。这些工作得到了省、市业务上级的大力支持与帮助，山东省土肥总站高瑞杰站长、曲仁国站长，潍坊市土肥站张西森站长、潘云萍站长等领导和安丘市政府主要领导多次亲临指导。安丘市农业局成立了领导小组、技术小组，领导小组负责整个工作的协调，技术小组负责工作方案的制定和落实、野外调查、土样采集、资料收集、数理统计和资料录入。安丘市土肥站承担了有机质、大量元素、中量元素、pH等的测试任务。山东农业大学资源环境学院、山东省天地遥感有限公司承担了数字化图件的制作。在山东农业大学资源环境学院、青岛农业大学的大力支持与协作下，建立了安丘市耕地资源信息管理系统和测土配方施肥系统；在项目的实施过程中，得到了安丘市国土资源局、安丘市水利局、安丘市气象局的大力支持和帮助，在此，我们一并表示感谢！

为了将调查与评价成果尽快应用于生产，在山东省农业厅、山东省土壤肥料总站和安丘市委、市政府的正确领导下，以总结调查与评价成果为基础，借鉴第二次土壤普查的部分成果，编写了《安丘耕地》一书。该书首次全面系统地阐述了安丘市耕地资源类型、地力状况、环境质量和利用状况等。书中引用了大量调查结果与化验数据，并配以成果图标，增加了可读性。

由于我们的水平有限，加之时间仓促，书中难免存在问题，希望广大读者及专家学者们批评指正，以便进一步修改提高。

编　者

2012年8月

# 目　录

# 第一章　自然条件与农业生产概况

## 第一节　自然条件

### 一、地理位置与行政区划

安丘市于汉景帝中元二年(公元前 148 年)正式置县,其后历经 2150 多年,一直作为一个县级行政区域,延续着物华天宝、先贤辈出、人文荟萃的历史。

安丘地处胶东半岛,潍坊市南部,位于北纬 36°05′～36°38′、东经 118°44′～119°27′,在鲁中南低山丘陵区的北缘。东与昌邑、高密以潍河为界,南与诸城、沂水隔河相望,西与临朐、昌乐接壤,北与坊子区相邻。市境东西宽 65.3km,南北长 61.5km,地势为西南高、东北低。总土地面积为 171160.2$hm^2$,辖 10 个镇、2 个街道办事处、1 个旅游湿地开发区。安丘市总人口为 930242 人,总耕地面积为 96285.7$hm^2$,人均面积为 0.103$hm^2$。山地、丘陵、平原大约各占 1/3。安丘市是国务院批准的首批沿海对外开放县市之一,气候适宜,发展农业生产的自然生态条件优越。

### 二、农业气候

安丘市处于暖温带半湿润季风气候区,寒暑交替,四季分明。春季干旱多风,夏季炎热多雨,晚秋凉爽易旱,冬季寒冷干燥。

(一)温度与日照

安丘市年平均气温为 12.1℃。一年日平均气温高于 0℃的天数平均为 279 天,全市平均无霜期为 189 天;高于 5℃的天数平均为 240 天,高于 5℃的积温为 4484.9℃;高于 10℃的天数平均为 202.1 天,高于 10℃的积温为 4152.5℃。

全市全年日照时数为 2587.5h。地温随气温的变化而变化(见表 1-1),年平均 5cm 地温为 19.3℃,10cm 地温为 19.2℃,20cm 地温为 20.4℃。

表 1-1　　安丘市月平均地温情况表　　单位:℃

| 月份 | | 1 | 2 | 3 | 4 | 5 | 6 | 7 | 8 | 9 | 10 | 11 | 12 |
|---|---|---|---|---|---|---|---|---|---|---|---|---|---|
| 地中深度 | 5cm | — | — | 8.2 | 14.3 | 21.7 | 26.4 | 28.4 | 28.6 | 22.9 | 15.8 | 7.5 | — |
| | 10cm | — | — | 8.3 | 4.0 | 21.1 | 25.9 | 28.0 | 28.4 | 23.0 | 16.2 | 8.1 | — |
| | 20cm | — | — | — | 13.4 | 20.2 | 25.0 | 27.2 | 27.9 | 23.1 | 16.8 | 9.2 | — |

(二)降雨与蒸发

全市年平均降水量为 700mm,年最大降水量为 1315.3mm(1964 年),年最小降水量为 434.5mm(1968 年),年际变化较大。

在全市境内,年降水量分布不均,地域分布由西南向东北递减。据统计,西南山区年平均降水量为 746.6mm,中部丘陵区为 687.8mm,东北平原区一带为 669mm。

降水的季节分配也极不均衡,夏季(6～8 月)降水占全年降水量的 62.1%,尤其是 7 月,降水量占全年降水量的 30%,平均达 210.8mm;冬、春季仅为 131.6mm,占全年降水量的 18.74%。在山区,受地形地貌的影响,夏季有雹灾。据市气象局多年统计,平均每年降雹 2.5 次,最多年份发生 7 次(1976 年)。在全部降雹中,有 64%的会造成危害。在地域分布上,辉曲、石埠子两镇是重灾区,市东北和东南部降雹较少,为轻灾区。

全市蒸发量年平均为 2058.6mm,年最大为 2356mm,年最小为 1649mm,月最大为 297.9mm(6 月),月最小为 65.3mm(1 月)。

由于季节性降水与蒸发失调,往往造成全市春旱、夏涝、晚秋旱的现象。除此之外,月降水量年际变化及日降水量变化也相当大。

(三)风

一年中,春季多西南风,夏季多东南风,冬季多西北风,年平均风速为 3.3m/s。平均八级以上(17m/s)的大风有 20.7 次,其中春季 8.4 次。春季降雨少,风力大,地面覆盖度小,蒸发快,并常有干热风的危害。

安丘市月平均气温等情况如表 1-2 所示。

表 1-2　　安丘市月平均气温等情况表

| 月份 | 1 | 2 | 3 | 4 | 5 | 6 | 7 | 8 | 9 | 10 | 11 | 12 |
|---|---|---|---|---|---|---|---|---|---|---|---|---|
| 降水量(mm) | 7.7 | 12.5 | 18.2 | 40.0 | 43.2 | 84.1 | 210.8 | 141.1 | 72.0 | 39.3 | 23.4 | 10.0 |
| 蒸发量(mm) | 65.3 | 84.8 | 171.3 | 243.6 | 297.0 | 297.9 | 212.9 | 189.0 | 189.7 | 158.6 | 102.9 | 65.7 |
| 气温(℃) | −3.5 | −1.1 | 5.3 | 12.3 | 18.7 | 24.4 | 15.8 | 25.2 | 19.9 | 13.9 | 6.2 | −0.9 |
| 八级以上大风(次) | 1.6 | 1.7 | 3.2 | 3.0 | 2.2 | 1.5 | 1.0 | 0.3 | 0.7 | 1.3 | 2.3 | 1.9 |

### 三、地貌和成土母质

(一)地貌

安丘市地处鲁中南低山丘陵延伸地带,地貌类型可划分为山地、丘陵、平原、洼地。全市总土地面积为 171160.2hm²，其中山地为 56088hm²，占总面积的 32.8%；丘陵为 61560hm²，占总面积的 36.0%；平原为 43092hm²，占总面积的 25.5%；洼地为 9747hm²，占总面积的 5.7%。

从总的趋势看，全市为西南高、东北低，中部有洼地，境内有汶河、潍河、渠河流经，流向自南往北、自西向东。在诸河流两侧有由河流沉积而成的冲积平原，其余为低山丘陵。最高峰为吾山镇的太平山，海拔高度为 515.5m，最低点在新安街道办事处，海拔高度为 24.3m，相对高程为 400～500m。

根据地貌形态特征、成因、地面组成物质及人类活动的影响，按照土壤普查微地貌单元的划分标准，安丘市地貌可分为 3 种类型，共 10 个微地貌单元（见表 1-3）。

表 1-3　安丘市地貌、微地貌类型表

| 地貌类型 | 微地貌单元 | | | | 土壤类型（亚类） |
|---|---|---|---|---|---|
| | 名称 | 代号 | 面积（hm²） | 比例（%） | |
| 低山丘岭 | 石质山岭 | A | 352.0 | 0.4 | 岩石裸露 |
| | 荒坡岭 | B | 981.9 | 1.0 | 棕壤性土、褐土性土 |
| | 岭坡梯田 | C | 17494.8 | 18.2 | 褐土性土、棕壤性土 |
| | 坡麓梯田 | D | 39233.2 | 40.9 | 褐土性土、棕壤性土、棕壤、褐土、淋溶褐土 |
| | 沟谷梯田 | E | 284.8 | 0.3 | 潮棕壤，淋溶褐土 |
| 洪积冲积平原 | 山前倾斜平原 | G | 4068.7 | 4.2 | 褐土、棕壤 |
| | 岭间洼地 | F | 6903.8 | 7.2 | 砂姜黑土 |
| | 山前缓平地 | H | 8613.7 | 9.0 | 砂姜黑土、潮褐土 |
| | 沿河阶地 | M | 665.6 | 0.7 | 潮褐土、河潮土 |
| 冲积平原 | 沿河坡地 | W | 17401.7 | 18.1 | 河潮土 |

1. 低山丘陵

低山丘陵的面积为 58346.7hm²，占全市总耕地面积的 60.8%，地质构造属鲁中南台隆的一部分，地形较为复杂，山丘蜿蜒起伏，区域内山丘林立。在安丘市境内主要山峰有太平山、城顶山、摘月山、大安山、留山、擂鼓山、虎嵋山、磨山、崮山等大小山头 50 余个。山体坡度较大，土壤冲刷作用强烈，侵蚀严重，多数地区土壤发育不完全。山岭的顶上部分土壤几乎全部被冲刷，基岩及半风化的母岩裸露地表，自然植被甚少，成为石质山岭。在其下端部分地段，植被稀少，覆盖率低于 60%，以草类为主，表土和部分心土层被冲走，并有部分岩石裸露，土壤发育差，有的部分仅有母质层。随着坡度的降低和人类活动的影响，表层有坡积物的积累，多发育着棕壤性土和褐土性土，土层极薄，一般为 20～30cm，并夹有大量砾石。目前仍以自然植被为主，为荒坡岭。在中部坡度较缓，土层较厚，一般大于 30cm，现已垦植农用，但因水分缺乏，干旱严重，产量极低，生产受到极大限制。坡麓部位土层较厚，大多在 60cm 左右，部分区域达到 1m 以上，地块面积较大，十几亩或几十亩不等，一般发育着棕壤性土、褐土性土、淋溶褐土、棕壤或褐土，但仍受旱情和水土流失的威胁。在坡麓梯田下端，由于地表径流的汇集，受到山洪切割，使其沟谷纵横，地面支离破碎，个别区域内形成了小型台子地。在其范围内，由于人类的活动，一部分截为小塘坝，另一部分建设为沟谷梯田，已种植农作物。

2. 洪积冲积平原

洪积冲积平原的面积为 20251.8hm$^2$，占全市总面积的 21.1%。随着山丘的渐缓，地势趋于平坦，在岩石的表面覆有较厚的第四纪沉积物，后经洪积物的长期覆盖，逐渐形成了洪积冲积平原。在其上部，地面倾斜度大，为山前倾斜平原，在不同的区域内，多发育着棕壤或褐土。其下部地面倾斜度小，为山前缓平地，潜水埋深为 2.5m 左右，潜水参与了成土过程，多发育成潮褐土。地形部位相对更低的区域（如友兰洼、金冢子大洼）多发育成砂姜黑土。沿河阶地部分，因山前洪积扇缘距河流很近，受潜水影响，较高部位发育成潮褐土，较低部位发育成河潮土。

3. 冲积平原

冲积平原的面积为 17401.7hm$^2$，占全市总面积的 18.1%，地势平坦，土层深厚，潜水参与了成土过程，发育成潮土类型。

从总的状况看，目前低山丘陵仍处在以剥蚀为主的成土过程中，土层变薄，土质变粗，肥力下降，给进一步开发利用带来一定困难。只有坡麓梯田土层加厚，肥力逐渐提高，是山丘地区的主要农田。洪积冲积平原有漫长的洪积物和冲积物的堆积历史，土层深厚，土质较好，是安丘市主要的农业集聚区。冲积平原的土层深厚，土质好，水丰质优，有良好的水资源和灌排条件，具有安丘的“乌克兰”之称，是安丘市的农业高产、稳产区。

（二）成土母质

成土母质是构成土壤的基础物质，对土壤的形成、发育、分布、类型及其属性等都有直接的影响。在安丘市，成土母质种类较为齐全。

1. 残坡积物

残坡积物广泛分布在西南山区和东部及北部坡度较大的丘岭，以岩浆岩为主，沉积岩次之。不同岩石的抗风化能力不同，一般地，岩浆岩高于沉积岩，酸性岩高于基性岩。这些风化物有的就地残留，有的留在山坡上，因搬运较近，颗粒较粗。

残坡积物分为两类：一是酸性残坡积物，分布在安丘市境内的西南山区，主要是由花岗岩、花岗片麻岩、均质砂岩、片岩等风化物所组成，是棕壤的主要成土母质，一般都形成了棕壤性土、棕壤，在低洼部位，受潜水作用形成了潮棕壤。二是基性或石灰性残坡积物。基性残坡积物一般是指玄武岩、凝灰岩的风化物，在安丘市分布较广，但比较零星，且土层较薄；石灰性残坡积物是指石灰岩及钙质砂页岩等碳酸岩母岩的风化物，是褐土的主要成土母质，在安丘市分布较为广泛，面积较大，它们一般都形成了褐土、褐土性土，在低洼地区形成潮褐土。

2. 洪积物

洪积物主要分布在西南山区山麓的缓坡地段或山前倾斜平地上及新安、石堆等镇的岭坡下部。由于山洪冲刷作用，岩石风化成的母质，粗糙的留在山坡，细密的随山洪一起被带到山坡下部，形成了深厚而较平坦的坡麓地段，厚度约 1m 或 1.5m 以上。酸性岩区的洪积物为棕色或红棕色，土壤分选不明显，夹杂砾石，多为砾质轻壤或砾质中壤土，呈酸性至微酸性，pH 为 5.5～6.75，通体无石灰性，为棕壤（亚类）或潮棕壤的主要成土母质。另有在棕壤区内的基性岩（玄武岩）类的洪积物，受气候、地形等自然因素的影响，也易形成棕壤。钙质岩类区的洪积物，一般为棕褐色或褐色，质地多为中壤土，为典型褐土、淋溶褐土和潮褐土的主要成土母质。

3. 洪积冲积物

洪积冲积物是由山洪和河流共同作用形成的土壤母质，夹少部分砾石或砂质，多发育成褐土或棕壤，质地多为轻壤，在地形部位低的区域内，多受潜水影响形成潮褐土、潮棕壤。

4. 冲积物

冲积物主要分布在汶、潍、渠河的沿河流域，地势平坦，土层深厚，水丰质优，地下水埋深为 1～3m。

在安丘市内，由于物质来源相同，其冲积物均是非石灰性冲积物，来源于酸性母岩的山地丘岭区，通体无石灰反应，多呈微酸性或中性。汶、潍、渠河冲积物多属非石灰性河潮土的主要成土母质。在安丘市内的冲积物多数质地为轻壤或中壤。

5. 黄土状母质及红土堆积物

黄土主要分布在安丘市山区的凌河镇山麓地带，面积不大，由于山洪的作用，将其切割得支离破碎，厚度在 10m 以上，上面有大量假菌丝新生体，为厚层均质的强石灰类型，颜色较浅，质地均一，多为轻壤质，下部夹有少量砾石和散布的小砂姜，为褐土的成土母质之一。

安丘市的红土多分布于山麓洪积扇底部，在柘山、凌河、吾山、石堆、新安等镇均可见到。在凌河镇出露面积较大，以棕壤为主，质地较黏，多为重壤，块状结构，结构面上有胶膜新生体，有铁、锰沉积。另外，有部分土壤心土层已基本脱钙，无石灰反应。没有完全脱钙的底土层有微弱石灰反应，土体多呈中性至微酸性。底部有较多的铁、锰结核，表层多为中壤质，是安丘市淋溶褐土的主要成土母质。

## 四、水文和水文地质

（一）河流

流经和发源于安丘市的河流主要有潍河、汶河、渠河、洪沟河等大小河流 50 余条。由于各大山系多集中在西南部，形成安丘市境内西南高、东北低的自然地势，所以各主要河流均由西南流经东北入渤海。潍河是安丘市诸河之干，流经安丘市 40km，其最大洪峰流量为 $7800m^3/s$，枯水流量约为 $4m^3/s$。汶河、渠河是安丘市的第二大河和第三大河，属市境内河流。径流的补给主要来自大气降水，基本属季风雨源型河流。在山丘地区，因降水量多、山地丘岭坡度大，降水多以径流流失，故径流量较大，同时径流量变化大。

地表水的数量年际变化较大，且分布极不均匀。每年逢涝灾或山洪暴发，形成强大的地表径流，将其山区丘岭地带的土壤表层冲刷，使库塘淤积，对土壤起着破坏作用。但发源于丘岭洼地的诸河，虽然无灌溉效益，但却起着排水的作用，加之近几年疏水工程的加强，使季节性积水的低洼地带减轻或免除了涝灾的威胁，土壤的潜育作用减弱，部分潮土和砂姜黑土向好的方面转化，土质变轻，耕性变好。

（二）地下水

地下水资源除受降水影响外，在很大程度上还取决于地质和水文地质状况。安丘市的水文地质条件较复杂。

全市松散岩类孔隙水的面积为 665.2$km^2$，对土壤的形成和发育有较大影响。此类孔隙水除分布在柘山镇的残薄基层内的外，其他均分布在山前洪积冲积平原和河流附近第四系松散沉积物中，水资源丰富，一般埋深为 1.5～6m，成土过程受潜水影响较大，形成河潮土。山前洪积冲积平原上部潜水埋藏较深，成土过程不受潜水影响，在其下部，潜水埋藏较浅，参与了成土过程，形成了潮棕壤或潮褐土。

1. 碎屑岩类裂隙水

碎屑岩类裂隙水的面积为 554.3$km^2$，在全市各乡镇均有分布，是贫水区，成土过程基本不受潜水影响，形成淋溶褐土、褐土等。

2. 碳酸岩类裂隙岩溶水

碳酸岩类裂隙岩溶水的面积为 140.0$km^2$，主要分布在辉渠、石埠子、新安、兴安、凌河等乡镇。由于地形的影响，岩层富水性差别较大。石灰岩裸露的低山、丘陵漏水严重，地下水埋藏深，是严重的缺水区，潜水沿石层顺流运动，到达山丘盆地中部或单斜构造的前缘，成为丰富的地下水，在岩溶发育带和地形低洼处，形成泉水。如辉渠镇的绪泉、珍珠泉等，均属来自于石灰岩地层的岩溶裂隙水。

3. 火成岩类风化裂隙水

火成岩类风化裂隙水的面积为 90.1$km^2$，主要分布在吾山、石埠子、辉渠、凌河、新安、大汶河，以玄武岩为主。

4. 变质岩类裂隙岩溶水

变质岩类裂隙岩溶水的面积为 259.4$km^2$，主要分布在柘山、大盛、凌河、新安、景芝、石堆等乡镇，以砂、砾岩为主，在凌河镇的“温泉”属此类孔隙水。

变质岩类裂隙岩溶水及火成岩类风化裂隙水涌水量小，属贫水区，潜水埋藏深，对成土过程无影响，受生物、气候条件的制约，形成的土壤多数是褐土，其次是棕壤。

（三）地下水的化学性质

据调查分析，西南山区和中部丘陵区，潜水矿化度低于 0.5g/L；在山丘盆地，潜水矿化度最高，为 0.76～0.78g/L；东南和东北部的潮土潜水矿化度低于 0.5g/L。全市总矿化度低于 lg/L，绝大多数低于 0.5g/L，属重碳酸盐型优质淡水，适宜灌溉。

## 五、植被

安丘市属于暖温带落叶阔叶林带。由于历经人类长期的经济活动，原始森林已被破坏。现有植被以栽培为主，其次为自然植被。栽培植被以农作物为主，有小麦、玉米、地瓜、大豆、高粱、黍谷、棉花、黄烟、花生、蔬菜等。在林木上，有杨、柳、槐、桐、榆、松、柏、桃、樱桃、梨、枣、杏、山楂、板栗等。自然植被以杂草为主，其次为落叶灌木。山丘地区褐土地带，自然植被有荏梨科、酸枣、紫穗槐、刺儿菜、蒺藜、枸杞及禾本科杂草。棕壤地带有马尾松、野杜鹃等。平原地带有节节草、蒲公英、茅草、刺儿菜、牵牛花、车前子、苍耳、苦菜子、野葱、野蒜、马齿苋、芦苇、麦蒿、艾子等。

# 第二节 农村经济与农业生产情况

## 一、农村经济情况

安丘市农村经济始终在稳步、健康地向前发展。党的十一届三中全会以来，安丘市农村经济发展得更迅猛，尤其是近年来更是实现了跨越式发展。2009 年，全市实现国内生产总值 162 亿元，其中地方财政收入为 5.005 亿元，第一产业实现增加值 31.5 亿元，第二产业实现增加值 148.6 亿元，第三产业实现增加值 49.8 亿元。到 2009 年，农村启动了沼气、自来水、公路、社区服务中心等新农村建设工程，在全市实现村村通柏油路、村村通自来水。同时，农村经济强势增长，全市实现农业总产值 56.53 亿元，其中农业为 402346 万元，林业为 10684 万元，牧业为 125960 万元，渔业为 8161 万元，服务业为 18110 万元。农村经济总收入达到 35.8 亿元；农民人均纯收入达到 6624 元；农民人均生活消费支出 3624 元，农民人均住房面积达 24.3$m^2$；农业基础设施建设不断加强，规划建成 77 处农村社区中心，完成农村公路改造项目 228 个，达 574.9km，全市柏油路通村率达到 82.4%，自来水普及率达到 90%，农村社会医疗保险投保人数近 50 万人；发放农村最低生活保障 350 万元。社会事业全面进步，科技对经济增长的贡献率达到 58.4%。

## 二、农业生产情况

安丘市自然气候条件适宜，处于暖温带半湿润季风气候区，适宜种植小麦、玉米、花生、地瓜、大豆、水果、蔬菜等多种作物。在种植业上，安丘市主要采用的是一年一熟（如生姜、棉花、花生、地瓜等）和一年两熟（如小麦—玉米、大葱—大葱等）的种植制度。由于所具备的自然气候条件，加上实施农业标准化生产，全市农产品质量高、品质好。因此，早在 20 世纪 80～90 年代安丘市就成为全国的粮食生产基地和出口蔬菜生产基地。安丘农业独具特色，农产品出口创汇优势明显，是“全国园艺产品（蔬菜）出口示范区”、“中国无公害蔬菜出口基地示范市”、“国家级生姜、芦笋、大樱桃标准化生产示范区”、“全国蔬菜重点区域发展规划黄淮海与环渤海设施蔬菜重点区域基地市”和“东南沿海出口蔬菜重点区域基地市”，是全国闻名的“姜蒜之乡”、“芦笋之乡”、“蜜桃之乡”、“草莓之乡”、“樱桃之乡”。安丘生姜、柘山花生被审定为国家地理标志产品。近年来，为适应国际国内高质量安全食品生产的需要，安丘市大力推行标准化生产，同时把标准化贯穿到区域化建设始终，农产品标准化和质量水平得到明显提升。安丘市农产品出口已拓展到美国、欧盟、日本、韩国、中东、东南亚、港台等 50 多个国家和地区，出口品种发展到蔬菜、果品、畜产品、粮油制品、水产品 5 大类 200 多个，年出口创汇 2.5 亿美元，蔬菜加工出口量位居山东省第一，被誉为“国际菜篮子”。

安丘市耕地面积为 96285.7$hm^2$。至 2009 年，全市农作物总播种面积为 113824$hm^2$，其中粮食作物总播种面积为 66521$hm^2$，平均单产为 6375kg/$hm^2$，总产量为 42.4 万吨；花生播种面积为 11386.7$hm^2$，平均单产为 4485kg/$hm^2$，总产量为 5.11 万吨；蔬菜播种面积为 26673$hm^2$，平均单产为 54210kg/$hm^2$，总产量为 144.59 万吨；瓜类播种面积为

$4812hm^2$，平均单产为 $45225kg/hm^2$，总产量为 21.76 万吨；果园总面积为 $3709hm^2$，总产量为 12.33 万吨。

2009 年，林业发展再上新台阶，全市完成造林绿化面积 $4453hm^2$，森林覆盖率达到 26%，比上年度提高了 0.8%，对防止水土流失、改善生态环境发挥了重要作用。全年林业产值为 5625 万元。

2009 年，畜牧业发展迅速，全市大牲畜存养量为 5.96 万头，其中生猪存栏量达 50.7 万头，羊存栏量达 19.2 万只，家禽存栏量达 1153.5 万只。肉类总产达 1.03 万吨，同比增长 12.6%，禽蛋产量达到 2.68 万吨，同比增长 13.2%。全年畜牧业产值为 5.86 亿元。

## 第三节　农业基础设施情况

### 一、农田水利建设情况

安丘市水资源属于较缺乏地区之一，全市农业生产用水量需大于供。农田水利建设的基本情况为：安丘境内有大小河流 50 余条，水域面积为 $3111hm^2$；大中型水库 5 座，水库水面面积为 $3593.5hm^2$，控制流域面积为 $12600.2hm^2$，总蓄水量为 $3.75\times10^8m^3$，兴利库容为 $2.1\times10^8m^3$；全市共有塘坝 405 座；全市共有机电井 14316 眼。全市累计平均水资源总量为 $4.71\times10^8m^3$，可利用水资源总量为 $3.04\times10^8m^3$，农业用水占 63.9%，为 $1.94\times10^8m^3$。

灌溉分为灌区自流引水灌溉及机电(井)提水灌溉两种，其中自流引水灌溉面积为 $34280hm^2$，斗渠以上渠道总长 1612km，已浆砌 712km，共有闸、桥等各类中小型建筑物 6875 座。机电(井)提水灌溉面积为 $23187.3hm^2$，此类除少数 20 世纪 80 年代前修的几座大型水库提水站外，多数为各类管道灌溉，有渡槽等建筑物 1271 座，各类管道总长 2967km，出水口 1.23 万个。

农田灌溉设施总体上不配套，有效灌溉面积为 $39637.9hm^2$，占总耕地面积的 41.3%，其余为 $56362.1hm^2$，占总耕地面积的 58.7%。

### 二、农业生产机械

随着新一轮用机、购机热潮的出现，安丘市的农机装备进入了前所未有的快速发展期，全市用于农业生产的机械总动力、数量、种类逐年加大，农业生产的机械化水平进一步提高。2009 年，全市农业机械总动力达到 $1.627\times10^6kW$，其中：柴油机发动机 31658 台，总动力为 $1.292\times10^6kW$；电动机 33649 台，总动力为 $1.676\times10^5kW$；汽油发动机 3782 台，总动力为 $0.5\times10^4kW$。农业机械的种类主要为：大中型拖拉机 4112 台，总动力为 $1.78\times10^5kW$；小型拖拉机 27088 台，总动力为 $2.44\times10^5kW$，拖拉机配套农具 45505 具；农用汽车 2210 台，总动力为 $9.31\times10^4kW$；农用运输车 33130 台，总动力为 $5.897\times10^5kW$；排灌动力机械 48306 台，总动力为 $2.75\times10^5kW$；另拥有联合收割机 1568 台，总动力为 $6.3\times10^4kW$，节水灌溉类机械 3581 台，农用水泵 57420 台，耕整机 926 台，旋耕机 3517 台，深松机 332 台，播种机 4623 台。

# 第二章　土壤与耕地资源状况

## 第一节　耕地土壤类型与分布

### 一、土壤分类

安丘市地形地貌较为复杂，有山区、丘陵、平原、洼地。成土母质多数是洪积物、洪积冲积物、冲积物。因受地带性和地带性因子的影响，在安丘市形成了不同的土类、亚类、土属和土种。

根据《全国第二次土壤普查暂行技术规程》和《山东省土壤工作分类暂行方案》规定，土壤分类采用土类、亚类、土属、土种、变种五级分类制和分级处理连续命名法。土类、亚类是高级分类单元，土属、土种、变种是基层分类单元，土属是起承上启下的作用。土类是高级分类的基本单元，是在一定生物、气候、水文、耕作、改良等自然条件和社会条件下经过一个主导或几个相结合的成土过程；土类之下，潜水作用和土壤所含成分不同是划分亚类的依据；在亚类的基础上，根据成土母质类型、地形部位特征以及区域水文地质条件及土壤化学组成等因素，区别为不同土属；土种则是发育在相同的母质上，具有相类似的土壤属性、层次排列和发育程度的基层土壤分类单元（变种不计在分类中）。

安丘市土壤普查对土种的划分主要以土体厚度、土体构型和表层质地为依据。

土壤质地即土壤的砂黏程度，是划分土种的主要依据。本次以物理性黏粒（粒径小于0.01mm）在土壤中所占的百分数大小，把质地划分为3类9级，如表2-1所示。

表2-1　土壤质地分级表

| 质地名称 | | 物理性砂粒含量（%，>0.01nm） | 物理性砂粒含量（%，<0.01nm） |
|---|---|---|---|
| 砂土 | 松砂土 | 100～95 | 0～5 |
| | 紧砂土 | 95～90 | 5～10 |
| 壤土 | 砂壤土 | 80～70 | 10～20 |
| | 轻壤土 | 70～55 | 20～30 |
| | 中壤土 | 55～40 | 30～45 |
| | 重壤土 | 40～25 | 45～60 |

续表

| 质地名称 | | 物理性砂粒含量(%,＞0.01nm) | 物理性砂粒含量(%,＜0.01nm) |
|---|---|---|---|
| 黏土 | 轻黏土 | 25～15 | 60～75 |
| | 中黏土 | 25～15 | 75～85 |
| | 重黏土 | ＜15 | ＞85 |

依据上述分类原则,通过土壤普查,全市共有4个土类、10个亚类、16个土属、51个土种(见表2-2)。

**表2-2　　安丘市土壤分类表**

| 土类 | 亚类 | 土属 | 土种 |
|---|---|---|---|
| 褐土 | 褐土性土 | 基性岩类土属 | 石碴土表薄层酥石硼基性岩类褐土性土 |
| | | | 轻壤表中层硬石底基性岩类褐土性土 |
| | | | 轻壤表薄层酥石硼基性岩类褐土性土 |
| | | | 轻壤表中层酥石硼基性岩类褐土性土 |
| | | | 轻壤表薄层硬石底基性岩类褐土性土 |
| | | 钙质岩类土属 | 轻壤表中层酥石硼钙质岩类褐土性土 |
| | | | 轻壤表中层硬石底钙质岩类褐土性土 |
| | | | 轻壤表薄层硬石底钙质岩类褐土性土 |
| | | | 轻壤表中层酥石硼非石灰砂页岩褐土性土 |
| | | | 石皮土薄层硬石底钙质岩类褐土性土 |
| | | 非石灰性砂页岩 | 轻壤表薄层硬石底非石灰性砂页岩褐土性土 |
| | | | 轻壤表薄层酥石硼非石灰性砂页岩褐土性土 |
| | 淋溶褐土 | 洪积物土属 | 中壤表厚黏腰洪积物淋溶褐土 |
| | | | 轻壤表厚黏心洪积物淋溶褐土 |
| | | | 轻壤表均质洪积物淋溶褐土 |
| | | | 中壤表均质洪积物淋溶褐土 |
| | 褐土 | 洪积物土属 | 中壤表厚黏心洪积物褐土 |
| | | | 轻壤表均质洪积物褐土 |
| | | 黄土状母质土属 | 轻壤表均质黄土状母质褐土 |
| | 潮褐土 | 洪积冲积土属 | 重壤表均质洪积冲积物潮褐土 |
| | | | 轻壤表厚黏心洪积冲积物潮褐土 |
| | | | 轻壤表均质洪积冲积物潮褐土 |
| | | | 中壤表厚黏腰洪积冲积物潮褐土 |
| | | | 中壤表厚黏心洪积冲积物潮褐土 |
| | | | 中壤表均质洪积冲积物潮褐土 |
| | | 洪积土属 | 轻壤表厚黏心洪积物潮褐土 |
| | | | 轻壤表均质洪积物潮褐土 |

续表

<table>
<tr><th>土类</th><th>亚类</th><th>土属</th><th>土种</th></tr>
<tr><td rowspan="11">潮土</td><td rowspan="10">潮土</td><td rowspan="10">河潮土</td><td>轻壤表均质非石灰性河潮土</td></tr>
<tr><td>中壤表厚黏心非石灰性河潮土</td></tr>
<tr><td>轻壤表厚砂腰非石灰性河潮土</td></tr>
<tr><td>砂壤表均质非石灰性河潮土</td></tr>
<tr><td>轻壤表均壤质非石灰性河潮土</td></tr>
<tr><td>砂壤表均砂质非石灰性河潮土</td></tr>
<tr><td>中壤表均质非石灰性河潮土</td></tr>
<tr><td>砂壤表厚壤心非石灰性河潮土</td></tr>
<tr><td>轻壤表厚黏腰非石灰性河潮土</td></tr>
<tr><td>轻壤表厚黏心非石灰性河潮土</td></tr>
<tr><td>褐土化潮土</td><td>褐土化潮土</td><td>轻壤表均壤质洪积冲积褐土化潮土</td></tr>
<tr><td rowspan="9">棕壤</td><td rowspan="5">棕壤性土</td><td rowspan="3">酸性岩类土属</td><td>粗砂土表中层酥石硼酸性岩类棕壤性土</td></tr>
<tr><td>轻壤表中层酥石硼酸性岩类棕壤性土</td></tr>
<tr><td>粗砂土表薄层酥石硼酸性岩类棕壤性土</td></tr>
<tr><td rowspan="2">基性岩类土属</td><td>轻壤表薄层硬石底基性岩类棕壤性土</td></tr>
<tr><td>轻壤表中层硬石底基性岩类棕壤性土</td></tr>
<tr><td rowspan="2">棕壤</td><td rowspan="2">洪积物土属</td><td>轻壤表均质洪积物棕壤土</td></tr>
<tr><td>轻壤表厚黏心洪积物棕壤土</td></tr>
<tr><td rowspan="2">潮棕壤</td><td rowspan="2">洪积冲积物土属</td><td>轻壤表均质洪积冲积物潮棕壤土</td></tr>
<tr><td>砂壤表均质洪积冲积物潮棕壤土</td></tr>
<tr><td rowspan="4">砂姜黑土</td><td rowspan="4">砂姜黑土</td><td rowspan="2">黄土薄层复盖土属</td><td>中壤表厚砂姜腰砂姜黑土</td></tr>
<tr><td>中壤表厚黑土心薄层黄土覆盖砂姜黑土</td></tr>
<tr><td rowspan="2">黑土裸露土属</td><td>重壤表黑土裸露砂姜黑土</td></tr>
<tr><td>重壤表厚砂姜心砂姜黑土</td></tr>
</table>

各亚类、土属、土种的养分含量如表 2-3 至表 2-8 所示。

**表 2-3　　不同亚类中大量元素的平均含量情况**

| 亚类 | 有机质(g/kg) | 全氮(g/kg) | 碱解氮(mg/kg) | 有效磷(mg/kg) | 缓效钾(mg/kg) | 速效钾(mg/kg) | pH |
|---|---|---|---|---|---|---|---|
| 潮褐土 | 11.4 | 0.97 | 101 | 35.9 | 645 | 141 | 6.5 |
| 潮土 | 12.9 | 1.01 | 101 | 40.8 | 654 | 163 | 6.6 |
| 潮棕壤土 | 10.1 | 0.7 | 80 | 32.6 | 638 | 140 | 6.3 |
| 褐土 | 11 | 0.87 | 93 | 25.5 | 617 | 131 | 6.6 |
| 褐土化潮土 | 10.8 | 0.89 | 87 | 23.5 | 701 | 136 | 6.4 |
| 褐土性土 | 11.4 | 0.95 | 94 | 25.7 | 628 | 134 | 6.7 |
| 淋溶褐土 | 11.5 | 0.94 | 96 | 26.3 | 627 | 141 | 6.5 |
| 砂姜黑土 | 11.6 | 1 | 103 | 32.3 | 610 | 168 | 6.8 |
| 棕壤土 | 11.5 | 0.99 | 122 | 26.3 | 645 | 135 | 6.5 |
| 棕壤性土 | 10 | 0.79 | 93 | 20.1 | 598 | 115 | 6.3 |

表 2-4　不同亚类中微量元素的平均含量情况

| 亚类 | 硼 (mg/kg) | 锌 (mg/kg) | 铜 (mg/kg) | 铁 (mg/kg) | 锰 (mg/kg) | 钼 (mg/kg) | 交换镁 (mg/kg) | 交换钙 (mg/kg) | 有效硫 (mg/kg) | 有效硅 (mg/kg) |
|---|---|---|---|---|---|---|---|---|---|---|
| 潮褐土 | 0.42 | 0.95 | 1.93 | 30.78 | 34.54 | 0.14 | 410 | 3416 | 38.9 | 321.59 |
| 潮土 | 0.47 | 0.88 | 1.88 | 31.56 | 33.15 | 0.13 | 388 | 3632 | 34.8 | 292.46 |
| 潮棕壤土 | 0.36 | 0.66 | 2.22 | 54.58 | 41.58 | 0.16 | 433 | 3800 | 43.7 | 319.34 |
| 褐土 | 0.47 | 1.10 | 1.80 | 35.46 | 32.50 | 0.14 | 402 | 3312 | 33.3 | 341.07 |
| 褐土化潮土 | 0.78 | 0.54 | 1.36 | 11.80 | 18.00 | 0.05 | 450 | 2020 | 0 | 0 |
| 褐土性土 | 0.41 | 0.92 | 1.90 | 34.15 | 36.01 | 0.14 | 391 | 3256 | 37.3 | 312.72 |
| 淋溶褐土 | 0.41 | 0.95 | 1.86 | 32.97 | 34.11 | 0.14 | 420 | 3583 | 35.3 | 301.65 |
| 砂姜黑土 | 0.48 | 1.24 | 2.20 | 42.71 | 34.66 | 0.14 | 449 | 2815 | 28.2 | 290.03 |
| 棕壤土 | 0.40 | 1.08 | 1.95 | 41.10 | 35.86 | 0.15 | 385 | 3243 | 48.8 | 349.21 |
| 棕壤性土 | 0.34 | 0.86 | 1.77 | 33.81 | 32.26 | 0.14 | 396 | 2995 | 39.5 | 304.96 |

表 2-5　不同土属中大量元素的平均含量情况

| 土属 | 有机质 (g/kg) | 全氮 (g/kg) | 碱解氮 (mg/kg) | 有效磷 (mg/kg) | 缓效钾 (mg/kg) | 速效钾 (mg/kg) | pH |
|---|---|---|---|---|---|---|---|
| 洪积物褐土 | 11.0 | 0.88 | 95 | 34.0 | 624 | 129 | 6.6 |
| 非石灰性砂页岩褐土性土 | 12.5 | 1.22 | 98 | 42.4 | 582 | 134 | 6.6 |
| 钙质岩类褐土性土 | 11.0 | 0.96 | 95 | 42.1 | 642 | 139 | 6.6 |
| 河潮土 | 12.9 | 1.01 | 101 | 50.8 | 654 | 163 | 6.6 |
| 褐土化潮土 | 10.8 | 0.89 | 87 | 43.5 | 701 | 136 | 6.4 |
| 黑土裸露砂姜黑土 | 11.5 | 1.00 | 104 | 32.1 | 609 | 171 | 6.8 |
| 洪积冲积物潮褐土 | 11.3 | 0.97 | 102 | 26.6 | 642 | 143 | 6.5 |
| 洪积冲积物潮棕壤 | 10.1 | 0.70 | 80 | 22.6 | 638 | 140 | 6.3 |
| 洪积物潮褐土 | 11.8 | 0.95 | 97 | 33.0 | 655 | 135 | 6.7 |
| 洪积物淋溶褐土 | 11.5 | 0.95 | 96 | 20.3 | 627 | 141 | 6.5 |
| 洪积物棕壤土 | 11.5 | 0.98 | 121 | 36.3 | 646 | 134 | 6.5 |
| 黄土覆盖(薄层)砂姜黑土 | 12.9 | 1.10 | 91 | 34.2 | 660 | 117 | 6.4 |
| 黄土状母质褐土 | 11.5 | 0.72 | 75 | 33.6 | 519 | 174 | 6.8 |
| 基性岩类褐土性土 | 11.6 | 0.93 | 94 | 39.8 | 622 | 131 | 6.7 |
| 基性岩类棕壤性土 | 11.8 | 1.10 | 175 | 35.0 | 482 | 129 | 7.0 |
| 酸性岩类棕壤性土 | 12.9 | 1.10 | 90.75 | 24.2 | 660 | 117 | 6.4 |

表 2-6　　不同土属中微量元素的平均含量情况

| 土属 | 硼(mg/kg) | 锌(mg/kg) | 铜(mg/kg) | 铁(mg/kg) | 锰(mg/kg) | 钼(mg/kg) | 交换镁(mg/kg) | 交换钙(mg/kg) | 有效硫(mg/kg) | 有效硅(mg/kg) |
| --- | --- | --- | --- | --- | --- | --- | --- | --- | --- | --- |
| 洪积物褐土 | 1.43 | 1.07 | 2.66 | 33.11 | 32.00 | 0.14 | 400 | 3300 | 33.3 | 349.85 |
| 非石灰性砂页岩褐土性土 | 0.36 | 0.47 | 1.13 | 25.50 | 28.12 | 0.09 | 366 | 3908 | 39.3 | 334.51 |
| 钙质岩类褐土性土 | 0.40 | 0.95 | 1.96 | 37.02 | 36.82 | 0.14 | 411 | 3303 | 37.8 | 335.90 |
| 河潮土 | 0.47 | 0.88 | 1.88 | 31.56 | 33.15 | 0.13 | 388 | 3632 | 34.8 | 292.46 |
| 褐土化潮土 | 0.78 | 0.54 | 1.36 | 11.80 | 18.00 | 0.05 | 450 | 2020 | — | — |
| 黑土裸露砂姜黑土 | 0.49 | 1.23 | 2.18 | 43.63 | 35.04 | 0.14 | 446 | 2815 | 28.6 | 292.01 |
| 洪积冲积物潮褐土 | 0.41 | 0.90 | 1.95 | 29.58 | 32.86 | 0.14 | 405 | 3293 | 39.4 | 326.65 |
| 洪积冲积物潮棕壤 | 0.36 | 0.66 | 2.22 | 54.58 | 41.58 | 0.16 | 433 | 3800 | 43.7 | 319.34 |
| 洪积物潮褐土 | 0.45 | 1.19 | 1.84 | 35.78 | 41.75 | 0.16 | 414 | 3826 | 36.6 | 301.71 |
| 洪积物淋溶褐土 | 0.41 | 0.95 | 1.86 | 32.74 | 34.03 | 0.14 | 419 | 3586 | 35.3 | 302.20 |
| 洪积物棕壤土 | 0.40 | 1.09 | 1.95 | 41.10 | 35.86 | 0.15 | 377 | 3276 | 47 | 352.11 |
| 黄土覆盖(薄层)砂姜黑土 | 0.42 | 1.90 | 2.80 | 23.30 | 25.60 | 0.17 | 565 | — | — | 250.42 |
| 黄土状母质褐土 | 0.26 | 1.37 | 1.96 | 59.00 | 38.50 | 0 | 440 | 3440 | 32.6 | 248.82 |
| 基性岩类褐土性土 | 0.43 | 0.92 | 1.90 | 32.81 | 35.89 | 0.14 | 380 | 3189 | 36.9 | 298.56 |
| 基性岩类棕壤性土 | 0.40 | 0.84 | 1.88 | 30.93 | 33.00 | 0.09 | 438 | 2780 | 21.7 | 256.99 |
| 酸性岩类棕壤性土 | 0.42 | 1.90 | 2.80 | 23.30 | 25.60 | 0.17 | 565 | — | — | 250.42 |

表 2-7　　不同土种中大量元素的平均含量

| 土种代码 | 有机质(g/kg) | 全氮(g/kg) | 碱解氮(mg/kg) | 有效磷(mg/kg) | 缓效钾(mg/kg) | 速效钾(mg/kg) | pH |
| --- | --- | --- | --- | --- | --- | --- | --- |
| $Aa_1$1/5 | 9.7 | 1.11 | 77 | 29.6 | 594 | 113 | 6.3 |
| $Aa_1$1/6 | 9.1 | 0.67 | 90 | 31.9 | 549 | 99 | 6.1 |
| $Ba_4$5/5 | 12.4 | 1.36 | 87 | 40.0 | 563 | 153 | 6.9 |
| $Ba_2$5/5 | 11.1 | 0.90 | 85 | 43.9 | 618 | 129 | 6.7 |
| $Ba_4$5/2 | 15.9 | 1.11 | 137 | 29.8 | 542 | 108 | 7.3 |
| $Ba_3$5/2 | 11.4 | 0.93 | 94 | 27.6 | 624 | 131 | 6.5 |
| $Ba_2$5/2 | 12.0 | 1.00 | 100 | 47.2 | 643 | 146 | 6.9 |
| $Aa_2$5/2 | 9.3 | — | — | 13.1 | — | 41 | 6.1 |
| $Cb_4$4/4 | 19.3 | — | 126 | 57.5 | — | 156 | 7.0 |
| $Cb_4$4/14 | 14.2 | 1.04 | 94 | 61.7 | 648 | 180 | 6.6 |

续表

| 土种代码 | 有机质 (g/kg) | 全氮 (g/kg) | 碱解氮 (mg/kg) | 有效磷 (mg/kg) | 缓效钾 (mg/kg) | 速效钾 (mg/kg) | pH |
|---|---|---|---|---|---|---|---|
| $Bf_3$4/3 | 11.1 | 0.95 | 107 | 56.7 | 623 | 150 | 6.2 |
| $Bf_2$4/3 | 12.3 | 0.95 | 122 | 51.6 | 571 | 149 | 7.0 |
| $Ac_2$4/3 | 11.6 | 1.10 | 170 | 59.8 | 727 | 150 | 6.6 |
| $Cb_4$4/16 | 13.1 | 0.87 | 79 | 83.2 | 664 | 163 | 6.5 |
| $Cb_4$4/19 | 12.2 | 1.01 | 100 | 66.5 | 657 | 159 | 6.5 |
| $Cb_4$4/2 | 14.9 | 0.87 | 111 | 82.1 | 672 | 173 | 6.7 |
| $Ca_1$4/19 | 10.8 | 0.89 | 87 | 63.5 | 701 | 136 | 6.4 |
| $Bf_3$4/1 | 11.0 | 1.03 | 99 | 55.4 | 661 | 136 | 6.5 |
| $Ae_3$4/1 | 14.4 | 0.92 | 78 | 75.3 | 705 | 159 | 6.0 |
| $Bf_2$4/1 | 11.6 | 0.94 | 90 | 53.6 | 685 | 129 | 6.6 |
| $Bd_2$4/1 | 11.5 | 0.97 | 94 | 38.6 | 608 | 125 | 6.6 |
| $Bc_2$4/1 | 11.5 | 0.94 | 97 | 50.7 | 628 | 142 | 6.5 |
| $Ac_2$4/1 | 11.5 | 0.92 | 93 | 42.8 | 624 | 130 | 6.4 |
| $Bd_7$4/1 | 11.5 | 0.72 | 75 | 63.6 | 519 | 174 | 6.8 |
| $Ba_4$5/6 | 11.2 | 1.17 | 42 | 48.8 | 698 | 133 | 5.8 |
| $Ba_3$5/6 | 11.3 | 0.91 | 100 | 48.9 | 668 | 143 | 6.6 |
| $Ba_2$5/6 | 11.5 | 0.92 | 99 | 40.2 | 629 | 131 | 6.7 |
| $Aa_1$5/6 | 11.2 | 0.92 | 119 | 78.5 | 704 | 129 | 6.4 |
| $Ba_3$5/3 | 10.5 | 0.92 | 85 | 34.8 | 592 | 139 | 6.9 |
| $Ba_2$5/3 | 12.2 | 1.00 | 93 | 35.2 | 626 | 133 | 6.7 |
| $Aa_2$5/3 | 12.1 | 1.10 | 175 | 38.7 | 482 | 142 | 7.2 |
| $Cb_4$3/8 | 7.9 | 0.66 | 135 | 76.2 | 588 | 230 | 5.3 |
| $Cb_4$3/19 | 12.7 | 1.18 | 87 | 44.6 | 597 | 120 | 6.2 |
| $Ae_3$3/1 | 9.9 | 0.69 | 80 | 51.8 | 635 | 139 | 6.3 |
| $Ba_2$3/5 | 11.4 | 0.70 | 74 | 27.8 | 579 | 112 | 6.4 |
| $Ba_3$2/2 | 8.9 | 0.71 | 75 | 28.1 | 578 | 113 | 6.6 |
| $Bc_2$5/5 | 12.5 | 0.94 | 71 | 39.0 | 548 | 142 | 6.1 |
| $Ga_2$5/10 | 12.9 | 1.10 | 91 | 54.2 | 630 | 117 | 6.4 |
| $Ga_2$5/3 | 11.7 | 1.00 | 105 | 54.7 | 621 | 179 | 6.9 |
| $Cb_4$5/14 | 14.3 | 1.30 | 112 | 86.4 | 607 | 196 | 6.8 |

续表

| 土种代码 | 有机质 (g/kg) | 全氮 (g/kg) | 碱解氮 (mg/kg) | 有效磷 (mg/kg) | 缓效钾 (mg/kg) | 速效钾 (mg/kg) | pH |
|---|---|---|---|---|---|---|---|
| $Bf_3$5/3 | 11.1 | 0.95 | 102 | 53.7 | 635 | 131 | 6.6 |
| $Bd_2$5/3 | 10.6 | 0.73 | 96 | 30.5 | 643 | 132 | 6.6 |
| $Bf_3$4/5 | 11.1 | 0.84 | 93 | 35.6 | 563 | 128 | 6.5 |
| $Bf_3$5/1 | 12.9 | 0.97 | 101 | 73.5 | 667 | 157 | 6.5 |
| $Cb_4$5/19 | 12.4 | 1.05 | 108 | 66.9 | 637 | 143 | 6.4 |
| $Bc_2$5/1 | 12.8 | 1.17 | 71 | 34.6 | 778 | 106 | 6.8 |
| $Ga_1$6/1 | 11.6 | 1.07 | 93 | 70.8 | 607 | 173 | 6.1 |
| $Ga_1$6/8 | 10.9 | 0.96 | 102 | 29.9 | 553 | 129 | 7.2 |
| $Bf_3$6/1 | 14.2 | 1.13 | 112 | 31.9 | 671 | 204 | 6.4 |

表 2-8　　不同土种中微量元素的平均含量

| 土属 | 硼 (mg/kg) | 锌 (mg/kg) | 铜 (mg/kg) | 铁 (mg/kg) | 锰 (mg/kg) | 钼 (mg/kg) | 交换镁 (mg/kg) | 交换钙 (mg/kg) | 有效硫 (mg/kg) | 有效硅 (mg/kg) |
|---|---|---|---|---|---|---|---|---|---|---|
| $Aa_1$1/5 | 0.36 | 0.76 | 1.60 | 28.81 | 30.22 | 0.15 | 394 | 3110 | 38.3 | 313.64 |
| $Aa_1$1/6 | 0.26 | 0.78 | 1.28 | 29.40 | 27.24 | 0.11 | 340 | 2728 | 31.2 | 279.55 |
| $Ba_4$5/5 | 0.46 | 0.43 | 0.99 | 40.80 | 13.65 | 0.08 | 420 | 4405 | 50.3 | — |
| $Ba_2$5/5 | 0.43 | 0.66 | 1.98 | 22.71 | 26.29 | 0.14 | 317 | 3187 | 37.7 | 314.66 |
| $Ba_4$5/2 | 0.35 | — | — | — | — | 0.10 | 620 | 2020 | 58.2 | 366.00 |
| $Ba_3$5/2 | 0.45 | 1.07 | 2.12 | 43.55 | 39.19 | 0.16 | 470 | 3542 | 37.9 | 339.13 |
| $Ba_2$5/2 | 0.47 | 1.10 | 1.84 | 33.27 | 33.10 | 0.16 | 386 | 3240 | 56.1 | 259.78 |
| $Aa_2$5/2 | 0.13 | — | — | — | — | — | — | 2780 | — | 259.17 |
| $Cb_4$4/4 | 0.43 | 0.76 | 1.18 | 21.80 | 25.95 | 0.05 | 249 | 2720 | 18.8 | — |
| $Cb_4$4/14 | 0.46 | 0.76 | 1.85 | 33.08 | 35.50 | 0.09 | 415 | 3914 | 27.8 | 342.96 |
| $Bf_3$4/3 | 0.41 | 0.85 | 1.96 | 28.20 | 27.75 | 0.14 | 399 | 3056 | 40.3 | 359.26 |
| $Bf_2$4/3 | 0.47 | 1.17 | 2.05 | 42.60 | 50.72 | 0.18 | 520 | 3840 | 28.6 | 321.01 |
| $Ac_2$4/3 | 0.33 | 1.27 | 2.25 | 46.04 | 45.83 | 0.20 | 298 | 3345 | 76.5 | 331.39 |
| $Cb_4$4/16 | 0.62 | 0.84 | 1.78 | 23.13 | 22.56 | 0.14 | 403 | 3439 | 22.0 | 350.72 |
| $Cb_4$4/19 | 0.42 | 0.87 | 1.84 | 31.70 | 33.25 | 0.13 | 398 | 3730 | 35.5 | 290.28 |
| $Cb_4$4/2 | 0.57 | 0.96 | 2.11 | 34.80 | 35.66 | 0.16 | 363 | 4244 | 40.2 | 273.05 |
| $Ca_1$4/19 | 0.78 | 0.54 | 1.36 | 11.80 | 18.00 | 0.05 | 451 | 2020 | — | — |

续表

| 土属 | 硼 (mg/kg) | 锌 (mg/kg) | 铜 (mg/kg) | 铁 (mg/kg) | 锰 (mg/kg) | 钼 (mg/kg) | 交换镁 (mg/kg) | 交换钙 (mg/kg) | 有效硫 (mg/kg) | 有效硅 (mg/kg) |
|---|---|---|---|---|---|---|---|---|---|---|
| $Bf_3$ 4/1 | 0.37 | 0.97 | 1.97 | 32.78 | 35.75 | 0.14 | 402 | 3331 | 43.1 | 314.05 |
| $Ae_3$ 4/1 | 0.12 | — | — | — | — | — | — | — | — | — |
| $Bf_2$ 4/1 | 0.45 | 1.20 | 1.75 | 33.05 | 37.71 | 0.15 | 374 | 3821 | 38.8 | 295.57 |
| $Bd_2$ 4/1 | 0.42 | 0.99 | 1.99 | 40.89 | 35.49 | 0.13 | 402 | 3073 | 36.7 | 384.69 |
| $Bc_2$ 4/1 | 0.41 | 0.95 | 1.84 | 32.57 | 34.07 | 0.14 | 417 | 3573 | 34.6 | 303.58 |
| $Ac_2$ 4/1 | 0.41 | 1.05 | 1.85 | 39.87 | 32.87 | 0.14 | 404 | 3261 | 41.9 | 355.30 |
| $Bd_7$ 4/1 | 0.26 | 1.37 | 1.96 | 59.00 | 38.50 | — | 440 | 3440 | 32.6 | 248.82 |
| $Ba_4$ 5/6 | 0.31 | 0.50 | 1.22 | 20.40 | 37.77 | 0.09 | 213 | 4207 | 18.9 | 324.01 |
| $Ba_3$ 5/6 | 0.39 | 0.98 | 2.00 | 37.78 | 35.96 | 0.13 | 382 | 3353 | 39.4 | 317.85 |
| $Ba_2$ 5/6 | 0.40 | 0.97 | 1.91 | 31.00 | 37.17 | 0.14 | 372 | 3082 | 36.8 | 322.56 |
| $Aa_1$ 5/6 | 0.33 | 1.21 | 2.35 | 47.46 | 38.97 | 0.18 | 441 | 3053 | 52.3 | 320.34 |
| $Ba_3$ 5/3 | 0.37 | 0.87 | 1.92 | 33.20 | 40.37 | 0.15 | 503 | 3155 | 33.5 | 375.84 |
| $Ba_2$ 5/3 | 0.46 | 0.80 | 1.48 | 36.90 | 36.38 | 0.14 | 407 | 3103 | 31.2 | 260.42 |
| $Aa_2$ 5/3 | 0.45 | 0.84 | 1.88 | 30.93 | 33.00 | 0.09 | 438 | 2780 | 21.7 | 256.45 |
| $Cb_4$ 3/8 | 0.74 | 1.78 | — | 18.80 | 22.20 | 0.10 | — | 3780 | — | — |
| $Cb_4$ 3/19 | 0.46 | 1.09 | 2.07 | 47.73 | 46.84 | 0.03 | 313 | 2757 | 32.6 | 288.58 |
| $Ae_3$ 3/1 | 0.37 | 0.66 | 2.22 | 54.58 | 41.58 | 0.16 | 433 | 3800 | 43.7 | 319.34 |
| $Ba_2$ 3/5 | 0.46 | 0.91 | 2.21 | 42.96 | 41.11 | 0.11 | 518 | 4102 | 25.4 | 278.11 |
| $Ba_3$ 2/2 | 0.36 | 0.68 | 1.28 | 21.90 | 25.80 | — | 368 | 2854 | 29.4 | 454.13 |
| $Bc_2$ 5/5 | 0.41 | 1.03 | 2.13 | 28.20 | 24.13 | 0.15 | 534 | 4154 | 50.6 | 243.75 |
| $Ga_2$ 5/10 | 0.42 | 1.90 | 2.80 | 23.30 | 25.60 | 0.17 | 565 | — | 18.8 | 250.42 |
| $Ga_2$ 5/3 | 0.50 | 1.29 | 2.22 | 45.39 | 36.93 | 0.16 | 445 | 2914 | 30.2 | 265.23 |
| $Cb_4$ 5/14 | 0.48 | 0.87 | 1.94 | 31.77 | 38.43 | 0.15 | 386 | 2776 | 37.5 | 275.98 |
| $Bf_3$ 5/3 | 0.48 | 1.05 | 2.18 | 33.54 | 41.56 | 0.11 | 478 | 3424 | 36.4 | 300.45 |
| $Bd_2$ 5/3 | 0.50 | 1.22 | 1.47 | 23.60 | 26.18 | 0.15 | 393 | 3440 | 30.4 | 328.42 |
| $Bf_3$ 4/5 | 0.46 | 1.01 | 1.81 | 25.71 | 29.36 | 0.21 | 395 | 3135 | 36.0 | 392.10 |
| $Bf_3$ 5/1 | 0.46 | 0.53 | 1.74 | 26.91 | 27.94 | 0.16 | 294 | 3678 | 44.0 | 182.36 |
| $Cb_4$ 5/19 | 0.61 | 1.09 | 2.70 | 27.00 | 22.38 | 0.13 | 309 | 3617 | 18.1 | 240.75 |
| $Bc_2$ 5/1 | 0.67 | 0.75 | 2.40 | 61.20 | 60.90 | 0.27 | 441 | 2880 | 79.9 | — |
| $Ga_1$ 6/1 | 0.44 | 0.57 | 1.54 | 20.80 | 24.77 | 0.05 | 410 | 1920 | 28.1 | 413.03 |
| $Ga_1$ 6/8 | 0.38 | 1.25 | 2.22 | 45.40 | 23.43 | 0.10 | 467 | 2645 | 20.9 | 345.19 |
| $Bf_3$ 6/1 | 0.44 | 0.65 | 1.80 | 12.68 | 29.92 | 0.12 | 333 | 4040 | 24.6 | 407.55 |

## 二、土壤种类及分布

(一)棕壤土类(代号 A)

棕壤是全市分布面积较小的一个土类,主要分布于市境西南部的柘山、吾山、大盛等镇的部分地区,东北部新安街道办事处等也有分布,面积为 14246.8hm$^2$,占可利用土地面积的 14.8%。

棕壤通体以棕色或棕褐色为主,有明显的淋溶淀积作用,黏粒下移形成黏重的心土层,在自然剖面上"剥离"结构为柱状或扁柱状,垂直裂隙明显,结构面多覆有铁锰胶膜,底部有铁子、铁管存在。棕壤具有较强的淋溶作用,可溶盐类(特别是碳酸盐)被淋洗,通体无石灰反应,土壤呈中性至微酸性,pH 为 6~6.5。

本次地力评价化验耕层有机质含量为 10.4g/kg,较 1982 年增加 3.1g/kg;全氮含量为 0.82g/kg,较 1982 年增加 0.09g/kg;碱解氮含量为 96mg/kg,较 1982 年增加 47mg/kg;有效磷含量为 23.2mg/kg,较 1982 年增加 20.1mg/kg;速效钾含量为 122mg/kg,较 1982 年增加 50mg/kg;pH 为 6.4;有效硼含量为 0.36mg/kg,较 1982 年增加0.08mg/kg;有效锌含量为 0.89mg/kg,较 1982 年增加 4.7mg/kg;有效锰含量为 34.09mg/kg,较 1982 年减少 124.41mg/kg;有效钼含量为 0.15mg/kg,较 1982 年增加 0.09mg/kg;土壤容重为 1.27g/cm$^3$,比 1982 年减少 0.02g/cm$^3$;孔隙度为 54.6%,较 1982 年增加 0.6%。

1.棕壤性土亚类(代号 Aa)

棕壤性土俗称"石碴土"、"红砂土"等,主要分布在棕壤区各镇低山丘陵中上部,面积为 10913.4hm$^2$,占可利用土地面积的 11.4%。

该亚类发育在低山丘陵上部的酸性岩类和基性岩类风化形成的母质上,母质多为残积坡积物。该亚类土层浅薄,砾石含量多,质地粗细不一,无心土层,表土以下即为风化半风化母岩,养分缺乏,干旱严重,主要种植地瓜、黄烟、花生等,也有的用于发展林果。

因土层浅薄,漏水、漏肥,水土流失严重,故应以加强水土保持为主,大搞植树造林,封山绿化。对部分土壤瘠薄、产量低的农田,也应逐步退耕还林,用于发展林果生产。

棕壤性土分为 2 个土属、5 个土种。

(1)酸性岩类土属(代号 $Aa_1$)。该土属主要分布在大盛镇西部的西北山头、白石岭,吾山镇的南家官庄、杏山沟一带。柘山镇绝大部分低山丘岭中下部均属此类,东部新安、石堆等镇的部分丘岭也有零星分布。该土属的面积为 10371.8hm$^2$,占可利用土地面积的 10.8%,共分 3 个土种。

①粗砂土表薄层酥石硼酸性岩类棕壤性土(代号 $Aa_1$1/5):该土种是棕壤性土亚类中面积最大的一个土种,面积为 7577.3hm$^2$,占可利用土地面积的 7.9%。其分布同土属所述,pH 为 6.6。该土种土层浅薄,养分缺乏,干旱严重,不适于农作物生长,应退耕还林,封山绿化,搞好水土保持。

②轻壤表中层酥石硼酸性岩类棕壤性土(代号 $Aa_1$5/6):该土种主要分布在安丘市境东部新安街道办事处的大明官庄、葛家庄以及石堆镇的刘洼子官庄、沟头村一带,面积为 1770.3hm$^2$,占可利用土地面积的 1.8%,pH 为 7。该土种土层浅薄,土壤结构性差,应努

力发展水利灌溉，增施有机肥，种植地瓜、黄烟、花生等作物。

③粗砂土表中层酥石硼酸性岩类棕壤性土（代号 $Aa_1$1/6）：该土种主要分布在安丘市境西部柘山镇的程家车庄、曹家河及尚庄水库附近一带，面积为 570.1hm²，占可利用土地面积的 0.6%。该土种土层浅薄，土壤结构性差，应努力发展水利灌溉，增施有机肥，种植地瓜、黄烟、花生等作物。

（2）基性岩类土属（代号 $Aa_2$）。该土属分布在棕壤区各镇低山丘陵，主要分布在凌河、柘山、吾山等镇，面积为 541.6hm²，占可利用土地面积的 0.57%，共分 2 个土种。

①轻壤表薄层硬石底基性岩类棕壤性土（代号 $Aa_2$5/2）：该土种主要分布在柘山镇王家沟、张家宅等村，面积为 71.0hm²，占可利用土地面积的 0.1%，pH 为 6.5。该土种土层浅薄，养分含量低，水土流失严重，无水浇条件，应退耕还林，发展林果生产。

②轻壤表中层硬石底基性岩类棕壤性土（代号 $Aa_2$5/3）：该土种主要分布在吾山镇东部朱家官庄、大安、王家庄子等村，面积为 595.2hm²，占可利用土地面积的 0.4%，pH 为 6.5。该土种土层浅薄，养分含量低，水土流失严重，无水浇条件，应退耕还林，发展林果生产。

2. 棕壤亚类（代号 Ac）

棕壤俗称"红土"、"红黏土"等，主要分布在棕壤区山岭中下部坡麓梯田及岭间沟谷梯田，面积为 2125.6hm²，占可利用土地面积的 2.2%。

该亚类的剖面特征同土类。该土属土层深厚，通体壤质，质地适中，供肥能力强，保肥能力一般，养分含量低，水浇条件差，应增施肥料，实行配方施肥，发展灌溉，种植小麦、玉米、地瓜、花生等作物。

该亚类划分了 1 个土属，该土属共划分 2 个土种。

①轻壤表均质洪积物棕壤土（代号 $Ac_2$4/1）：该土种主要分布在凌河、吾山、柘山等镇的沟谷梯田，面积为 1531.1hm²，占可利用土地面积的 1.6%，pH 为 6.9。该土种表层质地轻壤，夹有少量砾石，土体构型均壤质，土层较深厚，耕性良好，但土壤结构一般，漏肥、漏水较重，土壤养分含量低，有水土流失现象。

②轻壤表厚黏心洪积物棕壤土（代号 $Ac_2$4/3）：该土种主要分布在新安街道办事处的冯家庄、姜家庄、西石马坟庄、马连官庄一带，面积为 594.5hm²，占可利用土地面积的 0.6%，pH 为 6.9。该土种表层质地轻壤，耕性良好，但黏土层出现部位浅，阻碍作物根系下扎，影响通气透水性，养分含量低，应深翻改土，加厚活土层，增施有机肥料和化学肥料，培肥地力，广开水源，发展灌溉。

3. 潮棕壤亚类（代号 Ae）

潮棕壤俗称"红黏土"、"黑土"等，在安丘市分布面积较小，主要分布在吾山镇杨家沟、墨黑、崖洼一带，柘山镇的隋家沟、南张庄一带也有分布，面积为 1207.9hm²，占可利用土地面积的 1.3%。此亚类发育在洪积冲积母质上，通体棕色或棕褐色，有明显的淋溶淀积作用，心土层较黏重，剖面下层有明显的锈纹、锈斑，通体无石灰反应，pH 为 6.5 左右。

该亚类表层质地轻壤，土体构型均壤质，土层深厚，耕性好，但保肥能力较差，养分含量低，氮、磷比例失调，应增施有机肥料和磷、钾肥，培肥地力，协调氮、磷比例，发展灌溉，建设高产、稳产田。

潮棕壤亚类共分 1 个土属、2 个土种。

①轻壤表均质洪积冲积物潮棕壤土(代号 $Ae_3$ 4/1):该土种主要分布在吾山镇杨家沟、墨黑、崖汁、贾孟一带,面积为 270.1hm²,占可利用土地面积的 0.3%,pH 为 6.7。该土种土层深厚,质地适中,供肥性强,保肥性差,养分含量低,氮、磷比例失调严重,应增施有机肥料,提倡秸秆还田,增施磷肥,培肥土壤。

②砂壤表均质洪积冲积物潮棕壤土(代号 $Ae_3$ 3/1):该土种主要分布在柘山镇张家宅、谭家秋峪、夏家秋峪、郭家秋峪一带,面积为 171.2hm²,占可利用土地面积的 0.1%,pH 为 6.6。该土种土层浅薄,干旱严重,质地偏砂,漏肥、漏水,有机质含量较低,磷素缺乏,应增施磷肥,协调氮、磷比例,适宜种植地瓜、花生、黄烟等耐旱作物。

(二)褐土土类(代号 B)

褐土是安丘市面积最大的一个土类,各乡镇均有分布,面积为 59157.2hm²,占可利用土地面积的 61.6%。褐土剖面通体棕褐色或褐色,由耕作层、淀积黏化层和钙积层三个基本层段组成,剖面中分布有假菌丝体。由于黏粒有由表层向下移动的过程,故心土层较黏重,并有明显的胶膜淀积,底土层有时可发现小型石灰结核(砂姜),土壤呈中性至微碱性,pH 为 7~7.5。

1982 年化验耕层全氮含量为 0.64g/kg、碱解氮含量为 67mg/kg、有效磷含量为 4.6mg/kg、速效钾含量为 82mg/kg、有机质含量为 9.7g/kg、pH 为 7.4、有效硼含量为 0.28mg/kg、有效锌含量为 0.42mg/kg、有效锰含量为 158.5mg/kg、有效钼含量为 0.06mg/kg、土壤容重为 1.25g/cm³、孔隙度为 53.2%。

本次地力评价化验耕层全氮含量为 0.94g/kg、碱解氮含量为 95mg/kg、有效磷含量为 25.2mg/kg、速效钾含量为 137mg/kg、有机质含量为 11.4g/kg、pH 为 6.6、有效硼含量为 0.41mg/kg、有效锌含量为 0.94mg/kg、有效锰含量为 34.69mg/kg、有效钼含量为 0.14mg/kg、土壤容重为 1.23g/cm³、孔隙度为 53.8%。与 1982 年相比,土壤有机质、全氮、碱解氮、有效磷、速效钾、大部分微量元素及孔隙度均提高,pH、有效锰、土壤容重降低。

褐土土类共划分 4 个亚类、28 个土种。

1.褐土性土亚类(代号 Ba)

褐土性土俗称"石碴土"、"岭砂土",广泛分布于安丘市低山丘陵上部,面积为 22321.1hm²,占可利用土地面积的 23.3%。

褐土性土是褐土地带内一种粗骨薄层土壤,剖面发育不完全,无心土层,表土层以下为风化半风化母岩,土层浅薄且夹杂大量的粗砂、砾石,水土流失严重,现多种植地瓜、黄烟、花生等,部分辟为果园、林地。

褐土性土亚类所处地形部位高,坡度大,土层浅薄,水土流失严重,多为重度片蚀,土壤中砾石含量较多,结构性很差,养分缺乏,干旱严重,作物生长受到很大限制,应整修梯田,加强水土保持,广开水源,发展灌溉,增施肥料,特别是增施有机肥,种植地瓜、黄烟、花生等耐旱作物。对土层极薄、水土流失严重地段应退耕还林、还果。

褐土性土亚类共分 3 个土属、12 个土种。现将其主要土种描述如下:

(1)基性岩类土属(代号 $Ba_2$)。该土属主要分布在石埠子、辉渠、兴安、大盛、新安等乡镇山丘中上部，面积为 13531.4hm$^2$，占可利用土地面积的 14.1%。

①轻壤表薄层酥石硼基性岩类褐土性土（代号 $Ba_2$5/5）：该土种主要分布在辉渠镇的夏坡，石埠子镇的孝人泉、西刘家庄子，兴安街道办事处的尚家庄，大盛镇的黑山，新安街道办事处的魏家埠等村，面积为 2210.9hm$^2$，占可利用土地面积的 2.3%，pH 为 7。该土种土层浅薄，无水浇条件，但由于多年耕种施肥，表层养分含量较高，应培埂筑堰，保持水土，种植地瓜、花生等作物。

②轻壤表中层硬石底基性岩类褐土性土（代号 $Ba_2$5/3）：该土种主要分布在辉渠镇的赵家沟、胡家旺，石埠子镇的保国山、柳河峪、蓑衣沟等村，面积为 1705.2hm$^2$，占可利用土地面积的 1.8%，pH 为 6.8。该土种质地适中，土层浅，易漏肥水，干旱严重，但有机质丰富，养分含量较高，应注意保持水土，发展灌溉，种植地瓜、花生、黄烟等作物。

(2)钙质岩类土属（代号 $Ba_3$）。该土属广泛分布于安丘市褐土区低山丘陵上，是褐土性土亚类中面积最大的一个土属，面积为 8239.6hm$^2$，占可利用土地面积的 8.6%。现将其主要土种描述如下：

①轻壤表中层酥石硼钙质岩类褐土性土（代号 $Ba_3$5/6）：该土种主要分布在景芝镇的鹿家庄子、山前、伏戈庄，金冢子镇的岳家店子、南戈庄，大汶河的西许、小杨戈，官庄镇的别家屯、陆家庄子，大盛镇的牛沐、小安子等村以及兴安、金冢子两镇交界的老鼠岭，面积为 4384.3hm$^2$，占可利用土地面积的 4.6%，是褐土性亚类中面积最大的一个土种，pH 为 7.4。该土种所处地形部位较高，有水土流失现象，土层浅薄，养分含量低，干旱严重，应修堰培埂，保持水土，增施肥料，培肥地力，种植耐旱作物地瓜、黄烟、花生等。

②轻壤表中层硬石底钙质岩类褐土性土（$Ba_3$5/3）：该土种主要分布于辉曲镇的莲花官庄、杏山子、洞西头等村的岭坡梯田上，面积为 1410.3hm$^2$，占可利用土地面积的 1.5%，pH 为 7.1。该土种土层浅薄，干旱严重，质地偏砂，漏肥、漏水，有机质含量较低，磷素缺乏，应增施磷肥，协调氮、磷比例，种植地瓜、花生、黄烟等耐旱作物。

2. 淋溶褐土亚类（代号 Bc）

淋溶褐土俗称“黄土”，广泛分布于褐土区山丘中下部，在棕壤区与棕壤呈复域存在，分布面积较大的镇有辉渠、兴安、大盛、凌河、石堆、景芝等。

该亚类母质为洪积物，所处地形部位较高，土壤淋溶作用强烈，1m 土层内无钙积层，无假菌丝体，无石灰反应，剖面中下部有胶膜与铁子淀积，底层有时有小型石灰结核（砂姜），有微弱石灰反应，土壤呈中性至微酸性，pH 为 6.5～7。该亚类只有 1 个土属，面积为 18194.1hm$^2$，占可利用土地面积的 19%。

该土壤表层质地多为轻壤，土体构型均壤质，物理性状良好，但养分含量不足，有侵蚀现象，无灌溉条件，应整地改土，增施肥料，培肥地力，兴修水利，发展灌溉。平缓地带可种植小麦、玉米等作物，坡度大、灌溉困难的地带可种植地瓜、花生、黄烟等作物。

该土属共分为 4 个土种。

①轻壤表均壤质洪积淋溶褐土（代号 $Bc_2$4/1）：该土种主要分布在大盛镇的马疃、牛家沟，吾山镇的张家庄、马家旺，凌河镇的东浒崖、温泉，新安街道办事处的才子官庄，景芝镇的大胡埠、埠口，辉渠镇的旧庙、小祖官、大寿山，石埠子镇的北郎庄、胡峪，凌河镇的田家庄，柘山镇的阿陀，兴安街道办事处的北新村，石堆镇的邵家庄，新安街道办事处的后杨

戈、朱戈庄等村，面积为 17401.5hm$^2$，占可利用土地面积的 18.1%，是淋溶褐土亚类中面积最大的一个土种，pH 为 6.4。该土种表层质地轻壤，土体构型均壤质，具有良好的供肥性能，但保肥能力较差，氮素含量较丰富，磷素含量较低，多数无水浇条件，应结合整地改土，增施有机肥和磷肥，广开水源，引水灌溉。

②轻壤表厚黏心洪积淋溶褐土(代号 $Bc_2 4/3$)：该土种主要分布在新安街道办事处的葛家庄、辛家庄、东夹埠、王家坟庄一带，面积为 68.9hm$^2$，占可利用土地面积的 0.1%，pH 为 7。该土种表层质地适中，养分含量较高，但耕层浅薄，黏土层出现部位高，阻碍作物根系下扎，影响通气透水，应深翻改土，不断加深耕作层，同时注意增施肥料，发展灌溉，种植地瓜、黄烟、玉米等作物。

③中壤表厚黏腰洪积淋溶褐土(代号 $Bc_2 5/5$)：该土种主要分布在吾山镇西北南逄村、梁家庄、泥沟子、张家沟、小营村一带，面积为 303.8hm$^2$，占可利用土地面积的 0.2%，pH 为 7。该土种表层质地适中，养分含量较高，但耕层浅薄，黏土层出现部位高，阻碍作物根系下扎，影响通气透水，应深翻改土，不断加深耕作层，同时注意增施肥料，发展灌溉，种植地瓜、黄烟、玉米等作物。

④中壤表均壤质洪积淋溶褐土(代号 $Bc_2 5/1$)：该土种主要分布在石埠子镇北东张相村、西张相村、东刘家庄子村一带，面积为 531.9hm$^2$，占可利用土地面积的 0.37%，pH 为 7。该土种表层质地适中，但耕层浅薄，阻碍作物根系下扎，影响通气透水，应深翻改土，不断加深耕作层，增施肥料，发展灌溉，种植地瓜、黄烟、玉米等作物。

3. 褐土亚类(代号 Bd)

褐土亚类俗称“黄土”等，在安丘市分布面积较小，主要分布在凌河、柘山、石埠子、金冢子、兴安、官庄等乡镇，面积为 2028.4hm$^2$，占可利用土地面积的 2.1%。该土壤表层质地轻壤，土层深厚，物理性状良好，但养分含量低，灌溉条件差，应深翻整平土地，增施有机肥和磷肥，培肥地力，充分挖掘水源，扩大灌溉面积。

褐土亚类共分 2 个土属。

(1)洪积物土属(代号 $Bd_2$)。该土属的面积为 1907.4hm$^2$，占可利用土地面积的 2%，主要分布在官庄、金冢子、柘山、石埠子等镇的坡麓梯田及沟谷梯田。

该土属共有 2 个土种。

①轻壤表均质洪积褐土(代号 $Bd_2 4/1$)：该土种主要分布在金冢子镇西下里戈庄村、尧沟村、任家屯村一带，面积为 705.1hm$^2$，占可利用土地面积的 0.48%。

②中壤表厚黏心洪积褐土(代号 $Bd_2 5/3$)：该土种主要分布在官庄西北张家沙沟、大阿陀、小阿陀，官庄南桃园、花家岭、东小泉村一带，面积为 1529.9hm$^2$，占可利用土地面积的 1.04%。该土种土体深厚，通体壤质，pH 为 7 左右，供肥、保肥力强，土壤肥力中等，水浇条件差，应增施有机肥和化肥，发展水利灌溉，充分发挥土壤的生产能力。

(2)黄土状母质土属(代号 $Bd_7$)。该土属的面积为 121hm$^2$，占可利用土地面积的 0.1%。该土属只有 1 个土种，即轻壤表均壤质黄土状母质褐土(代号 $Bd_7 4/1$)，集中分布在凌河镇的桃园、后河、温泉、范家庄一带，沟蚀严重。该土种土体深厚，通体壤质，易耕作，物理性状较好，pH 为 7.1，但养分含量低，水浇条件差，应增施有机肥料，培肥地力，引水灌溉，种植花生、地瓜、玉米、黄烟等作物。

4. 潮褐土亚类(代号 Bf)

潮褐土俗称"黑黄土"、"油黄土"等,广泛分布于褐土区各乡镇的低平地,面积较大的有新安、石埠子、凌河、兴安、辉渠、石堆、官庄、景芝等乡镇,安丘市分布面积为 16613.6hm$^2$,占可利用土地面积的 17.3%。

潮褐土亚类的成土母质为洪积冲积物,所处地形部位较低,潜水埋深为 3m 左右,心土层有黏化现象,底土层有铁锰结核和锈纹、锈斑,土层深厚,适种作物广泛。潮褐土亚类表层质地壤质,部分重壤,土体构型较复杂,多为厚黏心或厚黏腰,大部分均壤质,少部分均黏质,保水性能良好,是较好的土壤类型之一,但有些地块黏土出现部位浅,影响通气透水和作物根系下扎,重壤表土不易耕作,应深耕改土,客土掺砂,改良结构,增施有机肥料,健全排溉系统,做到能灌能排,旱涝保收。

潮褐土亚类共分 2 个土属、9 个土种。

(1)洪积土属(代号 $Bf_2$)。该土属主要分布在兴安、大汶河、新安、景芝、辉渠、官庄等乡镇,面积为 3476.3hm$^2$,占可利用土地面积的 3.6%。

该土属共分 2 个土种。

①轻壤表均壤质洪积潮褐土(代号 $Bf_2$4/1):该土种主要分布在兴安街道办事处的大苇园、水码头,官庄镇的宋家井子、孔家庄,大汶河的邵家埠、大沙埠,新安街道办事处的韩家庄子等村,面积为 1890.3hm$^2$,占可利用土地面积的 2%。该土种通体壤质,土层深厚,易耕作,供肥能力强,pH 为 7.2,适种作物广泛,是较好的土种,应增施肥料,尤其要重施钾肥,培肥地力,要充分利用水源条件,发展机井灌溉,缩短轮灌周期,要合理安排作物布局,注重培肥地力,做到用地、养地相结合。

②轻壤表厚黏心洪积潮褐土(代号 $Bf_2$4/3):该土种主要分布在金冢子镇西北的后舒角埠、西金堆、坊子、三河、草甸子、沙岭等村,面积为 2158hm$^2$,占可利用土地面积的 1.49%。该土种通体壤质,土层深厚,易耕作,保肥能力强,pH 为 7.2,适种作物广泛,是较好的土种,应增施肥料,尤其要重施钾肥,培肥地力,要充分利用水源条件,发展机井灌溉,缩短轮灌周期。

(2)洪积冲积土属(代号 $Bf_3$)。该土属广泛分布于褐土区各乡镇洪积冲积平原,面积较大的镇有新安、赵戈、辉渠、官庄、兴安、石埠子、石堆、王家庄子等,面积为 13137.4hm$^2$,占可利用土地面积的 13.7%。

该土属共分 7 个土种。现将其主要土种描述如下:

①轻壤表均壤质洪积冲积潮褐土(代号 $Bf_3$4/1):该土种主要分布于新安街道办事处的张家埠和庄家院庄,辉渠镇的官公、大祖官,石埠子镇的韩寺庄等村,面积为 4998.1hm$^2$,占可利用土地面积的 5.2%。该土种土层深厚,质地适中,适耕期长,具有较好的供肥、保肥性能,pH 为 7.4,物理性状良好,有机质含量丰富,但速效养分含量偏低,应增施肥料,合理轮作,不断提高土壤肥力,要利用水利资源,发展灌溉,建成高产、稳产田。

②轻壤表厚黏心洪积冲积潮褐土(代号 $Bf_3$4/3):该土种主要分布在石堆镇孟戈、马踏泉、店子,景芝镇的西王官疃,辉渠镇的王坟、东小庄,新安街道办事处的庵上等村,面积为 2695.4hm$^2$,占可利用土地面积的 2.8%。该土种质地轻壤,易耕作,但耕作层浅,下有

黏土障碍层，不利作物生长，土壤养分除有机质含量较丰富外，其他均不足，pH 为 7.5，应逐年深翻，加厚耕作层，熟化土壤，应增施肥料，培肥地力，发展灌溉，做到旱涝保收。

③中壤表厚黏腰洪积冲积潮褐土（代号 $Bf_3$5/5）：该土种主要分布在辉渠镇的代家坡、中峒峪，石埠子镇的南郎庄、岐山，官庄镇的清河店子、老桥北头等村，面积为 1421.8hm²，占可利用土地面积的 1.5%，pH 为 7。该土种土体深厚，上有较厚的疏松耕作层，根系生长范围内质地壤质，供肥能力强，80cm 以下为黑色黏土层，保肥、保水性能好，是理想的土体构型，但土壤有机质含量不高，速效性氮、磷、钾含量都很低。养分含量低是实行掠夺性生产所致，应注意增施肥料，合理轮作，适当种植绿肥，做到用地、养地相结合，使土壤具有较高的肥力，能够持续生产。

④中壤表均壤质洪积冲积潮褐土（代号 $Bf_3$5/1）：该土种主要分布于景芝镇东的周水崖、李水崖、老庄子、宋官疃、万戈庄等村，面积为 592.3hm²，占可利用土地面积的 0.4%。该土种土层深厚，质地适中，适耕期长，具有较好的供肥、保肥性能，pH 为 6.5，物理性状良好，有机质含量丰富，速效养分含量丰富，要搞好水利建设，建成高产、稳产田。

⑤重壤表均黏质洪积冲积潮褐土（代号 $Bf_3$6/1）：该土种主要分布于景芝镇西南的吉台官庄、黄泥泉、孟家官庄、班家庄、山前等村，面积为 825.7hm²，占可利用土地面积的 0.57%。该土种土层深厚，质地较黏，适耕期短，具有较好的供肥、保肥性能，pH 为 6.4，物理性状一般，有机质、碱解氮、有效磷、速效钾含量丰富，应增施肥料，合理轮作，不断提高土壤肥力，要利用水利资源，发展灌溉，建成高产、稳产田。

⑥中壤表厚黏心洪积冲积褐土（代号 $Bf_3$5/3）：该土种主要分布在官庄镇丁家庄、店子、辛庄子、朵戈庄、老庄村，辉渠镇的王坟、东小庄，兴安街道办事处的罗家庄、柳行、三十里铺，新安街道办事处的小洼、大洼、东周家庄等村，面积为 3226.3hm²，占可利用土地面积的 2.18%。该土种质地中壤，耕性一般，下有黏土障碍层，不利作物生长，土壤有机质含量较少，pH 为 6.6，应逐年深翻，加厚耕作层，熟化土壤，应增施肥料，培肥地力，发展灌溉，做到旱涝保收。

（三）潮土土类

潮土主要分布在景芝、凌河等乡镇的冲积平原及汶、潍、渠河流域，面积为 16240.4hm²，占可利用土地面积的 16.9%。它是直接发育在河流沉积物上，受潜水影响形成的一类土壤。成土物质颗粒的粗细，不仅在于面上有分选差异，而且在同一剖面中也有不同的质地层次排列。整个剖面层次分明，各层次和色泽均一，中下部有明显的锈纹、锈斑和铁锰结核。土壤呈中性至微碱性，pH 为 7～8。

1982 年，化验耕层全氮含量为 0.61g/kg、碱解氮含量为 71mg/kg、有效磷含量为 6.5mg/kg、速效钾含量为 74mg/kg、有机质含量为 9.7g/kg、pH 为 7.4、有效硼含量为 0.28mg/kg、有效锌含量为 0.42mg/kg、有效锰含量为 158.5mg/kg、有效钼含量为 0.06mg/kg、土壤容重为 1.26g/cm³、孔隙度为 53.2%。

本次地力评价化验耕层全氮含量为 0.99g/kg、碱解氮含量为 101mg/kg、有效磷含量为 43.2mg/kg、速效钾含量为 152mg/kg、有机质含量为 12.1g/kg、pH 为 6.5、有效硼含量为 0.45mg/kg、有效锌含量为 0.91mg/kg、有效锰含量为 33.69mg/kg、有效钼含量为 0.14mg/kg、土壤容重为 1.22g/cm³、孔隙度为 53.9%。与 1982 年相比，土壤有机质、全氮、碱解氮、有效磷、速效钾、部分微量元素及孔隙度均提高，pH、有效锰、容重降低。

潮土表层为壤质，土体构型多为均壤质和厚黏腰，质地适中，耕性好，具有较好的保肥、供肥性能，地下水源丰富，水质好，是安丘市主要粮食生产基地。

潮土共 2 个亚类、2 个土属、10 个土种。

1. 褐土化潮土亚类(代号 Ca)

褐土化潮土俗称“黑黄土”、“潮黄土”等，发育在潮土区地形较高的河漫滩高地上，潜水埋深为 3～5m，受潜水影响较弱，土壤上部有明显的褐化特征，心土层有假菌丝体和黏粒胶膜，底土层有锈纹、锈斑，土壤呈中性至微碱性，pH 为 7～8，面积为 133hm$^2$，占可利用土地面积的 0.1%。褐土化潮土只有 1 个土属、1 个土种。

轻壤表均壤质褐土化潮土(代号 Ca4/19)：该土种主要分布于新安街道办事处的于家营、范家庄、焦家庄、桥北头等村，面积为318.6hm$^2$，占可利用土地面积的 0.23%，pH 为7.6。该土种表层质地轻壤，土体构型均壤质，土体深厚，质地适中，易耕作，物理性状良好，供肥能力强，保肥能力差，土壤有机质、碱解氮含量中等，磷素缺乏，钾素含量低，应增施有机肥料，提倡秸秆还田，合理施用磷、钾肥。

2. 潮土亚类(代号 Cb)

潮土俗称“二合土”，广泛分布于潮土区各乡镇，面积为 16107.3hm$^2$，占可利用土地面积的 16.8%。该亚类所处地形部位比褐土化潮土低，成土母质为河流冲积物。

该亚类剖面特征同土类，表层质地多为轻壤或中壤，少为砂壤，土体构型以均壤质为多，厚黏心、厚黏腰次之，少部分为厚砂心或厚砂腰。该亚类土层深厚，熟化程度高，通透性好，供肥能力强，但土壤养分含量偏低，缺磷、缺钾，应增施有机肥料，重施磷、钾肥，稳施氮肥。

潮土亚类只有河潮土 1 个土属，该土属有 9 个土种。现将其主要土种简述如下：

①轻壤表均壤质非石灰性河潮土(代号 $Cb_4$4/19)：该土种主要分布于景芝镇的葛家庄、油坊，大汶河的赵家村、韩家村，新安街道办事处的韩吉、张排、朱旺，官庄镇的西利见，石埠子镇的大店、许家庄，大盛镇的大官庄，凌河镇的刘家陡沟等村，面积为 10444.8hm$^2$，占可利用土地面积的 10.9%，pH 为 7。该土种土体深厚，通体壤质，通透性良好，适耕期长，供肥、保肥性能良好，土壤养分除碱解氮较高外，其余均不足，应增施有机肥料和磷、钾肥，做到用地、养地相结合。

②轻壤表厚黏腰非石灰性河潮土(代号 $Cb_4$4/16)：该土种主要分布在景芝镇的田岗、洛岗、东西小石埠，面积为 1216.4hm$^2$，占可利用土地面积的 1.3%，pH 为 6.9。该土种土层深厚，耕层质地适中，80cm 以上为壤质土层，80cm 以下为黑色黏土层，具有良好的保肥、供肥性能，是理想的土体构型，俗称为“蒙金地”，但土壤养分含量低，应施有机肥料，提倡秸秆还田，合理轮作，用养结合，要增施氮肥，重施磷、钾肥，协调比例，提高肥效。

③中壤表厚黏心非石灰性河潮土(代号 Cb5/14)：该土种主要分布在景芝镇的田岗、洛岗，石埠子镇的城后、张靳、赵家营、南仕居园，面积为 1870.9hm$^2$，占可利用土地面积的1.9%，pH 为 7。该土种耕层质地为中壤，耕性及保肥、保水性能良好，但黏土层出现部位较高，对作物根系下扎和底部养分的吸收有限制，应深耕熟化土壤，增厚活土层，并要增施有机肥料，培肥地力，提高作物产量。

④砂壤表均砂质非石灰性河潮土(代号 $Cb_4 3/19$):该土种主要分布于石埠子镇的石埠子三村、石埠子四村、石埠子五村、王家庄村,凌河镇的大芷坊村,新安街道办事处的和洽、丘西,兴安街道办事处的凉水湾头、西小河崖等村,面积为 2436.7hm²,占可利用土地面积的 1.64%,pH 为 6.2。该土种土体深厚,通体壤质,通透性良好,适耕期长,供肥性能良好,保肥性差,土壤养分中等偏下,应增施有机肥料和磷、钾肥,做到用地、养地相结合。

⑤中壤表均壤质非石灰性河潮土(代号 $Cb_4 5/19$):该土种主要分布于新安街道办事处的尧洼、陈家庄、徐家庄、曹家楼子、周家楼、东刘家庄等村,面积为 1266.5hm²,占可利用土地面积的 0.84%,pH 为 6.4。该土种土体深厚,通体壤质,通透性良好,适耕期长,供肥、保肥性能良好,土壤养分较丰富。

⑥轻壤表厚砂腰非石灰性河潮土(代号 $Cb_4 4/4$):该土种主要分布于景芝镇的后屯村、王家彭旺、丰田村、鞠家庄子等村,面积为 523.8hm²,占可利用土地面积的 0.33%,pH 为 7。该土种土体深厚,通透性良好,适耕期长,供肥性能良好,保肥性差,土壤养分丰富。

⑦砂壤表厚壤心非石灰性河潮土(代号 $Cb_4 3/8$):该土种主要分布于凌河镇的水泊、偕户、关王庙等村,面积为 284.1hm²,占可利用土地面积的 0.17%,pH 为 6。该土种土体深厚,通透性良好,适耕期长,供肥性能良好,保肥性差,土壤有机质低,土壤养分易流失,应增施有机肥料和氮、磷、钾肥,提高土壤有机质含量,提高土壤保肥能力。

⑧轻壤表厚黏心非石灰性河潮土(代号 $Cb_4 4/14$):该土种主要分布于景芝镇的小李岗村、油坊场村、前屯,大盛镇西田庄、东田庄等村,面积为 729.5hm²,占可利用土地面积的 0.49%,pH 为 6.6。该土种土体深厚,通透性好,适耕期长,供肥、保肥性能良好,土壤有机质氮、磷、钾适宜,应增施有机肥料和氮、磷、钾肥,做到用地、养地相结合。

(四)砂姜黑土土类(代号 G)

砂姜黑土土类,主要分布在金冢子、景芝、新安、官庄、石堆等乡镇的低洼地带,面积为 6355.6hm²,占可利用土地面积的 6.6%。

砂姜黑土是在安丘市低洼地带,因长期滞水或受季节性滞水,排水不畅,后经长期的排水和耕作,使土壤脱沼泽化形成的一种土壤,俗称"黑黏土",表层为后期覆盖物,经耕作熟化,呈黄褐色的壤质土或重壤质土,上层厚薄不等,下为黑色黏重而坚硬的黑土层,底为灰黄杂色的砂姜层。

1982 年化验耕层全氮含量为 0.72g/kg、碱解氮含量为 65mg/kg、有效磷含量为 3.1mg/kg、速效钾含量为 86mg/kg、有机质含量为 11g/kg、pH 为 7.6、有效硼含量为 0.58mg/kg、有效锌含量为 0.32mg/kg、有效锰含量为 207.7mg/kg、有效钼含量为 0.05mg/kg、土壤容重为 1.33g/cm³、孔隙度为 49.8%。

本次地力评价化验耕层全氮含量为 0.99g/kg、碱解氮含量为 101mg/kg、有效磷含量为 36.3mg/kg、速效钾含量为 152mg/kg、有机质含量为 12.1g/kg、pH 为 6.5、有效硼含量为 0.45mg/kg、有效锌含量为 0.91mg/kg、有效锰含量为 33.69mg/kg、有效钼含量为 0.14mg/kg、土壤容重为 1.31g/cm³、孔隙度为 50.1%。与 1982 年相比,土壤有机质、全氮、碱解氮、有效磷、速效钾、多数微量元素及孔隙度均提高,pH、有效锰、容重降低。

砂姜黑土有机质含量较高，但养分分解转化慢，应增施有机肥，种植绿肥作物，提倡秸秆还田，客砂压黏，冬季深耕熟化，改良土壤结构和耕性，宜种植小麦、玉米、棉花等作物。

砂姜黑土安丘市只有1个亚类、2个土属、4个土种。

(1)黄土薄层覆盖土属(代号 $Ga_2$)。该土属主要分布在金冢子中部的草店子、军屯、班家官庄、红冢、曹家官庄，新安的友兰洼、市良种场等地，面积为4614.5$hm^2$，占可利用土地面积的4.8%。

该土属共分2个土种。

①中壤表厚砂姜腰黄土薄层覆盖砂姜黑土(代号 $Ga_2$5/10)：该土种主要分布在金冢子北部的水右官庄、班家官庄、小官庄、曹家官庄、马家官庄等地，面积为1193.1$hm^2$，pH为7.4。该土种表层质地多为中壤或重壤，耕性不良，土层较薄，有砂姜层和杂色砂页岩障碍层，阻碍水分下渗，雨季易积水成灾。由于紧实黏重，通透性差，土壤有机质含量虽高，但转化慢，速效养分的含量低，土壤保肥力强，供肥力弱，有发老苗不发小苗的特点，应增施肥料，深耕改土，促进土壤熟化，不断加厚耕作层，重施磷肥，协调氮、磷比例。

②中壤表厚黑土心黄土薄层覆盖砂姜黑土($Ga_2$5/3)：该土种的面积为998.7$hm^2$，占可利用土地面积的1%，主要分布在新安街道办事处东南部的马家庄、小洼，石堆镇西柳行、东柳行、十里泉子、良种场、水右官庄、班家官庄、小官庄、曹家官庄等地。该土种表层质地偏重，适耕期短，黑土层出现部位高，阻碍作物根系下扎，不利于通气透水，土壤肥力较高，但释放能力差，应深耕改土，熟化土壤，增施有机肥料，改良土壤，宜种植棉花、高粱、大豆等深根作物。

(2)黑土裸露土属(代号 $Ga_1$)。该土属主要分布在官庄镇的两河、小顺河、马居岭、于家河、东挑河、西挑河，景芝镇的河埠、大兴，金冢子镇的高家屋子、前舒角埠、后舒角埠等地，面积为1741.1$hm^2$，占可利用土地面积的1.8%。该土属通体黏质，结构不良，通透性差，不易耕作，干旱时板结龟裂，遇雨积水成涝。土壤养分含量很低，有机质、碱解氮、速效磷都极度缺乏。对这类土壤应实行增施有机肥料，种植绿肥作物，提倡秸秆还田，以增加土壤的团粒结构，改善物理性状，同时注意增施氮肥，重施磷肥，兴修水利，防涝抗旱。

该土属共分2个土种。

①重壤表黑土裸露砂姜黑土(代号 $Ga_1$6/1)：该土种主要分布在洪沟河沿岸的低洼地带，有官庄镇的两河、小顺河，景芝镇的河埠、大兴等村，面积为790.2$hm^2$，占可利用土地面积的0.8%。该土种通体黏质，结构不良，通透性差，不易耕作，干旱时板结龟裂，遇雨积水造成涝害，土壤养分含量低，速效养分缺乏。对这类土壤应实行增施有机肥料，种植绿肥作物，提倡秸秆还田，以增加土壤的团粒结构，改善物理性状，同时注意增施肥料，健全排水系统以防涝，作物种植应以棉花、大豆、高粱为主。

②重壤表厚砂姜心黑土裸露砂姜黑土(代号 $Ga_1$6/8)：该土种主要分布在洪沟河沿岸的低洼地带，有官庄镇的于家河、毛家庄、东挑河、西挑河，金冢子镇高家屋子等村，面积为1132.5$hm^2$，占可利用土地面积的1.1%。该土种结构不良，通透性差，不易耕作，土壤养分含量低。对这类土壤应实行增施有机肥料，种植绿肥作物，提倡秸秆还田，以砂压黏，以增加土壤的团粒结构，改善物理性状，同时注意增施肥料，挖渠排水，兴修水利，防涝抗旱。

## 第二节　土地利用状况

安丘市总土地面积为171160.2$hm^2$，其中，农用地面积为120396.5$hm^2$，占总土地面积的70.4%；建设用地面积为24842.4$hm^2$，占总土地面积的14.5%；未利用地面积为9726.4$hm^2$，总占土地面积的5.7%（见表2-9）。

表2-9　　土地利用类型及面积（2009年底资料）

| 一级类型 | 耕地 | 园地 | 林地 | 其他农用地 | 城镇、村及工矿用地 | 交通运输用地 | 水域及水利设施用地 | 未利用地 | 其他土地 |
|---|---|---|---|---|---|---|---|---|---|
| 面积（$hm^2$） | 96285.7 | 7684.1 | 14535.3 | 9767.3 | 18382.2 | 6460.2 | 4666.7 | 9726.4 | 3777.8 |
| 占土地总面积（%） | 56.1 | 4.5 | 8.5 | 5.7 | 10.7 | 3.8 | 2.7 | 5.7 | 2.2 |

在农用地中，耕地面积为96285.7$hm^2$，占总土地面积的56.1%；园地（包括果园、桑园、其他园地）面积为7684.1$hm^2$，占总土地面积的4.5%；林地面积为14535.3$hm^2$，占总土地面积的8.5%；其他农用地面积为9767.3$hm^2$，占总土地面积的5.7%。

在建设用地中，居民点及工矿用地面积为18382.2$hm^2$，占总土地面积的10.7%；交通运输用地面积为6460.2$hm^2$，占总土地面积的3.8%；水利设施用地面积为1124.7$hm^2$，占总土地面积的0.7%。

在未利用地中，荒草地、沙地、裸土地及其他未利用地面积为9726.4$hm^2$，占总土地面积的5.7%；河流水面、滩涂等用地面积为3231.6$hm^2$，占总土地面积的1.9%。

## 第三节　耕地利用及管理

### 一、耕地利用现状

安丘市总耕地面积为96285.7$hm^2$，其中旱地面积为56362.1$hm^2$，占总耕地面积的58.7%；水浇地面积为39637.8$hm^2$，占总耕地面积的41.3%。安丘市耕地主要用于小麦、玉米、花生、蔬菜、地瓜、黄烟、棉花等作物的种植，耕地的主要耕作形式为一年一作和一年两作。

2009年，粮食作物的总播种面积为66521$hm^2$，占农作物总播种面积的56.6%，平均单产为6375kg/$hm^2$，总产量为423.44万吨，其中：小麦播种面积为32562$hm^2$；玉米播种面积为32165$hm^2$，地瓜播种面积为3265$hm^2$；花生、大豆总播种面积为12526$hm^2$，占农作物总播种面积的10.4%，花生播种面积为11387$hm^2$，平均单产为4485kg/$hm^2$，总产量为5.11万吨；瓜菜总播种面积为31485$hm^2$，占农作物总播种面积的26.2%，瓜类播种面积为 4812hm²，占农作物总播种面积的 4.0%，平均单产为 45225kg/hm²，总产量为 21.76 万吨；果园种植面积为 3709hm²，果品总产量为 12.25 万吨，如表 2-10 所示。耕地的耕作复种指数为 1.25。

**表 2-10　　安丘市各镇(街道办事处)主要作物种植面积情况**　　单位：hm²

| 乡镇（街道办事处） | 小麦 | 玉米 | 花生 | 蔬菜 | 豆类 | 地瓜 | 果树 | 瓜类 | 烟棉 | 合计 |
|---|---|---|---|---|---|---|---|---|---|---|
| 新安 | 3627 | 3527 | 1067 | 4000 | 87 | 220 | 277 | 107 | 167 | 13079 |
| 兴安 | 2847 | 3060 | 693 | 3113 | 20 | 120 | 126 | 166 | 93 | 10238 |
| 景芝镇 | 8733 | 7333 | 1273 | 4687 | 433 | 93 | 313 | 373 | 440 | 23678 |
| 凌河镇 | 2127 | 1967 | 867 | 4447 | 73 | 173 | 205 | 793 | 260 | 10912 |
| 石埠子 | 2493 | 2740 | 673 | 927 | 146 | 227 | 728 | 1113 | 460 | 9507 |
| 大盛镇 | 467 | 1273 | 267 | 447 | 60 | 133 | 28 | 293 | 413 | 3381 |
| 辉渠镇 | 2440 | 2093 | 807 | 1800 | 113 | 707 | 741 | 87 | 1340 | 10128 |
| 吾山镇 | 1260 | 1360 | 880 | 346 | 20 | 493 | 97 | 140 | 313 | 4909 |
| 石堆镇 | 1920 | 1973 | 493 | 1433 | 26 | 46 | 364 | 120 | 200 | 6557 |
| 柘山镇 | 347 | 273 | 2900 | 287 | 20 | 873 | 47 | 7 | 93 | 4847 |
| 官庄镇 | 3067 | 3313 | 800 | 2480 | 87 | 140 | 582 | 400 | 433 | 11302 |
| 金冢子 | 2607 | 2700 | 627 | 1386 | 27 | 33 | 103 | 1160 | 153 | 8796 |
| 开发区 | 627 | 553 | 40 | 1320 | 27 | 7 | 98 | 53 | 0 | 2725 |
| 合计 | 32562 | 32165 | 11387 | 26673 | 1139 | 3265 | 3709 | 4812 | 4365 | 120077 |

## 二、耕地使用管理情况

安丘市对耕地的管理和使用十分重视，始终严格执行《中华人民共和国土地管理法》、《基本农田保护条例》的有关规定，不断加强对耕地的管理和使用；始终坚持“珍惜、合理利用土地和切实保护耕地”的基本国策及“在保护中开发，在开发中保护”的耕地保护总原则。安丘市基本农田保护面积为 72300hm²，保护率为 86.38%。在此基础上，为切实提高耕地质量和生产能力，针对耕地土壤的具体实际，安丘市先后实施了玉米、果树覆盖麦草，小麦、玉米秸秆还田，增施有机肥的措施以提高耕地质量；实施中、低产田综合改良利用，提高耕地的综合生产能力；因地制宜，合理优化和调整种植业结构，充分发挥不同耕地土壤的生产效能；全面实施测土配方施肥工程，实现培肥耕地和增产、增收。上述措施的实施，不仅培肥了耕地土壤，提高了耕地质量，而且显著提高了耕地的生产能力。

## 三、耕地利用存在的问题

安丘市属于低山丘陵区，市境西南山丘连绵，沟谷纵横，地势起伏不平，水土流失严重;东部洼地,砂姜黑土地地势低洼,土壤黏重,水气协调性差,使安丘市耕地质量状况存在着明显的问题。

(一)耕地的土层薄

耕地土层薄是安丘市耕地的一大特点。安丘市耕地中,土层厚度在60cm以下的面积为31488hm²,占到总耕地面积的32.8%,而土层厚度在30cm的面积为21984hm²,占到总耕地面积的22.9%,石皮土面积为15533hm²,占到总耕地面积的16.2%。因土层浅薄,砾石含量高,致使耕地自身的蓄水保肥容量小、能力低,供给作物养分、水分的能力差,安丘市有很大部分农田耕层不足20cm,其下层有坚硬的犁底层,作物根系难以下扎。

(二)耕地土壤质地较差

安丘市的耕地,其山地、丘陵,土壤质地普遍较粗,砾石含量高。对各种土壤类型来说,质地差的粗砂土、石碴土、松砂土、紧砂土及质地较粗的壤质土、砂壤土,占总耕地面积的比例较大。质地粗的耕地土壤,其自身蓄水保肥能力差、代换能力低。还有5.6%的洼地,主要为砂姜黑土地,表层质地黏重,物理性状不良,湿时黏,干时硬,耕作困难。

(三)耕地土壤土体构型差

安丘市耕地土壤土体构型总体较差,有障碍层次的耕地面积大。土体构型相对较好的均壤质型和均壤型耕地面积仅占总耕地面积的47.4%;而有障碍层次的耕地面积占到52.6%,这类耕地土壤有的渗透性极差,有的则渗透性极强,漏水、漏肥严重。

(四)土壤有机质、氮、钾含量偏低,磷总体偏高

安丘市耕地土壤有机质含量为11.6g/kg,含量偏低;碱解氮含量为98mg/kg、速效钾含量为142mg/kg,略偏低,供给作物养分的能力相对差;土壤有效磷含量为31.7mg/kg,瓜菜、生姜有效磷含量过剩,粮田相对丰富,山区、丘陵田偏低。

(五)耕地土壤耕性变差,普遍酸化

安丘市耕地土壤容重加大,土壤板结加重,耕性变差。耕地土壤,特别是种植经济作物土壤,农民大量使用化肥,普遍有逐渐酸化的趋势,已严重影响作物的生长发育和作物的产量及质量。

## 四、耕地施肥状况

(一)有机肥施用情况

目前,安丘市农民重视化肥、轻视有机肥的现象突出。由于有机肥积造与施用费工、费时,增产效果较化肥慢,因此其施用量总体偏少。安丘市农田耕地有机肥亩拥有量为5570kg,根据农户施肥调查,每耕亩平均施用量仅有2513kg,有机肥主要为土杂肥和动物粪便以及商品有机肥。此外,安丘市32562hm²小麦田70%以上以高留茬为主要形式进行秸秆还田,平均每耕亩还田量为125kg。1981年安丘市有机肥亩施用量达3724kg,2009年较1981年有机肥施用量下降32.5%,且随着农田耕作机械化、养殖工厂化,农户养殖家畜数量减少,积造有机肥数量减少,但质量有很大提高。农田有机肥使用数量有继续下降的趋势。有机肥的主要使用方式为基施。

(二)化肥施用情况

2009年,安丘市耕地均全部施用了化肥,施用面积为96285.7hm²。化肥的主要使用

方式为基施和追施。

1.化肥施用量

2009年,安丘市氮、磷、钾化肥施用总量为77614吨(纯养分)。氮、磷、钾化肥所占比例为氮∶磷∶钾=1∶0.41∶0.2。

2.历史使用化肥数量、作物产量变化

进入20世纪80年代以来,安丘市农业生产上用肥逐步由以有机肥为主,转变为以化肥为主,化肥施用量逐年提高。1961年,全市耕地平均每亩施化肥0.01kg;1971年,全市耕地平均亩施化肥2.55kg;1981年,安丘市耕地平均亩施化肥16.7kg;2005年,安丘市耕地平均亩施化肥则达到48.6kg。2009年实施测土配方施肥后,化肥施用量有逐年下降的趋势。2009年安丘市耕地平均亩施化肥35.3kg。

随着化肥用量的不断增加,主要作物的产量也有大幅度提高。2009年、2005年化肥用量比1981年分别增加了111.4%、191%,而粮食产量分别提高了15.2%、4.4%。

不同种植类型的有机肥使用情况为:粮田1500kg/667m$^2$,生姜3800kg/667m$^2$,露天菜3150kg/667m$^2$,大棚菜4700kg/667m$^2$,花生1000kg/667m$^2$。

不同用地类型的有机肥施用面积为:粮田12813.6hm$^2$,占40%,花生2405hm$^2$,占22%;生姜及瓜菜有机肥施用率100%。

不同种植类型的化肥使用情况为:粮田31.6kg/667m$^2$,生姜209.6kg/667m$^2$,露天菜91.5kg/667m$^2$,大棚菜159kg/667m$^2$,花生22.5kg/667m$^2$;施肥比例(N∶P∶K)为:粮田1∶0.66∶0.66,生姜1∶0.93∶1.32,露天菜1∶0.66∶1.03,大棚菜1∶0.78∶1.02,花生1∶1∶1。

不同种植类型的投入为:粮田347.60元/667m$^2$,生姜4680.00元/667m$^2$,露天菜1987.00元/667m$^2$,大棚菜4590.00元/667m$^2$,花生415.00元/667m$^2$;年效益粮田1157.20元/667m$^2$,生姜9720.00元/667m$^2$,露天菜3613.00元/667m$^2$,大棚菜5160.00元/667m$^2$,花生781.00元/667m$^2$。

3.氮、磷、钾肥利用率

大田试验示范表明,氮、磷、钾肥利用率和有机肥利用率情况为:小麦、玉米等粮田肥料利用率比瓜菜田高;土壤养分利用率粮田均比菜田高。土壤肥料、养分利用率试验数据如表2-11和表2-12所示。

表2-11 肥料利用率

| 土壤类型 | 肥料类型 | N | $P_2O_5$ | $K_2O$ |
|---|---|---|---|---|
| 粮田 | 化肥利用率(%) | 25～30 | 10～15 | 50～70 |
| | 有机肥利用率(%) | 20～30 | 15～20 | 30～50 |
| 菜田 | 化肥利用率(%) | 20～30 | 8～12 | 30～50 |
| | 有机肥利用率(%) | 10～20 | 5～10 | 20～30 |

表 2-12　土壤养分利用率

| 类型 | 粮田 | | 菜田 | |
|---|---|---|---|---|
| | 养分指标(mg/kg) | 利用率(%) | 养分指标(mg/kg) | 利用率(%) |
| 速效氮 | ≥120 | 50 | ≥160 | 40 |
| | 120～80 | 55 | 160～120 | 45 |
| | 80～60 | 60 | 120～80 | 50 |
| | ≤60 | 65 | ≤80 | 60 |
| 速效磷 | ≥20 | 60 | ≥80 | 30 |
| | 20～12 | 70 | 80～40 | 40 |
| | 12～8 | 80 | 40～20 | 50 |
| | ≤8 | 90 | ≤20 | 60 |
| 速效钾 | ≥200 | 40 | ≥300 | 30 |
| | 200～160 | 50 | 300～200 | 35 |
| | 160～100 | 60 | 200～150 | 40 |
| | ≤100 | 70 | ≤150 | 50 |

4.施肥上存在的问题

(1)有机肥施用量严重不足,广大农民重视化肥、忽视有机肥的现象突出,导致耕地土壤有机质含量低。

(2)在目前的作物产量水平下,化肥施用总量特别是经济作物偏多,并且氮、磷、钾施用不合理,比例失调。氮素用量偏大,钾素施用量明显不足,作物间施肥比例也不平衡。因化肥使用量大,造成了农业投入加大、农业效益和农民收入降低,同时还造成了农产品质量下降、土壤生产环境恶化和整个生态环境的污染。

(3)在化肥资源分配上,农民重视经济作物,轻视粮食作物,粮油作物的化肥投入量占瓜菜、生姜等作物的30%左右。

(4)盲目施肥现象严重,主要表现在同一地区不分管理水平和生产条件的差异,作物施肥具有一定的模式化倾向,农户之间在肥料投入量、施肥结构,甚至肥料品种、施肥方法等方面都有惊人的相似。不顾土壤养分的巨大变化,作物施肥长期一贯制,特别是近年来,土壤有效磷含量大幅度增长,而蔬菜、果树等高效经济作物仍过量施用磷肥,既造成肥料利用率降低,又恶化了环境,还造成果菜口感不正,风味不纯,抗病性和耐储性能差,影响了农产品品质。

(5)对中微量元素肥料不够重视,补充不足。安丘市耕地交换性钙、交换性镁、有效硫及有效锌、有效硼、有效铁、有效钼含量低且变化幅度大,应该补施上述肥料。而在生产实际中,施用中微量元素肥不足、应用面积小,特别是硼肥和锌肥。

# 第三章　样品采集与分析

## 第一节　土壤样品的布点与采集

### 一、采样点布置

（一）布点原则

土壤养分的空间变化对地力评价的准确性影响较大，多大范围内布点、如何采集一个土样代表该地区土壤养分状况进行推荐施肥，这是地力评价的关键环节。因此，在布点采样前要详细了解采样地区的地形地貌、土壤类型与分布、肥力高低、作物种类等因素，将地力评价区域划分为若干个采样单元，尽量做到每个单元的布点具有典型性和代表性。

蔬菜还要考虑设施类型、蔬菜种类、种植年限，及不同时期（春季、秋季）采样点数的分配。首先，要整理编绘土壤类型（土种）图，确定耕地类型（土种）数量，根据密度要求确定安丘市总采样点数。其次，根据土种、利用现状、肥力水平、各镇（街道）耕地面积，确定各镇（街道）采样点数；根据土种、利用现状（作物熟制、蔬菜、果树）、肥力水平统计各因素采样点数，并进行调整；根据土种、利用现状、肥力水平，标注成图点位，注意点位的均匀性。原则上要求每村布 1～2 个采样点；项目示范区，每个村设置 3～6 个采样点。

（二）布点方法

将土壤图与土地利用现状图叠加形成地理评价单元图，综合分析安丘市的作物种类和面积，在采样总数的控制下，分配具体采样数量，并确定调查与采样点位置。样点布设分为室内和实地两个步骤，首先以土地利用现状图为底图，按要求的调查点数量布设在图上，然后根据图上的点位在野外确定实际的调查点位置，并对原点位进行修正。用于耕地地力评价的样点在安丘市范围内布设，用于地力评价的土壤样品要长期保存。

### 二、土壤样品的采集

土壤样品的采集应具有代表性和可比性，并根据不同分析项目采取相应的采样方法和处理方法。

（一）采样单元

根据土壤类型、土地利用、耕作制度、产量水平等因素，将采样区域划分为若干个采样单元，每个采样单元的土壤性状要尽可能均匀一致。

平均采样单元为：大田作物 6.5～33.5$hm^2$ 采一个混合样；露天蔬菜、果树 3～6.5$hm^2$

采集一个混合样;温室大棚每一个温室大棚采集一个混合样。

(二)采样时间

在作物收获后或播种施肥前采集,一般在秋后;设施蔬菜在晾棚期采集;进行氮肥追肥推荐时,应在追肥前或作物生长的关键时期采集。

(三)采样周期

土壤碱解氮、有效磷、速效钾、有机质等一般每季或每年采集 1 次,中微量元素每 3～5 年采集 1 次。

(四)采样点数量

要保证足够的采样点,使之能代表采样单元的土壤特性。采样点的多少,依据田块面积、地形,严格按照采样技术规程进行准确定位和规范采样,每个样品采样点数都在 15 个以上,一般为 15～20 个点。

(五)采样路线

采样时应沿着一定的路线,按照“随机”、“等量”、“多点混合”的原则进行采样。一般采用“S”形布点采样能够较好地克服耕作、施肥等造成的误差。在地形较小、地力较均匀、采样单元面积较小的情况下,可采用“梅花”形布点取样。要避开路边、田埂、沟边、肥堆等特殊部位。蔬菜地混合样点的样品采样要根据沟、垄面积的比例确定采样点的数量。果园采样要以树干为圆点向外延伸到树冠边缘的 2/3 处采集,每株对角采集两个点。

(六)采样深度

采样深度应根据不同作物、不同生育期的主要根系分布深度来确定。大田作物采样深度为 0～20cm,蔬菜地为 0～25cm,果园为 0～40cm。

(七)采样方法

每个采样点的取土深度及采样数量应均匀一致,土样上层与下层的比例要相同。取样器应垂直于地面入土,深度应相同。用取土铲取样时,应先铲出一个耕层断面,再平行于断面下铲取土样。微量元素则需要用不锈钢取土器采样,如用铁锹,要用竹、木铲配合,把金属污染部分去掉。

(八)样品重量

一个混合土样一般取 1kg 左右为宜(用于推荐施肥的 0.5kg,用于田间试验和耕地地力评价的 2kg 以上,长期保存备用)。如果样品太多,可用四分法将多余的样品弃去。方法是:将采集的土壤样品放在盘子里或塑料布上,弄碎、混匀,铺成四方形,划对角线将土样分成四份,把对角的两份分别合并成一份,保留一份,弃去一份。如果所得的样品依然很多,可再用四分法处理,直至所需数量为止。

(九)样品的标记

采集的样品放入统一的样品袋,用铅笔写好标签,内外各放一张,标签内容如表 3-1 所示。

表 3-1 土壤采样标签

统一编号： 邮编：

采样时间： 年 月 日 时 土壤类型：

采样地点：安丘市 镇(街道) 村 地块 农户名：

地块在村的(中部、东部、南部、西部、北部、东南、西南、东北、西北)

采样深度：①0～20cm ②0～25cm ③0～40cm ④ cm(不是①②③的，在④上填写)该土样由 点混合(规范要求15～20点)

经度： 度 分 秒 纬度： 度 分 秒

采样人： 联系电话：

### 三、大田采样调查

在田间取样的同时，还要调查采样点的田间基本情况，主要调查内容包括取样地的土壤基本性状、前茬作物的种类、产量水平和施肥水平等。具体调查时要按照测土配方施肥相关调查表格要求的内容进行。

土壤基本性状由取样人现场调查，同时判断土壤类型、土壤质地、土壤排水性、地形地貌等特征，确定土壤障碍因素与土壤肥力水平；询问陪同取样调查的村组人员和地块所属农户，调查该田块的前茬作物种类、产量、施肥和灌溉情况等。

### 四、采样人员的组织管理

安丘市农业局抽调13名技术骨干，与街道农技人员结合成立13个采样小组。每组实行组长负责制，保证采样的质量。对于采样调查表的填报委托专人进行审核把关。

四年来累计采集土壤样品共计7750个，其中用于耕地地力评价的样品数1730个。采样的同时要完整填报采样地块基本情况与施肥情况调查表。

## 第二节 土壤样品的制备

### 一、新鲜样品

某些土壤成分如二价铁、硝态氮、铵态氮等在风干过程中会发生显著变化，必须用新鲜样品进行分析。为了能真实反映土壤在田间自然状态下的某些理化性状，新鲜样品要及时送回室内进行处理分析，用粗玻璃棒或塑料棒将样品混匀后迅速称样测定。

新鲜样品一般不易储存，如需要暂时储存，可将新鲜样品装入塑料袋，扎紧袋口，放在冰箱冷藏室或进行速冻保存。

### 二、风干样品

从野外采回的土壤样品要及时放在样品盘上，摊成薄薄的一层，置于干净整洁的室内通风处自然风干，严禁暴晒，并注意防止酸、碱等气体及灰尘的污染。风干过程中要经常翻动土样并将大块的捏碎以加速干燥，同时剔除土壤以外的侵入体。

风干后的土壤充分混匀后，要按照不同的分析要求研磨过筛，然后装入样品瓶中备用。瓶内外各放标签一张，写明编号、采样地点、土壤名称、采样深度、样品粒径、采样日、采样人姓名及制样时间、制样人姓名等项目。制备好的样品要妥善储存，避免日晒、高温、潮湿和酸碱等气体的污染。全部分析工作结束后，分析数据核实无误，试样一般还要保存一年以上，以备查询。需要长期保存的样品，应保存在广口瓶中，用蜡封好瓶口。

### 三、试样分析

（一）一般化学分析试样

将风干后的样品平铺在制样板上，用木块碾压，并将植物残体、石块等侵入体和新生体剔除干净。细小已断的植物根须，可采用静电吸附的方法清除。压碎的土样用 2mm 孔径筛过筛，未通过的土粒重新碾压，直至全部样品通过 2mm 孔径土壤筛为止。通过 2mm 孔径筛的土样可供 pH、交换性能及大量元素等项目的测定。

将通过 2mm 孔径筛的土样用四分法取出一部分继续碾磨，使之全部通过 0.25mm 孔径筛，供有机质、全氮等项目的测定。

（二）微量元素分析试样

用于微量元素分析的土样，其处理方法同一般化学分析样品，但在采样、风干、研磨、过筛、储存等环节，不要接触容易造成样品污染的铁、铜等金属器具。采样、制样推荐使用不锈钢、木、竹或塑料工具，过筛使用尼龙网筛等。通过 2mm 孔径尼龙筛的样品可用于测定土壤中有效态微量元素。

## 第三节 样品分析与质量控制

### 一、分析项目与方法

样品的室内分析是了解土壤理化性状的重要手段，根据农业部《测土配方施肥技术规范》测试分析项目的要求，安丘市确定本次测土配方施肥采样调查与质量评价要求化验分析项目为土壤理化性状 16 项，各项目分析方法以国家标准或部颁标准为首选分析方法(见表 3-2)。

表 3-2　土壤测定方法汇总

| 分析项目 | 样品水分要求 | 样品称样量(g) | 样品细度 | 测定方法名称 | 方法适应范围 | 备注 |
|---|---|---|---|---|---|---|
| pH | 风干土 | 20 | 2mm 孔径筛 | 玻璃电极法 | 各类土壤 | 水土比 1∶1 |
| 有机质 | 烘干土 | 0.05～0.5 | 0.25mm 孔径筛 | 重铬酸钾—浓硫酸容量法—外加热法 | 有机质<15%的土壤 | — |
| 有效磷 | 风干土 | 2.5 | 2mm 孔径筛 | 碳酸氢钠浸提—钼锑抗比色法 | 各类土壤 | 液土比 10∶1 |
| 速效钾 | 风干土 | 5 | 2mm 孔径筛 | 乙酸铵浸提—火焰光度法 | 各类土壤 | 液土比 10∶1 |
| 全氮 | 烘干土 | 0.5～1 | 0.25mm 孔径筛 | $H_2SO_4$-$K_2SO_4$-Cu-$SO_4$-Se 半微量开氏法 | 硝态氮含量低的土壤 | 测定结果不包括硝态氮 |
|  |  |  |  | $H_2SO_4$-$K_2SO_4$-Cu-$SO_4$-Se + $KMnO_4$-Fe 半微量开氏法 | 硝态氮含量高的土壤 | 测定结果含硝态氮、亚硝态氮 |
| 碱解氮 | 风干土 | 2 | 2mm 孔径筛 | 碱解扩散法 | 各类土壤 | — |
| 缓效钾 | 风干土 | 5 | 2mm 孔径筛 | 硝酸浸提—火焰光度法 | 各类土壤 | 液土比 10∶1 |
| 有效铁 | 风干土 | 10 | 2mm 孔径尼龙筛 | 0.1mol/L HCl 浸提—原子吸收分光光度法 | 各类土壤 | 液土比 5∶1 |
| 有效锰 | 风干土 | 10 | 2mm 孔径尼龙筛 | 0.1mol/L HCl 浸提—原子吸收分光光度法 | 各类土壤 | 液土比 5∶1 |
| 有效铜 | 风干土 | 10 | 2mm 孔径尼龙筛 | 0.1mol/L HCl 浸提—原子吸收分光光度法 | 各类土壤 | 液土比 5∶1 |
| 有效锌 | 风干土 | 10 | 2mm 孔径尼龙筛 | 0.1mol/L HCl 浸提—原子吸收分光光度法 | 各类土壤 | 液土比 5∶1 |
| 有效硼 | 风干土 | 10 | 2mm 孔径尼龙筛 | 姜黄素比色法 | 各类土壤 | 液土比 2∶1 |
| 有效硫 | 风干土 | 10 | 2mm 孔径筛 | 磷酸二氢钙或氯化钙浸提—硫酸钡比浊法 | 各类土壤 | 液土比 5∶1 |
| 交换性钙 | 风干土 | 10 | 2mm 孔径尼龙筛 | EDTA—铵盐—原子吸收分光光度计 | 各类土壤 | 液土比 5∶1 |
| 交换性镁 | 风干土 | 10 | 2mm 孔径尼龙筛 | EDTA—铵盐—原子吸收分光光度计 | 各类土壤 | 液土比 5∶1 |

从田间采来的土壤样品，经样品管理员核查标签，编上统一的室内检验编号，并登记检验。土壤样品要及时送至专门的土壤风干室进行风干处理，方法是：将土壤样品弄成碎块平铺在干净的木质晾土盘上，摊成薄层放置于木架上风干。风干后的土样放到样品制备室进行磨细过筛处理，处理过的土样装入样品袋中，并标上样品检验编号、粒径及分析项目，放入样品柜中等待化验员领取化验。

## 二、质量控制

（一）化验室概况

承担测土配方施肥项目检验任务的是安丘市土壤与肥料工作站，现有专、兼职检验人员 4 名，其中高级农艺师 1 名，农艺师 3 名。现有化验室 $200m^2$，化验室水、电、暖设施配套，为了项目的实施，又新增了部分仪器设备，目前拥有各类检测仪器 50 多台，主要仪器有原子吸收分光光度计、紫外分光光度计、火焰光度计、半自动定氮仪、超纯水机、示波极普仪、电子天平、pH 计、水浴锅、电热恒温培养箱、水浴恒温振荡机等。

（二）质量控制措施

分析质量的准确度和精密度受试样、方法、试剂、仪器、环境及分析人员素质等多方面因素制约。为保证试验结果的可靠性及化验室之间的可比性，必须采取严格的质量控制措施。为保证本次地力调查检测结果准确、可靠，编制了详细的质量计划，对参加检验的人员进行了集中培训，分配了检验任务，每两个人为一组承担一个检测项目并对结果负责，还编制了统一的原始记录表格，制定了质量控制措施。

1. 仪器设备及标准物质的购置和管理

为了保证检测结果的准确性和可靠性，要对仪器设备和标准物质加以控制，确保仪器设备处于正常状态以满足检验工作的要求；要严格按《质量手册》和《程序文件》的要求，根据检验参数，配备全部仪器设备（标准物质），并对所有仪器设备进行鉴定和运行检查，贴上合格标识。

2. 所用化学试剂要严格执行验收程序，保证试剂的质量

对用于检测工作中的外部支持服务和外购物品实行有效控制，以确保外部支持服务和供应的质量，使其符合检验工作的要求，保证检验结果的可靠性。

3. 化验分析方法严格执行国家或行业标准

为使测定结果能真实反映测定对象的特性，需对检验方法的采用作出统一规定，确保对检验过程进行有效控制。所用检验方法必须有技术负责人确认后再采用，保证采用的检验方法为现行有效版本。

4. 坚持平行试验、再现性试验，控制精密度，减少随机误差

对控制样品进行多次重复测定，由所得结果计算出控制样的平均值 $\overline{x}$ 和标准差 $S$，绘制精密度控制图，纵坐标为测定值，横坐标为获得数据的顺序。将平均值 $\overline{x}$ 作成与横坐标平行的中心线 CL，$\overline{x}\pm 3S$ 为上、下控制限 UCL 及 LCL，$\overline{x}\pm 2S$ 为上、下警戒限 UWL 及 LWL。在进行试样例行分析时，每批带入控制样，其测定数据在控制图上打点，如果打在控制限外叫“超控”，该批结果全部为错误结果，必须立即找出原因，采取适当措施，等“回控”后重复测定；如果控制样的结果落在控制限和警戒限之间，说明精密度已不理想，应引

起注意。

5. 应用控制样对精密度实行置信区间控制

每批样品加入参比样作为控制样品，将参比样在不同日期按照与土样相同的测试方法进行测定，每次平行测定两份。对测定结果的相对误差[$(|x_1-x_2|/\overline{x})\times 100\%$，式中 $\overline{x}$ 是两次测试结果平均值]符合要求者保留，否则报废重做。对多次重复测试结果(15次以上)进行统一分析，计算平均值($\overline{x}$)及样本标准偏差(S)。在每批分析的土样中加入一个参比样同时测试，如果参比样测试结果在区间($\overline{x}-2S$,$\overline{x}+2S$)之内，确认该批测试结果有效；否则该批测试结果无效，分析原因后再重新测定。

6. 坚持双人双检，严格校核、签字及记录的修改制度

检验人员负责检验原始记录、仪器设备、标准物质(含标准溶液)使用记录的填写。各种质量记录应客观、规范、准确和及时地填写在规定格式的原始记录纸上。原始记录必须由检验者在现场亲自填写，不得事后追记。一项检验有两个或两个以上操作员时，应指定一人担当记录。校核人要对记录的规范性和计算的准确性进行审核，检查无误后签字。原始记录不允许随意更改和删减，数据必须更改时，用两条平行线将错误数据划掉，将正确数据写在其正上方，并在错误数据上加盖更改人印章。

7. 全程序空白值测定

全程序空白值是指用一方法测定某物质时，除样品中不含该测定物质外，整个分析过程的全部因素引起的测定信号值或相应浓度值。每次测定两个平行样，用于校正仪器零点或检查是否在允许范围内。

8. 利用内参样掺插控制测试准确度

利用土壤标准样品及参比样品进行分析质量控制。土壤标准样品用于检验考核化验室、分析人员的技术水平和分析方法的评价，直接从国家标准物质中心购买。参比样品有山东省土壤肥料总站统一组织制作，分发至所需检测室，用统一的方法进行检测，经整理统计后，其平均值和标准差作为日常分析工作的参比值。

9. 检验结果与其他化验室作对比

为提高化验室之间分析结果的可比性，要积极参加上级化验室组织的样品比对实验或用同一控制样品主动与同级化验室进行比对实验，通过数理分析，查明差异数据的原因，采取措施。

# 第四章　土壤理化性状及评价

近年来，随着化肥施用量逐年增加，农田养分状况发生了很大变化。但由于很多农民对土壤现状和作物需肥特性不了解，选肥不当，用量过多，施用方法不合理，造成了土壤养分的失衡。土壤养分指的是作物生长发育所依靠土壤供给的营养元素，是土壤肥力的重要物质基础，是评价土壤肥瘠、生产水平高低的重要依据。土壤养分含量是一个可变的因素，在其比例协调的情况下，含量与作物产量呈正相关，即养分含量高，作物产量也高，反之则低。从2007年开始，对安丘市农田耕层土壤进行了取样化验，共取土样6650个，化验4.495万项次，基本摸清了安丘市土壤养分状况，找出了不同土壤适宜的氮、磷、钾配比，不同种植类型土壤养分的限制因素，为安丘市合理施肥、培肥等方面提供了科学依据。

安丘市总耕地面积为96285.7hm$^2$，参与评价的土壤样品1730个。

按种植制度划分，粮田面积为32034hm$^2$，采集土壤样品595个；瓜菜面积为26652.6hm$^2$，采集土样326个；果园面积为3709hm$^2$，取样157个；生姜面积为10667hm$^2$，取样292个；油料面积为12487hm$^2$，取样293个；其他面积为14445.1hm$^2$，取样67个。

按土壤类型划分，棕壤面积为14246.84hm$^2$，取样220个；潮土面积为16240.37hm$^2$，取样631个；褐土面积为59157.21hm$^2$，取样803个；砂姜黑土面积为6355.6hm$^2$，取样76个。

粮田、果园土壤养分现状分析及评价采用山东省测土配方施肥土壤九级养分分级标准（见表4-1）。

**表4-1　山东省测土配方施肥土壤养分分级评价标准**

| 项目 | 养分分级标准 | | | | | | | | |
|---|---|---|---|---|---|---|---|---|---|
| | 1 | 2 | 3 | 4 | 5 | 6 | 7 | 8 | 9 |
| 有机质(g/kg) | >20 | 15～20 | 12～15 | 10～12 | 8～10 | 6～8 | <6 | — | — |
| pH | >8.5 | 7.5～8.5 | 6.5～7.5 | 5.5～6.5 | 4.5～5.5 | <4.5 | — | — | — |
| 全氮(g/kg) | >1.5 | 1.2～1.5 | 1～1.2 | 0.75～1 | 0.5～0.75 | 0.3～0.5 | <0.3 | — | — |
| 水解氮(mg/kg) | >150 | 120～150 | 90～120 | 75～90 | 60～75 | 45～60 | 30～45 | <30 | — |

续表

| 项目 | 养分分级标准 | | | | | | | | |
|---|---|---|---|---|---|---|---|---|---|
| | 1 | 2 | 3 | 4 | 5 | 6 | 7 | 8 | 9 |
| 有效磷 (mg/kg) | >120 | 80～120 | 50～80 | 30～50 | 20～30 | 15～20 | 10～15 | 5～10 | <5 |
| 速效钾 (mg/kg) | >300 | 200～300 | 150～200 | 120～150 | 100～120 | 75～100 | 50～75 | <50 | — |
| 缓效钾 (mg/kg) | >1200 | 900～1200 | 750～900 | 500～750 | 300～500 | <300 | — | — | — |
| 交换性钙 (mg/kg) | >6000 | 4000～6000 | 3000～4000 | 2500～3000 | 2000～2500 | 1500～2000 | <1500 | — | — |
| 交换性镁 (mg/kg) | >600 | 400～600 | 300～400 | 250～300 | 200～250 | 150～200 | <150 | — | — |
| 有效硫 (mg/kg) | >100 | 75～100 | 60～75 | 45～60 | 30～45 | 15～30 | <15 | — | — |
| 有效铁 (mg/kg) | >20 | 10～20 | 4.5～10 | 2.5～4.5 | <2.5 | — | — | — | — |
| 有效锰 (mg/kg) | >30 | 15～30 | 5～15 | 1～5 | <1 | — | — | — | — |
| 有效锌 (mg/kg) | >3 | 1～3 | 0.5～1 | 0.3～0.5 | <0.3 | — | — | — | — |
| 有效铜 (mg/kg) | >1.8 | 1～1.8 | 0.2～1 | 0.1～0.2 | <0.1 | — | — | — | — |
| 有效硼 (mg/kg) | >2 | 1～2 | 0.5～1 | 0.2～0.5 | <0.2 | — | — | — | — |
| 有效钼 (mg/kg) | >0.3 | 0.2～0.3 | 0.15～0.2 | 0.1～0.15 | <0.1 | — | — | — | — |
| 有效硅 (mg/kg) | >300 | 200～300 | 150～200 | 100～150 | 50～100 | <50 | — | — | — |

## 第一节　土壤pH和有机质

### 一、土壤pH

土壤pH是土壤酸碱性的主要指标，是土壤溶液中的氢离子浓度的负对数，是影响作物生长的主要因素之一，是土壤盐基状况的综合反映，对土壤一系列其他性质有深刻影响。土壤酸碱性是土壤形成过程中在生物、气候、地质、水文等多种因素综合作用的影响下而产生的重要属性。对于耕作土壤，它还受到施肥、耕作、灌溉及排水等因素的影响。土壤的酸碱度除直接对作物产生影响外，还对土壤微生物，土壤养分的状况、转化和有效性产生很大的影响，特别是对磷和微量元素的有效性有很大影响。在酸性土壤或石灰性土壤中，磷常被铁、铝和钙固定为无效态。土壤过酸或过碱均不利于有益微生物的活动，从而影响到土壤中氮素和部分磷素养分的释放。

(一)土壤pH分级和分布

安丘耕地土壤pH的众数为6.54，范围为4.4～8.5，多数为5.5～7.5，占98.19%。90%以上土壤酸碱度属较适宜和适宜种植范围，只有少数个别地块土壤pH<5.5，属于不适宜种植范围，土壤酸化现象不明显，但部分地块酸化现象严重，主要与近年来大量使用未腐熟有机肥、含硫酸盐复合肥有关(见表4-2)。

表4-2　安丘土壤pH分布表

| 项目 | 分级标准 | 面积(hm²) | 占总土地面积比例(%) |
|---|---|---|---|
| 1 | 7.8～8.5 | 34.23 | 0.02 |
| 2 | 6.5～7.5 | 98844.99 | 57.75 |
| 3 | 5.5～6.5 | 69214.16 | 40.44 |
| 4 | 4.5～5.5 | 3063.77 | 1.79 |

(二)影响土壤酸碱度的因素

土壤酸化是一个速度非常缓慢的自然过程。最近几年来，由于人为活动的影响，土壤的酸化进程大大加快。引起土壤酸化的因素主要有：成土母质、气候、生物、植被、施肥、灌溉和酸沉降等，其中酸沉降和不当的农田施肥是引起土壤酸化加快的主要原因。据调查，安丘土壤酸化的主要原因是农田施肥不当，部分菜地、生姜田施氮肥量超过各自需求量，并且主要以铵态氮肥和生理酸性肥料的形式施入土壤，加速了土壤酸化，施氮肥与土壤pH呈负相关关系。在20世纪80年代，全县土壤pH为5.5～8.0，众数为6.9，多数为6.5～7.5，当时施肥主要以有机肥为主；从80年代以后，化肥用量逐年上升，导致目前部分土壤处于偏酸性状态。

(三)不同种植类型的土壤pH状况(见表4-3)

从不同种植类型的土壤pH状况看，果园及其他种植类型的土壤pH较高，分别有12.1%和15.5%的耕地土壤pH为7.5～8.5；生姜田土壤酸化较严重，小部分耕地土壤

pH<4.5，这部分耕地种植作物都是生姜，面积仅有 44.6hm²，集中分布在石堆镇以北的部分村庄，造成这部分生姜田 pH 低、土壤酸化严重的主要原因是长期过量使用生理酸性肥料。

表 4-3　　不同种植类型的土壤 pH 状况

| 级别 | | 1 | 2 | 3 | 4 | 5 | 合计 |
|---|---|---|---|---|---|---|---|
| 范围 | | 7.8～8.5 | 6.5～7.5 | 5.5～6.5 | 4.5～5.5 | <4.5 | |
| 果园 | 面积(hm²) | 448.8 | 2192.0 | 919.8 | 148.4 | — | 3709.0 |
| | 比例(%) | 12.1 | 59.1 | 24.8 | 4.0 | — | 100.0 |
| 生姜 | 面积(hm²) | 446.3 | 5757.5 | 3079.6 | 1339 | 44.6 | 10667.0 |
| | 比例(%) | 4.2 | 54.0 | 28.9 | 12.6 | 0.4 | 100.0 |
| 瓜菜 | 面积(hm²) | 1839.0 | 14525.7 | 8342.3 | 1945.6 | — | 26652.6 |
| | 比例(%) | 6.9 | 54.5 | 31.3 | 7.3 | — | 100.0 |
| 粮田 | 面积(hm²) | 1565.8 | 18072.1 | 10830.2 | 1565.8 | — | 32034.0 |
| | 比例(%) | 4.9 | 56.4 | 33.8 | 4.9 | — | 100.0 |
| 油料 | 面积(hm²) | 777.0 | 5771.8 | 5161.3 | 777.0 | — | 12487.0 |
| | 比例(%) | 6.2 | 46.2 | 41.3 | 6.2 | — | 100.0 |
| 其他 | 面积(hm²) | 2239.0 | 6471.4 | 4232.4 | 1487.8 | — | 14445.1 |
| | 比例(%) | 15.5 | 44.8 | 29.3 | 10.3 | — | 100.0 |

（四）不同土壤类型的土壤 pH 状况（见表 4-4）

从不同土壤类型的土壤 pH 状况看，砂姜黑土土壤 pH 较高，为 5.5～8.5，多数集中在 6.5～7.5 的范围；棕壤类耕地土壤酸化比例较大，一半以上 pH<6.5；部分潮土地块 pH<4.5，酸化程度较严重。

表 4-4　　不同土壤类型土壤 pH 分布表

| 范围 | 棕壤 | | 潮土 | | 褐土 | | 砂姜黑土 | |
|---|---|---|---|---|---|---|---|---|
| | 面积(hm²) | 比例(%) | 面积(hm²) | 比例(%) | 面积(hm²) | 比例(%) | 面积(hm²) | 比例(%) |
| 7.8～8.5 | 619.4 | 4.3 | 941.5 | 5.8 | 4699.4 | 7.9 | 529.6 | 8.3 |
| 6.5～7.5 | 6426.6 | 45.1 | 8796.9 | 54.2 | 32527.3 | 55.0 | 4131.1 | 65.0 |
| 5.5～6.5 | 5884.6 | 41.3 | 5207.5 | 32.1 | 18429.0 | 31.2 | 1694.8 | 26.7 |
| 4.5～5.5 | 1316.3 | 9.2 | 1265.1 | 7.8 | 3501.5 | 5.9 | — | — |
| <4.5 | — | — | 29.4 | 0.2 | — | — | — | — |
| 合计 | 14246.8 | 100.0 | 16240.4 | 100.0 | 59157.2 | 100.0 | 6355.6 | 100.0 |

(五)土壤酸碱性对土壤养分有效性的影响

土壤酸碱性通过影响矿质盐分的溶解度而影响养分的有效性,土壤养分的有效性随土壤溶液酸碱度的不同而发生着明显变化。同时,土壤酸碱性还制约着微生物的活动,对有机质的矿化过程也有一定的影响。有机质在酸性条件下分解较慢,但在中性和微碱性最适宜。土壤 pH<5.5 时,磷酸根与铁、铝结合形成闭蓄态磷酸铁、铝而失去有效性;土壤 pH 为 5.6~7.0 时,磷酸盐的有效性最大。土壤酸碱性也影响着钾的吸附量,酸性土和盐基饱和度低的土壤其交换性钾含量低于中性土和盐基饱和度大的土壤。土壤酸碱度对土壤微量元素的有效性影响非常明显,硼的有效性在 pH 的一定范围内随 pH 的升高而增加,铁、锰、锌的有效性随 pH 的降低而增加。土壤 pH 大小与磷肥的肥效有直接关系。当土壤酸碱性保持在中性附近时(以 pH 为 6.5~6.8 最适宜),磷酸盐的有效性最大,过酸、过碱都易导致磷素固定而使肥效降低。

## 二、土壤有机质

土壤有机质是土壤的重要组成部分,与土壤演变、肥力水平和许多属性都有密切的关系。土壤有机质中含有作物生长所需的各种养分,可直接或间接地为作物生长提供氮、磷、钾、钙、镁、硫和各种微量元素。土壤有机质具有改善土壤理化性状,影响和制约土壤结构形成及通气性、渗透性、缓冲性、交换性能和保水、保肥性能的作用,是评价耕地地力的重要指标,对耕作土壤来说,培肥的中心环节是增施各种有机肥,实行秸秆还田,保持和提高土壤有机质含量。

1982 年,安丘市耕地有机质含量平均为 10.03g/kg,而 2010 年数据显示,安丘市耕地土壤有机质平均含量为 11.6g/kg,比 1982 年增加了 1.57g/kg,增长了 15.7%,其中,含量高于 12g/kg 的占 33.49%,10~12g/kg 之间的占 54.36%,低于 6g/kg 的不足 0.05%。近年来,秸秆还田技术逐步被群众接受,该技术的应用在一定程度上增加了安丘市耕地土壤有机质的含量。此外,随着安丘市农民对有机肥认识的不断提高,高效经济作物有机肥施用量在逐年增加,增施有机肥可直接提高土壤有机质含量。目前,安丘市土壤有机质平均含量略偏低,还有个别种植制度有机质含量相对较为缺乏,今后施肥上应进一步加大有机肥的用量。

(一)有机质含量分级(见表 4-5)

根据土壤耕层养分化验数据统计,有机质含量大于 15g/kg 的地块仅占 3.77%,极少地块有机质含量高于 20g/kg,大部分地块的有机质含量为 10~12g/kg。安丘市土壤耕层有机质含量平均为 11.6g/kg,有机质含量较低,但与 1982 年第二次土壤普查时的 10.03g/kg 相比含量明显提高,有机质变幅为 3.2~23.8g/kg,标准差为 0.67,变异系数为 0.058。

表 4-5　土壤有机质含量状况汇总

| 级别 | 范围(g/kg) | 面积($hm^2$) | 比例(%) |
|---|---|---|---|
| 1 | >20 | 34.23 | 0.02 |
| 2 | 15～20 | 6452.74 | 3.77 |
| 3 | 12～15 | 50834.56 | 29.70 |
| 4 | 10～12 | 93042.66 | 54.36 |
| 5 | 8～10 | 19392.45 | 11.33 |
| 6 | 6～8 | 1317.93 | 0.77 |
| 7 | <6 | 85.58 | 0.05 |

(二)不同种植类型土壤有机质含量状况(见表 4-6)

统计结果显示,不同种植类型土壤有机质的含量状况不同。瓜菜地土壤有机质含量相对较高,平均值为 12.2g/kg;油料作物土壤有机质含量较低;40%以上的耕地有机质含量低于 10g/kg。

表 4-6　不同种植类型土壤有机质含量统计表

| 级别 | | 1 | 2 | 3 | 4 | 5 | 合计 |
|---|---|---|---|---|---|---|---|
| 范围(g/kg) | | >15 | 12～15 | 10～12 | 8～10 | <8 | |
| 果园 | 面积($hm^2$) | 166.9 | 1394.6 | 1535.5 | 541.5 | 70.5 | 3709.0 |
| | 比例(%) | 4.5 | 37.6 | 41.4 | 14.6 | 1.9 | 100.0 |
| 生姜 | 面积($hm^2$) | 949.8 | 3908.8 | 3799.2 | 1497.8 | 511.4 | 10667.0 |
| | 比例(%) | 8.9 | 36.6 | 35.6 | 14.0 | 4.8 | 100.0 |
| 瓜菜 | 面积($hm^2$) | 3678.1 | 8902 | 9968.1 | 3438.2 | 666.3 | 26652.6 |
| | 比例(%) | 13.8 | 33.4 | 37.4 | 12.9 | 2.5 | 100.0 |
| 粮田 | 面积($hm^2$) | 3499.5 | 6945.2 | 14482.6 | 5706.9 | 1399.8 | 32034.0 |
| | 比例(%) | 10.9 | 21.7 | 45.2 | 17.8 | 4.4 | 100.0 |
| 油料 | 面积($hm^2$) | 641.5 | 2223.7 | 4233.6 | 3891.5 | 1496.7 | 12487.0 |
| | 比例(%) | 5.1 | 17.8 | 33.9 | 31.2 | 12.0 | 100.0 |
| 其他 | 面积($hm^2$) | 1112.3 | 4001.3 | 6225.8 | 2441.2 | 664.5 | 14445.1 |
| | 比例(%) | 7.7 | 27.7 | 43.1 | 16.9 | 4.6 | 100.0 |

(三)不同土壤类型土壤有机质含量状况(见表 4-7)

由表 4-7 可知,不同土壤类型耕地有机质含量状况存在明显的差异。潮土、褐土、棕壤和砂姜黑土有机质含量平均值分别为:12.1g/kg、11.4g/kg、10.4g/kg 和 11.6g/kg,潮土有机质含量相对较高,高于 15g/kg 水平的占 15.6%;棕壤土壤有机质含量较低,40%

以上的地块有机质含量低于10g/kg。

表 4-7　　不同土壤类型有机质含量分布表

| 级别 | 范围(g/kg) | 棕壤 | | 潮土 | | 褐土 | | 砂姜黑土 | |
|---|---|---|---|---|---|---|---|---|---|
| | | 面积($hm^2$) | 比例(%) | 面积($hm^2$) | 比例(%) | 面积($hm^2$) | 比例(%) | 面积($hm^2$) | 比例(%) |
| 1 | >15 | 518.1 | 3.7 | 2526.3 | 15.6 | 3688.1 | 6.2 | 585.4 | 9.2 |
| 2 | 12～15 | 2590.3 | 18.2 | 4382.3 | 27.0 | 17998.0 | 30.4 | 1421.6 | 22.4 |
| 3 | 10～12 | 5310.2 | 37.3 | 6289.9 | 38.7 | 23972.7 | 40.5 | 3261.4 | 51.3 |
| 4 | 8～10 | 3885.5 | 27.3 | 2474.7 | 15.2 | 10769.3 | 18.2 | 1003.5 | 15.8 |
| 5 | <8 | 1942.8 | 13.6 | 567.1 | 3.5 | 2729.2 | 4.6 | 83.6 | 1.3 |
| 合计 | | 14246.8 | 100.0 | 16240.4 | 100.0 | 59157.2 | 100.0 | 6355.6 | 100.0 |

(四)增加土壤有机质含量的途径

土壤有机质的含量取决于年合成量和年矿化量的相对大小,当合成量大于矿化量时,有机质含量会逐年增加;反之,将会逐年降低。土壤有机质矿化量主要受土壤温度、湿度、通气状况、有机质含量等因素影响。一般说来,土壤温度低、通气性差、湿度大时,土壤有机质矿化量较低;反之,土壤温度高、通气性好、湿度适中时,则有利于土壤有机质的矿化。有机质易矿化,含量提高缓慢,这是有机质含量偏低的一个主要原因。农业生产中应注意创造条件,适时通风降温,减少盖膜时间,以有利于土壤有机质的积累。增加有机物质施入量是人为增加土壤有机质含量的主要途径,其方法主要有秸秆还田、增施有机肥、施用有机无机复混肥。另外,实施苜蓿、紫云英、绿豆、田菁等种植绿肥的方式,也是提高土壤有机质含量的重要途径。

## 第二节　大量元素

1982年,安丘市第二次土壤普查时的土壤养分总体情况为:严重缺磷,氮素不足,有机质偏低,氮、磷、钾比例失调。平均有机质含量为10.03g/kg,全氮含量为0.68g/kg,碱解氮含量为76mg/kg,速效磷含量为5.0mg/kg,速效钾含量为88mg/kg。

2010年,安丘市对1730个土样的分析结果显示:有机质平均含量为11.6g/kg,比1982年增加了1.57g/kg,增长15.7%。全氮平均含量为0.95g/kg,比1982年全氮平均含量0.68g/kg增加了0.27g/kg,增长39.7%。碱解氮平均含量为98mg/kg,比1982年碱解氮平均含量76mg/kg增加了22mg/kg,增长28.8%。土壤碱解氮提高的原因主要是氮肥使用量的增加,尤其是尿素、碳酸氢铵、磷酸二铵和复合肥等易溶肥料的使用,加快了土壤氮素的积累。有效磷平均含量为31.7mg/kg,比1982年有效磷平均含量5.0mg/kg增加了26.7mg/kg,增加了5倍以上,其中含量高于20mg/kg的耕地占总耕地面积的94.92%,含量高于50mg/kg的耕地占总耕地面积的44.79%,低于20mg/kg的仅占总耕地面积的5.08%。1982年土壤普查时，技术人员根据安丘市土壤严重缺磷的状况，提出了在生产中增施磷肥的改良措施，并在增产增收方面起到了良好的效果，但随着磷肥的大量甚至过量使用，特别是近十年磷酸二铵、高浓度三元素复合肥的大量施用，安丘市高效作物土壤有效磷已经过剩。速效钾平均含量为142mg/kg，比1982年速效钾平均含量88mg/kg增加了54mg/kg，增长61.4%，其中含量高于120mg/kg的占70.87%，低于75mg/kg占1.37%。与1982年土壤速效钾含量比较，土壤速效钾含量水平大幅提高，这与近年来农民大量使用高浓度三元复合肥有很大关系。

由以上分析可看出，二十多年来，随着耕作模式和施肥观念的变化，安丘市土壤养分状况发生了较大变化。土壤有机质、碱解氮、有效磷和速效钾含量较1982年都有大幅度的提高，其中有机质含量由中低水平提高到中等水平，磷素含量普遍偏高，氮、钾含量虽有大幅提升；但仍处在中等水平，离作物高产、高效需求还有一定差距。

## 一、土壤氮素含量状况

氮是植物所必需的营养元素之一。土壤氮素含量高低决定作物长势好坏和产量高低，它包括有机氮和无机氮两种形态。土壤中的氮素主要以有机态存在，约占土壤全氮的90%，而这些含量的土壤氮素主要以大分子化合物的形式存在于土壤有机质中，作物很难吸收利用，属迟效性氮；其余部分则以小分子态或者铵态、硝态和亚硝态氮等形式存在，一般占土壤全氮的10%以下，可以被植物直接吸收利用。

（一）土壤全氮含量状况

1.耕层土壤全氮含量总体状况（见表4-8）

对全市1730个耕地地力评价土样中的1053个进行全氮检测，测试结果表明：安丘市土壤全氮平均含量为0.99g/kg，含量范围为0.22～2.08g/kg，标准差为0.29，变异系数为0.29。

表4-8 土壤全氮含量状况汇总

| 级别 | 范围(g/kg) | 面积($hm^2$) | 比例(%) |
|---|---|---|---|
| 1 | >1.5 | 205.39 | 0.12 |
| 2 | 1.2～1.5 | 6435.62 | 3.76 |
| 3 | 1～1.2 | 53419.08 | 31.21 |
| 4 | 0.75～1 | 88575.38 | 51.75 |
| 5 | 0.5～0.75 | 22113.89 | 12.92 |
| 6 | <0.5 | 410.79 | 0.24 |

统计结果显示，安丘市土壤全氮含量的分布状况和土壤有机质含量的分布状况类似，全氮含量集中在0.75～1.2g/kg的范围内，其中，90%以上属于中等适宜含量范围，含量丰富的耕地比例较小，极少部分耕地全氮贫乏，含量低于0.5g/kg。

2. 不同种植类型耕层土壤全氮含量状况(见表 4-9)

由表 4-9 可知,生姜、瓜菜和果园土壤全氮含量较高,其中,果园土壤 60%以上全氮含量高于 1g/kg,生姜、瓜菜地土壤 20%以上全氮含量高于 1.2g/kg;油料作物土壤全氮含量低,平均为 0.83g/kg,17%以上含量低于 0.5g/kg。

表 4-9　　不同种植类型土壤全氮含量统计表

| 级别 | | 1 | 2 | 3 | 4 | 5 | 6 | 7 | 合计 |
|---|---|---|---|---|---|---|---|---|---|
| 范围(g/kg) | | >1.5 | 1.2～1.5 | 1～1.2 | 0.75～1 | 0.5～0.75 | 0.3～0.5 | <0.3 | |
| 果园 | 面积($hm^2$) | 111.3 | 166.9 | 1950.9 | 949.5 | 474.8 | 55.6 | — | 3709.0 |
| | 比例(%) | 3.0 | 4.5 | 52.6 | 25.6 | 12.8 | 1.5 | — | 100.0 |
| 生姜 | 面积($hm^2$) | 780.5 | 1626.1 | 2796.8 | 3187.1 | 2276.5 | 65.0 | — | 10667.0 |
| | 比例(%) | 7.3 | 15.2 | 26.2 | 29.9 | 20.7 | 0.6 | — | 100.0 |
| 瓜菜 | 面积($hm^2$) | 1732.4 | 4824.1 | 5623.7 | 9381.7 | 4291.1 | 799.6 | — | 26652.6 |
| | 比例(%) | 6.5 | 18.1 | 21.1 | 35.2 | 16.1 | 3.0 | — | 100.0 |
| 粮田 | 面积($hm^2$) | 1082.8 | 2255.9 | 9745.6 | 10196.7 | 7579.9 | 1082.8 | 90.2 | 32034.0 |
| | 比例(%) | 3.4 | 7.0 | 30.4 | 31.8 | 23.7 | 3.4 | 0.3 | 100.0 |
| 油料 | 面积($hm^2$) | 306.4 | 689.5 | 2528 | 3677.1 | 3140.9 | 1532.1 | 612.9 | 12487.0 |
| | 比例(%) | 2.5 | 5.5 | 20.2 | 29.4 | 25.2 | 12.3 | 4.9 | 100.0 |
| 其他 | 面积($hm^2$) | 375.6 | 2282.3 | 4564.7 | 4564.7 | 2282.3 | 375.6 | — | 14445.1 |
| | 比例(%) | 2.6 | 15.8 | 31.6 | 31.6 | 15.8 | 2.6 | — | 100.0 |

3. 不同土壤类型耕层土壤全氮含量状况(见表 4-10)

由表 4-10 可知,不同土壤类型土壤全氮的含量不同,其中,砂姜黑土土壤全氮含量最高,30%以上全氮含量高于 1.2g/kg;棕壤土全氮含量比较低,全氮平均含量为0.82g/kg,多集中在 0.5～1g/kg 的范围内,有 4.3%的棕壤土全氮含量低于 0.3g/kg;潮土和褐土土壤全氮含量较棕壤高,平均值分别为 0.99g/kg 和 0.94g/kg,土壤全氮含量集中在 0.75～1.2g/kg 的范围内。

表 4-10　　不同土壤类型全氮含量分布表

| 级别 | 范围(g/kg) | 棕壤 | | 潮土 | | 褐土 | | 砂姜黑土 | |
|---|---|---|---|---|---|---|---|---|---|
| | | 面积($hm^2$) | 比例(%) | 面积($hm^2$) | 比例(%) | 面积($hm^2$) | 比例(%) | 面积($hm^2$) | 比例(%) |
| 1 | >1.5 | 413.0 | 2.9 | 666.3 | 4.1 | 3046.7 | 5.2 | 215.4 | 3.4 |
| 2 | 1.2～1.5 | 1135.6 | 8.0 | 1749.0 | 10.8 | 4189.2 | 7.1 | 1723.6 | 27.1 |
| 3 | 1.0～1.2 | 2374.5 | 16.7 | 5330.2 | 32.8 | 18915.1 | 32.0 | 1184.9 | 18.6 |

续表

| 级别 | 范围(g/kg) | 棕壤 | | 潮土 | | 褐土 | | 砂姜黑土 | |
|---|---|---|---|---|---|---|---|---|---|
| | | 面积($hm^2$) | 比例(%) | 面积($hm^2$) | 比例(%) | 面积($hm^2$) | 比例(%) | 面积($hm^2$) | 比例(%) |
| 4 | 0.75～1.0 | 3923.0 | 27.5 | 5413.5 | 33.3 | 19042.0 | 32.2 | 1723.6 | 27.1 |
| 5 | 0.5～0.75 | 4439.2 | 31.2 | 2748.4 | 16.9 | 11425.2 | 19.3 | 1184.9 | 18.6 |
| 6 | 0.3～0.5 | 1342.1 | 9.4 | 333.1 | 2.1 | 2158.1 | 3.6 | 323.2 | 5.1 |
| 7 | <0.3 | 619.4 | 4.3 | — | — | 380.8 | 0.6 | — | — |
| 合计 | | 14246.8 | 100.0 | 16240.4 | 100.0 | 59157.2 | 100.0 | 6355.6 | 100.0 |

(二)土壤碱解氮含量

1. 耕层土壤碱解氮含量总体状况(见表 4-11)

土壤碱解氮是可被作物直接吸收利用的氮素,其含量是反映土壤供氮水平的重要指标。土壤碱解氮含量和土壤全氮有一定相关性,但它受人为施肥影响较大。土壤检测结果表明,安丘市的土壤碱解氮平均含量为 98mg/kg,变幅为 14～527mg/kg,标准差为 57.55,变异系数为 0.59。由表 4-11 可知,碱解氮含量分布不平衡,87%以上的耕地土壤碱解氮含量集中在 100～200mg/kg 的范围内;6.73%的耕地土壤碱解氮含量丰富;极少部分耕地碱解氮含量低于 75mg/kg。

表 4-11　土壤碱解氮含量状况汇总

| 级别 | 范围(mg/kg) | 面积($hm^2$) | 比例(%) |
|---|---|---|---|
| 1 | >150 | 1968.34 | 1.15 |
| 2 | 120～150 | 11519.08 | 6.73 |
| 3 | 90～120 | 69011.77 | 40.32 |
| 4 | 75～90 | 58793.51 | 34.35 |
| 5 | 60～75 | 25519.93 | 14.91 |
| 6 | 45～60 | 4276.31 | 6.44 |
| 7 | 30～45 | 102.70 | 0.06 |
| 8 | <30 | 68.46 | 0.04 |

2. 不同种植类型耕层土壤碱解氮含量状况(见表 4-12)

由表 4-12 可知,果园土壤碱解氮含量相对较低,平均含量为 93mg/kg。其次为粮田,土壤碱解氮含量平均值为 95mg/kg。其他作物差别不明显,生姜、瓜菜和其他作物 10%以上地块土壤碱解氮含量超过 150mg/kg,属于丰富范围;油料作物 12.4%的地块土壤碱解氮含量低于 50mg/kg,属于贫乏范围。

表 4-12　　不同种植类型土壤碱解氮含量统计表

| 级别 | | 1 | 2 | 3 | 4 | 5 | 6 | 7 | 合计 |
|---|---|---|---|---|---|---|---|---|---|
| 范围(mg/kg) | | >300 | 200～300 | 150～200 | 100～150 | 75～100 | 50～75 | <50 | |
| 果园 | 面积($hm^2$) | 85.3 | 29.7 | 89.0 | 578.6 | 1739.5 | 1071.9 | 115.0 | 3709.0 |
| | 比例(%) | 2.3 | 0.8 | 2.4 | 15.6 | 46.9 | 28.9 | 3.1 | 100.0 |
| 生姜 | 面积($hm^2$) | 230.6 | 403.6 | 749.6 | 2248.7 | 3228.9 | 3056.0 | 749.6 | 10667.0 |
| | 比例(%) | 2.2 | 3.8 | 7.0 | 21.1 | 30.3 | 28.6 | 7.0 | 100.0 |
| 瓜菜 | 面积($hm^2$) | 346.5 | 1252.7 | 1252.7 | 7489.4 | 8289.0 | 6796.4 | 1226.0 | 26652.6 |
| | 比例(%) | 1.3 | 4.7 | 4.7 | 28.1 | 31.1 | 25.5 | 4.6 | 100.0 |
| 粮田 | 面积($hm^2$) | 243.9 | 975.7 | 1951.3 | 6585.7 | 9512.6 | 10244.4 | 2520.4 | 32034.0 |
| | 比例(%) | 0.8 | 3.0 | 6.1 | 20.6 | 29.7 | 32.0 | 7.9 | 100.0 |
| 油料 | 面积($hm^2$) | 469.9 | 201.4 | 335.7 | 2551.1 | 3289.6 | 4095.2 | 1544.1 | 12487.0 |
| | 比例(%) | 3.8 | 1.6 | 2.7 | 20.4 | 26.3 | 32.8 | 12.4 | 100.0 |
| 其他 | 面积($hm^2$) | 982.3 | 332.2 | 650.0 | 3279.0 | 4925.8 | 3943.5 | 332.2 | 14445.1 |
| | 比例(%) | 6.8 | 2.3 | 4.5 | 22.7 | 34.1 | 27.3 | 2.3 | 100.0 |

3.不同土壤类型耕层土壤碱解氮含量状况(见表 4-13)

由表 4-13 可知,潮土和砂姜黑土土壤碱解氮含量相对较高,平均值分别为 101mg/kg 和 103mg/kg,81%的潮土碱解氮含量集中在 50～150mg/kg 的范围内,另有 12.9%的潮土耕地土壤碱解氮含量丰富,超过 150mg/kg;砂姜黑土耕地 89.3%的土壤碱解氮含量集中在 50～150mg/kg 的范围内,分布集中,只有 1.8%的耕地低于 50mg/kg;棕壤类耕地土壤碱解氮含量相对较低,61.8%的耕地土壤碱解氮含量集中在 50～100mg/kg 的范围内,碱解氮含量低于 50mg/kg 的占 13.2%,属于贫乏范围。

表 4-13　　不同土壤类型碱解氮含量分布表

| 级别 | 范围(mg/kg) | 棕壤 | | 潮土 | | 褐土 | | 砂姜黑土 | |
|---|---|---|---|---|---|---|---|---|---|
| | | 面积($hm^2$) | 比例(%) | 面积($hm^2$) | 比例(%) | 面积($hm^2$) | 比例(%) | 面积($hm^2$) | 比例(%) |
| 1 | >300 | 593.6 | 4.2 | 373.0 | 2.3 | 598.8 | 1.0 | 113.5 | 1.8 |
| 2 | 200～300 | 197.9 | 1.4 | 576.4 | 3.5 | 1916.0 | 3.2 | 113.5 | 1.8 |
| 3 | 150～200 | 494.7 | 3.5 | 1152.8 | 7.1 | 1676.5 | 2.8 | 340.5 | 5.4 |
| 4 | 100～150 | 2275.5 | 16.0 | 3085.3 | 19.0 | 14130.7 | 23.9 | 1929.4 | 30.4 |
| 5 | 75～100 | 3957.5 | 27.8 | 5289.1 | 32.6 | 18561.5 | 31.4 | 2156.4 | 33.9 |
| 6 | 50～75 | 4847.9 | 34.0 | 4780.6 | 29.4 | 18322.0 | 31.0 | 1588.9 | 25.0 |
| 7 | <50 | 1879.8 | 13.2 | 983.2 | 6.1 | 3951.8 | 6.7 | 113.5 | 1.8 |
| 合计 | | 14246.8 | 100.0 | 16240.4 | 100.0 | 59157.2 | 100.0 | 6355.6 | 100.0 |

## 二、土壤有效磷

(一)土壤有效磷含量状况

磷是作物必需的三大营养元素之一,土壤磷素与作物产量密切相关。常用来衡量土壤磷素含量状况的指标是土壤有效磷含量,包括土壤溶液中易溶性磷酸盐、土壤胶体吸附的磷酸根离子和易矿化的有机磷,它主要来源于土壤自身的矿化和外源磷肥的施入。

1. 耕层土壤有效磷含量总体状况(见表 4-14)

土壤样品的检测结果显示,安丘市耕地土壤有效磷的平均含量为 51.7mg/kg,最低值为 2.0mg/kg,最高值达到 273.3mg/kg,标准差为 42.21,变异系数为 0.82。由表 4-14 可知,安丘市耕地土壤有效磷含量分布相对广泛,但各地有效磷含量分布不均匀,其中,68%以上的耕地土壤有效磷含量在 30~80mg/kg 的范围内,极少数耕地土壤有效磷含量丰富。

表 4-14 土壤有效磷含量状况汇总

| 级别 | 范围(mg/kg) | 面积($hm^2$) | 比例(%) |
|---|---|---|---|
| 1 | >120 | 1728.72 | 1.01 |
| 2 | 80~120 | 17715.08 | 10.35 |
| 3 | 50~80 | 57218.84 | 33.43 |
| 4 | 30~50 | 59135.83 | 34.55 |
| 5 | 20~30 | 26889.26 | 15.71 |
| 6 | 10~20 | 6966.62 | 4.07 |
| 7 | <10 | 1506.2 | 0.88 |

2. 不同种植类型耕层土壤有效磷含量状况(见表 4-15)

由表 4-15 可知,生姜田土壤有效磷的含量较其他种植类型的耕地高,平均含量为 64.6mg/kg,51%以上的生姜地土壤有效磷含量高于 50mg/kg,极少地块土壤有效磷含量低于 10mg/kg;其次为瓜菜田,土壤有效磷含量平均为 59.4mg/kg;油料及其他作物田有效磷含量较低,大部分油料、其他作物田有效磷含量低于 30mg/kg;粮田有效磷含量分布广泛,地块之间含量不平衡。

表 4-15 不同种植类型土壤有效磷含量统计表

| 级别 | | 1 | 2 | 3 | 4 | 5 | 6 | 7 | 合计 |
|---|---|---|---|---|---|---|---|---|---|
| 范围(mg/kg) | | >120 | 80~120 | 50~80 | 30~50 | 20~30 | 10~20 | <10 | |
| 果园 | 面积($hm^2$) | 70.5 | 241.1 | 500.7 | 1342.7 | 934.7 | 333.8 | 285.6 | 3709.0 |
| | 比例(%) | 1.9 | 6.5 | 13.5 | 36.2 | 25.2 | 9.0 | 7.7 | 100.0 |
| 生姜 | 面积($hm^2$) | 1250.6 | 2170.2 | 2207.0 | 2096.6 | 1728.8 | 1103.5 | 110.3 | 10667.0 |
| | 比例(%) | 11.7 | 20.3 | 20.7 | 19.7 | 16.2 | 10.3 | 1.0 | 100.0 |

续表

| 级别<br>范围(mg/kg) | | 1<br>>120 | 2<br>80～120 | 3<br>50～80 | 4<br>30～50 | 5<br>20～30 | 6<br>10～20 | 7<br><10 | 合计 |
|---|---|---|---|---|---|---|---|---|---|
| 瓜菜 | 面积($hm^2$) | 2345.4 | 4264.4 | 6529.9 | 5383.8 | 4690.9 | 2185.5 | 1252.7 | 26652.6 |
| | 比例(%) | 8.8 | 16.0 | 24.5 | 20.2 | 17.6 | 8.2 | 4.7 | 100.0 |
| 粮田 | 面积($hm^2$) | 2121.1 | 3861.5 | 6363.3 | 8049.3 | 5765.0 | 3263.2 | 2610.6 | 32034.0 |
| | 比例(%) | 6.6 | 12.1 | 19.9 | 25.1 | 18.0 | 10.2 | 8.1 | 100.0 |
| 油料 | 面积($hm^2$) | 559.8 | 861.2 | 1894.6 | 2411.3 | 2928.0 | 2884.9 | 947.3 | 12487.0 |
| | 比例(%) | 4.5 | 6.9 | 15.2 | 19.3 | 23.4 | 23.1 | 7.6 | 100.0 |
| 其他 | 面积($hm^2$) | 231.1 | 910.0 | 2527.9 | 1617.9 | 5041.3 | 2744.6 | 1372.3 | 14445.1 |
| | 比例(%) | 1.6 | 6.3 | 17.5 | 11.2 | 34.9 | 19.0 | 9.5 | 100.0 |

3.不同土壤类型耕层土壤有效磷含量状况(见表4-16)

由表4-16可知,不同土壤类型耕地土壤有效磷含量不同,其中,潮土类土壤有效磷含量最高,32%以上的潮土类土壤有效磷含量高于50mg/kg,极少部分小于10mg/kg,平均含量为43.2mg/kg;砂姜黑土有效磷含量较高,集中在30～50mg/kg的范围内;棕壤类土壤有效磷含量最低,52%的棕壤土壤有效磷含量低于30mg/kg,平均含量为23.2mg/kg,含量分布不均匀。

表4-16 不同土壤类型有效磷含量分布表

| 级别 | 范围(mg/kg) | 棕壤 | | 潮土 | | 褐土 | | 砂姜黑土 | |
|---|---|---|---|---|---|---|---|---|---|
| | | 面积($hm^2$) | 比例(%) | 面积($hm^2$) | 比例(%) | 面积($hm^2$) | 比例(%) | 面积($hm^2$) | 比例(%) |
| 1 | >120 | 722.2 | 5.1 | 1504.7 | 9.3 | 3149.1 | 5.3 | 343.5 | 5.4 |
| 2 | 80～120 | 1313.1 | 9.2 | 3139.1 | 19.3 | 5098.5 | 8.6 | 601.2 | 9.5 |
| 3 | 50～80 | 2297.9 | 16.1 | 3917.4 | 24.1 | 9897.0 | 16.7 | 1546.0 | 24.3 |
| 4 | 30～50 | 2494.8 | 17.5 | 3554.2 | 21.9 | 14095.8 | 23.8 | 2061.3 | 32.4 |
| 5 | 20～30 | 3217.0 | 22.6 | 2412.7 | 14.9 | 13720.9 | 23.2 | 1030.6 | 16.2 |
| 6 | 10～20 | 3479.6 | 24.4 | 1037.7 | 6.4 | 8322.5 | 14.1 | 429.4 | 6.8 |
| 7 | <10 | 722.2 | 5.0 | 674.5 | 4.2 | 4873.5 | 8.2 | 343.5 | 5.4 |
| 合计 | | 14246.8 | 100.0 | 16240.4 | 100.0 | 59157.2 | 100.0 | 6355.6 | 100.0 |

## 三、土壤钾素

钾能够显著提高光合作用的强度,促进作物体内淀粉和糖的积累,增强作物的抗逆性和抗病能力,增强作物对氮的吸收能力。此外,钾在改善作物品质方面起着重要的作用,是公认的"品质元素",充足的土壤钾素是作物产量和品质的保证。

（一）土壤缓效钾含量状况

1. 耕层土壤缓效钾含量总体状况（见表 4-17）

缓效钾主要受成土母质、土壤质地及土壤黏粒组成的影响，不同土壤类型间差异较小。土壤中含钾矿物质经过物理、化学过程，被缓慢释放，补充缓效性钾和速效性钾。缓效性钾（缓效钾）主要指 2∶1 型层状矿物层间和颗粒边缘的一部分钾，通常占全钾量的5%，它能用 $1NHNO_3$ 提出，这部分钾与作物吸收的钾有密切关系。全市土壤缓效钾的平均含量为 632mg/kg，变幅为 450～1348mg/kg，标准差为 139.84，变异系数为 0.22，主要集中在 500～700mg/kg 的范围内，各地含量较平衡。

表 4-17 土壤缓效钾含量状况汇总

| 级别 | 范围（mg/kg） | 面积（$hm^2$） | 比例（%） |
|---|---|---|---|
| 1 | ＞900 | 530.60 | 0.31 |
| 2 | 750～900 | 9824.59 | 5.74 |
| 3 | 500～750 | 160240.13 | 93.62 |
| 4 | ＜500 | 564.83 | 0.33 |

2. 不同种植类型耕层土壤缓效钾含量状况（见表 4-18）

由表 4-18 可知，果园土壤缓效钾含量最高，平均含量为 688mg/kg；其次为生姜田，平均含量为 656mg/kg，生姜田缓效钾含量分布不平衡，16.67%的生姜田缓效钾含量低于 500mg/kg；粮田、油料及其他作物田土壤缓效钾含量差别不大，其他作物田缓效钾含量分布相对均匀。

表 4-18 不同种植类型土壤缓效钾含量统计表

| 级别 | | 1 | 2 | 3 | 4 | 合计 |
|---|---|---|---|---|---|---|
| 范围（mg/kg） | | ＞900 | 700～900 | 500～700 | ＜500 | |
| 果园 | 面积（$hm^2$） | 207.7 | 1235.1 | 2010.3 | 255.9 | 3709.0 |
| | 比例（%） | 5.6 | 33.3 | 54.2 | 6.9 | 100.0 |
| 生姜 | 面积（$hm^2$） | 963.3 | 2445.3 | 5483.4 | 1778.4 | 10667.0 |
| | 比例（%） | 9.0 | 22.9 | 51.4 | 16.7 | 100.0 |
| 瓜菜 | 面积（$hm^2$） | 506.4 | 7009.6 | 14792.2 | 4344.4 | 26652.6 |
| | 比例（%） | 1.9 | 26.3 | 55.5 | 16.3 | 100.0 |
| 粮田 | 面积（$hm^2$） | 1268.7 | 5709.0 | 19453.0 | 5603.3 | 32034.0 |
| | 比例（%） | 3.9 | 17.8 | 60.8 | 17.5 | 100.0 |
| 油料 | 面积（$hm^2$） | 430.6 | 1937.6 | 8181.2 | 1937.6 | 12487.0 |
| | 比例（%） | 3.4 | 15.5 | 65.6 | 15.5 | 100.0 |
| 其他 | 面积（$hm^2$） | — | 4044.6 | 8132.6 | 2267.9 | 14445.1 |
| | 比例（%） | — | 28.0 | 56.3 | 15.7 | 100.0 |

3. 不同土壤类型耕层土壤缓效钾含量状况(见表 4-19)

由表 4-19 可知,潮土土壤缓效钾含量较高,平均含量为 650mg/kg,30%以上的潮土缓效钾含量超过 900mg/kg;砂姜黑土和棕壤土缓效钾含量较低,平均含量分别为 610mg/kg 和 617mg/kg,棕壤土缓效钾含量主要集中在 500~700mg/kg 的范围内。

表 4-19　不同土壤类型缓效钾含量分布表

| 级别 | 范围(mg/kg) | 棕壤 | | 潮土 | | 褐土 | | 砂姜黑土 | |
|---|---|---|---|---|---|---|---|---|---|
| | | 面积(hm²) | 比例(%) | 面积(hm²) | 比例(%) | 面积(hm²) | 比例(%) | 面积(hm²) | 比例(%) |
| 1 | >900 | 316.9 | 2.2 | 958.6 | 5.9 | 2232.4 | 3.8 | 276.3 | 4.4 |
| 3 | 700~900 | 2321.6 | 16.3 | 4172.8 | 25.7 | 12556.9 | 21.2 | 828.9 | 13.0 |
| 4 | 500~700 | 9919.4 | 69.6 | 8853.0 | 54.5 | 33764.1 | 57.1 | 4282.7 | 67.4 |
| 5 | <500 | 1688.4 | 11.9 | 2255.6 | 13.9 | 10603.6 | 17.9 | 967.1 | 15.2 |
| 合计 | | 14246.3 | 100.0 | 16240.0 | 100.0 | 59157.0 | 100.0 | 6355.0 | 100.0 |

(二)土壤速效钾含量状况

1. 耕层土壤速效钾含量总体状况(见表 4-20)

土壤速效钾含量受人为耕作的影响较大,由于大量施用化肥,速效钾含量相对较高。安丘市耕地土壤速效钾平均含量为 142mg/kg,变幅为 35~482mg/kg,标准差为 64.59,变异系数为 0.45,速效钾含量比 1982 年第二次土壤普查时的 88.5mg/kg 有大幅上升。由表 4-20 可知,全市多数耕地土壤速效钾含量在 100~200mg/kg 的范围内,70%以上的耕地土壤速效钾含量高于 150mg/kg。

表 4-20　土壤速效钾含量状况汇总

| 级别 | 范围(mg/kg) | 面积(hm²) | 比例(%) |
|---|---|---|---|
| 1 | >300 | 325.20 | 0.19 |
| 2 | 200~300 | 11210.99 | 6.55 |
| 3 | 150~200 | 39965.90 | 23.35 |
| 4 | 120~150 | 69799.11 | 40.78 |
| 5 | 100~120 | 40547.84 | 23.69 |
| 6 | 75~100 | 6966.22 | 4.07 |
| 7 | 50~75 | 2293.55 | 1.34 |
| 8 | <50 | 5134.00 | 0.03 |

2. 不同种植类型耕层土壤速效钾含量状况(见表 4-21)

由表 4-21 可知,生姜田土壤速效钾含量最高,平均为 156mg/kg,40%以上的耕地速效钾含量超过150mg/kg,含量丰富;其次,瓜菜、粮田土壤速效钾含量较高,60%以上的瓜菜地土壤速效钾含量超过150mg/kg,77%的粮田速效钾含量超过100mg/kg,含量丰富;油料、果园地土壤速效钾含量较低,油料作物土壤速效钾含量变幅较大,果园速效钾含量主要集中在100～150mg/kg的范围内,属中等适宜水平。

表4-21　　不同种植类型土壤速效钾含量统计表

| 级别 | | 1 | 2 | 3 | 4 | 5 | 6 | 7 | 8 | 合计 |
|---|---|---|---|---|---|---|---|---|---|---|
| 范围(mg/kg) | | >300 | 200～300 | 150～200 | 120～150 | 100～120 | 75～100 | 50～75 | <50 | |
| 果园 | 面积(hm²) | — | 259.6 | 378.3 | 1275.9 | 1086.7 | 589.7 | 118.7 | — | 3709.0 |
| | 比例(%) | — | 7.0 | 10.2 | 34.4 | 29.3 | 15.9 | 3.2 | — | 100.0 |
| 生姜 | 面积(hm²) | 625.3 | 1508.1 | 2207.0 | 1912.7 | 2280.5 | 1508.1 | 551.7 | 73.6 | 10667.0 |
| | 比例(%) | 5.9 | 14.1 | 20.7 | 17.9 | 21.4 | 14.1 | 5.2 | 0.7 | 100.0 |
| 瓜菜 | 面积(hm²) | 1092.8 | 3838.0 | 4237.8 | 6903.0 | 4904.1 | 4344.4 | 1252.7 | 80.0 | 26652.6 |
| | 比例(%) | 4.1 | 14.4 | 15.9 | 25.9 | 18.4 | 16.3 | 4.7 | 0.3 | 100.0 |
| 粮田 | 面积(hm²) | 1136.3 | 3787.8 | 6385.2 | 7142.7 | 6872.2 | 5302.9 | 1298.7 | 108.2 | 32034.0 |
| | 比例(%) | 3.5 | 11.8 | 19.9 | 22.3 | 21.5 | 16.6 | 4.1 | 0.3 | 100.0 |
| 油料 | 面积(hm²) | 170.5 | 895.0 | 2386.6 | 2514.4 | 2386.6 | 2301.4 | 937.6 | 895.0 | 11592.0 |
| | 比例(%) | 1.4 | 7.2 | 19.1 | 20.1 | 19.1 | 18.4 | 7.5 | 7.2 | 100.0 |
| 其他 | 面积(hm²) | 650.0 | 1531.2 | 2195.7 | 2412.3 | 3726.8 | 2195.7 | 1531.2 | 202.2 | 14445.1 |
| | 比例(%) | 4.5 | 10.6 | 15.2 | 16.7 | 25.8 | 15.2 | 10.6 | 1.4 | 100.0 |

3.不同土壤类型耕层土壤速效钾含量状况(见表4-22)

土壤速效钾含量与质地类型关系密切,不同土壤类型的速效钾含量差异比较明显。由表4-22可看出,砂姜黑土类土壤速效钾含量丰富,均高于75mg/kg,平均含量为168mg/kg,74.3%的砂姜黑土速效钾含量高于150mg/kg,属于中等以上含量水平;其次,潮土类土壤速效钾含量较高,平均含量为152mg/kg,只有极少部分耕地速效钾含量低于75mg/kg;褐土类土壤速效钾平均含量为137mg/kg,93.3%的耕地土壤速效钾含量高于75mg/kg,含量较丰富;棕壤类速效钾含量低,平均含量为122mg/kg,变幅较宽,18%以上的棕壤土壤速效钾含量低于75mg/kg。

表4-22　　不同土壤类型速效钾含量分布表

| 级别 | 范围(mg/kg) | 棕壤 | | 潮土 | | 褐土 | | 砂姜黑土 | |
|---|---|---|---|---|---|---|---|---|---|
| | | 面积(hm²) | 比例(%) | 面积(hm²) | 比例(%) | 面积(hm²) | 比例(%) | 面积(hm²) | 比例(%) |
| 1 | >300 | 259.0 | 1.8 | 931.0 | 5.7 | 1187.6 | 2.0 | 343.5 | 5.4 |
| 2 | 200～300 | 1100.9 | 7.7 | 2017.1 | 12.4 | 6754.5 | 11.4 | 944.8 | 14.9 |
| 3 | 150～200 | 2007.5 | 14.1 | 3413.6 | 21.0 | 9500.8 | 16.1 | 1717.7 | 27.0 |

续表

| 级别 | 范围(mg/kg) | 棕壤 | | 潮土 | | 褐土 | | 砂姜黑土 | |
|---|---|---|---|---|---|---|---|---|---|
| | | 面积(hm²) | 比例(%) | 面积(hm²) | 比例(%) | 面积(hm²) | 比例(%) | 面积(hm²) | 比例(%) |
| 4 | 120～150 | 2331.3 | 16.4 | 3491.2 | 21.5 | 14696.5 | 24.8 | 1717.7 | 27.0 |
| 5 | 100～120 | 2784.6 | 19.5 | 3180.8 | 19.6 | 14176.9 | 24.0 | 944.8 | 14.9 |
| 6 | 75～100 | 3108.4 | 21.8 | 2689.5 | 16.6 | 8907.0 | 15.1 | 687.1 | 10.8 |
| 7 | 50～75 | 1683.7 | 11.8 | 491.3 | 3.0 | 3117.4 | 5.3 | — | — |
| 8 | ＜50 | 971.4 | 6.8 | 25.9 | 0.2 | 816.5 | 1.4 | — | — |
| 合计 | | 14246.8 | 100.0 | 16240.4 | 100.0 | 59157.2 | 100.0 | 6355.6 | 100 |

### 四、不同种植制度、不同土壤类型对土壤大量元素养分的影响

生姜田全氮、碱解氮、有效磷、速效钾含量较高，土壤全氮平均含量为1.01g/kg，较安丘市平均值高5.3%，最大为2.08g/kg；土壤碱解氮平均含量为103mg/kg，较安丘市平均值高5.1%，最大为527mg/kg；有效磷平均含量为64.6mg/kg，较安丘市平均值高24.9%，最大为273.3mg/kg；土壤速效钾平均含量为156mg/kg，较安丘市平均值高9.9%，最大为482mg/kg。全市全氮、碱解氮、有效磷、速效钾最大值都在生姜田内，这与生姜过量施肥有关。

瓜菜田与生姜田类似，各项养分指标大部分高于安丘市平均水平。

粮田主要作物为小麦和玉米，在该种植制度下，土壤全氮、碱解氮、有效磷、速效钾等养分指标与安丘市平均值接近，有机质含量较安丘市平均值略低。

果园土壤有机质含量略高，平均值为11.71g/kg，比安丘市平均值高1.39%；土壤全氮略高于安丘市平均值；碱解氮、有效磷、速效钾养分指标略低于安丘市平均值；缓效钾略高于安丘市平均值。

油料作物主要是花生，分布在西南山区，土壤类型主要是棕壤，这种种植类型土壤有效养分平均含量均低于安丘市平均值。有效磷平均值为40.2mg/kg，变幅最大，比安丘市平均值少11.5mg/kg，低28.6%。

其他作物主要是种植面积小的作物，包括棉花、地瓜、桑树、烟草等，有效磷、速效钾指标低于安丘市平均值；有机质、全氮、碱解氮、缓效钾略高于安丘市平均值。

砂姜黑土土壤养分较丰富，有机质、全氮、碱解氮、有效磷、速效钾指标均高于安丘市平均值，速效钾差距最大，平均值为168mg/kg，比安丘市平均值高18.3%；缓效钾略低于安丘市平均值。

潮土土壤养分丰富，有机质、全氮、碱解氮、有效磷、速效钾、缓效钾的养分指标都高于安丘市平均值，有效磷平均值为63.2mg/kg，差距最大，比安丘市平均值高22.3%。

褐土土壤中的有机质、全氮、碱解氮、有效磷、速效钾、缓效钾的养分指标都略低或接近于安丘市平均值。

棕壤土壤中的有机质、全氮、碱解氮、有效磷、速效钾、缓效钾的养分指标都略低于安丘市平均值，全氮低14%，有效磷低16.4%，速效钾低13.9%。

# 第三节　中量元素

## 一、土壤交换性钙

(一)钙的营养作用及作物缺钙的症状

1.钙的营养作用

钙是植物体细胞壁和细胞间层的主要组成成分，使植株的器官和个体具有一定的机械强度；钙是植物体内一些酶的组分和活化剂，对氮和碳水化合物的代谢有一定的影响；钙具有消除植物体内某些有机酸的作用，能降低有机酸对植物体产生的毒害；钙还有利于促进植物对钾离子的吸收。

2.作物缺钙的症状

作物缺钙可引发多种因缺钙造成的生理病害，如番茄、甜椒脐腐病，芹菜心腐病，白菜、甘蓝心腐病，甘薯烂芽病，苹果苦痘病，梨果肉石细胞硬化、果皮表面凹凸不平等。

造成植物缺钙的原因有三个：一是土壤pH值偏高，土壤中的钙离子被结合形成了难溶或不溶的碳酸钙、重碳酸钙、磷酸钙、硫酸钙等形式的钙盐，无法被植物吸收；二是土壤中氮素过多，特别是氨态氮，造成氮、钙比例失调，抑制植物对钙的吸收；三是夏季高温，土壤干燥，植物对钙的吸收能力降低，不能满足快速生长对钙的需求。

(二)土壤交换性钙的含量状况(见表4-23)

安丘市土壤交换性钙的平均含量为3390mg/kg，变幅为960～9090mg/kg。因安丘市土壤主要是由石灰岩母质形成的，所以交换性钙含量一般较高。安丘市土壤交换性钙的含量主要集中在2500～4000mg/kg的范围内，耕地土壤交换性钙的含量平原高于山区，同一地区交换性钙的含量随质地变黏而降低。

表4-23　土壤交换性钙的含量状况

| 级别 | 范围(mg/kg) | 面积($hm^2$) | 比例(%) |
|---|---|---|---|
| 1 | ＞6000 | 239.62 | 0.14 |
| 2 | 4000～6000 | 24116.47 | 14.07 |
| 3 | 3000～4000 | 99290.00 | 58.01 |
| 4 | 2500～3000 | 39846.06 | 23.28 |
| 5 | 2000～2500 | 7565.28 | 4.42 |
| 6 | ＜2000 | 102.70 | 0.06 |

## 二、土壤交换性镁

(一)镁的营养作用和作物缺镁的症状

1.镁的营养作用

镁在叶绿素合成和光合作用中起重要作用;镁能保证核糖体稳定的结构,为蛋白质的合成提供场所。此外,植物体中一系列的酶促反应都需要镁或依赖于镁进行调节。镁在 ATP 或 ADP 的焦磷酸盐结构和酶分子之间形成一个桥梁,大多数 ATP 酶的底物是 Mg-ATP。

2.作物缺镁的症状

当植物缺镁时,其突出表现是叶绿素含量下降,并出现失绿症。缺镁时,植株矮小,生长缓慢。双子叶植物缺镁时叶脉间失绿,并逐渐由淡绿色转变为黄色或白色,还会出现大小不一的褐色或紫红色斑点或条纹;严重缺镁时,整个叶片出现坏死现象。禾本科植物缺镁时,叶基部叶绿素积累出现暗绿色斑点,其余部分呈淡黄色;严重缺镁时,叶片褪色而有条纹,特别典型的是在叶尖出现坏死斑点。

在砂质土壤、酸性土壤、$K^+$ 和 $NH_4^+$ 含量较高的土壤上容易出现缺镁现象。砂土不仅镁本身含量不高,而且淋失比较严重;酸性土壤除了淋失以外,$H^+$、$Al^{3+}$ 等离子的拮抗作用也是造成缺镁的原因之一。高浓度 $K^+$ 和 $NH_4^+$ 对 $Mg^{2+}$ 的吸收有很强的拮抗作用。因此,增施镁肥、改良土壤、平衡施肥是矫正缺镁现象所必需的。

(二)土壤交换性镁的含量状况(见表 4-24)

由表 4-24 可知,安丘市土壤交换性镁的含量主要集中在 300～600mg/kg 的范围内,平均含量为 404mg/kg,变幅为 120～1110mg/kg,标准差为 198.55,变异系数为 0.49。安丘市土壤交换性镁在不同种植制度下分布广泛,不同土壤类型之间差异不明显,分布较平衡。土壤交换性镁的含量与交换性钙的含量有密切的关系,一般来说,石灰性母质形成的土壤,碳酸盐含量丰富,交换性钙的含量高,交换性镁的含量亦较高,其溶液中的有效态镁离子,已足够植物生长的需要。交换性镁的变化规律及在农业生产中的作用与土壤交换性钙相一致。

**表 4-24　土壤交换性镁的含量状况**

| 级别 | 范围(mg/kg) | 面积($hm^2$) | 比例(%) |
|---|---|---|---|
| 1 | >600 | 4672.67 | 2.73 |
| 2 | 400～600 | 80684.89 | 47.14 |
| 3 | 300～400 | 64835.47 | 37.88 |
| 4 | 250～300 | 15883.66 | 9.28 |
| 5 | 200～250 | 4775.37 | 2.79 |
| 6 | 150～200 | 308.09 | 0.18 |

## 三、土壤有效硫

### (一)硫的营养作用及作物缺硫的症状

1.硫的营养作用

硫是构成蛋白质的重要元素,含硫的有机物参与氧化还原过程;硫素是一些氨基酶的组成部分,它是植物蛋白质形成所需的物质,有助于酶和维生素的形成,它能促进豆科作物根瘤(用于固定空气中的氮素)的形成,并有助于籽粒生产;硫是叶绿素形成所必需的,硫素能促进农作物光合作用和植物蛋白质的形成,增强豆科作物的固氮作用。

2.作物缺硫的症状

植株体内的硫移动性较小,不易被再利用,缺硫症状常表现在幼嫩部位。农作物缺硫时生长受阻,尤其是营养生长,症状类似缺氮:植株矮小,分枝、分蘖少,全株体色褪绿,呈浅绿色或黄绿色;叶片失绿或黄化,褪绿均匀,幼叶较老叶明显,叶小而薄,向上卷曲,变硬、易碎,提早脱落,茎生长受阻,植株矮、僵直。

缺硫土壤常见于有机质含量低、降雨量偏高的砂质土壤区。近年,随着作物产量的提升,土壤对硫的需求不断增加,而土壤有机质含量比较低,会造成土壤的供硫能力减弱,进而表现为土壤硫的相对缺乏。天气寒冷潮湿时(如越冬作物和早春作物)会降低硫的有效性。

### (二)土壤有效硫的含量状况(见表4-25)

由表4-25可知,安丘市土壤有效硫的含量主要为15～45mg/kg,变幅为11.4～165mg/kg,平均含量为36.77mg/kg,标准差为27.85,变异系数为0.76,耕地土壤有效硫含量各地差异较大。土壤硫主要来自成土母质、灌溉水、大气干湿沉降以及施肥等。土壤母质中硫含量高,可以为其形成的土壤提供丰富的原始硫化物来源。在许多复合肥(复混肥)中含有硫元素,随着日光温室和塑料大棚等保护地栽培中各种含硫肥料的大量使用,一定数量的含硫化合物残存在土壤中,导致土壤酸化,这是近年来保护地栽培土壤酸化的一个重要原因。

表4-25 土壤有效硫的含量状况

| 级别 | 范围(mg/kg) | 面积($hm^2$) | 比例(%) |
|---|---|---|---|
| 1 | >100 | 479.25 | 0.08 |
| 2 | 75～100 | 3029.53 | 1.77 |
| 3 | 60～75 | 6675.24 | 3.90 |
| 4 | 45～60 | 26991.96 | 15.77 |
| 5 | 30～45 | 66444.37 | 38.82 |
| 6 | 15～30 | 67437.10 | 39.40 |
| 7 | <15 | 102.70 | 0.06 |

# 第四节　微量元素

微量元素在作物体内含量虽少，但具有很强的专一性，是作物生长发育所不可缺少和不可相互替代的。因此，当作物缺乏任何一种微量元素时，其生长发育就会受到抑制，导致减产和品质下降，严重的甚至绝收；反之，如果这些元素过多，又会出现中毒现象，影响作物产量和质量，还会引起人、畜的某些地方病的发生。土壤中的微量元素有效态含量是评价土壤微量元素的丰缺指标，它受土壤酸碱度、氧化还原电位、有机质含量等条件的制约。通过对土壤中铁、锰、铜、锌、钼、硼的分析，基本上掌握了安丘市土壤微量元素的含量状况，为合理制定配方和科学指导农民施肥奠定了基础，确保微肥使用适量、安全。

## 一、土壤有效铁

（一）铁的营养作用及作物缺铁的症状

1. 铁的营养作用

铁是一些重要的氧化—还原酶催化部分的组分；铁虽然不是叶绿素的组成成分，但铁参与叶绿素的形成；铁在植物体内以各种形式与蛋白质结合，作为重要的电子传递体或催化剂参与许多生命活动。

2. 作物缺铁的症状

在我国北方，多年生木本和草本植物以及农作物的缺铁症状极为常见。最常见的缺铁症状是幼叶失绿。失绿症开始时，叶片颜色变淡，新叶脉间失绿而黄化，但叶脉仍保持绿色。当缺铁严重时，整个叶尖失绿，极度缺乏时，叶色完全变白并可能出现坏死斑点。缺铁失绿可导致生长停滞，严重时可导致植株死亡。

（二）土壤有效铁的含量状况

1. 耕层土壤有效铁含量总体状况（见表 4-26）

由表 4-26 可知，安丘市耕地土壤有效铁的平均含量为 33.69mg/kg，变幅为 0.44～122mg/kg，标准差为 21.91，变异系数为 0.65。安丘市有 82.98％的耕地土壤有效铁含量大于 20mg/kg，有极少耕地土壤有效铁含量低于 10mg/kg。这说明安丘市土壤有效铁含量普遍不缺乏，但因局部长期种植制度单一，导致作物有缺铁症状。

表 4-26　　土壤有效铁含量状况汇总

| 级别 | 范围(mg/kg) | 面积($hm^2$) | 比例(％) |
|---|---|---|---|
| 1 | ＞20 | 142028.69 | 82.98 |
| 2 | 10～20 | 28754.91 | 16.8 |
| 3 | ＜10 | 376.55 | 0.22 |

2. 不同种植类型耕层土壤有效铁含量状况（见表 4-27）

由表 4-27 可知，不同种植类型土壤有效铁含量不同，其中，经济作物田土壤有效铁含量最高，平均值为 41.8mg/kg，分布范围广泛，各地块间相对平衡；瓜菜、生姜地有效铁含量较高，平均值分别为34.99mg/kg和34.47mg/kg；油料、果园土壤有效铁含量较低，果园土壤有效铁含量分布比较集中，含量为10～30mg/kg的地块占57.9%。

表4-27　　不同种植类型土壤有效铁含量状况

| | 级别<br>范围(mg/kg) | 1<br>>90 | 2<br>70～90 | 3<br>50～70 | 4<br>30～50 | 5<br>10～30 | 6<br><10 | 合计 |
|---|---|---|---|---|---|---|---|---|
| 果园 | 面积($hm^2$) | — | 144.7 | 634.2 | 730.7 | 2147.5 | 51.9 | 3709.0 |
| | 比例(%) | — | 3.9 | 17.1 | 19.7 | 57.9 | 1.4 | 100.0 |
| 生姜 | 面积($hm^2$) | 320.8 | 721.8 | 1363.5 | 2887.3 | 4651.8 | 721.8 | 10667.0 |
| | 比例(%) | 3.0 | 6.8 | 12.8 | 27.1 | 43.6 | 6.8 | 100.0 |
| 瓜菜 | 面积($hm^2$) | — | 1732.4 | 5223.9 | 6983.0 | 10794.3 | 1919.0 | 26652.6 |
| | 比例(%) | — | 6.5 | 19.6 | 26.2 | 40.5 | 7.2 | 100.0 |
| 粮田 | 面积($hm^2$) | 431.4 | 2372.9 | 4853.6 | 6687.2 | 15963.1 | 1725.7 | 32034 |
| | 比例(%) | 1.3 | 7.4 | 15.2 | 20.9 | 49.8 | 5.4 | 100.0 |
| 油料 | 面积($hm^2$) | 87.9 | 791.4 | 1846.7 | 3077.8 | 5627.9 | 1055.2 | 12487.0 |
| | 比例(%) | 0.7 | 6.3 | 14.8 | 24.6 | 45.1 | 8.5 | 100.0 |
| 其他 | 面积($hm^2$) | 534.5 | 2672.3 | 2152.3 | 2137.9 | 6413.6 | 534.5 | 14445.1 |
| | 比例(%) | 3.7 | 18.5 | 14.9 | 14.8 | 44.4 | 3.7 | 100.0 |

3.不同土壤类型耕层土壤有效铁含量状况(见表4-28)

由表4-28可知，四种土壤类型土壤有效铁含量不同，其中，砂姜黑土土壤有效铁含量最高，平均值为42.71mg/kg，各地含量较均匀；棕壤含量较高，平均值为37.74mg/kg，含量分布广泛，5.5%的棕壤土壤有效铁含量超过90mg/kg；潮土、褐土类土壤有效铁含量较低，平均值分别是31mg/kg和33.41mg/kg。

表4-28　　不同土壤类型有效铁含量分布表

| 级别 | 范围(mg/kg) | 棕壤 | | 潮土 | | 褐土 | | 砂姜黑土 | |
|---|---|---|---|---|---|---|---|---|---|
| | | 面积($hm^2$) | 比例(%) | 面积($hm^2$) | 比例(%) | 面积($hm^2$) | 比例(%) | 面积($hm^2$) | 比例(%) |
| 1 | >90 | 777.1 | 5.5 | 52.7 | 0.3 | 486.2 | 0.8 | — | — |
| 2 | 70～90 | 906.6 | 6.4 | 896.4 | 5.5 | 4538.1 | 7.7 | 866.6 | 13.6 |
| 3 | 50～70 | 2590.2 | 18.2 | 2109.1 | 13.0 | 8914.1 | 15.1 | 1733.2 | 27.3 |
| 4 | 30～50 | 3755.8 | 26.4 | 4218.2 | 26.0 | 11831.4 | 20 | 1588.8 | 25.0 |
| 5 | 10～30 | 5180.4 | 36.4 | 7961.8 | 49.0 | 29821.7 | 50.4 | 2022.0 | 31.8 |
| 6 | <10 | 1036.1 | 7.3 | 1001.8 | 6.2 | 3565.6 | 6.0 | 144.4 | 2.3 |
| 合计 | | 14246.0 | 100.0 | 16240.0 | 100.0 | 59157.2 | 100.0 | 6355.0 | 100.0 |

## 二、土壤有效锰

(一)锰的营养作用和作物缺锰的症状

1. 锰的营养作用

锰在植物体内是一个重要的氧化—还原剂,它控制着植物体内的许多氧化—还原体系;锰对维持叶绿体结构是必需的;锰还以结合态直接参与光合作用的放氧过程;锰作为羟胺还原酶的组成成分,参与硝酸还原过程。

2. 作物缺锰的症状

缺锰植物叶片叶脉间失绿或呈淡绿色,叶脉出现深绿色条纹肋骨状,受害叶片失绿部分变为灰色并局部坏死;植株生长瘦弱,花发育不良。典型的缺锰症有豆类(如菜豆、豌豆等)的“沼泽斑点病”,甜菜的“黄斑病”,菠菜的“黄病”等。

(二)土壤有效锰的含量状况

1. 耕层土壤有效锰含量总体状况(见表 4-29)

对安丘市的 855 个样品进行土壤有效锰检测,检测结果显示,安丘市耕地土壤有效锰的平均含量为 34.32mg/kg,变幅为 0.22～124mg/kg,标准差为 19.90,变异系数为 0.58。安丘市耕地中,有效锰含量高于 30mg/kg 水平的占总耕地面积的 58.80%,极少耕地土壤有效锰含量低于 15mg/kg。以上数据说明,安丘市耕地土壤有效锰含量偏高。

表 4-29　土壤有效锰含量状况汇总

| 级别 | 范围(mg/kg) | 面积($hm^2$) | 比例(%) |
|---|---|---|---|
| 1 | ＞30 | 100642.17 | 58.80 |
| 2 | 15～30 | 67265.94 | 39.30 |
| 3 | 5～15 | 3252.04 | 1.89 |
| 4 | ＜5 | 17.11 | 0.01 |

2. 不同种植类型耕层土壤有效锰含量状况(见表 4-30)

由表 4-30 可知,不同种植类型耕层土壤有效锰含量状况不同,其中,其他作物土壤有效锰含量最高,平均值为 42.01mg/kg;其次,生姜地土壤有效锰含量较高,平均含量为 35.44mg/kg;油料和果园土壤有效锰含量较低,平均值分别为 32.46mg/kg 和 32.62mg/kg。

表 4-30　不同种植类型土壤有效锰含量状况

| 级别 | | 1 | 2 | 3 | 合计 |
|---|---|---|---|---|---|
| 范围(mg/kg) | | ＞30 | 15～30 | ＜15 | |
| 果园 | 面积($hm^2$) | 1876.8 | 1301.9 | 530.4 | 3709.0 |
| | 比例(%) | 50.6 | 35.1 | 14.3 | 100.0 |
| 生姜 | 面积($hm^2$) | 5958.8 | 2574.8 | 2133.4 | 10667.0 |
| | 比例(%) | 55.9 | 24.1 | 20.0 | 100.0 |

续表

| 级别<br>范围(mg/kg) | | 1<br>>30 | 2<br>15～30 | 3<br><15 | 合计 |
|---|---|---|---|---|---|
| 瓜菜 | 面积($hm^2$) | 13166.4 | 8928.6 | 4557.6 | 26652.6 |
| | 比例(%) | 49.4 | 33.5 | 17.1 | 100.0 |
| 粮田 | 面积($hm^2$) | 16123.7 | 10357.7 | 5552.6 | 32034.0 |
| | 比例(%) | 50.3 | 32.5 | 17.2 | 100.0 |
| 油料 | 面积($hm^2$) | 6074.8 | 4049.8 | 2362.4 | 12487.0 |
| | 比例(%) | 48.5 | 32.5 | 19 | 100.0 |
| 其他 | 面积($hm^2$) | 9996.0 | 2224.5 | 2224.5 | 14445.1 |
| | 比例(%) | 69.2 | 15.4 | 15.4 | 100.0 |

3.不同土壤类型耕层土壤有效锰含量状况(见表4-31)

由表4-31可知,四种不同土类土壤有效锰含量差异不大,其中,褐土相对较高,平均含量为34.69mg/kg;潮土类土壤有效锰含量较低,平均含量为33.69mg/kg。

**表4-31　　不同土壤类型土壤有效锰含量状况**

| 级别 | 范围(mg/kg) | 棕壤 | | 潮土 | | 褐土 | | 砂姜黑土 | |
|---|---|---|---|---|---|---|---|---|---|
| | | 面积($hm^2$) | 比例(%) | 面积($hm^2$) | 比例(%) | 面积($hm^2$) | 比例(%) | 面积($hm^2$) | 比例(%) |
| 1 | >30 | 7631.8 | 53.7 | 8120.0 | 50.0 | 30598.4 | 51.7 | 3177.5 | 50.0 |
| 2 | 15～30 | 4197.5 | 29.4 | 5172.0 | 31.8 | 17574.5 | 29.7 | 2542.0 | 40.0 |
| 3 | <15 | 2416.7 | 16.9 | 2948.0 | 18.2 | 10984.1 | 18.6 | 635.5 | 10.0 |
| 合计 | | 14246.3 | 100.0 | 16240.0 | 100.0 | 59157.0 | 100.0 | 6355.0 | 100.0 |

## 三、土壤有效铜

### (一)铜的营养作用及作物缺铜的症状

1.铜的营养作用

铜参与光合作用的电子传递和光合磷酸化、呼吸代谢;铜可以影响植物根、枝、花等器官的分化和发育;铜对植物器官分化的影响主要是间接的,通过影响各种酶的含量和活性来调控营养物质的吸收以及植物体内生长物质的作用,进而影响器官分化。

2.作物缺铜的症状

禾本科作物新叶呈灰绿色,卷曲、发黄,老叶在叶舌处弯曲或折断,叶尖枯萎,叶鞘下部有灰白色斑点,有时扩展成条纹,并易感染霉菌性病害;麦类缺铜发生顶端黄化病,新叶黄白化,质薄、扭曲,后期上位叶子卷成纸捻状,轻度缺铜,前期症状不明显,抽穗后因花粉败育而不实;豆类作物新叶失绿、卷曲,豌豆花由鲜艳的红褐色变为暗淡的漂白色;果树叶片失绿畸形,嫩枝弯曲下垂,树皮上出现水泡状皮疹,严重时发生顶梢枯死,称“枝枯病”或“夏季顶枯病”。

(二)土壤有效铜的含量状况

1.耕层土壤有效铜含量总体状况(见表4-32)

由表4-32可知,安丘市耕地土壤有效铜的平均含量为1.9mg/kg,变幅为0.2～5.48mg/kg,标准差为0.73,变异系数为0.38。安丘市耕地中57.88%的耕地土壤有效铜含量超过1.8mg/kg,高于1.0mg/kg的耕地占总耕地面积的97.2%。这说明全区土壤有效铜含量丰富,这与铜作为杀菌剂在农业和畜牧业的广泛应用有关。

**表4-32　　土壤有效铜含量状况汇总**

| 级别 | 范围(mg/kg) | 面积($hm^2$) | 比例(%) |
|---|---|---|---|
| 1 | >1.8 | 99067.50 | 57.88 |
| 2 | 1.0～1.8 | 67300.17 | 39.32 |
| 3 | <1.0 | 4792.48 | 2.80 |

2.不同种植类型耕层土壤有效铜含量状况(见表4-33)

由表4-33可知,不同种植类型耕层土壤有效铜含量状况不同,其中,粮田土壤有效铜含量最高,平均值为1.98mg/kg;生姜地土壤有效铜含量较高,平均值为1.91mg/kg;油料土壤有效锰含量最低,平均值为1.79mg/kg。

**表4-33　　不同种植类型土壤有效铜含量状况**

| 级别 | | 1 | 2 | 3 | 4 | 5 | 合计 |
|---|---|---|---|---|---|---|---|
| 范围(mg/kg) | | >3.5 | 2.5～3.5 | 1.5～2.5 | 0.5～1.5 | <0.5 | |
| 果园 | 面积($hm^2$) | — | 382.0 | 2140.1 | 1090.4 | 96.4 | 3709.0 |
| | 比例(%) | — | 10.3 | 57.7 | 29.4 | 2.6 | 100.0 |
| 生姜 | 面积($hm^2$) | — | 2338.0 | 5114.3 | 2995.5 | 219.2 | 10667.0 |
| | 比例(%) | — | 21.9 | 47.9 | 28.1 | 2.1 | 100.0 |
| 瓜菜 | 面积($hm^2$) | 159.9 | 5250.6 | 13246.3 | 7142.9 | 852.9 | 26652.6 |
| | 比例(%) | 0.6 | 19.7 | 49.7 | 26.8 | 3.2 | 100.0 |
| 粮田 | 面积($hm^2$) | 314.1 | 5757.7 | 18215.4 | 7223.4 | 418.7 | 32034.0 |
| | 比例(%) | 1.0 | 18.0 | 56.9 | 22.5 | 1.3 | 100.0 |
| 油料 | 面积($hm^2$) | 273.4 | 2096.4 | 5377.6 | 4010.4 | 729.2 | 12487.0 |
| | 比例(%) | 2.2 | 16.8 | 43.1 | 32.1 | 5.8 | 100.0 |
| 其他 | 面积($hm^2$) | — | 3885.7 | 4998.0 | 5561.4 | — | 14445.1 |
| | 比例(%) | — | 26.9 | 34.6 | 38.5 | — | 100.0 |

3.不同土壤类型耕层土壤有效铜含量状况(见表 4-34)

由表 4-34 可知,四种不同土类土壤有效铜含量差异不大,其中,砂姜黑土含量相对较高,平均含量为 2.20mg/kg;棕壤类土壤有效铜含量最低,平均含量为 1.86mg/kg;潮土、褐土有效铜含量差别不大,平均含量分别为 1.9mg/kg 和 1.87mg/kg。

表 4-34　　不同土壤类型土壤有效铜含量状况

| 级别 | 范围(mg/kg) | 棕壤 | | 潮土 | | 褐土 | | 砂姜黑土 | |
|---|---|---|---|---|---|---|---|---|---|
| | | 面积($hm^2$) | 比例(%) | 面积($hm^2$) | 比例(%) | 面积($hm^2$) | 比例(%) | 面积($hm^2$) | 比例(%) |
| 1 | >3.5 | — | — | 102.1 | 0.6 | 629.3 | 1.1 | 127.1 | 2.0 |
| 2 | 2.5～3.5 | 3013.6 | 21.2 | 2451.3 | 15.1 | 11170.6 | 18.9 | 1652.3 | 26.0 |
| 3 | 1.5～2.5 | 6575.1 | 46.2 | 9192.5 | 56.6 | 27375.8 | 46.3 | 3940.1 | 62.0 |
| 4 | 0.5～1.5 | 3561.5 | 25 | 4085.5 | 25.2 | 19037.2 | 32.2 | 635.5 | 10.0 |
| 5 | <0.5 | 1095.8 | 7.7 | 408.6 | 2.5 | 944.0 | 1.6 | — | — |
| 合计 | | 14246.0 | 100.0 | 16240.0 | 100.0 | 59157.0 | 100.0 | 6355.0 | 100.0 |

## 四、土壤有效锌

(一)锌的营养作用及作物缺锌的症状

1.锌的营养作用

锌在植物体内主要是作为酶的金属活化剂。最早发现的含锌金属酶是碳酸酐酶,这种酶在植物体内分布很广,主要存在于叶绿体中。它催化二氧化碳的水合作用,促进光合作用中二氧化碳的固定,缺锌会使碳酸酐酶的活性降低。因此,锌对碳水化合物的形成很重要。锌在植物体内还参与生长素(吲哚乙酸)的合成。

2.作物缺锌的症状

缺锌时,植物体内的生长素含量降低,生长发育出现停滞状态,茎节缩短,植株矮小,叶片扩展伸长受到阻滞,形成小叶,并呈叶簇状,叶脉间出现淡绿色、黄色或白色锈斑,特别在老叶上。在田间,可见植物高低不齐,成熟期推迟,果实发育不良。在我国已报道的缺锌的植物有水稻的"稻缩苗"、"僵苗"、"坐蔸",苹果等果树的"小叶病"等。

(二)土壤有效锌的含量状况

1.耕层土壤有效锌含量总体状况(见表 4-35)

土壤样品的检测结果显示,安丘市耕地土壤有效锌的平均含量为 0.94mg/kg,变幅为 0.11～3.60mg/kg,标准差为 0.49,变异系数为 0.52。安丘市耕地中,38.85%的土壤有效锌含量高于 1.0mg/kg,有效锌含量偏低。

表 4-35　　土壤有效锌含量状况汇总

| 级别 | 范围(g/kg) | 面积($hm^2$) | 比例(%) |
|---|---|---|---|
| 1 | >1.0 | 66496.72 | 38.85 |
| 2 | 0.5～1.0 | 96328.93 | 56.28 |
| 3 | 0.3～0.5 | 7839.14 | 4.58 |
| 4 | <0.3 | 496.36 | 0.29 |

2.不同种植类型耕层土壤有效锌含量状况(见表 4-36)

由表 4-36 可知,不同种植类型有效锌含量大于 1.0mg/kg 级别的耕地面积较大,生姜地土壤有效锌含量最高,平均值为 1.01mg/kg;瓜菜地次之,有效锌含量平均值为 1.0mg/kg;果园地有效锌含量最低,平均值为 0.52mg/kg,20.2%的果园地有效锌含量低于 0.3mg/kg,有效锌含量贫乏。

表 4-36　　不同种植类型土壤有效锌含量状况

| 级别 | | 1 | 2 | 3 | 4 | 合计 |
|---|---|---|---|---|---|---|
| 范围(mg/kg) | | >1.0 | 0.5～1.0 | 0.3～0.5 | <0.3 | |
| 果园 | 面积($hm^2$) | 1557.8 | 1090.4 | 311.6 | 749.2 | 3709.0 |
| | 比例(%) | 42.0 | 29.4 | 8.4 | 20.2 | 100.0 |
| 生姜 | 面积($hm^2$) | 5227.6 | 3390.8 | 1907.3 | 141.2 | 10667.0 |
| | 比例(%) | 49.0 | 31.8 | 17.9 | 1.3 | 100.0 |
| 瓜菜 | 面积($hm^2$) | 13033.1 | 7889.2 | 4717.5 | 1012.8 | 26652.6 |
| | 比例(%) | 48.9 | 29.6 | 17.7 | 3.8 | 100.0 |
| 粮田 | 面积($hm^2$) | 13128.7 | 11553.2 | 6389.3 | 962.8 | 32034.0 |
| | 比例(%) | 41.0 | 36.1 | 19.9 | 3.0 | 100.0 |
| 油料 | 面积($hm^2$) | 5285.9 | 3830.4 | 1838.6 | 1532.1 | 12487.0 |
| | 比例(%) | 42.3 | 30.7 | 14.7 | 12.3 | 100.0 |
| 其他 | 面积($hm^2$) | 8132.6 | 2253.4 | 3611.3 | 447.8 | 14445.1 |
| | 比例(%) | 56.3 | 15.6 | 25.0 | 3.1 | 100.0 |

3.不同土壤类型耕层土壤有效锌含量状况(见表 4-37)

由表 4-37 可知,四种不同土壤类型中,砂姜黑土类土壤有效锌含量最高,平均值为 1.24mg/kg,大部分耕地有效锌含量超过 1.0mg/kg;棕壤类土壤有效锌含量低,平均含量为 0.89mg/kg,含量低于 0.3mg/kg 的耕地比例较高;褐土、潮土土壤有效锌含量差别不大,平均含量分别为 0.94mg/kg 和 0.91mg/kg。安丘市大部分土壤有效锌含量不足。

表 4-37　　不同土壤类型土壤有效锌含量状况

| 级别 | 范围（mg/kg） | 棕壤 | | 潮土 | | 褐土 | | 砂姜黑土 | |
|---|---|---|---|---|---|---|---|---|---|
| | | 面积（$hm^2$） | 比例（%） | 面积（$hm^2$） | 比例（%） | 面积（$hm^2$） | 比例（%） | 面积（$hm^2$） | 比例（%） |
| 1 | ＞1.0 | 6225.1 | 43.7 | 6773.5 | 41.7 | 25939.1 | 43.8 | 4236.8 | 66.7 |
| 2 | 0.5～1.0 | 3950.6 | 27.8 | 5753.4 | 35.4 | 19189.6 | 32.3 | 1121.5 | 17.6 |
| 3 | 0.3～0.5 | 2154.9 | 15.0 | 3345.9 | 20.6 | 11778.5 | 19.9 | 872.3 | 13.7 |
| 4 | ＜0.3 | 1915.4 | 13.5 | 367.2 | 2.3 | 2249.8 | 3.9 | 124.5 | 2.0 |
| 合计 | | 14246.0 | 100.0 | 16240.0 | 100.0 | 59157.0 | 100.0 | 6355.0 | 100.0 |

## 五、土壤有效硼

（一）硼的营养作用和作物缺硼的症状

1. 硼的营养作用

硼能促进植物生殖器官的生长发育，促进碳水化合物的合成和运输，影响蛋白质的合成及叶绿素的形成。此外，硼对加强根瘤菌的固氮能力有良好作用，如大豆喷硼肥不仅能提高产量，含油率明显提高，还能增加根瘤数量。

2. 作物缺硼的症状

小麦缺硼时花药空瘪，花粉败育不能完成正常授粉。玉米缺硼时上部叶片发生不规则的褪绿白斑或条斑，果穗畸形，行列不齐，着粒稀疏，籽粒基部常有带状褐疤。大豆缺硼时幼苗顶芽下卷，枯萎死亡，腋芽抽发畸形，老叶粗糙增厚。花生缺硼时果针萎缩，荚果多为秕果。苹果缺硼时新梢顶端萎缩，甚至枯死，细弱侧枝多量发生，类似“小叶症”，幼果表面呈水浸状褐斑，坏死，干缩硬化，凹陷，龟裂，称“缩果病”。蔬菜作物缺硼普遍，按主要症状可分为三类：一是生长点萎缩死亡，叶片皱缩，扭曲畸形，多见于菠菜、实用甜菜、结球白菜等；二是茎叶及叶柄开裂、粗短、硬脆，叶柄及叶片主脉硬化、变脆；三是根菜类肉质根内部组织坏死变褐，木栓化，如萝卜等的典型症状为“褐心病”，也称“褐色心腐病”；四是果皮、果肉坏死，木栓化，如黄瓜果实木栓化开裂、番茄表皮龟裂等。

（二）土壤有效硼的含量状况

1. 耕层土壤有效硼含量总体状况（见表 4-38）

土壤样品的检测结果显示，安丘市耕地土壤有效硼的平均含量为 0.42mg/kg，总体偏低，变幅为 0.01～1.72mg/kg，标准差为 0.20，变异系数为 0.48。安丘市耕地中，土壤有效硼的含量大部分为 0.2～0.5mg/kg，99%以上的耕地土壤的有效硼含量为 0.2～1.0mg/kg。

表 4-38　土壤有效硼含量状况汇总

| 级别 | 范围(mg/kg) | 面积(hm²) | 比例(%) |
|---|---|---|---|
| 1 | 1.0～2.0 | 17.12 | 0.01 |
| 2 | 0.5～1.0 | 39948.78 | 23.34 |
| 3 | 0.2～0.5 | 130971.74 | 76.52 |
| 4 | <0.2 | 222.51 | 0.13 |

2.不同种植类型耕层土壤有效硼含量状况(见表 4-39)

由表 4-39 可知,不同种植类型中,果园土壤的有效硼含量较高,平均含量为 0.51mg/kg;其他种植方式的土壤有效硼平均含量差别不大;油料作物的有效硼含量较低,地块间含量比较均匀。

表 4-39　不同种植类型土壤有效硼含量状况

| 级别 | | 1 | 2 | 3 | 4 | 5 | 6 | 合计 |
|---|---|---|---|---|---|---|---|---|
| 范围(mg/kg) | | >0.9 | 0.7～0.9 | 0.5～0.7 | 0.3～0.5 | 0.1～0.3 | <0.1 | |
| 果园 | 面积(hm²) | 189.4 | 340.4 | 1248.8 | 1286.7 | 643.7 | — | 3709 |
| | 比例(%) | 5.1 | 9.2 | 33.7 | 34.7 | 17.4 | — | 100.0 |
| 生姜 | 面积(hm²) | 161.6 | 538.7 | 2639.8 | 3932.8 | 3232.4 | 161.6 | 10667.0 |
| | 比例(%) | 1.5 | 5.1 | 24.8 | 36.9 | 30.3 | 1.5 | 100.0 |
| 瓜菜 | 面积(hm²) | 852.9 | 2678.6 | 4501.6 | 9613.6 | 8640.8 | 365.1 | 26652.6 |
| | 比例(%) | 3.2 | 10.1 | 16.9 | 36.1 | 32.4 | 1.4 | 100.0 |
| 粮田 | 面积(hm²) | 1003.5 | 1852.6 | 6252.4 | 13122.4 | 9417.2 | 386.0 | 32034.0 |
| | 比例(%) | 3.1 | 5.8 | 19.5 | 41.0 | 29.4 | 1.2 | 100.0 |
| 油料 | 面积(hm²) | 185.5 | 370.9 | 2101.8 | 5749.0 | 4079.9 | — | 12487 |
| | 比例(%) | 1.5 | 3.0 | 16.8 | 46.0 | 32.7 | — | 100.0 |
| 其他 | 面积(hm²) | 294.3 | 592.1 | 1473.2 | 6780.4 | 5305.1 | — | 14445.1 |
| | 比例(%) | 2.0 | 4.1 | 10.2 | 46.9 | 36.7 | — | 100.0 |

3.不同土壤类型耕层土壤有效硼含量状况(见表 4-40)

由表 4-40 可知,砂姜黑土类土壤有效硼含量高,平均含量为 0.48mg/kg;其次为潮土、褐土,平均含量分别为 0.45mg/kg、0.41mg/kg;棕壤有效硼含量最低,平均值为 0.36mg/kg。

表 4-40　　不同土壤类型土壤有效硼含量状况

| 级别 | 范围(mg/kg) | 棕壤 | | 潮土 | | 褐土 | | 砂姜黑土 | |
|---|---|---|---|---|---|---|---|---|---|
| | | 面积(hm²) | 比例(%) | 面积(hm²) | 比例(%) | 面积(hm²) | 比例(%) | 面积(hm²) | 比例(%) |
| 1 | >0.9 | 193.8 | 1.4 | 147.3 | 0.9 | 438.2 | 0.7 | 117.7 | 1.9 |
| 2 | 0.7～0.9 | 5621.2 | 39.5 | 3645.8 | 22.4 | 17528.1 | 29.6 | 1530.1 | 24.1 |
| 3 | 0.5～0.7 | 6105.8 | 42.9 | 6591.9 | 40.6 | 23553.3 | 39.8 | 2118.5 | 33.3 |
| 4 | 0.3～0.5 | 1550.7 | 10.9 | 3977.2 | 24.5 | 13255.6 | 22.4 | 1177.0 | 18.5 |
| 5 | 0.1～0.3 | 484.6 | 3.4 | 1436.2 | 8.8 | 3286.5 | 5.6 | 588.5 | 9.3 |
| 6 | <0.1 | 290.8 | 2.0 | 441.9 | 2.7 | 1095.5 | 1.9 | 823.9 | 13.0 |
| 合计 | | 14246.8 | 100.0 | 16240.4 | 100.0 | 59157.2 | 100.0 | 6355.6 | 100.0 |

## 六、土壤有效钼

(一)钼的营养作用及作物缺钼的症状

1.钼的营养作用

钼能促进生物固氮,根瘤菌、固氮菌固定空气中的游离氮素,需要钼黄素蛋白酶参加,而钼是钼黄素蛋白酶的成分之一;钼能促进氮素代谢,钼作为植物体内硝酸还原酶的成分,参与硝态氮的还原过程;钼能增强光合作用,有利于提高叶绿素的含量与稳定性,保证光合作用的正常进行;钼有利于糖类的形成与转化,改善碳水化合物。此外,钼还能增强作物的抗旱、抗寒、抗病能力。

2.作物缺钼的症状

植株缺钼所呈现的症状有两种类型:一种为脉间叶色变淡、发黄,叶片出现斑点,边缘发生焦枯并向内卷曲,造成组织失水而呈萎蔫,一般老叶先出现症状,新叶在相当长时间内仍表现正常,定型叶片有的尖端有灰色、褐色或坏死斑点,叶柄和叶脉干枯;另一种类型为十字花科作物呈现出的症状,叶片瘦长畸形,螺旋状扭曲,老叶变厚,焦枯。

(二)土壤有效钼的含量状况

1.耕层土壤有效钼含量总体状况(见表 4-41)

由表 4-41 可知,安丘市耕地土壤有效钼的平均含量为 0.14mg/kg,变幅为 0.01～0.49mg/kg,标准差为 0.083,变异系数为 0.59,有效钼含量主要集中在 0.1～0.2mg/kg 的范围内,14.1%的耕地土壤有效钼含量低于 0.1mg/kg,耕地土壤有效钼含量较低。

表 4-41　　土壤有效钼含量状况汇总

| 级别 | 范围(mg/kg) | 面积(hm²) | 比例(%) |
|---|---|---|---|
| 1 | 0.2～0.3 | 7513.93 | 4.39 |
| 2 | 0.15～0.2 | 55079.34 | 32.18 |
| 3 | 0.1～0.15 | 83919.82 | 49.03 |
| 4 | <0.1 | 24647.06 | 14.1 |

2.不同种植类型耕层土壤有效钼含量状况(见表4-42)

由表4-42可知,不同种植类型中,果园有效钼含量较高,平均含量为0.51mg/kg,其他种植方式土壤有效钼平均含量差别不大;其他作物土壤耕层有效钼含量较低,地块间含量差异不大。

表4-42　不同种植类型土壤有效钼含量状况统计

| 级别 | | 1 | 2 | 3 | 4 | 5 | 合计 |
|---|---|---|---|---|---|---|---|
| 范围(mg/kg) | | >0.3 | 0.2～0.3 | 0.15～0.2 | 0.1～0.15 | <0.1 | |
| 果园 | 面积($hm^2$) | — | 1235.1 | 845.7 | 715.8 | 912.4 | 3709.0 |
| | 比例(%) | — | 33.3 | 22.8 | 19.3 | 24.6 | 100.0 |
| 生姜 | 面积($hm^2$) | 80.3 | 3208.2 | 2245.7 | 1203.0 | 3929.8 | 10667.0 |
| | 比例(%) | 0.8 | 30.0 | 21.1 | 11.2 | 37.0 | 100.0 |
| 瓜菜 | 面积($hm^2$) | — | 7329.5 | 5437.1 | 5064.0 | 8822.0 | 26652.6 |
| | 比例(%) | — | 27.5 | 20.4 | 19.0 | 33.1 | 100.0 |
| 粮田 | 面积($hm^2$) | 542.9 | 7465.6 | 6108.2 | 6651.1 | 11266.2 | 32034.0 |
| | 比例(%) | 1.7 | 23.4 | 19.0 | 20.7 | 35.2 | 100.0 |
| 油料 | 面积($hm^2$) | 92.5 | 2404.9 | 3052.4 | 2867.4 | 4069.8 | 12487.0 |
| | 比例(%) | 0.7 | 19.3 | 24.4 | 23.0 | 32.6 | 100.0 |
| 其他 | 面积($hm^2$) | — | 2701.2 | 4492.4 | 3177.9 | 4073.5 | 14445.1 |
| | 比例(%) | — | 18.7 | 31.1 | 22.0 | 28.2 | 100.0 |

3.不同土壤类型耕层土壤有效钼含量状况(见表4-43)

由表4-43可知,安丘市四种土壤类型中有效钼含量变化不大,其中,棕壤有效钼含量高,平均含量为0.15mg/kg;潮土、褐土、砂姜黑土平均含量为0.14mg/kg左右。

表4-43　不同土壤类型土壤有效钼含量状况统计

| 级别 | 范围(mg/kg) | 棕壤 | | 潮土 | | 褐土 | | 砂姜黑土 | |
|---|---|---|---|---|---|---|---|---|---|
| | | 面积($hm^2$) | 比例(%) | 面积($hm^2$) | 比例(%) | 面积($hm^2$) | 比例(%) | 面积($hm^2$) | 比例(%) |
| 1 | >0.3 | 151.6 | 1.0 | 126.9 | 0.8 | 331.4 | 0.6 | 205.0 | 3.2 |
| 2 | 0.2～0.3 | 3031.1 | 21.3 | 4250.3 | 26.2 | 14747.8 | 24.9 | 1230.0 | 19.4 |
| 3 | 0.15～0.2 | 4091.9 | 28.7 | 2664.4 | 16.4 | 13422.2 | 22.7 | 1845.0 | 29.0 |
| 4 | 0.1～0.15 | 2576.4 | 18.2 | 3362.2 | 20.7 | 11102.3 | 18.7 | 820.0 | 12.9 |
| 5 | <0.1 | 4395.0 | 30.8 | 5836.2 | 35.9 | 19553.3 | 33.1 | 2255.0 | 35.5 |
| 合计 | | 14246.0 | 100.0 | 16240.0 | 100.0 | 59157.0 | 100.0 | 6355.0 | 100.0 |

为了便于查询使用，将安丘市不同种植类型土壤的养分化验数据进行汇总，结果如表4-44所示。

表 4-44　　安丘市不同种植类型土壤的养分化验数据汇总

| 项目 | | 全氮（g/kg） | 碱解氮（mg/kg） | 有效磷（mg/kg） | 速效钾（mg/kg） | 缓效钾（mg/kg） | 有机质（g/kg） |
|---|---|---|---|---|---|---|---|
| 粮田 | 样本数 | 355 | 394 | 589 | 592 | 303 | 595 |
| | 平均 | 0.92 | 94.48 | 21.5 | 144.78 | 617 | 11.5 |
| | 变幅 | 0.29～1.85 | 14～512 | 2.2～263.7 | 37～460 | 452～1302 | 3.6～23.8 |
| 瓜菜 | 样本数 | 199 | 235 | 318 | 320 | 160 | 326 |
| | 平均 | 1 | 101.08 | 59.4 | 146.93 | 631 | 12.2 |
| | 变幅 | 0.38～2.07 | 14～390 | 2.2～245.5 | 35～375 | 453～1145 | 3.2～21.5 |
| 油料 | 样本数 | 163 | 186 | 290 | 293 | 174 | 292 |
| | 平均 | 0.83 | 95.49 | 30.2 | 125.21 | 616 | 10.5 |
| | 变幅 | 0.22～1.64 | 30～466 | 2.9～255.3 | 38～413 | 450～1217 | 3.64～19.34 |
| 果树 | 样本数 | 133 | 128 | 155 | 157 | 72 | 157 |
| | 平均 | 1 | 93.22 | 39.42 | 128.55 | 688 | 11.7 |
| | 变幅 | 0.37～1.92 | 37～527 | 2.7～158.7 | 52～292 | 480～1254 | 6.6～17.75 |
| 生姜 | 样本数 | 164 | 185 | 290 | 290 | 144 | 292 |
| | 平均 | 1.01 | 102.98 | 64.64 | 155.94 | 656 | 11.8 |
| | 变幅 | 0.5～2.08 | 29～527 | 2.2～273.3 | 44～482 | 456～1348 | 4.4～19.3 |
| 其他 | 样本数 | 38 | 44 | 63 | 66 | 39 | 65 |
| | 平均 | 0.98 | 114.05 | 35.47 | 135.94 | 620 | 11.6 |
| | 变幅 | 0.38～1.68 | 40～448 | 2.0～127.4 | 44～353 | 462～875 | 5.7～11.3 |
| 安丘市平均 | 样本数 | 1053 | 1173 | 1706 | 1719 | 893 | 1728 |
| | 平均 | 0.95 | 98 | 31.7 | 142 | 632 | 11.6 |
| | 变幅 | 0.22～2.08 | 14～527 | 2.0～273.3 | 35～482 | 450～1348 | 3.2～23.8 |
| 粮田 | 样本数 | 264 | 229 | 294 | 268 | 491 | |
| | 平均 | 411 | 3309 | 32.22 | 323.22 | 6.57 | |
| | 变幅 | 0.12～1.03 | 0.96～8.91 | 11.84～155.63 | 65.1～651.9 | 4.6～7.9 | |
| 瓜菜 | 样本数 | 149 | 143 | 149 | 148 | 275 | |
| | 平均 | 399 | 3303 | 42.75 | 293.83 | 6.55 | |
| | 变幅 | 0.12～0.95 | 0.96～8.16 | 11.37～165.3 | 67.89～650.3 | 4.8～7.8 | |

续表

| 项目 | | 交换性镁(mg/kg) | 交换性钙(mg/kg) | 有效硫(mg/kg) | 有效硅(mg/kg) | pH |
|---|---|---|---|---|---|---|
| 油料 | 样本数 | 131 | 136 | 145 | 145 | 225 |
| | 平均 | 392 | 3146 | 33.37 | 283.73 | 6.44 |
| | 变幅 | 0.115～1.113 | 1.2～6.46 | 11.82～121.24 | 66.37～646.9 | 4.5～8.1 |
| 果树 | 样本数 | 59 | 65 | 72 | 64 | 149 |
| | 平均 | 470 | 3493 | 43.67 | 267.08 | 6.73 |
| | 变幅 | 0.12～1.11 | 1.76～6.71 | 12.36～147.2 | 67.35～645.94 | 4.6～8.5 |
| 生姜 | 样本数 | 115 | 128 | 163 | 130 | 239 |
| | 平均 | 376 | 3877 | 39.21 | 343.9 | 6.43 |
| | 变幅 | 0.12～0.88 | 1.2～9.09 | 12.41～129.54 | 67.83～652.6 | 4.4～8 |
| 其他 | 样本数 | 22 | 31 | 34 | 31 | 58 |
| | 平均 | 380 | 3128 | 38.12 | 329.56 | 63 |
| | 变幅 | 0.12～0.88 | 1.84～5.54 | 12.3～160.1 | 74.51～645.94 | 4.8～8.2 |
| 安丘市平均 | 样本数 | 740 | 732 | 857 | 786 | 1438 |
| | 平均 | 0.4 | 3.39 | 36.77 | 309.5 | 6.54 |
| | 变幅 | 0.12～1.11 | 0.96～9.09 | 11.37～165.3 | 65.1～652.6 | 4.4～8.5 |

| 项目 | | 有效硼(mg/kg) | 有效锌(mg/kg) | 有效铜(mg/kg) | 有效铁(mg/kg) | 有效锰(mg/kg) | 有效钼(mg/kg) |
|---|---|---|---|---|---|---|---|
| 粮田 | 样本数 | 415 | 366 | 305 | 297 | 300 | 236 |
| | 平均 | 0.42 | 0.93 | 1.98 | 33.47 | 33.99 | 0.14 |
| | 变幅 | 0.01～1.72 | 0.11～3.40 | 0.28～5.48 | 4～109.6 | 2.5～92.4 | 0.01～0.49 |
| 瓜菜 | 样本数 | 219 | 186 | 157 | 153 | 158 | 143 |
| | 平均 | 0.43 | 1 | 1.88 | 34.99 | 35.18 | 0.14 |
| | 变幅 | 0.01～1.72 | 0.14～3.06 | 0.38～3.60 | 1.00～78.60 | 4.9～124.2 | 0.01～0.29 |
| 油料 | 样本数 | 202 | 163 | 137 | 142 | 148 | 135 |
| | 平均 | 0.39 | 0.89 | 1.79 | 31.8 | 32.46 | 0.14 |
| | 变幅 | 0.11～1.01 | 0.11～2.52 | 0.22～4.62 | 0.44～103.2 | 0.22～80 | 0.015～0.35 |
| 果树 | 样本数 | 98 | 199 | 78 | 76 | 77 | 57 |
| | 平均 | 0.51 | 0.52 | 1.81 | 31.24 | 32.62 | 0.16 |
| | 变幅 | 0.12～1.21 | 0.16～1.88 | 0.24～3.3 | 3.8～72.6 | 3.4～77.2 | 0.017～0.29 |

续表

| 项目 | | 有效硼(mg/kg) | 有效锌(mg/kg) | 有效铜(mg/kg) | 有效铁(mg/kg) | 有效锰(mg/kg) | 有效钼(mg/kg) |
|---|---|---|---|---|---|---|---|
| 生姜 | 样本数 | 198 | 151 | 146 | 133 | 145 | 133 |
| | 平均 | 0.42 | 1.01 | 1.91 | 34.47 | 35.44 | 0.14 |
| | 变幅 | 0.01～1.17 | 0.17～3.60 | 0.38～3.44 | 6.8～122 | 2.9～95.2 | 0.01～0.32 |
| 其他 | 样本数 | 49 | 32 | 26 | 27 | 26 | 32 |
| | 平均 | 0.4 | 0.93 | 1.89 | 41.81 | 42.01 | 0.14 |
| | 变幅 | 0.15～0.98 | 0.17～1.70 | 2.1～3.42 | 7.4～121.2 | 8.9～92.4 | 0.01～0.29 |
| 安丘市平均 | 样本数 | 1182 | 1018 | 850 | 829 | 855 | 735 |
| | 平均 | 0.42 | 0.94 | 1.9 | 33.69 | 34.32 | 0.14 |
| | 变幅 | 0.01～1.72 | 0.11～3.60 | 0.22～5.48 | 0.44～122 | 0.22～124 | 0.01～0.49 |

## 第五节　土壤的主要物理性状

### 一、土壤质地

土壤质地，也叫“土壤机械组成”，是指土壤中的各粒级土粒含量的比例，简单地说，就是土壤的砂黏程度。从生产上看，表层壤质土（轻壤、中壤）质地适宜，宜耕作，保肥、供肥能力都较强。安丘市土壤土层质地较好，多为壤质土，重壤和砂土也有一定比例。

土壤质地是土壤重要的物理性质之一，对土壤的水、肥、气、热状况，以及土壤的耕作性能和农业生产性能都有直接的影响。因此，需了解土壤质地和肥力的关系，合理利用不同质地的土壤，并通过质地改良，更好地发挥土地的生产潜力。

第二次土壤普查采用物理性砂粒（>0.01mm）和物理性黏粒（<0.01mm）在土壤中所占的百分数作为分类依据，将土壤质地分为三类，如表 4-45 所示。

**表 4-45　土壤质地各类面积表**

| 质地名称 | | 平均物理性黏粒含量(%) | 面积($hm^2$) | 占耕地面积比例(%) |
|---|---|---|---|---|
| 砂质土 | 砂土 | 14.7 | 11877.27 | 12.37 |
| | 砂壤土 | 18.4 | 1992.01 | 2.08 |
| 壤质土 | 轻壤土 | 24.1 | 66096.08 | 68.85 |
| | 中壤土 | 25.9 | 13560.17 | 14.13 |
| 黏质土 | 重壤土 | 51.9 | 2474.47 | 2.58 |

安丘市的土壤质地主要有轻壤土、中壤土、砂壤土、重壤土、砂土五种类型，各类型面积如表 4-46 所示。

表 4-46　不同质地类型耕地面积

| 土壤质地 | 面积($hm^2$) | 占耕地面积比例(%) |
|---|---|---|
| 轻壤土 | 66096.08 | 68.85 |
| 中壤土 | 13560.17 | 14.13 |
| 砂壤土 | 1992.01 | 2.08 |
| 重壤土 | 2474.47 | 2.58 |
| 砂土 | 11877.27 | 12.37 |
| 合计 | 96285.70 | 100.0 |

(一)轻壤土

轻壤土的面积为 66096.08$hm^2$，占总耕地面积的 68.85%，轻壤面积大，分布范围较广，为安丘市最主要的土壤类型，各乡镇、街道办事处都有分布，质地较松，适耕期较长，通气、透水性好，矿化率高、释放能量强，养分含量低，抗涝不抗旱，土壤中的水、肥、气、热状况比较协调，具有一定的保水、保肥性能，种植作物种类广泛，产量较高。

(二)中壤土

中壤土的面积为 13560.17$hm^2$，占总耕地面积的 14.13%，主要分布于景芝、凌河镇，质地适中，通透性好，保肥、保水能力强，抗旱、抗涝，是农业生产上的一种较理想的土壤，小麦、玉米、生姜以及各种蔬菜等作物都可以种植，产量较高。

(三)砂壤土

砂壤土的面积为 1992.01$hm^2$，占总耕地面积的 2.08%，主要分布在汶、潍、渠河沿岸，其特点是质地偏砂，疏松，易耕作，通透性好，温差大，但保肥、保水能力弱，养分含量低，适宜种植棉花、花生等耐旱作物。

(四)重壤土

重壤土的面积为 2474.47$hm^2$，占总耕地面积的 2.58%，主要分布在官庄、金冢子镇，保肥、保水能力强，潜在肥力高，但养分释放缓慢，质地比较黏重，通透性差，适耕期短，有季节性内涝，适宜种植小麦、玉米、大豆等作物，产量较高。

(五)砂土

砂土的面积为 11877.27$hm^2$，占总耕地面积的 12.37%，主要分布在柘山、吾山、大盛、凌河镇的棕壤区，通透性好，但土少砂多，水土流失严重，土壤趋于砂砾化，养分含量低，瘠薄易旱，主要种植花生、地瓜等耐瘠、耐旱作物。

## 二、土体构型

所谓“土体构型”，是指土壤剖面中各土层的排列情况，是 1.5m 土层内各种土壤的组合排列关系。一般上轻下黏的土体构型对农业生产更为有利。上轻的表土层为壤质土，易耕作，有利于供肥，使作物早发棵；下层的土壤稍黏重，有利于保水、保肥。

剖面构型中不同部位的名称及标准：“表”即表土或者耕层，指 0～20cm 的土层；“心”即浅位，指 20～60cm 的部位；“腰”即中位，指 60～100cm 的部位；“底”即高位，指大于

100cm 的部位;“均质”即全剖面质地均一,包括表土。

土地构型中的夹层是指表土层与表土质地不同的冲夹层,对于障碍层或者夹层为砂层、黏层的,10～30cm 为薄层,大于 30cm 的为厚层;对于障碍层或夹层为砾石层、砂姜层的,小于 10cm 的为薄层,大于 10cm 的为厚层。

安丘市土体构型分为六种,如表 4-47 所示。

表 4-47 不同土体构型耕地面积

| 土体构型 | 面积($hm^2$) | 占总耕地面积比例(%) |
|---|---|---|
| 轻壤厚砂腰 | 387.3 | 0.4 |
| 砂壤厚壤心 | 87.8 | 0.1 |
| 轻壤厚黏心 | 5459.3 | 5.7 |
| 轻壤厚黏腰 | 1216.4 | 1.3 |
| 中壤厚黏腰 | 1669.3 | 1.7 |
| 中壤厚黏心 | 6023.5 | 6.3 |
| 砂壤均质 | 1904.2 | 2.0 |
| 中壤均质 | 1252.9 | 1.3 |
| 轻壤均质 | 37675.9 | 39.2 |
| 重壤均质 | 733.3 | 0.8 |
| 中壤厚砂姜腰 | 3615.8 | 3.8 |
| 重壤厚砂姜心 | 950.9 | 1.0 |
| 中壤厚黑土心 | 998.7 | 1.0 |
| 重壤黑土 | 790.2 | 0.8 |
| 薄层 | 16783.8 | 17.5 |
| 中层 | 16450.6 | 17.1 |
| 合计 | 96285.7 | 100.0 |

(一)夹砂型

夹砂型的面积为 475.1$hm^2$,占可利用土地面积的 0.5%。因土体中砂层厚度及出现部位不同,夹砂型又分为厚砂心和厚砂腰。这种土体构型的共同特点是:表层一般为轻壤或中壤,1.5m 土体内有砂层,虽然通透性好,但漏水、漏肥,主要分布于景芝镇的后屯村、王家彭旺、丰田村、鞠家庄子等村。

(二)夹黏型

夹黏型的面积为 14368.5$hm^2$,占可利用土地面积的 15.0%。由于夹黏层的厚度和出现部位不同,夹黏型又分为厚黏心和厚黏腰。这种构型的特点是:表层为中壤,1m 土层内有层重壤或黏土夹层,其厚度都在 30cm 以上,均属厚黏夹层。

1. 厚黏心

厚黏心的面积为 11482.8$hm^2$,占可利用土地面积的 12.0%,主要分布于石堆、景芝、新安、石埠子镇。此种土体构型具有良好的保肥、保水性能,但由于黏土夹层出现的部位较高，影响作物的根系下扎，起阻碍水分下渗的作用，土壤易涝涝，对作物生长不利。

2. 厚黏腰

厚黏腰的面积为 2885.7hm$^2$，占可利用土地面积的 3.0%，主要分布于景芝、官庄、凌河镇。这种土体构型俗称"大蒙金土"，表层一般是中壤或轻壤，而下层则为黏土层，因黏土层出现部位较深，对作物影响较小，土壤上松下实，上层土壤通透性较好，易耕作，下层土壤黏重，脱肥、脱水，具有较高的土壤肥力。

（三）均质型

这类土壤质地上下均一，共计 41566.3hm$^2$，占可利用土地面积的 43.3%，按质地不同又分为均砂质、均壤质、均黏质三种。

1. 均砂质

均砂质的面积为 1409.2hm$^2$，占均质型面积的 3.39%，分布于景芝、石埠子镇等沿河一带，其特点是土壤疏松，易耕作，通透性好，但漏肥、漏水，养分含量低，可发展林果生产，须经改良方能农用。

2. 均壤质

均壤质的面积为 38928.5hm$^2$，占均质型面积的 93.65%，安丘市各镇都有分布，土壤通体质地为轻壤和中壤，土壤质地适中，通透性好，土层深厚，保肥、供肥性能好，适于多种作物生长，是高产、稳产田土壤。

3. 均黏质

均黏质的面积为 733.3hm$^2$，占均质型面积的 1.76%，主要分布于金冢子和官庄镇的洼地上，土壤质地黏重，土体紧实，通透性不良，养分释放能力差，适耕期短，易旱、易涝，属低产田土壤。

（四）夹砂姜型

夹砂姜型的面积为 4566.7hm$^2$，占可利用土地面积的 4.8%，在土体中 100cm 内出现厚度大于 10cm 的砂姜层。安丘市的夹砂姜型有厚砂姜心和砂姜腰两种。

1. 厚砂姜心

厚砂姜心的面积为 950.9hm$^2$，占可利用土地面积的 1.0%，砂姜层出现部位为 20～60cm，主要分布于金冢子、宋官疃、官庄等镇的低洼地区。

2. 厚砂姜腰

厚砂姜腰的面积为 3615.8hm$^2$，占可利用土地面积的 3.8%，砂姜层出现部位为 60～100cm，主要分布于金冢子、宋官疃、贾戈、担山。

（五）黑土型

黑土型的面积为 1788.9hm$^2$，占可利用土地面积的 1.8%，通体无砂姜层，分为黄土覆盖型黑土和黑土裸露型黑土两种。

1. 黄土覆盖型（中壤厚黑土心）

黄土覆盖型的面积为 998.7hm$^2$，主要分布在石堆镇东柳行村，新安的十里泉、小洼、马家庄等村。

这部分土壤表层质地偏重，适耕期短，黑土层出现部位较高，阻碍作物根系下扎，不利于通气、透水，土壤肥力较高，但释放能力差，应深耕改土。

2.黑土裸露型(重壤黑土)

黑土裸露型的面积为790.2$hm^2$,主要分布在洪沟河沿岸的低洼地带,有官庄镇两河村、小顺河,景芝镇的河埠、大兴等村。

这部分土壤黑土裸露,质地黏重,结构不良,不易耕种,阻碍作物根系下扎,不利于通气、透水,土壤肥力较差,应深耕改土,增施有机肥,大力实施秸秆还田,增加土壤团粒结构,改善物理性状。

(六)薄土型

薄土型是指土体总厚度小于60cm,面积为33234.4$hm^2$,占可利用土地面积的34.6%。

1.中层型

中层型是指土体总厚度大于30cm小于60cm,面积为16450.6$hm^2$,其中中层酥石硼的面积为12864.5$hm^2$,占可利用土地面积的13.4%;中层硬石底的面积为3586.1$hm^2$,占可利用土地面积的3.7%。

2.薄层型

薄层型是指土体总厚度小于30cm,面积为16783.8$hm^2$,其中薄层酥石硼的面积为12305.0$hm^2$,占可利用土地面积的12.8%;薄层硬石底的面积为4485.1$hm^2$,占可利用土地面积的4.7%。

这部分土壤主要分布于西南山区各镇山丘的中上部,表层为粗砂土、石皮土、石渣和砾质轻壤,下层为母岩和半风化母岩,土层薄,地力差,水土流失严重,极易干旱。

总体来说,安丘市土体构型以均壤质和夹黏型为主,厚黏腰面积较大,多属较好的构型,为农业生产奠定了良好基础。

## 三、土壤结构

土壤结构是指土壤颗粒(包括团聚体)的排列与组合形式,在田间鉴别时,通常指那些不同形态和大小,且能彼此分开的结构体。土壤结构是成土过程或利用过程中由物理的、化学的和生物的多种因素综合作用而形成的,按形状可分为块状、片状和柱状三大类型;按大小、发育程度和稳定性等,可分为团粒、团块、块状、棱块状、棱柱状、柱状和片状等结构。观察土壤剖面中的结构类型,可大致判别土壤的成土过程,如具有团粒结构的剖面与生草过程有关;淀积层中有柱状或圆柱状结构则与碱化过程有关。土壤结构影响土壤中水、气、热以及养分的保持和移动,也直接影响植物根系的生长发育。改善土壤结构需根据不同土壤存在的结构问题,相应地采用增施有机肥料、合理耕作、轮作、灌溉排水等措施。

土壤结构不仅影响植物生长所需的土壤水分和养分的储量与供应能力,而且还影响土壤中气体交流、热量平衡、微生物活动及根系的延伸等。

从测定结果看,安丘市土壤是具有较多团粒结构的耕层土壤,除棕壤性土、褐土性土、砂姜黑土外,其他亚类均为较好的土壤结构,土壤第二层的团粒结构以棕壤、潮土最好,其他次之,砂姜黑土最差。

## 四、土壤容重

土壤容重就是在田间自然状态下单位体积的干土重(包括孔隙),单位以克/厘米$^3$

($g/cm^3$)来表示。土壤容重的大小与土壤排列方式、土壤质地和有机质含量等有关。疏松土壤的容重小，紧实土壤的容重大；黏质土壤的容重小(1.1～1.5$g/cm^3$)，砂质土壤的容重大(1.2～1.7$g/cm^3$)；有机质含量高的土壤容重小，有机质含量低的土壤容重大。一般耕层土壤容重为1.14～1.26$g/cm^3$。

安丘市耕层土壤容重平均值为1.26$g/cm^3$，略偏大，变幅为1.06～1.43$g/cm^3$；亚耕层容重较大，平均值为1.34$g/cm^3$，变幅为1.25～1.72$g/cm^3$，较耕层大0.07$g/cm^3$。这说明亚耕层结构较紧密，对保肥、保水有利。容重与质地有密切关系，耕层砂土平均容重为1.37$g/cm^3$，重壤土为1.32$g/cm^3$，中壤土为1.28$g/cm^3$，轻壤土为1.26$g/cm^3$。同一质地，耕种历史、土壤熟化程度以及施肥尤其是秸秆还田量不同，容重也有差异，耕种历史长、土壤熟化程度高、秸秆还田量大的土壤容重小；反之大。

安丘市第二次土壤普查时，表层容重平均值为1.29$g/cm^3$，变幅为1.12～1.43$g/cm^3$；第二层平均值为1.36$g/cm^3$，变幅为1.20～1.58$g/cm^3$。目前地力评价表土层土壤容重较1982年普查时减少0.03$g/cm^3$，亚耕层减少0.02$g/cm^3$，这主要是因为近年来增施大量有机肥、秸秆还田以及深翻、深耕加深了活土层，使土壤容重出现逐渐减小的趋势。

总的来看，在测定的120个点中，安丘市耕层土壤容重适宜的占55%，偏大的占45%，多数地块物理性状比较适宜，个别地块如砂姜黑土类容重稍高，耕性稍差，影响作物根系下扎。另外，对不同层次土壤容重数据分析可知，土壤容重随着土壤深度的加深而加大。

### 五、土壤孔隙度

土壤的通透性主要通过土壤孔隙状况来衡量，即土壤孔隙占土壤总体积的百分比。对作物生长来讲，较适宜的土壤总孔隙度一般为50%～55%，通气孔隙度为10%～20%，毛管孔隙与非毛管孔隙比(大小孔隙比)为(2～4)∶1。

对120个耕地样点的测定结果表明：安丘市耕层土壤总孔隙度平均值为53.6%，变幅为40.6%～55.4%；毛管孔隙度为33.6%，变幅为30.9%～40.4%；非毛管孔隙度为17.3%。土壤毛管孔隙度偏小，非毛管孔隙度偏大的原因有两个：一是安丘市土壤质地轻壤质类型较多，土壤松散，非毛管孔隙大；二是棕壤性土和褐土性土面积较大，质地粗，非毛管孔隙多。另外，砂姜黑土由于质地黏重，遇干旱龟裂，也显得非毛管孔隙偏大，土壤孔隙比不协调。

### 六、土壤田间持水量

土壤田间持水量是反映土壤保水、供水性能的重要指标。经测定，安丘市耕地土壤耕层田间持水量平均值为227g/kg；不同质地土壤平均田间持水量轻壤为232g/kg，中壤为248g/kg，砂壤为213g/kg，重壤为251g/kg。

安丘市土壤物理性状较好，表层质地多数适宜耕作，土体构型均壤质面积较大，容重适宜，保肥、保水能力较好，为农业生产提供了良好的土壤条件，但薄层土面积大，砾石含量多，部分土壤质地过砂或过黏，部分黏土夹层和砂姜层出现部位高，有的物理性状差，耕性不良，是阻碍生产发展的因素之一。

# 第五章　耕地地力评价

耕地是土地的精华，是农业生产不可替代的重要生产资料，是保持社会和国民经济可持续发展的重要资源。保护耕地是我们的基本国策之一，因此，及时掌握耕地资源的数量、质量及其变化对于合理规划和利用耕地，切实保护耕地有十分重要的意义。在全面的野外调查和室内化验分析，获取大量耕地地力相关信息的基础上，我们进行了安丘市耕地地力的综合评价，评价结果对于摸清安丘市耕地地力的现状及问题具有重要意义，为耕地资源的高效和可持续利用提供了重要的科学依据。

## 第一节　评价的原则、依据及流程

### 一、评价的原则、依据

(一)评价的原则

耕地地力就是耕地的生产能力，是在一定区域内一定的土壤类型上，耕地的土壤理化性状、所处自然环境条件、农田基础设施及耕作施肥管理水平等因素的总和。根据评价的目的、要求，在安丘市耕地地力评价中，我们遵循的基本原则是：

1.综合因素研究与主导因素分析相结合的原则

土地是一个自然经济综合体，是人们利用的对象，对土地质量的鉴定涉及自然和社会经济多个方面，耕地地力也是各类要素的综合体现。所谓“综合因素研究”，是指对地形地貌、土壤理化性状、相关社会经济因素之总体进行全面的研究、分析与评价，以全面了解耕地地力状况。主导因素是指对耕地地力起决定作用的、相对稳定的因子，在评价中要着重对其进行研究、分析。因此，把综合因素与主导因素结合起来进行评价则可以对耕地地力作出科学准确的评定。

2.共性评价与专题研究相结合的原则

安丘市耕地利用存在菜地、农田等多种类型，土壤理化性状、环境条件、管理水平不一，因此耕地地力水平有较大的差异。考虑市域内耕地地力的系统性、可比性，针对不同的耕地利用等状况，选用统一的、共同的评价指标和标准，即耕地地力的评价不针对某一特定的利用类型。另外，为了了解不同利用类型的耕地地力状况及其内部的差异情况，则对有代表性的主要类型如蔬菜地等进行专题的深入研究。这样，共性评价与专题研究相结合，使整个的评价和研究具有更大的应用价值。

3.定量和定性相结合的原则

土地系统是一个复杂的灰色系统，定量和定性要素共存，相互作用，相互影响。因此，为了保证评价结果的客观、合理，宜采用定量和定性评价相结合的方法。在总体上，为了保证评价结果的客观、合理，尽量采用定量评价方法，对可定量化的评价因子如有机质等养分含量、土层厚度等按其数值参与计算；对非数量化的定性因子如土壤表层质地、土体构型等则进行量化处理，确定其相应的指数，并建立评价数据库，用计算机进行运算和处理，尽量避免人为随意性因素的影响。在评价因素筛选，权重确定，评价标准、等级确定等评价过程中，尽量采用定量化的数学模型，在此基础上则充分运用人工智能和专家知识，对评价的中间过程和评价结果进行必要的定性调整，定量与定性相结合，从而保证了评价结果的准确、合理。

4.采用卫星遥感和GIS支持的自动化评价方法原则

自动化、定量化的土地评价技术方法是当前土地评价的重要方向之一。近年来，随着计算机技术特别是GIS技术在土地评价中的不断应用和发展，基于GIS技术进行的自动定量化评价的方法已不断成熟，使土地评价的精度和效率大大提高。本次的耕地地力评价工作将采用最新的SPOT5卫星遥感数据提取和更新耕地资源现状信息，通过数据库建立、评价模型及其与GIS空间叠加等分析模型的结合，实现了全数字化、自动化的评价流程，在一定程度上代表了当前土地评价的最新技术方法。

（二）评价的依据

耕地地力是耕地本身的生产能力，因此耕地地力的评价则依据与其相关的各类自然和社会经济要素，具体包括三个方面：

1.耕地地力的自然环境要素

耕地地力的自然环境要素包括耕地所处的地形地貌条件、水文地质条件、成土母质条件以及土地利用状况等。

2.耕地地力的土壤理化要素

耕地地力的土壤理化要素包括土壤剖面与土体构型、耕层厚度、质地、容重等物理性状，有机质、氮、磷、钾、微量元素、pH、交换量等化学性状等。

3.耕地地力的农田基础设施条件

耕地地力的农田基础设施条件包括耕地的灌排条件、水土保持工程建设、培肥管理条件等。

## 二、评价流程

整个评价可分为三个方面，按先后的次序分别为：

（一）资料的准备及数据库建立

根据评价的目的、任务、范围、方法，收集准备与评价有关的各类自然及社会经济资料，进行资料的分析处理。选择适宜的计算机硬件和GIS等分析软件，建立耕地地力评价基础数据库。

（二）耕地地力评价

划分评价单元，提取影响地力的关键因素并确定权重，选择相应的评价方法，制定评价标准，确定耕地地力等级。

（三）评价结果分析

依据评价结果，量算各等级耕地面积，编制耕地地力分布图。分析耕地地力问题，提出耕地资源可持续利用的措施建议。

评价的工作流程如图 5-1 所示。

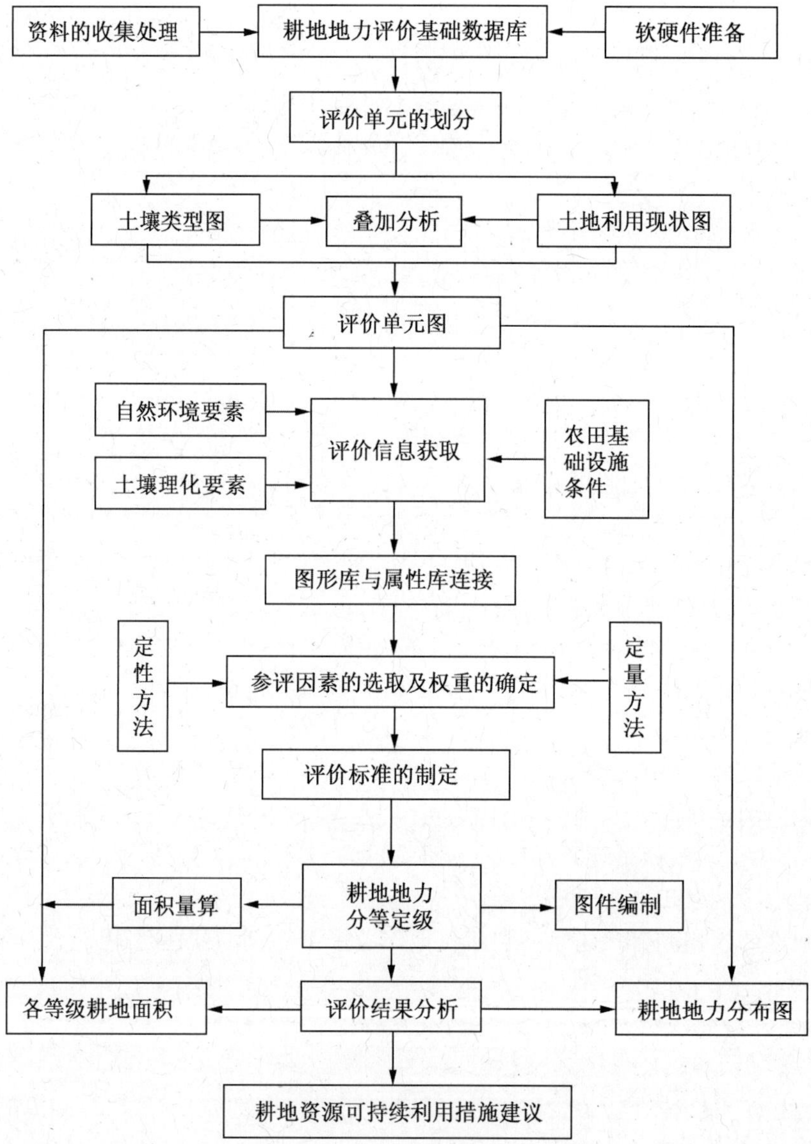


图 5-1 安丘市耕地地力评价流程图

# 第二节 软硬件准备、资料收集处理及基础数据库的建立

## 一、软硬件准备

(一)硬件准备

硬件主要包括高档微机、A0 幅面数字化仪、A0 幅面扫描仪、喷墨绘图仪等。微机主要用于数据和图件的处理分析,数字化仪、扫描仪用于图件的输入,喷墨绘图仪用于成果图的输出。

(二)软件准备

软件主要包括 Windows 操作系统软件,FOXPRO 数据库管理、SPSS 数据统计分析、ACCESS 数据管理系统等应用软件,MAPGIS、ARCVIEW、ARCMAP 等 GIS 软件。

## 二、资料收集处理

(一)资料的收集

耕地地力评价以耕地的各性状要素为基础,因此必须广泛地收集与评价有关的各类自然和社会经济因素资料,为评价工作做好数据的准备。本次耕地地力评价收集获取的资料主要包括以下四个方面:

1. 野外调查资料

野外调查资料按野外调查点获取,主要包括地形地貌、土壤母质、水文、土层厚度、表层质地、耕地利用现状、灌排条件、作物长势、管理措施等。

2. 室内化验分析资料

室内化验分析资料包括有机质、全氮、速效氮、全磷、速效磷、速效钾等大量养分含量,交换性钙、镁等中量养分含量,有效锌、硼、钼等微量养分含量,以及 pH、土壤污染元素含量等。

3. 社会经济统计资料

社会经济统计资料指以行政区划为基本单位的人口、土地面积、作物及蔬菜、瓜果面积,以及各类投入、产出等社会经济指标数据。

4. 基础及专题图件资料

基础及专题图件资料包括 1∶50000 比例尺地形图、行政区划图、土地利用现状图、地貌图、土壤图等。

(二)资料的处理

获取的评价资料可以分为定量和定性资料两大部分,为了采用定量化的评价方法和自动化的评价手段,减少人为因素的影响,需要对其中的定性因素进行定量化处理,根据因素的级别状况赋予其相应的分值或数值。此外,对于各类养分等按调查点获取的数据,则需要进行插值处理,生成各类养分图。

1. 定性因素的量化处理

土壤表层质地:考虑不同质地类型的土壤肥力特征,以及与植物生长发育的关系,赋予不同质地类别以相应的分值(见表 5-1)。

表 5-1 土壤表层质地的量化处理

| 质地类别 | 中壤 | 轻壤 | 重壤 | 砂壤 | 砂土 |
|---|---|---|---|---|---|
| 分值 | 100 | 95 | 80 | 70 | 55 |

土体构型:以土层质地类别和其在土体中的部位对各类土体构型进行归纳,根据不同的土体构型对植物生长发育的影响,赋予不同土体构型以相应的分值(见表 5-2)。

表 5-2 土体构型的量化处理

| 土体构型 | 中壤均质 | 中壤黏腰 | 轻壤黏腰 | 轻壤均质 | 中壤黏心 | 中壤砂姜腰 | 中壤砂腰 | 重壤均质 | 轻壤砂心 | 砂壤砂心 | 中层 | 薄层 |
|---|---|---|---|---|---|---|---|---|---|---|---|---|
| 分值 | 100 | 95 | 95 | 90 | 85 | 85 | 80 | 60 | 60 | 50 | 30 | 10 |

地貌类型:根据不同的地貌类型对耕地地力及作物生长的影响,赋予不同地貌类型相应的分值(见表 5-3)。

表 5-3 地貌类型的量化处理

| 地貌类型 | 缓平坡地 | 山前倾斜平地 | 山前缓平地 | 缓岗 | 浅平洼地 | 槽状洼地 | 河谷高地 | 河漫滩 | 河谷梯田 | 近山阶地 | 坡麓梯田 | 荒坡岭 |
|---|---|---|---|---|---|---|---|---|---|---|---|---|
| 分值 | 100 | 97 | 95 | 93 | 90 | 87 | 84 | 80 | 60 | 40 | 20 | 10 |

障碍状况:考虑影响安丘市耕地地力的主要障碍状况,将其归纳为不同的类型,并根据其对耕地地力的影响程度进行量化处理(见表 5-4)。

表 5-4 障碍状况的量化处理

| 障碍状况 | 无障碍 | 浅黏 | 夹砂或砂姜 | 砾质 | 石碴土 |
|---|---|---|---|---|---|
| 分值 | 100 | 90 | 80 | 60 | 40 |

2. 各类养分专题图层的生成

对于土壤有机质、氮、磷、钾、锌、硼、钼等养分数据,我们首先按照野外实际调查点进行整理,建立以各养分为字段,以调查点为记录的数据库。之后,进行土壤采样样点图与分析数据库的连接,在此基础上对各养分数据进行自动的插值处理。

通过对比分别在 MAPGIS 和 ARCVIEW 环境中的插值结果,发现 ARCVIEW 环境中的插值结果线条更为自然圆滑,符合实际。因此,本研究中所有养分采样点数据均在 ARCVIEW 环境下操作,利用其空间分析模块功能对各养分数据进行自动的插值处理,经编辑处理,自动生成各土壤养分专题栅格图层。后续的耕地地力评价也以栅格形式进行,与矢量形式相比,它能够将各评价要素信息精确到栅格(像元)水平,保证了评价结果的准确。图 5-2 和图 5-3 分别为在 ARCVIEW 环境下插值生成的安丘市土壤有机质、速效钾含量分布栅格图。

图 5-2　安丘市土壤有机质含量栅格图

图 5-3　安丘市土壤速效钾含量栅格图

3. 安丘市数字高程模型和坡度图的生成

利用安丘市的 1∶50000 地形图，扫描输入后进行矢量化，获得等高线及高程信息，自动插值生成安丘市数字高程模型(DEM)，在此基础上生成安丘市地形坡度，经编辑处理后形成坡度图和三维地势图(见图 5-4)。

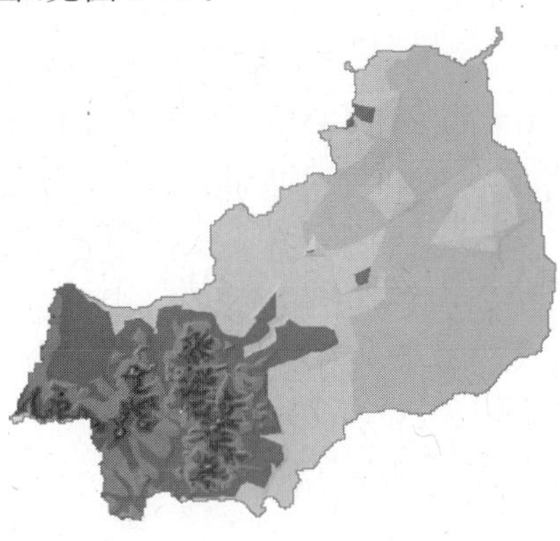

图 5-4　安丘市三维地势图

### 三、基础数据库的建立

(一)基础属性数据库的建立

为更好地对数据进行管理和为后续工作提供方便,将采样点基本情况信息、农业生产情况信息、土壤理化性状化验分析数据、土壤污染元素化验分析数据等信息以调查点为基本数据库记录进行属性数据库的建立,作为后续耕地地力评价工作的基础。

(二)基础专题图图形库的建立

将扫描矢量化及插值等处理生成的各类专题图件,在 ARCVIEW 和 MAPGIS 软件的支持下,分别以栅格形式和点、线、区文件的形式进行存储和管理,同时将所有图件统一转换到相同的地理坐标系统下,以进行图件的叠加等空间操作,各专题图图斑属性信息通过键盘交互式输入或通过与属性库挂接读取,构成基本专题图图形数据库。图形库与基础属性库之间通过调查点相互连接。

## 第三节 评价单元的划分及评价信息的提取

### 一、评价单元的划分

评价单元是由对土地质量具有关键影响的各土地要素组成的空间实体,是土地评价的最基本单位、对象和基础图斑。同一评价单元内的土地自然基本条件、土地的个体属性和经济属性基本一致,不同土地评价单元之间既有差异性,又有可比性。耕地地力评价就是要通过对每个评价单元的评价,确定其地力级别,把评价结果落实到实地和编绘的土地资源图上。因此,土地评价单元划分得合理与否,直接关系到土地评价的结果以及工作量的大小。

目前,对土地评价单元的划分尚无统一的方法,有以土壤类型、土地利用类型、行政区划单位、方里网等多种划分方法。本次安丘市耕地地力评价土地评价单元的划分采用土壤图、土地利用现状图的叠置划分法,相同土壤单元及土地利用现状类型的地块组成一个评价单元,即"土地利用现状类型—土壤类型"的格式。其中,土壤类型划分到土种,土地利用现状类型划分到二级利用类型,制图区界以基于遥感影像的安丘市最新土地利用现状图为准。为了保证土地利用现状的现实性,基于野外的实地调查对耕地利用现状进行了修正,其中对菜地进行了进一步的细分,到三级类型。同一评价单元内的土壤类型相同,利用方式相同,交通、水利、经营管理方式等基本一致,用这种方法划分评价单元既可以反映单元之间的空间差异性,即使土地利用类型有了土壤基本性质的均一性,又使土壤类型有了确定的地域边界线,使评价结果更具综合性、客观性,可以较容易地将评价结果落实到实地。

通过图件的叠置和检索,将安丘市耕地地力划分为 9047 个评价单元。

### 二、评价信息的提取

影响耕地地力的因子非常多,并且它们在计算机中的存储方式不相同,因此如何准确地获取各评价单元的评价信息是评价中的重要一环。鉴于此，我们舍弃直接从键盘输入参评因子值的传统方式，采取将评价单元与各专题图件叠加采集各参评因素的信息。具体的做法是：①按唯一标识原则为评价单元编号；②在 ARCVIEW 环境下生成评价信息空间库和属性数据库；③在 ARCMAP 环境下从图形库中调出各化学性状评价因子的专题图，与评价单元图进行叠加计算出各因子的均值；④保持评价单元的几何形状不变，在耕地资源管理信息系统中直接对叠加后形成的图形的属性库进行“属性提取”操作，以评价单元为基本统计单位，按面积加权平均汇总评价单元立地条件评价因子的分值。由此，得到图形与属性相连的、以评价单元为基本单位的评价信息，为后续耕地地力的评价奠定了基础。

## 第四节 参评因素的选取及其权重确定

正确地进行参评因素的选取并确定其权重，是科学地评价耕地地力的前提，直接关系到评价结果的正确性、科学性和社会可接受性。

### 一、参评因素的选取

参评因素是指参与评定耕地地力等级的耕地的各种属性。影响耕地地力的因素很多，在本次安丘市耕地地力评价中根据安丘市的区域特点遵循主导因素原则、差异性原则、稳定性原则、敏感性原则，采用定量和定性方法相结合，进行了参评因素的选取。

(一)系统聚类方法

系统聚类方法用于筛选影响耕地地力的理化性质等定量指标，通过聚类将类似的指标进行归并，辅助选取相对独立的主导因子。我们利用 SPSS 统计软件进行了土壤养分等化学性状的系统聚类。

从图 5-5 中可以看出，氯离子、全盐、硝态氮、全氮、交换性钙、有效硅、交换性镁、有效硼、有效钼、有效铁、有效锰、有效锌、有效铜、有效硫聚为一组，有效磷、速效钾、碱解氮、缓效钾聚为一组，有机质为一组，pH 为一组。

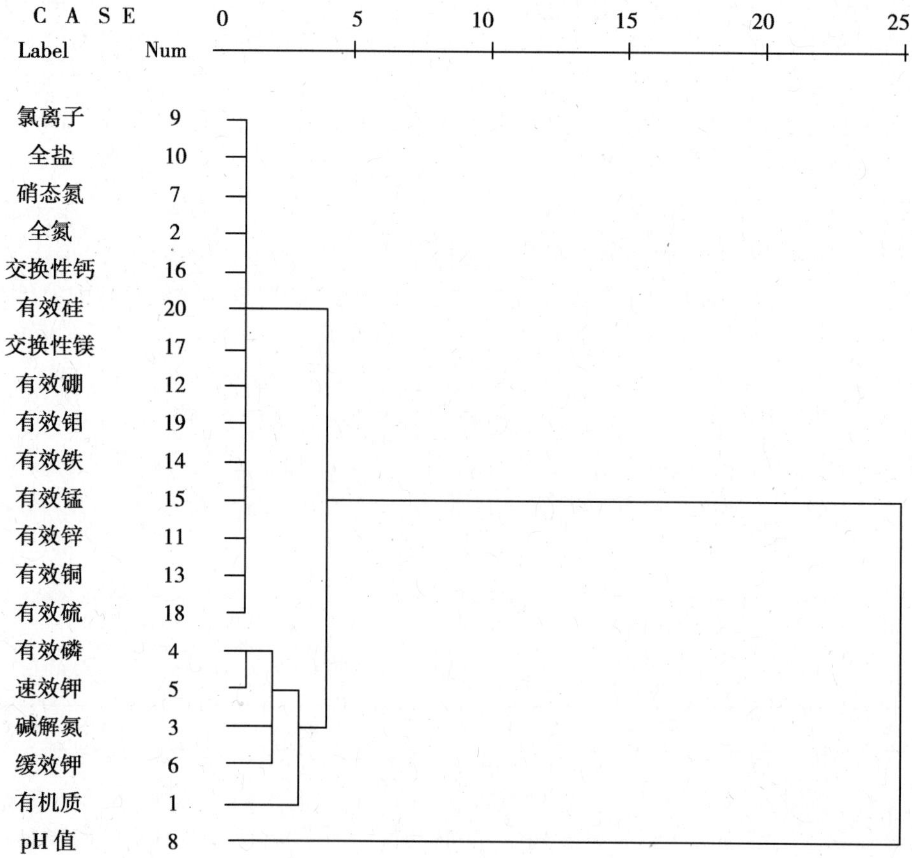


图 5-5 土壤养分等化学性状的聚类分析

（二）DELPHI 法

DELPHI 法用于进行影响耕地地力的立地条件、物理性状等定性指标的筛选。我们确定了由土壤农业化学学者、专家及安丘市土肥站业务人员组成的专家组，首先对指标进行分类，然后在此基础上进行指标的选取，并讨论确定最终的选择方案。

综合以上两种方法，在定量因素中根据各因素对耕地地力影响的稳定性，以及营养元素的全面性，在聚类分析第一组中选取有效锌、有效硼为参评因素，第二组中选取有效磷、速效钾为参评因素，第三组选取有机质为参评因素。结合专家组的选择结果，最后确定灌溉保证率、坡度、地形地貌、耕层质地、剖面构型、障碍层状况、土层厚度、有机质、大量元素（速效钾、有效磷）、微量元素（有效锌、有效硼）等 12 项因素作为耕地地力评价的参评指标。

## 二、权重的确定

在耕地地力评价中，需要根据各参评因素对耕地地力的贡献确定权重，确定权重的方法很多，本评价中采用层次分析法（AHP）来确定各参评因素的权重。

层次分析法是在定性方法基础上发展起来的定量确定参评因素权重的一种系统分析方法，这种方法可将人们的经验思维数量化，用于检验决策者判断的一致性，有利于实现定量化评价。层次分析法确定参评因素的步骤如下：

(一)建立层次结构

把耕地地力作为目标层(G层)，把影响耕地地力的立地条件、物理性状、化学性状作为准则层(C层)，再把影响准则层中各元素的项目作为指标层(A层)，其结构关系如图5-6所示。

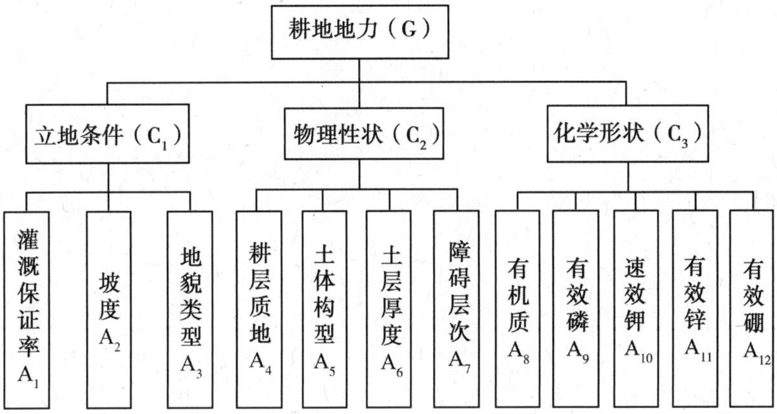


图5-6 耕地地力影响因素层次结构

(二)构造判断矩阵

根据专家经验，确定C层对G层以及A层对C层的相对重要程度，共构成$A$、$C_1$、$C_2$、$C_3$四个判断矩阵。例如，耕层质地、土体构型、有效土层厚度、障碍层次状况对耕地物理性状的判断矩阵可表示为：

$$C_2=\begin{pmatrix} a_{11} & a_{12} & a_{13} & a_{14} \\ a_{21} & a_{22} & a_{23} & a_{24} \\ a_{31} & a_{32} & a_{33} & a_{34} \\ a_{41} & a_{42} & a_{43} & a_{44} \end{pmatrix}=\begin{pmatrix} 1 & 1.25 & 0.7143 & 1.6667 \\ 0.8 & 1 & 0.5714 & 1.3333 \\ 1.4 & 1.75 & 1 & 2.3333 \\ 0.6 & 0.75 & 0.4286 & 1 \end{pmatrix}$$

其中，$a_{ij}$（$i$为矩阵的行号，$j$为矩阵的列号）表示对$C_2$而言，$a_i$对$a_j$的相对重要性的数值。

(三)层次单排序及一致性检验

层次单排序及一致性检验即求取A层对C层的权数值，可归结为计算判断矩阵的最大特征根对应的特征向量。利用SPSS等统计软件，得到的各权数值及一致性检验的结果如表5-5所示。

**表5-5 权数值及一致性检验结果**

| 矩阵 | 特征向量 | | | | | $C_I$ | $C_R$ |
|---|---|---|---|---|---|---|---|
| 矩阵$A$ | — | 0.4186 | 0.3488 | 0.2326 | — | −0.00000537 | 0.00000926<0.1 |
| 矩阵$C_1$ | — | 0.1980 | 0.3564 | 0.4455 | — | −0.00000369 | 0.00000575<0.1 |
| 矩阵$C_2$ | 0.2159 | 0.2699 | 0.1542 | 0.3599 | — | 0.00000621 | 0.0000069<0.1 |
| 矩阵$C_3$ | 0.0787 | 0.0945 | 0.1181 | 0.2362 | 0.4724 | 0.00000549 | 0.00000491<0.1 |

从表 5-5 可以看出，$C_R$<0.1，具有很好的一致性。

(四)层次总排序及一致性检验

经层次总排序，并进行一致性检验，结果为 $C_I$=0.00000369，$C_R$=0.00000402，具有满意的一致性，最后计算 A 层对 G 层的组合权数值，得到各因子的权重，最终结果如表 5-6所示。

表 5-6　　各因子的权重

| 灌溉保证率 | 0.2248 | 质地 | 0.0790 | 障碍层 | 0.0474 | 速效钾 | 0.0556 |
|---|---|---|---|---|---|---|---|
| 坡度 | 0.1252 | 土体构型 | 0.0632 | 有机质 | 0.0834 | 有效锌 | 0.0278 |
| 地形地貌 | 0.0996 | 土层厚度 | 0.1106 | 有效磷 | 0.0694 | 有效硼 | 0.0139 |

# 第五节　耕地地力等级的确定

土地是一个灰色系统，系统内部各要素之间与耕地的生产能力之间的关系十分复杂，此外，评价中也存在着许多不严格、模糊性的概念，因此我们在评价中引入模糊数学方法，采用模糊评价方法来进行耕地地力等级的确定。

## 一、参评因素隶属函数的建立

用 DELPHI 法根据一组分布均匀的实测值评估出对应的一组隶属度，然后在计算机中绘制这两组数值的散点图，再根据散点图进行曲线模拟，寻求参评因素实际值与隶属度关系方程，从而建立起隶属函数。各参评因素的分级及其相应的专家赋值和隶属度如表 5-7 所示。

表 5-7　　参评因素的分级及其分值

| 坡度 | 0 | 0.2 | 0.5 | 1 | 3 | 5 | 7 | 10 | 15 | 25 | — | — |
|---|---|---|---|---|---|---|---|---|---|---|---|---|
| 分值 | 98 | 100 | 98 | 95 | 90 | 80 | 60 | 30 | 10 | 1 | — | — |
| 隶属度 | 0.98 | 1.00 | 0.98 | 0.95 | 0.90 | 0.80 | 0.60 | 0.30 | 0.10 | 0.01 | — | — |
| 地形地貌 | 缓平坡地 | 山前倾斜平地 | 山前缓平地 | 缓岗 | 浅平洼地 | 槽状洼地 | 河谷高地 | 河漫滩 | 河谷梯田 | 近山阶地 | 坡麓梯田 | 荒坡岭 |
| 分值 | 100 | 97 | 95 | 93 | 90 | 87 | 84 | 80 | 60 | 40 | 20 | 10 |
| 隶属度 | 1.00 | 0.97 | 0.95 | 0.93 | 0.90 | 0.87 | 0.84 | 0.80 | 0.60 | 0.40 | 0.20 | |
| 灌溉保证率 | 80 | 70 | 60 | 50 | 30 | 10 | — | — | — | — | — | — |
| 分值 | 100 | 90 | 80 | 65 | 40 | 10 | — | — | — | — | — | — |
| 隶属度 | 1.00 | 0.90 | 0.80 | 0.65 | 0.40 | 0.10 | — | — | — | — | — | — |
| 有机质 | 2.0 | 1.8 | 1.6 | 1.4 | 1.2 | 1.0 | 0.8 | 0.6 | — | — | — | — |

续表

| 分值 | 100 | 98 | 95 | 90 | 84 | 78 | 65 | 50 | — | — | — | — |
|---|---|---|---|---|---|---|---|---|---|---|---|---|
| 隶属度 | 1.00 | 0.98 | 0.95 | 0.90 | 0.84 | 0.78 | 0.65 | 0.50 | — | — | — | — |
| 有效磷 | 400 | 300 | 200 | 110 | 80 | 60 | 40 | 30 | 20 | 15 | 10 | 5 |
| 分值 | 70 | 80 | 90 | 100 | 98 | 96 | 92 | 90 | 85 | 80 | 60 | 40 |
| 隶属度 | 0.70 | 0.80 | 0.90 | 1.00 | 0.98 | 0.96 | 0.92 | 0.90 | 0.85 | 0.80 | 0.60 | 0.40 |
| 速效钾 | 400 | 320 | 240 | 160 | 120 | 100 | 80 | 60 | — | — | — | — |
| 分值 | 100 | 98 | 93 | 85 | 82 | 78 | 70 | 50 | — | — | — | — |
| 隶属度 | 1.00 | 0.98 | 0.93 | 0.85 | 0.82 | 0.78 | 0.70 | 0.50 | — | — | — | — |
| 有效锌 | 2.0 | 1.5 | 1.2 | 1.0 | 0.8 | 0.5 | 0.3 | — | — | — | — | — |
| 分值 | 100 | 92 | 87 | 85 | 80 | 70 | 55 | — | — | — | — | — |
| 隶属度 | 1.00 | 0.92 | 0.87 | 0.85 | 0.80 | 0.70 | 0.55 | — | — | — | — | — |
| 有效硼 | 1.8 | 1.5 | 1.2 | 1.0 | 0.8 | 0.5 | 0.2 | — | — | — | — | — |
| 分值 | 100 | 95 | 87 | 85 | 80 | 70 | 55 | — | — | — | — | — |
| 隶属度 | 1.00 | 0.95 | 0.87 | 0.85 | 0.80 | 0.70 | 0.55 | — | — | — | — | — |
| 耕层质地 | 中壤 | 轻壤 | 重壤 | 砂壤 | 砂土 | — | — | — | — | — | — | — |
| 分值 | 100 | 95 | 80 | 70 | 55 | — | — | — | — | — | — | — |
| 隶属度 | 1.00 | 0.95 | 0.80 | 0.70 | 0.55 | — | — | — | — | — | — | — |
| 障碍层状况 | 其他 | 浅黏 | 夹砂砂姜 | 砾质 | 石碴土 | — | — | — | — | — | — | — |
| 分值 | 100 | 90 | 80 | 60 | 40 | — | — | — | — | — | — | — |
| 隶属度 | 1.00 | 0.90 | 0.80 | 0.60 | 0.40 | — | — | — | — | — | — | — |
| 剖面构型 | 中壤均质 | 中壤黏腰 | 轻壤黏腰 | 轻壤均质 | 中壤黏心 | 中壤砂姜腰 | 中壤砂腰 | 重壤均质 | 轻壤砂心 | 砂壤砂心 | 中层 | 薄层 |
| 分值 | 100 | 95 | 95 | 90 | 85 | 85 | 80 | 60 | 60 | 50 | 30 | 10 |
| 隶属度 | 1.00 | 0.95 | 0.95 | 0.90 | 0.85 | 0.85 | 0.80 | 0.60 | 0.60 | 0.50 | 0.30 | 0.10 |
| 有效土层 | 150 | 130 | 110 | 90 | 70 | 50 | 30 | — | — | — | — | — |
| 分值 | 100 | 95 | 88 | 70 | 55 | 35 | 10 | — | — | — | — | — |
| 隶属度 | 1.00 | 0.95 | 0.88 | 0.70 | 0.55 | 0.35 | 0.10 | — | — | — | — | — |

通过模拟共得到直线型、戒上型、戒下型三种类型的隶属函数，其中有效磷属于以上两种或两种以上的复合型隶属函数，地貌类型、质地等描述性的因素属于直线型隶属函数，然后根据隶属函数计算各参评因素的单因素评价评语。以有机质为例，其散点图和模拟曲线如图 5-7 和图 5-8 所示。

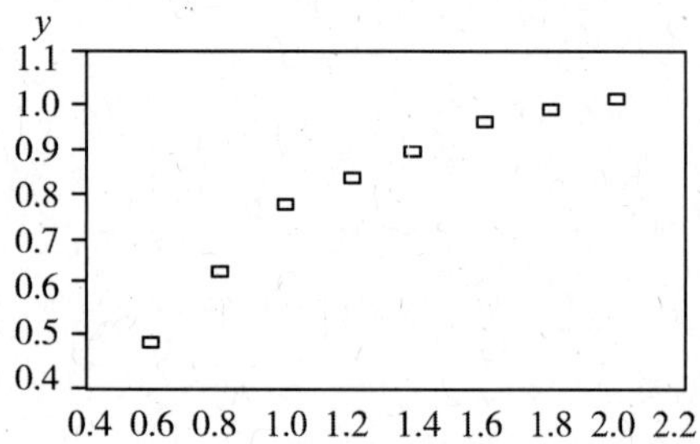


图 5-7　有机质与隶属度关系散点图

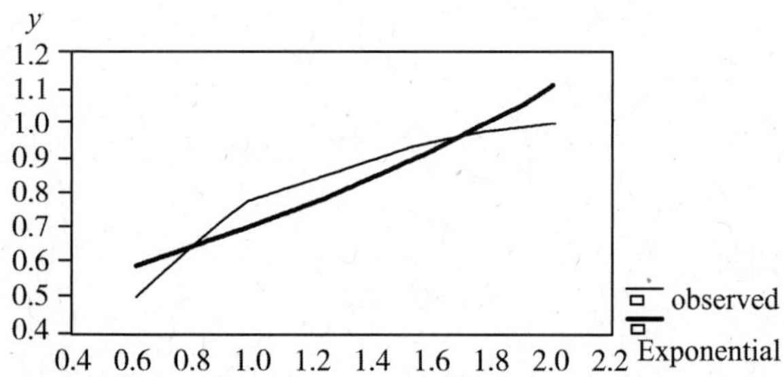


图 5-8　有机质与隶属度关系曲线

其隶属函数为戒上型，形式为：

$$y=\begin{cases}0 & (x\leqslant x_t)\\ 1/[1+A(x-C)^2] & (x_t<x<C)\\ 1 & (C\leqslant x)\end{cases}$$

各参评因素类型及其隶属函数如表 5-8 所示。

**表 5-8　参评因素类型及其隶属函数**

| 函数类型 | 参评因素 | 隶属函数 | $A$ | $C$ | $U_t$ |
|---|---|---|---|---|---|
| 戒上型 | 有机质(%) | $y=1/[1+A(x-C)^2]$ | 0.543 | 1.822 | 0.35 |
| 戒上型 | 速效钾(mg/kg) | $y=1/[1+A(x-C)^2]$ | 0.00000760 | 327.836 | 15 |
| 戒上型(<110) | 有效磷(mg/kg) | $y=1/[1+A(x-C)^2]$ | 0.0000992 | 80.159 | 3 |
| 戒下型(>110) | | | 0.00000742 | 111.967 | 450 |
| 戒 上 型 | 有效锌(mg/kg) | $y=1/[1+A(x-C)^2]$ | 0.245 | 1.924 | 0.1 |
| 戒 上 型 | 有效硼(mg/kg) | $y=1/[1+A(x-C)^2]$ | 0.251 | 1.879 | 0.1 |
| 正直线型 | 地貌类型(分值) | $y=Ax$ | 0.01 | 100 | 0 |
| 正直线型 | 剖面构型(分值) | $y=Ax$ | 0.01 | 100 | 0 |
| 正直线型 | 障碍层状况(分值) | $y=Ax$ | 0.01 | 100 | 0 |
| 正直线型 | 耕层质地(分值) | $y=Ax$ | 0.01 | 100 | 0 |
| 正直线型 | 坡度(分值) | $y=Ax$ | 0.01 | 100 | 0 |
| 正直线型 | 灌溉保证率(分值) | $y=Ax$ | 0.01 | 100 | 0 |
| 正直线型 | 有效土层(分值) | $y=Ax$ | 0.01 | 100 | 0 |

## 二、耕地地力等级的确定

(一)计算耕地地力综合指数

用指数和法来确定耕地的综合指数,公式为:

$$IFI=\sum F_i \times C_i$$

式中:IFI(Integrated Fertility Index)代表耕地地力综合指数;$F_i$为第 $i$ 个因素的评语;$C_i$为第 $i$ 个因素的组合权重。

具体操作过程为:在安丘市域耕地资源管理信息系统中,在“专题评价”模块中编辑立地条件、物理性状和化学性状的层次分析模型以及各评价因子的隶属函数模型,然后选择“耕地生产潜力评价”功能进行耕地地力综合指数的计算。

(二)确定最佳的耕地地力等级数目

耕地地力综合指数计算出来之后,在耕地资源管理系统中选择累积曲线分级法进行评价,根据曲线斜率的突变点(拐点)来确定等级的数目和划分综合指数的临界点,将安丘市耕地地力划分为六个级别,各等级耕地地力综合指数如表 5-9 所示,综合指数分布如图 5-9 所示。

表 5-9 安丘市耕地地力等级综合指数

| IFI | >0.92 | 0.88~0.92 | 0.80~0.88 | 0.68~0.80 | 0.54~0.68 | <0.54 |
|---|---|---|---|---|---|---|
| 耕地地力等级 | 一级地 | 二级地 | 三级地 | 四级地 | 五级地 | 六级地 |

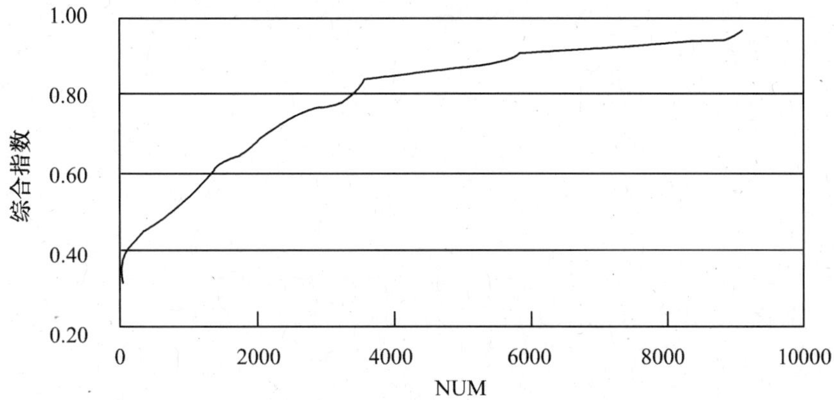


图 5-9 安丘市综合指数分布图

## 第六节 成果图编制及面积量算

### 一、图件的编制

为了提高制图的效率和准确性，在地理信息系统软件 MAPGIS 的支持下，进行安丘市耕地地力评价图及相关图件的自动编绘处理，其步骤大致分以下几步：扫描矢量化各基础图件→编辑点、线→点、线校正处理→统一坐标系→区编辑并对其赋属性→根据属性赋颜色→根据属性加注记→图幅整饰输出。另外，充分发挥 MAPGIS 强大的空间分析功能，用评价图与其他图件进行叠加，从而生成其他专题图件，如评价图与行政区划图叠加，进而计算各行政区划单位内的耕地地力等级面积等。

（一）专题图地理要素底图的编制

专题地图的地理要素内容是专题图的重要组成部分，用于反映专题内容的地理分布，并作为图幅叠加处理等的分析依据。地理要素的选择应与专题内容相协调，考虑图面的负载量和清晰度，应选择基本的、主要的地理要素。

我们以安丘市最新的土地利用现状图为基础，对此图进行了制图综合处理，选取主要的居民点、交通道路、水系、境界线等及其相应的注记，进而编辑生成 1∶50000 各专题图地理要素底图。

（二）耕地地力评价图的编制

以耕地地力评价单元为基础，根据各单元的耕地地力评价等级结果，对相同等级的相邻评价单元进行归并处理，得到各耕地地力等级图斑。在此基础上，分两个层次进行图面耕地地力等级的表示：一是颜色表示，即赋予不同耕地地力等级以相应的颜色；二是代号表示，用罗马数字Ⅰ、Ⅱ、Ⅲ、Ⅳ、Ⅴ、Ⅵ表示不同的耕地地力等级，并在评价图相应的耕地地力图斑上注明。将评价专题图与以上的地理要素图复合，整饰得安丘市 1∶50000 耕地地力评价图。

（三）其他专题图的编制

对于有机质、速效钾、有效磷、有效锌等其他专题要素地图，则按照各要素的分级分别赋予相应的颜色，标注相应的代号，生成专题图层，之后与地理要素图复合，编辑处理生成专题图件，并进行图幅的整饰处理，最终的专题图如附图所示。

### 二、面积的量算

面积的量算可通过与专题图相对应的属性库的操作直接完成。对耕地地力等级面积的量算，则可在 FOXPRO 数据库的支持下，对图件属性库进行操作，检索相同等级的面积，然后汇总得各类耕地地力等级的面积，根据安丘市图幅理论面积进行平差，得到准确的面积数值。对于不同行政区划单位内部、不同的耕地利用类型等的耕地地力等级面积的统计，则通过耕地地力评价图与相应的专题图进行叠加分析，由其相应属性库统计获得。

根据地力等级评价结果，随机抽取 10 个点，对安丘市各级地的分布区域、养分状况、地貌类型、障碍层状况、耕层质地、坡度、灌溉保证率、有效土层、产量水平等因素，进行实地调查核实，调查结果表明，安丘市各级地的划分符合实际情况。各调查点的具体情况如下：

第 1 点：石堆镇大亭子村 S62°E880m，棕壤性土，岭坡梯田，海拔高度为 80m，自然植被有刺儿菜、茅草等；农业利用方式生姜、果树、花生一年一作；井灌，水浇条件一般。该点表土层棕黄色，质地轻壤，粒状结构，以下为酥石硼母岩，土层较厚，土壤结构性一般，产量水平较高，属一级地。

第 2 点：石堆镇东柳行村 N40°E500m，砂姜黑土，缓平坡地，海拔高度为 18m，潜水埋深为 3m，自然植被有刺儿菜等；农业利用方式小麦、玉米一年两作；井灌，水浇条件一般，属二级地，2010 年粮食产量为 13614.5kg/hm$^2$。该点表土层褐色，中壤粒状结构，植物根系多，心土层暗褐色，中壤，块状结构，湿润，稍紧，中孔隙，底土层有锈纹、锈斑和大量砂姜。

第 3 点：金冢子镇曹家官庄 S40°E250m，砂姜黑土，缓平坡地，海拔高度为 62m，潜水埋深为 2.5m，自然植被有刺儿菜等；农业利用方式小麦、玉米、棉花、黄烟等一年两作或两年三作；井灌，水浇条件一般，属二级地，2010 年粮食产量为 15148.9kg/hm$^2$。该点表土层黄褐色，中壤，块状结构，心土层黑褐色，重壤，块状结构，表层质地为中壤，耕性不良，土层较薄，有砂姜层和杂色砂页岩障碍层，阻碍水分下渗，雨季易积水成灾。

第 4 点：金冢子镇川里村 N30°E100m，属潮土，岭间洼地，海拔高度为 100m，潜水埋深为 5m，自然植被有茅草等；农业利用方式小麦、玉米一年两作，大葱、大姜产量水平较高；井灌，水浇条件一般。该点表土层棕色，轻壤，团粒状结构，植物根系多，心土层棕褐色，轻壤，团粒状结构，土体深厚，通体壤质，供肥力强，属一级地。

第 5 点：景芝镇西辛庄村 S85°W300m，褐土，海拔高度为 67m，潜水埋深为 3m，自然植被有茅草、刺儿菜等；农业利用方式小麦、玉米一年两作；井灌，水浇条件一般，产量水平较高，粮食产量一般为 15000～17000 kg/hm$^2$，属二级地。该点表土层黄褐色，轻壤，团粒状结构，心土层黄褐色，中壤，团块状结构。

第 6 点：景芝镇东庄子大队 NS6°W450m，河潮土，沿河坡地，海拔高度为 45m，潜水埋深为 4m，自然植被有刺儿菜等；农业利用方式小麦、玉米一年两作；井灌，水浇条件较好，2010 年粮食产量为 14356.5kg/hm$^2$。该点表土层黄褐色，轻壤，团粒状结构，心土层暗褐色，中壤，团粒状结构，土体深厚，通体壤质，通透性良好，适耕期长，供肥、保肥性能良好，属一级地。

第 7 点：辉渠镇南赵家沟村 S5°W600m，褐土性土，山丘上部梯田，海拔高度为 350m，潜水埋深在 10m 以下，重度片蚀，自然植被有酸枣、刺儿菜等；农业利用方式地瓜、花生一年一作，无水浇条件，产量水平很低，属六级地。该点表土层黄褐色，轻壤，粒状结构，表土层以下为硬石底母岩，质地适中，土层浅，易漏肥水，干旱严重。

第 8 点：辉渠镇河南管公村 S90°W250m，潮褐上，倾斜平地，海拔高度为 90m，潜水埋深为 3.5m，自然植被有刺儿菜、马齿苋等；农业利用方式小麦、玉米一年两作；井灌，水浇条件一般，粮食产量为 11000～14000kg/hm$^2$。该点表土层棕褐色，轻壤，粒状结构，心土层暗褐色，中壤，团粒状结构，土层深厚，质地适中，适耕期长，但速效养分含量偏低，属三级地。

第 9 点：柘山镇张家宅村 S4°W300m，棕壤性土，岭坡梯田，海拔高度为 200m，地下水位在 10m 以下，自然植被有马尾松等；农业利用方式地瓜、花生等一年一作；产量水平较低。该点表土层棕褐色，轻壤，粒状结构，以下为硬石底，土层浅薄，养分含量低，水土流失严重，无水浇条件，属五级地。

第 10 点：新安街道办事处的韩吉村 N15°W100m，河潮土，沿河坡地，海拔高度为 25.4m，潜水埋深为 5m，自然植被有刺儿菜等；农业利用方式小麦、玉米一年两作；井灌，水浇条件较好，2010 年粮食产量为 15564.5kg/$hm^2$。该点表土层轻壤、黄褐色，粒状结构，心土层黄褐色，中壤，团粒状结构，具有良好的保肥、供肥性能，是理想的土体构型，俗称为“蒙金地”，属一级地。

# 第六章　耕地地力分析

本次耕地地力分析，按照农业部耕地质量调查和评价的规程及相关标准，结合当地实际情况，选取对耕地地力影响较大、区域内变异明显、在时间序列上具有相对稳定性、与农业生产有密切关系的12个因素，建立评价指标体系，以土壤图与土地利用现状图叠加形成评价单元，应用模糊综合评判方法，通过综合分析，将安丘市耕地划分为6个等级，根据评价结果进行耕地地力的系统分析。

## 第一节　耕地地力等级及空间分布

### 一、耕地地力等级面积

利用MAPGIS软件，对评价图属性库进行操作，检索统计耕地各等级的面积和图幅总面积。以安丘市2008年总耕地面积(96285.7hm$^2$)为基准，按面积为比例平差，计算出各耕地地力等级面积。

安丘市2008年的总耕地面积为96285.7hm$^2$，其中一级地和二级地占总耕地面积的37.68%；三级地和四级地占总耕地面积的36.11%；五级地和六级地占总耕地面积的26.21%。以一级地分布面积最大，占总耕地面积的21.73%；三级地比一级地略少，占总耕地面积的21.41%；五级地分布面积最小，约占总耕地面积的9.88%(见表6-1)。

表6-1　　安丘市耕地地力评价结果面积统计

| 等级 | 一级地 | 二级地 | 三级地 | 四级地 | 五级地 | 六级地 | 总计 |
|---|---|---|---|---|---|---|---|
| 面积(hm$^2$) | 20861.71 | 15316.16 | 20550.08 | 14108.45 | 9489.31 | 15674.29 | 96285.7 |
| 百分比(%) | 21.73 | 15.95 | 21.41 | 14.70 | 9.88 | 16.33 | 100 |

### 二、耕地地力空间分布分析

(一)耕地地力等级分布

一级地和二级地在安丘市的耕地中所占的比重最大，分布较为广泛，主要分布于安丘市的东南部地区，微地貌类型为沿河缓平坡地、山前倾斜平地、山前缓平地、岭间洼地、岭坡梯田、沿河阶地。这一区域耕地地力情况较好，农业基础设施均配套成型，测土配方施肥工程也首先在这一区域展开。三级地和四级地主要分布在安丘市的中部地区，属于只要加大资金投入，完善基础设施，改善生产条件，产量就能大幅提高的中产田类型，有一定的开发潜力。五级地和六级地主要分布在西北部地区，这部分耕地有效耕层薄，肥力低，基本无灌溉条件，还有部分未利用土地，属于低产田类型。

从等级的分布地域特征可以看出，等级的高低与地貌类型、土壤类型及海拔高度之间存在着密切的关系，呈现明显的地域分布规律：随着耕地地力等级的提高，地貌类型沿着沿河缓平坡地—山前缓平地—山前倾斜平地—沿河阶地—坡路梯田—岭坡梯田—石质山岭方向变化；土壤类型由淋溶褐土、河潮土向着褐土性土、棕壤性土转化。

（二）耕地地力等级的行政区域划分

将安丘市耕地地力等级分布图与安丘市行政区划图进行叠置分析，从耕地地力等级行政区域分布数据库中，按权属字段检索出各等级的记录，统计出各级地在各乡镇的分布状况，如表 6-2 所示。

表 6-2　安丘市耕地地力等级行政区域分布

| 乡镇（街道办事处） | | 一级地 | 二级地 | 三级地 | 四级地 | 五级地 | 六级地 | 合计 |
|---|---|---|---|---|---|---|---|---|
| 新安街道办事处 | 面积（$hm^2$） | 4861.58 | 1948.83 | 2252.99 | 896.37 | 1663.97 | 51.08 | 11674.82 |
| | 百分比（%） | 41.64 | 16.69 | 19.30 | 7.68 | 14.25 | 0.44 | 100.00 |
| 凌河镇 | 面积（$hm^2$） | 3733.82 | 1377.85 | 1257.17 | 716.07 | 1959.35 | 640.27 | 9684.53 |
| | 百分比（%） | 38.55 | 14.23 | 12.98 | 7.39 | 20.23 | 6.62 | 100.00 |
| 石堆镇 | 面积（$hm^2$） | 829.59 | 835.31 | 2306.95 | 437.23 | — | — | 4409.08 |
| | 百分比（%） | 18.82 | 18.95 | 52.32 | 9.91 | — | — | 100.00 |
| 兴安街道办事处 | 面积（$hm^2$） | 1533.94 | 754.70 | 4007.86 | 2735.24 | 2.95 | — | 9034.69 |
| | 百分比（%） | 16.98 | 8.35 | 44.36 | 30.27 | 0.04 | — | 100.00 |
| 金冢子镇 | 面积（$hm^2$） | 1300.58 | 2676.94 | 1275.91 | 131.53 | — | — | 5384.96 |
| | 百分比（%） | 24.15 | 49.71 | 23.69 | 2.45 | — | — | 100.00 |
| 景芝镇 | 面积（$hm^2$） | 8089.23 | 2807.45 | 1619.73 | 724.38 | — | — | 13240.79 |
| | 百分比（%） | 61.09 | 21.20 | 12.23 | 5.48 | — | — | 100.00 |
| 大盛镇 | 面积（$hm^2$） | 88.67 | 1057.60 | 341.27 | 640.79 | 1480.65 | 1085.23 | 4694.21 |
| | 百分比（%） | 1.89 | 22.53 | 7.27 | 13.65 | 31.54 | 23.12 | 100.00 |
| 辉渠镇 | 面积（$hm^2$） | — | 159.21 | 1938.67 | 1682.91 | 1943.91 | 4244.95 | 9969.65 |
| | 百分比（%） | — | 1.60 | 19.45 | 16.88 | 19.50 | 42.57 | 100.00 |
| 官庄镇 | 面积（$hm^2$） | 356.19 | 1622.02 | 3679.27 | 2079.81 | 8.37 | — | 7745.66 |
| | 百分比（%） | 4.60 | 20.94 | 47.50 | 26.85 | 0.11 | — | 100.00 |
| 吾山镇 | 面积（$hm^2$） | 43.17 | 84.08 | 2.49 | 811.59 | 1254.23 | 3729.24 | 5924.8 |
| | 百分比（%） | 0.73 | 1.42 | 0.04 | 13.70 | 21.17 | 62.94 | 100.00 |

续表

| 乡镇（街道办事处） | | 一级地 | 二级地 | 三级地 | 四级地 | 五级地 | 六级地 | 合计 |
|---|---|---|---|---|---|---|---|---|
| 新安街道办事处 | 面积($hm^2$) | 4861.58 | 1948.83 | 2252.99 | 896.37 | 1663.97 | 51.08 | 11674.82 |
| | 百分比(%) | 41.64 | 16.69 | 19.30 | 7.68 | 14.25 | 0.44 | 100.00 |
| 柘山镇 | 面积($hm^2$) | — | — | 132.74 | 501.48 | 993.76 | 5921.68 | 7549.66 |
| | 百分比(%) | — | — | 1.76 | 6.64 | 13.16 | 78.44 | 100.00 |
| 石埠子镇 | 面积($hm^2$) | 24.92 | 1992.16 | 1735.02 | 2751.08 | 182.13 | 1.84 | 6687.15 |
| | 百分比(%) | 0.37 | 29.79 | 25.95 | 41.14 | 2.72 | 0.03 | 100.00 |

由表 6-2 可以看出，一级地、二级地所占比例较高的乡镇(街道办事处)为景芝镇、新安街道办事处、凌河镇、金冢子镇、兴安街道办事处；三级地、四级地所占比例较高的乡镇(街道办事处)为兴安街道办事处、官庄镇、石埠子镇、辉渠镇、新安街道办事处、石堆镇；五级地、六级地所占比例较高的乡镇(街道办事处)为柘山镇、辉渠镇、吾山镇、大盛镇、凌河镇。

## 第二节 耕地地力等级分述

### 一、一级地

(一)面积与分布

一级地的综合评价指数高于 0.92，耕地面积为 20861.71$hm^2$，占安丘市总耕地面积的 21.73%，是安丘市耕地面积最大的一个等级。其中水浇地面积为 16286.43$hm^2$，占一级地面积的 78.07%；旱地面积为 3504.22$hm^2$，占一级地面积的 16.80%；菜地面积为 1071.06$hm^2$，占一级地面积的 5.13%，如表 6-3 所示。

表 6-3 一级地各利用类型面积

| 利用类型 | 评价单元(个) | 面积($hm^2$) | 占总耕地面积比例(%) | 占一级地面积比例(%) |
|---|---|---|---|---|
| 水浇地 | 1297 | 16286.43 | 16.97 | 78.07 |
| 旱地 | 658 | 3504.22 | 3.65 | 16.80 |
| 菜地 | 210 | 1071.06 | 1.12 | 5.13 |
| 总计 | 2165 | 20861.71 | 21.74 | 100.00 |

一级地主要分布于景芝镇、新安街道办事处、凌河镇、兴安街道办事处、金冢子镇、石堆镇、官庄镇及石埠子等镇；大盛镇、吾山镇有少量或零星分布；辉渠镇、柘山镇境内没有一级地分布。

(二)主要属性分析

一级地的土壤类型以潮褐土、河潮土、淋溶褐土为主，兼有少量褐土化潮土、褐土、棕壤土、砂姜黑土。土壤表层质地为轻壤和中壤，有少量重壤。土体构型以轻壤均质、轻壤厚黏心、中壤厚黏心、中壤均质为主，有少量轻壤厚砂腰、轻壤厚黏腰、中壤厚黑土心、中壤厚砂姜腰、中壤厚黏腰、重壤黑土、重壤均质，大部分地区无明显障碍层次，少数地区存在夹砂、浅黏等障碍性层次。微地貌类型以沿河缓平坡地、山前倾斜平地、山前缓平地为主，兼有少量岭间洼地、岭坡梯田，坡度为0°～5°，土层深厚，土壤理化性状良好，可耕性强。农田水利设施较为完善，灌排条件好，灌溉保证率均达到100%，属于高产、稳产田，土壤养分含量较高，如表6-4至表6-6所示。一级地适宜种植各种蔬菜、瓜类等经济作物，小麦产量平均为9187.5kg/hm$^2$，玉米产量平均为10827kg/hm$^2$，粮食年产量为20014.5kg/hm$^2$。

表6-4　一级地大量元素养分含量

| 项目 | 有机质(g/kg) | 全氮(g/kg) | 碱解氮(mg/kg) | 有效磷(mg/kg) | 速效钾(mg/kg) | 缓效钾(mg/kg) | pH |
|---|---|---|---|---|---|---|---|
| 平均值 | 12.5 | 0.97 | 98 | 72.7 | 159 | 653 | 6.6 |
| 范围值 | 7.5～19.0 | 0.55～1.69 | 47.5～270.2 | 12.8～202.2 | 73～368 | 473～1004 | 4.9～7.6 |
| 含量水平 | 中偏高 | 偏低 | 中偏低 | 中偏高 | 中偏高 | 高 | — |

表6-5　一级地中量元素养分含量

| 项目 | 交换性钙(mg/kg) | 交换性镁(mg/kg) | 有效硫(mg/kg) | 有效硅(mg/kg) |
|---|---|---|---|---|
| 平均值 | 3370 | 400 | 35.0 | 298 |
| 范围值 | 1650～7860 | 140～810 | 13.5～107.4 | 73～616 |
| 含量水平 | 高 | 高 | 中偏高 | 中偏低 |

表6-6　一级地微量元素养分含量

| 项目 | 有效铁(mg/kg) | 有效铜(mg/kg) | 有效锰(mg/kg) | 有效锌(mg/kg) | 有效硼(mg/kg) |
|---|---|---|---|---|---|
| 平均值 | 31.73 | 1.97 | 32.62 | 1.00 | 0.43 |
| 范围值 | 10.70～71.89 | 0.54～3.44 | 8.51～72.77 | 0.24～1.85 | 0.12～0.91 |
| 含量水平 | 中偏高 | 中等 | 中偏高 | 中等 | 偏低 |

（三）存在问题

（1）该地区属安丘市经济较发达地区，人们历来较注重二、三产业，农业投入比例明显低于二、三产业投入；土地少无后备资源，人均耕地面积为0.09hm$^2$，比安丘市平均值少，加之城镇工矿建设用地多，土地十分紧张。

（2）土壤肥力与高产、高效农业的需求还有一定差距，未能合理利用土壤养分；土壤中三要素比例失调，磷素过剩，钾素缺乏；农业生产压力大，而且结构单一，过量施肥，耕地疲劳、连作，土传病害加重。

（3）施肥、用药种类与比例不合理，缺乏针对性，盲目性较大；由于经济发达，工矿企业较多，点源污染程度有所加重。

(4)地下水源开采无计划，开采量大，造成水位下降，蔬菜加工企业多，地表水污染严重，使种植业水源越来越少，无有利的农田环境保护措施。

(四)合理利用

一级地是安丘市综合性能最好的耕地，各项评价指标均属良好型，土层厚，排灌性好，易于耕作，养分含量高，保肥、保水，适于各种作物生长，是安丘市的丰产耕地，应大力发展高产、优质、高效农业，如无公害生姜、大葱基地、日光温室、反季节瓜果栽培等。为此，应搞好以下工作：

(1)充分发挥水利资源优势，合理开发，计划用水，科学用水，节约用水，继续扩大有效灌溉面积。要搞好渠系配套，提倡建立防渗渠道；改大畦漫灌为小畦快浇；在有条件的村努力发展喷灌。

(2)培肥地力，根据该区土壤特点，近期内应增使氮、钾肥，适当增加中微量元素肥用量，以协调三要素比例，尤其要重视增施有机肥，推广秸秆还田。努力扩大轮作、间作面积。

(3)合理轮作，扩大复种指数。大力提倡粮姜、粮葱、粮瓜、粮菜、菜菜间作和复种、套种、多作多收，以提高复种指数，增加单位面积收入。

## 二、二级地

(一)面积与分布

二级地的综合评价指数为0.88～0.92，是安丘市分布面积较大的一级土地，耕地面积为15316.16hm²，占安丘市总耕地面积的15.95%。其中水浇地面积为10532.61hm²，占二级地面积的68.77%；旱地面积为4233.58hm²，占二级地面积的27.64%；菜地面积为549.97hm²，占二级地面积的3.59%，如表6-7所示。

表6-7 二级地各利用类型面积

| 利用类型 | 评价单元(个) | 面积(hm²) | 占总耕地面积比例(%) | 占二级地面积比例(%) |
|---|---|---|---|---|
| 水浇地 | 857 | 10532.61 | 10.97 | 68.77 |
| 旱地 | 611 | 4233.58 | 4.41 | 27.64 |
| 菜地 | 96 | 549.97 | 0.57 | 3.59 |
| 总计 | 1564 | 15316.16 | 15.95 | 100.00 |

二级地主要分布在景芝镇、金冢子镇、石埠子镇、新安街道办事处、官庄镇、凌河镇、大盛镇、石堆镇、兴安街道办事处，其中以景芝镇分布面积最大，为2807.45hm²，占该镇耕地面积的21.2%；辉渠镇、吾山镇等乡镇有少量或零星分布；柘山镇境内没有二级地分布。

(二)主要属性分析

二级地的土壤类型以潮褐土、河潮土、砂姜黑土和淋溶褐土为主，兼有少量褐土化潮土、棕壤土和褐土。土壤表层质地主要是轻壤和中壤，有少量重壤和砂壤。土体构型以轻壤均质、中壤厚黏心、中壤厚砂腰为主，有少量轻壤厚砂腰、轻壤厚黏心、中壤均质、中壤厚砂姜腰、重壤均质、重壤黑土、重壤厚砂姜心、砂壤均质，大部分耕地的耕层中没有明显的障碍层次，少数地区有夹砂和浅黏等障碍层次。微地貌类型以沿河缓平坡地、山前缓平地为主，兼有少量的沿河阶地、山前倾斜平地、坡麓梯田、岭坡梯田、岭间洼地，坡度为 0°～7°，土壤理化性状良好，可耕性较强。农田水利设施较为完善，灌排条件良好，灌溉保证率达到 100%，土壤养分含量均比较理想，如表 6-8 至表 6-10 所示。二级地适宜种植生姜、蔬菜、瓜类等各种经济作物，属高产、稳产田，是粮食主产区，小麦产量平均为8134.5kg/hm$^2$，玉米产量平均为 8791kg/hm$^2$，粮食年产量为 16925.5kg/hm$^2$。

表 6-8　二级地大量元素养分含量

| 项目 | 有机质(g/kg) | 全氮(g/kg) | 碱解氮(mg/kg) | 有效磷(mg/kg) | 速效钾(mg/kg) | 缓效钾(mg/kg) | pH |
|---|---|---|---|---|---|---|---|
| 平均值 | 11.8 | 0.98 | 92 | 50.2 | 143 | 638 | 6.6 |
| 范围值 | 7.8～18.8 | 0.55～1.57 | 43～249 | 5.8～165.2 | 71～370 | 481～1047 | 5.3～7.8 |
| 含量水平 | 中偏低 | 偏低 | 偏低 | 高 | 中偏低 | 高 | — |

表 6-9　二级地中量元素养分含量

| 项目 | 交换性钙(mg/kg) | 交换性镁(mg/kg) | 有效硫(mg/kg) | 有效硅(mg/kg) |
|---|---|---|---|---|
| 平均值 | 3330 | 410 | 35.3 | 290 |
| 范围值 | 1710～7060 | 140～900 | 13.8～119.3 | 75～606 |
| 含量水平 | 高 | 中偏高 | 中偏高 | 中偏低 |

表 6-10　二级地微量养分含量

| 项目 | 有效铁(mg/kg) | 有效铜(mg/kg) | 有效锰(mg/kg) | 有效锌(mg/kg) | 有效硼(mg/kg) |
|---|---|---|---|---|---|
| 平均值 | 31.37 | 1.84 | 32.19 | 0.92 | 0.45 |
| 范围值 | 7.20～68.17 | 0.59～3.43 | 7.73～69.06 | 0.22～1.94 | 0.12～0.88 |
| 含量水平 | 中偏高 | 中等 | 中偏高 | 中等 | 低 |

（三）存在问题

（1）部分地区耕层中存在浅黏等障碍性层次；经济较发达，污染较严重，耕地环境质量欠佳；土壤养分不平衡，部分地块养分缺乏。

（2）水利设施欠完善，轮灌周期长，有季节性干旱。

（3）土壤中三要素比例失调，磷素过剩，氮、钾素缺乏；农业生产压力大，而且结构单一，耕地疲劳、连作，土传病害加重；施肥数量、种类与比例不合理，缺乏针对性，盲目性较大。

（4）地下水源开采量大，造成水位下降，地表水污染严重，使种植业水源越来越少，无有利的农田环境保护措施。

（四）合理利用

应科学规划，严格控制建设用地，加强保护，做到用地、养地结合，确保可持续利用。

种植业应以小麦、玉米、瓜菜、姜为主，努力提高单产，增加总产，实行区域化管理，全区域测土配方施肥，控制肥料总量，增加氮、钾用量，减少磷素用量，补充中微量元素，建成高产、稳产的瓜菜姜基地。

合理利用的措施为：

(1)增施有机肥料，实行秸秆直接还田或过腹还田，不断培肥地力；实施平衡施肥，防止土壤污染，适量补施微肥，提高耕地质量。

(2)增施有机肥，增加土壤有机质含量；采取深耕等措施，破除犁地层，改良土壤质地，有利于作物根系伸展，同时平整土地，改良作物种植条件；在坚持因地制宜的基础上，应大力发展经济作物。

(3)加大检测力度，确保农业灌溉、施肥、用药安全，搞好无公害生产。

(4)农业部门应结合科技入户、配方施肥等工程，加大宣传力度，转变观念，提高认识，加大农业投入，提升农业综合生产能力。

## 三、三级地

(一)面积与分布

三级地的综合评价指数为 0.80～0.88，耕地面积为 20550.08hm$^2$，占安丘市总耕地面积的 21.41%，在安丘市中所占比例仅次于一级地，是安丘市面积第二大的一个等级。其中水浇地面积为 8387.55hm$^2$，占三级地面积的 40.82%；旱地面积为 11955hm$^2$，占三级地面积的 58.17%；菜地面积为 207.53hm$^2$，仅占三级地面积的 1.01%，如表 6-11 所示。

表 6-11 三级地各利用类型面积

| 利用类型 | 评价单元(个) | 面积(hm$^2$) | 占总耕地面积比例(%) | 占三级地面积比例(%) |
|---|---|---|---|---|
| 水浇地 | 711 | 8387.55 | 8.74 | 40.82 |
| 旱地 | 1228 | 11955 | 12.45 | 58.17 |
| 菜地 | 41 | 207.53 | 0.22 | 1.01 |
| 总计 | 1980 | 20550.08 | 21.41 | 100.00 |

三级地主要分布在兴安街道办事处、官庄镇、石堆镇、新安街道办事处、辉渠镇、石埠子镇、景芝镇、金冢子镇、凌河镇，其中以兴安街道办事处分布面积最大，为 4007.86hm$^2$，占该镇总耕地面积的 44.36%；大盛镇、柘山镇、吾山镇等有少量或零星分布。

(二)主要属性分析

三级地的土壤类型以淋溶褐土、潮褐土、褐土性土为主，兼有少量棕壤土、河潮土、砂姜黑土。土壤表层质地主要是轻壤和中壤，有少量砂壤和重壤。土体构型以轻壤厚黏心、轻壤均质、中层、中壤厚黏心为主，有少量轻壤厚黏腰、砂壤厚壤心、砂壤均质、中壤厚黑土心、中壤厚砂姜腰、中壤厚黏腰、中壤均质、重壤黑土、重壤厚砂姜心、重壤均质、薄层，耕层中障碍层次以夹砂、夹黏为主。微地貌类型主要是坡麓梯田、岭坡梯田，有少量沿河阶地、沿河缓平坡地、石质山岭、山前倾斜平地、山前缓平地、岭间洼地、荒坡岭、沟谷梯田，坡度为 0°～15°。

灌溉保证率达到100%，土壤养分除有效磷含量偏低外，其余养份相对比较理想，如表6-12至表6-14所示。三级地适宜种植果树等经济作物，也可种植小麦、玉米，小麦产量平均为5715kg/hm$^2$，玉米产量平均为6525kg/hm$^2$，粮食年产量为12240kg/hm$^2$。

表6-12 三级地大量元素养分含量

| 项目 | 有机质(g/kg) | 全氮(g/kg) | 碱解氮(mg/kg) | 有效磷(mg/kg) | 速效钾(mg/kg) | 缓效钾(mg/kg) | pH |
|---|---|---|---|---|---|---|---|
| 平均值 | 11.4 | 0.93 | 92 | 47.0 | 139 | 644 | 6.6 |
| 范围值 | 5.4～18.4 | 0.38～1.55 | 43～223 | 4.5～150.2 | 61～369 | 469～1106 | 4.8～7.7 |
| 含量水平 | 中偏低 | 中偏低 | 偏低 | 中偏高 | 中偏低 | 高 | — |

表6-13 三级地中量元素养分含量

| 项目 | 交换性钙(mg/kg) | 交换性镁(mg/kg) | 有效硫(mg/kg) | 有效硅(mg/kg) |
|---|---|---|---|---|
| 平均值 | 3450 | 400 | 37.7 | 308 |
| 范围值 | 2020～6700 | 150～850 | 13.8～124.6 | 75～626 |
| 含量水平 | 高 | 高 | 中偏高 | 中等 |

表6-14 三级地微量元素养分含量

| 项目 | 有效铁(mg/kg) | 有效铜(mg/kg) | 有效锰(mg/kg) | 有效锌(mg/kg) | 有效硼(mg/kg) |
|---|---|---|---|---|---|
| 平均值 | 30.28 | 1.81 | 31.04 | 0.95 | 0.42 |
| 范围值 | 7.35～77.62 | 0.46～3.23 | 6.89～70.45 | 0.24～1.80 | 0.19～0.91 |
| 含量水平 | 高 | 中等 | 中等 | 偏低 | 低 |

（三）存在问题

(1)三级地是平原向山区过渡的等级类型，各种属性均介于二者之间，耕地大平小不平，地块微有倾斜。

(2)有机质、氮、磷、钾，除速效磷丰富外，其他都偏低；耕地养分存在不平衡现象。

(3)部分质地偏砂、偏黏，易干旱。

（四）合理利用

旱区仍以丰产为主，种植抗旱小麦、玉米、地瓜、花生、杂粮等，重点发展安丘蜜桃、黄金梨等；水浇田以经济作物为主，重点发展优势作物生姜、大葱。

合理利用的措施为：

(1)平田整地，深翻改土，加深耕层厚度，改善土壤物理性状。

(2)增施有机肥、氮肥、钾肥和微肥，培肥地力。

(3)修筑塘坝、小水库，拦储雨水，打深机井，搞好井灌，发展喷灌，扩大水浇地，并采取种草、种树、挖坑、截沟等措施，减少丘岭水土流失。

(4)无水浇条件的以有机旱作农业为主，改土增肥，增加抗旱作物地瓜、花生的面积。

(5)突出抓好生姜、大葱的生产，提高经济效益，增加收入，积累更多的资金投入农业生产。

## 四、四级地

### (一)面积与分布

四级地的综合评价指数为 0.68～0.80，耕地面积为 14108.45hm²，占全市总耕地面积的 14.70%。其中水浇地面积为 1302.41hm²，占四级地面积的 9.23%；旱地面积为 12751.94hm²，占四级地面积的 90.39%；菜地面积为 54.10hm²，仅占四级地面积的 0.38%，如表 6-15 所示。

表 6-15　四级地各利用类型面积

| 利用类型 | 评价单元(个) | 面积(hm²) | 占总耕地面积比例(%) | 占四级地面积比例(%) |
|---|---|---|---|---|
| 水浇地 | 221 | 1302.41 | 1.36 | 9.23 |
| 旱地 | 1114 | 12751.94 | 13.28 | 90.39 |
| 菜地 | 14 | 54.10 | 0.06 | 0.38 |
| 总计 | 1349 | 14108.45 | 14.70 | 100.00 |

四级地主要分布在石埠子镇、兴安街道办事处、官庄镇、辉渠镇、新安街道办事处、吾山镇，其中以石埠子镇分布面积最大，为 2751.08hm²，占该镇总耕地面积的 41.14%；景芝镇、凌河镇、大盛镇、柘山镇、石堆镇、金冢子镇等有少量或零星分布。

### (二)主要属性分析

四级地的土壤类型以褐土性土、棕壤性土、淋溶褐土为主，兼有少量潮褐土。土壤表层质地主要是轻壤，有少量砂土、砂壤和中壤。土体构型以薄层、中层为主，有少量轻壤均质、中壤厚黏腰，耕层中含有夹砂等明显障碍性层次。微地貌类型以山前倾斜平地、坡麓梯田、岭坡梯田为主，有少量沿河阶地、沿河缓平坡地、石质山岭、岭间洼地、荒坡岭、沟谷梯田，地形坡度为 0°～25°。大部分耕地的灌溉保证率达到 100%，有少量的无灌溉区，土壤养分中除有效磷、速效钾含量偏低外，其他养分均较为理想，如表 6-16 至表 6-18 所示。四级地适宜种植果树等经济作物，也可种植小麦、玉米，小麦产量平均为 3195kg/hm²，玉米产量平均为 3345kg/hm²，粮食年产量为 6540kg/hm²。

表 6-16　四级地大量元素养分含量

| 项目 | 有机质(g/kg) | 全氮(g/kg) | 碱解氮(mg/kg) | 有效磷(mg/kg) | 速效钾(mg/kg) | 缓效钾(mg/kg) | pH |
|---|---|---|---|---|---|---|---|
| 平均值 | 11.7 | 0.94 | 90.4 | 43.8 | 133 | 632 | 6.6 |
| 范围值 | 6.9～17.0 | 0.47～1.57 | 44.2～219.1 | 6.2～159.5 | 58～269 | 473～1076 | 4.9～7.8 |
| 含量水平 | 中偏低 | 低 | 低 | 高 | 中偏低 | 高 | — |

表 6-17　四级地中量元素养分含量

| 项目 | 交换性钙(mg/kg) | 交换性镁(mg/kg) | 有效硫(mg/kg) | 有效硅(mg/kg) |
|---|---|---|---|---|
| 平均值 | 3480 | 410 | 38.6 | 299 |
| 范围值 | 1970～6580 | 130～850 | 13.9～99.6 | 78～627 |
| 含量水平 | 高 | 高 | 中偏高 | 中等 |

表 6-18　四级地微量元素养分含量

| 项目 | 有效铁(mg/kg) | 有效铜(mg/kg) | 有效锰(mg/kg) | 有效锌(mg/kg) | 有效硼(mg/kg) |
|---|---|---|---|---|---|
| 平均值 | 31.04 | 1.84 | 31.91 | 0.93 | 0.44 |
| 范围值 | 8.04～73.88 | 0.65～2.97 | 10.01～73.45 | 0.26～1.65 | 0.16～0.91 |
| 含量水平 | 高 | 中等 | 中等 | 偏低 | 低 |

(三)存在问题

(1)部分耕地水源缺乏,受干旱影响较大,发展种植困难较多。该级地耕层中存在明显的障碍性层次,砾石较多,阻碍作物的正常发育;养分含量偏低,对作物生长不利。

(2)耕地多砂质,土层浅薄,有机质含量较低,缺氮、缺磷。有机质肥料用量少,难以使作物取得高产。

(3)耕作粗放,农作物结构和布局不尽合理,没有因地制宜发展该区的优势。

(四)改良利用

(1)综合治理丘岭,保持水土,深翻改土,涵养水分,走有机旱作农业的路子。

(2)修筑梯田,平整土地,增施有机肥,改善土壤环境;调整种植业结构,利用山区环境好、无污染的特点,引导、鼓励农民发展果品生产。

(3)增施氮肥、磷肥、钾肥和微肥,改善土壤养分状况。

(4)调整作物结构和布局,粮食生产应随生产条件的改变稳步扩大小麦面积,适当控制玉米面积,扩种花生;在狠抓粮食作物的前提下,抓好优势经济作物,扩大花生和黄烟的生产规模。

(5)加强水利建设,特别是打井、建蓄水池,挖掘地下水,储好降水,充分发挥有限水资源的作用。

(6)为种植业提供更多的资金。

## 五、五级地

(一)面积与分布

五级地的综合评价指数为 0.54～0.68,耕地面积为 9489.31hm$^2$,占全市总耕地面积的 9.88%,是安丘市中占耕地面积最小的一个等级。其中水浇地面积为 1100.33hm$^2$,占五级地面积的 11.60%;旱地面积为 8346.20hm$^2$,占五级地面积的 87.95%;菜地面积为 42.78hm$^2$,占五级地面积的 0.45%,如表 6-19 所示。

表 6-19　　五级地各利用类型面积

| 利用类型 | 评价单元(个) | 面积($hm^2$) | 占总耕地面积比例(%) | 占五级地面积比例(%) |
|---|---|---|---|---|
| 水浇地 | 146 | 1100.33 | 1.15 | 11.60 |
| 旱地 | 838 | 8346.20 | 8.69 | 87.95 |
| 菜地 | 8 | 42.78 | 0.04 | 0.45 |
| 总计 | 992 | 9489.31 | 9.88 | 100.00 |

五级地主要分布在凌河镇、辉渠镇、新安街道办事处、大盛镇、吾山镇、柘山镇，其中以凌河镇分布面积最大，为 1959.35$hm^2$，占该镇总耕地面积的 20.23%；石埠子镇、官庄镇、兴安街道办事处有少量或零星分布；景芝镇、石堆镇、金冢子镇境内没有五级地分布。

（二）主要属性分析

五级地的土壤类型以褐土性土、棕壤性土、淋溶褐土、潮褐土、棕壤土为主，含有少量褐土。土壤表层质地以轻壤为主，有少量中壤、砂壤和砂土。土体构型以轻壤均质、中层为主，有少量薄层、轻壤厚黏心、轻壤厚黏腰、砂壤均质、中壤厚黏腰，耕层中含有夹砂、夹黏等明显障碍性层次。微地貌类型以坡麓梯田、岭坡梯田为主，有少量沿河阶地、沿河缓平坡地、石质山岭、山前倾斜平地、荒坡岭、沟谷梯田，地形坡度为 0°～25°。有大量的无灌溉区，极少数地区有一定的灌溉保证率，土壤养分含量偏低，如表 6-20 至表 6-22 所示。五级地适宜种植抗旱大桃、大樱桃、花生等经济作物，种植小麦、玉米产量较低，小麦产量平均为 2895kg/$hm^2$，玉米产量平均为 3142kg/$hm^2$，粮食年产量为 6037kg/$hm^2$。

表 6-20　　五级地大量元素养分含量

| 项目 | 有机质(g/kg) | 全氮(g/kg) | 碱解氮(mg/kg) | 有效磷(mg/kg) | 速效钾(mg/kg) | 缓效钾(mg/kg) | pH |
|---|---|---|---|---|---|---|---|
| 平均值 | 11.0 | 0.95 | 91 | 48.1 | 136 | 634 | 6.4 |
| 范围值 | 5.8～15.4 | 0.41～1.64 | 40～253 | 8.7～153.8 | 51～320 | 490～919 | 5.2～7.7 |
| 含量水平 | 中偏低 | 低 | 低 | 高 | 中偏低 | 高 | — |

表 6-21　　五级地中量元素养分含量

| 项目 | 交换性钙(mg/kg) | 交换性镁(mg/kg) | 有效硫(mg/kg) | 有效硅(mg/kg) |
|---|---|---|---|---|
| 平均值 | 3340 | 400 | 41.7 | 323 |
| 范围值 | 1850～7490 | 191～900 | 14.9～113.5 | 79～611 |
| 含量水平 | 高 | 高 | 高 | 中等 |

表 6-22　　五级地微量元素养分含量

| 项目 | 有效铁(mg/kg) | 有效铜(mg/kg) | 有效锰(mg/kg) | 有效锌(mg/kg) | 有效硼(mg/kg) |
|---|---|---|---|---|---|
| 平均值 | 39.25 | 1.96 | 38.24 | 0.89 | 0.39 |
| 范围值 | 8.67～89.55 | 0.46～3.14 | 10.39～69.61 | 0.20～1.59 | 0.16～0.94 |
| 含量水平 | 高 | 中等 | 中偏高 | 中偏低 | 低 |

(三)存在问题

(1)耕地水源缺乏,受干旱影响较大,发展种植困难较多。

(2)土层浅薄,耕地多砂质,下部是半风化母岩,地面不平,水土流失严重,耕层中存在障碍性层次,砾石较多,阻碍作物的正常发育。

(3)养分含量低,有机质含量较低,缺氮、磷、钾。有机质肥料用量少,难以使作物取得高产。

(四)改良利用

利用的方向是:整修梯田,营造水土保持林,提高综合控制水土的能力;因土制宜调整农业种植结构,发展耐旱、耐瘠作物;发展经济林,实行多种经营,增加收入。

合理利用的措施为:

(1)综合治理山岭,修筑梯田,平整土地,深翻改土,保持水土,涵养水分,走有机旱作农业的路子。

(2)增施有机肥、氮肥、磷肥、钾肥和微肥,改善土壤养分状况,改善土壤环境;调整种植业结构,利用山区环境好、无污染的特点,引导、鼓励农民发展果品生产。

(3)加强水利建设,特别是打井、建蓄水池、拦河坝、修水库,储好降水,充分发挥有限水资源的作用。

(4)为治水改土提供更多的资金。

## 六、六级地

(一)面积与分布

六级地的综合评价指数低于 0.54,耕地面积为 15647.29hm$^2$,占安丘市总耕地面积的 16.33%。其中水浇地面积为 103.10hm$^2$,占六级地面积的 0.66%;旱地面积为 15571.19hm$^2$,占六级地面积的 99.34%;菜地在六级地中没有分布,如表 6-23 所示。

表 6-23　　六级地各利用类型面积

| 利用类型 | 评价单元(个) | 面积(hm$^2$) | 占总耕地面积比例(%) | 占六级地面积比例(%) |
|---|---|---|---|---|
| 水浇地 | 19 | 103.1 | 0.11 | 0.66 |
| 旱地 | 978 | 15571.19 | 16.22 | 99.34 |
| 总计 | 997 | 15674.29 | 16.33 | 100.00 |

六级地主要分布在柘山镇、辉渠镇、吾山镇、大盛镇、凌河镇,其中以柘山镇分布面积

最大，为 5921.68hm$^2$，占该镇耕地面积的 78.44%；新安街道办事处、石埠子镇有少量分布，其余乡镇无六级地分布。

（二）主要属性分析

六级地的土壤类型主要为棕壤性土、褐土性土，兼有少量褐土、潮褐土、淋溶褐土。土壤表层质地以轻壤和砂土为主，有少量砂壤。土体构型以薄层和中层为主，兼有少量的轻壤均质、砂壤均质，耕层中含有夹砂等明显障碍性层次。微地貌类型以坡麓梯田、岭坡梯田为主，有少量沿河阶地、沿河缓平坡地、石质山岭、荒坡岭、沟谷梯田，地形坡度为 0.2°～25°。六级地全是无灌溉区，土壤养分含量水平很低，如表 6-24 至表 6-26 所示。六级地适宜种植抗旱经济作物，如花生、板栗、核桃等，少量种植小麦，小麦平均产量为 2190kg/hm$^2$，效益很低。很少种植玉米，如生长期内降雨适宜，产量能达到中产水平；如遇干旱年份，产量很低，大部分难以形成产量。

**表 6-24　　六级地大量元素养分含量**

| 项目 | 有机质(g/kg) | 全氮(g/kg) | 碱解氮(mg/kg) | 有效磷(mg/kg) | 速效钾(mg/kg) | 缓效钾(mg/kg) | pH |
|---|---|---|---|---|---|---|---|
| 平均值 | 10.5 | 0.85 | 83 | 37.9 | 121 | 593 | 6.4 |
| 范围值 | 5.6～15.9 | 0.37～1.62 | 35～175 | 9.5～147.6 | 47～248 | 471～822 | 5.0～7.6 |
| 含量水平 | 中偏低 | 低 | 低 | 中偏高 | 中偏低 | 高 | — |

**表 6-25　　六级地中量元素养分含量**

| 项目 | 交换性钙(mg/kg) | 交换性镁(mg/kg) | 有效硫(mg/kg) | 有效硅(mg/kg) |
|---|---|---|---|---|
| 平均值 | 3400 | 410 | 37 | 309 |
| 范围值 | 1860～5720 | 190～770 | 15.5～111.8 | 100～570 |
| 含量水平 | 高 | 高 | 中偏高 | 中等 |

**表 6-26　　六级地微量元素养分含量**

| 项目 | 有效铁(mg/kg) | 有效铜(mg/kg) | 有效锰(mg/kg) | 有效锌(mg/kg) | 有效硼(mg/kg) |
|---|---|---|---|---|---|
| 平均值 | 35.67 | 1.76 | 35.04 | 0.83 | 0.39 |
| 范围值 | 11.26～89.20 | 0.65～2.97 | 6.42～75.39 | 0.19～1.75 | 0.16～1.00 |
| 含量水平 | 高 | 中等 | 中偏高 | 中偏低 | 低 |

（三）存在问题

（1）耕地水源缺乏，无水浇条件，靠天吃饭，受干旱影响较大，发展种植困难较多。

（2）土层浅薄，大部分不足 30cm；耕地砾石多，砾石含量达 20%，下部是半风化母岩，所处地形部位高，岩石露出较多，地面不平，水土流失严重，耕层中存在障碍性层次，阻碍作物的正常发育。

（3）土壤养分含量很低，有机质肥料用量少，难以使作物取得高产。

（四）改良利用

利用的方向是：调整种植业结构，发展耐旱、耐土壤贫瘠作物；适当发展经济林、用材林，实行多种经营，以起到改善土壤环境条件，防止水土流失，保护自然植被的作用。

合理利用的措施为：

（1）加强水利建设，搞好建蓄水池、拦河坝、水库建设，储好降水，充分发挥有限水资源的作用。

（2）综合治理山岭，修筑梯田，平整土地，深翻改土，保持水土，涵养水分。

（3）发展畜牧业，走养畜和肥田的路子；增施有机肥、氮肥、磷肥、钾肥和微肥，改善土壤养分状况，改善土壤环境；调整种植业结构，引导、鼓励农民发展果品生产。

# 第七章 耕地资源的合理利用与改良

耕地资源的合理利用就是根据土壤资源的特点，合理规划，科学施肥，使现有的耕地资源充分发挥作用；耕地资源的改良就是在合理利用的基础上，努力保护耕地资源，改善耕地的生产条件和生态环境，提高耕地的利用率，改良中低产田，因地制宜，开发利用耕地资源，挖掘耕地资源的生产潜力，加强耕地资源管理，实现耕地资源的合理利用。

## 第一节 耕地资源的现状与特征

根据这次调查和评价结果，从耕地状况、耕地利用状况、耕地存在的主要问题三个方面，对耕地资源进行分析。

### 一、耕地状况

(一)耕地类型

全市耕地共分为棕壤、褐土、潮土、砂姜黑土 4 个土类。其中，棕壤面积为 14246.84$hm^2$，占总耕地面积的 16.84％。褐土面积为 59157.21$hm^2$，占总耕地面积的 61.62％，是安丘市的主要类型，各镇(街道办事处)均有分布。潮土面积为 16240.37$hm^2$，占总耕地面积的 16.92％。砂姜黑土在安丘市分布于低洼地区，大部分属缓平坡地，主要分布在安丘市金冢子镇、景芝镇(宋官疃管区、临浯管区)、新安街道办事处(担山管区、贾戈管区)、官庄镇、石堆镇五处镇(街道办事处)境内，面积为 6355.6$hm^2$，占可利用土地面积的 6.62％，其中分布面积最大的是金冢子镇，面积为 2352.1$hm^2$，占本镇可利用面积的 34％；最小的是景芝镇临浯管区，面积为 330$hm^2$，占临浯管区可利用土地面积的 8％。砂姜黑土共有 4 个土种，分别是：$Ga_1$6/8、$Ga_1$6/1、$Ga_2$5/10、$Ga_2$5/3，其中面积最大的土种是 $Ga_2$5/10(中壤表厚砂姜腰砂姜黑土)，为 4022.9$hm^2$，主要分布在金冢子镇、景芝镇宋官疃管区；最小的土种是 $Ga_1$6/1(重壤表黑土裸露砂姜黑土)，为 990.4$hm^2$，主要分布在景芝镇宋官疃管区、临浯管区，官庄镇。

(二)耕地地力状况

根据这次调查结果，将安丘市耕地分为 6 级(见表 6-1)。

由表 6-1 可知，安丘市总耕地面积为 96285.7$hm^2$，各等级耕地比例相对均衡，以一级地、二级地、三级地和四级地为主，各等级占总耕地面积的比例为 14.7％～21.73％，四者面积之和占到了总耕地面积的 73.79％；其次为五级地，占总耕地面积的 9.9％；六级地占总耕地面积的 16.3％。

(三)耕地养分状况

安丘市土壤的主要养分状况总体一般,非改良耕地面积为12197.57hm²,占总耕地面积的12.71%。其中缺乏有机质的耕地面积为63309.21hm²,占总耕地面积的65.94%;缺乏硼素的耕地面积为73404.92hm²,占总耕地面积的76.46%。缺乏单一养分的耕地面积为30890.73hm²,占总耕地面积的32.18%;同时缺乏两种养分的耕地面积为45685.02hm²,占总耕地面积的47.59%;同时缺乏三种养分的耕地面积为7226.68hm²,占总耕地面积的7.52%。全市磷素含量较高,不需培肥改良。

由以上数据可以看出,安丘市土壤养分的特点是:耕地中养分缺乏较普遍,主要是有效硼和有机质在不同地区不同程度的缺乏;需要培肥改良的耕地分布比较广泛,在安丘市的各个地区均有分布,不需改良的地区在东北部有一个较大的集中区域。从各类型面积比例看出,安丘市耕地土壤培肥改良的主要方向为增施硼肥,同时应注重增施有机肥料,逐步提高土壤有机质和有效硼的含量。

## 二、耕地利用状况

2010年底,安丘市总土地面积为171160.2hm²,其中耕地面积为96285.7hm²,占土地面积的56.14%。其中:果园面积为3709hm²,占总耕地面积的9.7%;粮田面积为32034hm²,占总耕地面积的33.4%;瓜菜面积为26652.6hm²,占总耕地面积的27.3%;生姜面积为10667hm²,占总耕地面积的11.1%;油料面积为12487hm²,占总耕地面积的13%;其他作物面积为5326hm²,占总耕地面积的5.6%。

## 三、耕地存在的主要问题

安丘市耕地存在干旱、质地黏重、养分不平衡等问题。

(一)干旱

这部分耕地水源不足,且分布不均,不能满足作物生长发育的需要,受干旱威胁,直接影响农业生产。安丘市西南岭地、山区、东南岭区与东南部部分砂姜黑土地灌溉保证率仅有30%,旱地总面积为56362.13hm²,占全市总耕地面积的58.7%,其中旱地粮田面积为10000hm²,占全市总耕地面积的10.4%,遇到干旱年份,供水不足,减产几成。据近二十年气象资料调查,安丘市大旱每年5次,年最少降水仅为434.5mm。

(二)质地黏重

这部分耕地的主要土壤类型为砂姜黑土、表土或通体为黏质土(包括重壤和黏土),或表土以下有厚黏心。这类耕地安丘市有6355.6hm²,占总耕地面积的6.62%,主要分布在安丘市金冢子镇、景芝镇(宋官疃管区、临浯管区)、新安街道办事处(担山管区、贾戈管区)、官庄镇、石堆镇五处镇(街道办事处)境内,大部分属缓平坡地,低洼地区,分布面积最大的是金冢子镇,面积为2352.1hm²,占本镇可利用面积的34%;最小的是景芝镇临浯管区,面积为330hm²,占临浯管区可利用土地面积的8%。砂姜黑土中面积最大的土种是中壤表厚砂姜腰砂姜黑土,面积为4022.9hm²,主要分布在金冢子镇、景芝镇宋官疃管区;最小的土种是重壤表黑土裸露砂姜黑土,面积为990.4hm²,主要分布在景芝镇宋官疃管区、临浯管区,官庄镇。这部分耕地质地黏重,通透性差,呈季节性积水,土性冷,供肥迟缓，保肥性好，发老苗不发小苗；湿黏干硬，不易耕作，旱则裂缝，伤根跑墒，土壤黏重板结，扎根受阻。

（三）养分不平衡

这部分耕地主要表现在养分过多或过少，养分不平衡，相差悬殊。据统计，生姜地每亩平均施用有机肥5000kg，施用化肥实物量300～500kg，其N：$P_2O_5$：$K_2O$为1：1：1.25。生姜田土壤碱解氮为102.98mg/kg，变幅为29～527mg/kg；$P_2O_5$为64.64mg/kg，变幅为2.2～273.3mg/kg；$K_2O$为155.94mg/kg，变幅为44～482mg/kg，其N：$P_2O_5$：$K_2O$为1.6：1：2.4。当前生姜每千克产量平均吸收纯N 6.36kg、$P_2O_5$ 1.27kg、$K_2O$ 9.29kg，其N：$P_2O_5$：$K_2O$为5：1：(6～7)。化肥投入是$P_2O_5$过剩而$K_2O$不足，土壤养分含量是$P_2O_5$多而N、$K_2O$少。目前纯化学养分投入量达180kg，超过了生姜地每亩氮、磷、钾的纯养分投入150kg(N 55.6kg、$P_2O_5$ 30kg、$K_2O$ 54kg)的上限，破坏了土壤结构和养分平衡，影响了土壤肥力的提高。安丘市柘山镇5400$hm^2$花生有机质平均值为9.25g/kg，全氮平均值为0.68g/kg，碱解氮平均值为68mg/kg，速效磷平均值为26mg/kg，速效钾平均值为104mg/kg，都属于较低水平。

## 第二节 耕地资源改良

根据耕地养分含量丰缺指标（见表7-1），通过耕地养分含量对比（见表7-2），可以看出，安丘市粮田有机质、碱解氮、速效钾含量中等，速效磷含量处于较丰富水平；瓜菜、生姜田有机质含量中等，碱解氮、速效磷、速效钾处于中高等水平。

表7-1 耕地养分含量丰缺指标

| 耕地类型 | 丰缺状况 | 有机质(g/kg) | 碱解氮(mg/kg) | 有效磷(mg/kg) | 速效钾(mg/kg) |
|---|---|---|---|---|---|
| 粮田 | 很高 | ＞15 | ＞120 | ＞40 | ＞200 |
| | 高 | 12～15 | 80～120 | 20～40 | 160～200 |
| | 中 | 10～12 | 60～80 | 12～20 | 100～160 |
| | 低 | 6～10 | 40～60 | 8～12 | 80～100 |
| | 很低 | ＜6 | ＜40 | ＜8 | ＜80 |
| 蔬菜地 | 很高 | ＞18 | ＞160 | ＞80 | ＞300 |
| | 高 | 14～18 | 120～160 | 40～80 | 200～300 |
| | 中 | 12～14 | 80～120 | 20～40 | 150～200 |
| | 低 | 10～12 | 60～80 | 15～20 | 100～150 |
| | 很低 | ＜10 | ＜60 | ＜15 | ＜100 |

表 7-2 耕地养分含量对比表

| 年度 | 设施类型 | 有机质(g/kg) | 碱解氮(mg/kg) | 有效磷(mg/kg) | 速效钾(mg/kg) | $N:P_2O_5:K_2O$ |
|---|---|---|---|---|---|---|
| 2009 | 瓜菜地 | 12.19 | 101 | 59 | 147 | 1:0.58:1.44 |
| | 生姜地 | 11.83 | 103 | 65 | 156 | 1:0.63:1.51 |
| | 粮田 | 11.55 | 94 | 52 | 145 | 1:0.55:1.54 |
| 1982 | 粮田 | 10.03 | 76 | 5 | 89 | 1:0.07:1.2 |

由表 7-2 可看出，和 1982 年相比，瓜菜田的有机质平均含量提高 2.16g/kg、碱解氮提高 25mg/kg、有效磷提高 54mg/kg、速效钾提高 58mg/kg；生姜田的有机质平均含量提高 1.8g/kg、碱解氮提高 27mg/kg、有效磷提高 60mg/kg、速效钾提高 67mg/kg；粮田的有机质平均含量提高 1.52g/kg、碱解氮提高 18mg/kg、有效磷提高 47mg/kg、速效钾提高 56mg/kg。总之，有效磷比 1982 年提高明显，其他养分趋于协调。

通过调查分析，实施秸秆还田可以改善土壤理化性状，降低土壤容重，增加土壤有机质，起到培肥地力的良好作用。如玉米秸秆还田 7500kg/hm$^2$，平均有机质增加 0.05%，碱解氮增加 15mg/kg，有效磷增加 1.4mg/kg，速效钾增加 4.3mg/kg，土壤容重降低 0.032g/cm$^3$，含水量增加 2.5%～5.5%。所以，采取以有机培肥为重点，有机和无机相结合，合理耕作，合理灌溉等措施，是耕地培肥的基本途径。

## 一、有机培肥

培育高肥力土壤的中心问题，是增加土壤有机质的含量。通过调查发现，现阶段安丘市耕地的有机质含量较低。近年来，虽然有机肥施用量比以前有所增加，但由于施用量不均衡等原因，致使土壤有机质含量增加不大，仍不能满足农作物需要。目前，安丘市发展农产品质量安全区域化建设，产业结构有了明显的变化。产业结构的改变和农作物产量的大幅度提高，对耕地的要求更高。针对这一问题，应提倡有机和无机相结合的办法，增施有机肥，增加土壤有机质，培肥地力。

增施有机肥，提高有机肥的质量和数量。增施有机肥是发展农业生产的传统经验，但随着农业的发展，目前在有机肥料的积造和施用方面，存在忽视质量的现象。这个现象应该给予高度重视。有机肥资源丰富，但利用差。安丘市有机肥资源有粪类、堆肥、沤肥、栏圈类、饼肥类等(包括酒糟 2 万吨，粉渣 1 万吨，豆腐渣、柠檬渣等约计 2 万吨，葱皮、葱叶、牛蒡皮、甘蓝叶等约计 50 万吨)。据不完全统计，安丘市有机肥资源总量为 850 万吨左右，其中饼肥类约 6.3 万吨，堆、沤肥类 700 万吨左右(包括鸡粪)，杂肥类 20 万吨左右，绿肥类 100 万吨左右。安丘市有机肥亩拥有量为 5570kg，现实际亩均施用量为 3500kg，利用率低，且大部分经简单堆沤即施用，急需生产精制有机肥。

提高有机肥料的质量和数量，最根本的途径是进一步扩大有机肥源和倡导有机肥料的正确精制技术。具体的措施有：

(1)发展畜牧业，走养畜和肥田的路子。有条件的地方，应积极推广粮肥间作或轮作。

(2)推广节柴灶，发展农村沼气，逐步解决农村能源，增加秸秆还田的数量。

(3)杜绝粪尿与草木灰混积、单晒粪干等不科学的现象,积肥、造肥与文明建设相结合,提高人畜粪尿的利用率。

(4)充分利用塘泥、杂草、秸秆等有机物质,对大牲畜和猪圈,勤起勤垫,改变积肥中的"黄土搬家"的不良做法。

(5)广种绿肥,它是用地、养地,降低生产成本,提高产量的途径之一。有条件的地方,推广种植绿肥压青。压青不仅能提高土壤肥力,而且还能改善土壤物理性状。据试验,砂姜黑土地每亩压青 2000kg,土壤容重为 $1.24g/cm^3$,比未压青的减少 $0.17g/cm^3$,孔隙度为 48.1%,增加 4.6%。压青不但能使当季增产,而且第二、第三季还有增产作用。

### 二、合理施用化肥,协调土壤中氮、磷、钾的比例

随着化肥的大量施用,作物产量并不因化肥用量的增加而相应提高,甚至某些高产地块还出现增肥不增产的现象。施用化肥效益反而降低的主要原因有三个:一是肥料结构不合理。除有机肥料施用量少外,化肥品种单一是重要因素。与肥力指标相比,化肥比例欠佳直接影响了化肥的效益。据统计,粮田的 $N:P_2O_5:K_2O$ 为 1:0.55:1.45,与合理的养分含量比例 1:(0.4~0.5):1 比较,土壤中养分含量较适宜,施用化肥时,应适当调高氮、钾的使用量,降低磷的施用量。瓜菜田的 $N:P_2O_5:K_2O$ 为 1:0.58:1.44,与多种蔬菜吸收的 $N:P_2O_5:K_2O$ 比例 1:0.34:1.23 比较,蔬菜地中磷、钾含量较高。生姜田的 $N:P_2O_5:K_2O$ 为 1:0.63:1.51,与生姜吸收的 $N:P_2O_5:K_2O$ 比例 1:0.2:1.3 比较,生姜田中磷、钾含量较高。二是化肥用量增多,有机肥不足,诱发土壤缺少部分微量元素。三是在施肥技术上不能因地制宜。由此可见,科学施肥,提高肥料利用率,是搞好化学培肥的首要任务。

总的施肥原则是:调整土壤中速效养分的含量和比例,立足土壤养分状况,因缺补缺,突出重点,协调施肥配比,改进施肥技术。柘山镇花生田的土壤要增施氮、磷、钾。对养分贫乏的低产地块,应以无机换有机,适当加大氮肥和磷肥的投放量;高产地块在稳施氮、磷肥的基础上,应注意钾肥和微肥的施用。同时,不同的土壤类型和作物种类也可直接影响化肥的施用效果。如砂姜黑土容易缺磷,安丘市的许多地块锌元素较贫乏,果树、玉米对锌,花生、蔬菜对硼均有较强的敏感性,施肥时应重视这些特征。

化肥的施用效果,既取决于上述施肥原则,又取决于科学的施肥方法。如化肥与有机肥堆制施用,碳铵全层深施,磷肥集中施,根外追肥等都是提高肥效的有效措施。

### 三、合理耕作

根据作物不同的生物学特点,进行合理的轮作。实践证明,只要采取逐年深耕和客土垫厚,并结合增施有机肥料,整平地面,科学浇水等措施,就能增厚活土层,加速土壤熟化,达到培肥地力的作用。

## 第三节　耕地资源合理利用的对策

生态环境退化是指由于人类对自然资源过度和不合理利用而造成的生态系统结构破

坏、功能衰退、生物多样性减少、生产力下降以及土地生产力衰退、水土资源丧失等一系列生态环境恶化现象。其特点是：一旦生态环境遭到破坏，生态平衡失调，恢复起来就非常困难，一是花钱多，二是费时长，而且有些破坏甚至是不可逆转的。环境污染既是导致环境退化的重要原因，又是环境退化的集中表现。因此，必须采取适当的对策来遏制环境污染的发展势头，逐步从根本上解决污染问题。

### 一、加强法制观念，强化科学管理

认真学习、宣传，自觉遵守有关森林、土地、水、环境等方面开发、利用和保护的法律法规。按照法律法规对资源环境进行合理开发、利用和保护。要制定和完善农业生态平衡的环境政策。

根据安丘市的具体情况，目前要侧重以下几个方面：

(1)遏制企业对环境的污染破坏，坚决取缔、关停并转污染严重、治理无望的企业；对退耕还林、还草、还水要制定一套完整的政策法规，由群众来监督地方官员认真执行。

(2)对土地施用有机肥、实施生物防治、地膜回收等进行奖励；以绿色规划布局安丘市的种植业结构，制定出农牧产品优质优价的政策，鼓励农民在生产过程中严格按照绿色产品的要求组织生产。

(3)以食品加工企业、专业合作社为依托，搞好"无公害示范县"、"标准化生产示范区"、"无农药残毒放心菜基地"和"园艺产品出口示范区"示范基地、示范区的建设。

### 二、综合规划，全面发展，走生态农业之路

生态农业是以生态经济学原理和系统工程方法为指导，采用农业生态工程技术，发展传统农业技术和现代农业技术有机结合的具有良性循环的高效集约农业。要采取开发农村能源，保护自然资源，多用有机肥和生物农药，减少化肥和化学农药的使用，减少外部投入污染源，降低污染，用地、养地，精耕细作，改革、调整农业结构等一系列措施。在当前对资源破坏严重、环境恶劣、生态脆弱地区，要确实搞好产业结构调整、生态恢复和重建工作，有效遏制土地酸化、有害化的发展趋势。

### 三、推广高新农业技术

科学技术是第一生产力，只有依靠科学进步、技术创新，才能在发展生产和经济的同时，做到资源合理利用，环境有效保护，协调好人口、资源、环境三者之间的关系。在安丘市要重点解决：优质作物品种选育及其高产栽培管理技术；生物防治技术；畜禽粪便、秸秆等农业废弃物的无害化、资源化处理技术；绿色食品、有机食品等生产配套技术；等等。这些具体的技术问题不解决，要实现协调好经济发展、资源开发和环境保护三者之间关系的既定目标，只能是一句空话。这就要求安丘市各职能部门，充分利用本部门的优势，努力去为农业、农村和农民解决技术难题。

### 四、大力推广实施食品质量安全区域化管理

长期以来，安丘市一直高度重视农产品质量安全工作，特别是从 2007 年 6 月起，以发

展现代农业为目标，在国内创造性地启动实施了农产品质量安全区域化管理，从农产品标准化基地入手，通过加强农业化学投入品控制管理，推行标准化生产，实施全过程检测监控，实现“投入无违禁、管理无盲区、质量无隐患”，做到区域全覆盖、农产品品种全覆盖、种植养殖全覆盖，从根本上确保农产品质量安全，逐步把安丘市建设成符合国内外质量标准要求的农产品质量安全示范区。区域化管理的做法被概括为“安丘模式”，在全国广泛推广。

几年来，安丘市紧紧围绕深化、提升农产品质量安全区域化管理，进一步健全了政府主导、科学指导、部门联动、龙头带动、全民行动的“两导三动”推进机制，完善了组织领导、质量标准、控制管理、科技服务、检验检测为主要内容的“五个体系”建设，把农业化学投入品管理作为关键环节来抓，突出农药源头控制，从实施农药登记备案制度入手，严格准入条件，科学确定产品目录；实行专家评审，统一备案；规范农药经营，设立农药电子交易市场，把农药监管关口前移，由单纯的产品监管，改为经营活动的全程监控，初步建立起市场准入、连锁经营、联合执法的农药监管体系；肥料投入实行全区域测土配方施肥，企业基地、专业合作社基地、生姜田实行养分精准管理，为提高农产品质量安全水平提供了有力保障。

## 第四节 耕地利用分析与保养管理

1975 年，安丘市(原安丘县)进行了第一次土壤普查，较详细地分析了各种土壤类型，全面总结了当时农业生产的先进经验，对当时的深翻改土、氮素化肥的施用起到了积极推动作用。1982 年，安丘市(原安丘县)进行了第二次土壤普查，系统地划分了本地的土壤类型，详细地评述了各种土壤类型的形成与演变、理化性状及分布、土壤肥力和生产性能，并在此基础上进行了土壤资源评价，制定了土壤改良利用方向，提出了改土培肥技术措施，推动了磷肥的广泛施用，使农作物产量有了较大幅度的提高。

1983 年，安丘市(原安丘县)根据第二次土壤普查结果进行了农业区划。1985 年在此基础上再次进行区划。首先，本着一定区域内农业自然条件和社会经济条件的相对一致性，以地形地貌为主导因素，参考海拔高程、土壤、水资源及其生产技术条件；其次，根据农业生产的特点和发展方向的相对一致性；第三，考虑建设途径和关键措施的共同性；第四，保持行政村界的完整性，对农业自然资源、社会经济条件、农业生产现状等进行全面调查，基本上查清了水、土、气、热资源现状，找出了存在的问题，提出了发展方向和措施。

根据国民经济和人民需要，参考 1985 年农业区划的成果，为最大程度地实现农田生态平衡、发挥地区优势、合理利用社会经济技术条件、挖掘农田增产潜力、提高农业综合经济效益，更好地利用耕地，保养、管理耕地，建议将现有耕地划分为 6 个农业种植区：

### 一、北部丘陵粮油区

该区西起凌河镇的慈埠山向东北到新安街道办事处的归疃岭、灵山前，耕地面积为 $6500hm^2$，占全市总耕地面积的 6.8%，农业人口为 62102 人，人均占地面积为 $0.105hm^2$。

(一)农业条件及特点

该区为白砂石丘岭地带，耕地多为缓坡梯田，绝大部分是棕壤和褐土，有少部分淋溶褐土，表层质地为轻壤和中壤，海拔为 60～212m。

该区水源缺乏，潜水埋深 12m 以上，水利条件很差，除有几座小型水库外，多为深井灌溉，水浇地面积为 2210hm²，只占总耕地面积的 34%。

该区土壤肥力较低，有机质、碱解氮、有效磷、速效钾都属于中等偏低水平。

(二)作物结构及生产水平

该区为安丘市的粮烟油产区，粮食作物面积为 5020hm²，占总耕地面积的 77.24%，以小麦、玉米、花生为主。

该区小麦产量为 350kg/667m²，玉米产量为 400kg/667m²，花生产量为 137kg/667m²，较安丘市平均值低，是安丘市亩产水平较低的一个区，也是安丘市的粮、经低产区。

(三)农作物耕作制度

该区是典型的两年三作区，两年三作面积占总耕地面积的 50%，一年一作占 20%，一年两作占 30%。一年两作主要是小麦、玉米；一年一作主要是地瓜、花生。耕地复种指数为 149%。

该区施肥水平很低，土杂肥用量为 3500kg/667m²，年度施入纯氮 15kg/667m²，磷 10kg/667m²，耕作较粗放，水土流失较严重。

(四)主要障碍因素

(1)该区地处丘岭，水土流失较严重，水源缺乏，是安丘市典型的干旱地区，发展种植业困难较多。

(2)耕地多系砂质，土层浅薄，有机质含量较低，缺氮、缺磷。有机质肥料用量少，难以使作物获得高产。

(3)农业机械化程度低，劳力负担重，造成种植业耕作粗放。

(4)农作物结构和布局不尽合理，没有因地制宜发展该区的优势。

(五)种植业发展的方向和意见

(1)综合治理丘岭，保持水土，深翻改土，增施有机肥料，涵养水分，走有机旱作农业的路子。

(2)调整作物结构和布局，粮食生产应随生产条件的改变稳步扩大小麦面积，适当控制玉米面积，扩种花生，在狠抓粮食作物的前提下，抓该区的优势经济作物，扩大花生和黄烟的生产规模。

(3)加强水利建设，特别是打井、建蓄水池，挖掘地下水，储好降水，充分发挥有限水资源的作用。

(4)大力发展多种经营，把宜果宜桑的土地利用起来，努力发展蚕果生产，增加经济。

## 二、汶河平原粮菜高产区

该区西起大盛镇，经凌河镇红沙沟管区、慈埠管区、兴安街道办事处、大汶河开发区直到新安街道办事处担山管区，包括汶河沿岸冲积平原的五个镇(街道办事处)的 230 多个行政村，土地面积为 20066hm²，耕地面积为 17280hm²，占全市总耕地面积的 18%，农业人口 192000 人，农业劳力 86400 人，人均占有耕地面积为 0.09hm²。该区水土资源优越，农业生产历史悠久，工矿企业较多，人口密度大，人均占地少，地下水源开发量大。

（一）自然条件与自然资源

该区为汶河冲积平原，地势平坦，耕地多属褐土、潮土，土质疏松，通透性好，土壤肥力较高，同时水源较丰富，地下水位为3～12m，水质好，区域内有牟山、南部等水库，西部为南部水库灌区，中部、北部、东部为牟山水库灌区，沿河提水站、机井较多，灌溉方便，有效灌溉面积为16174hm²，占该区总耕地面积的93.6%。该区农用机械装备好，施肥量多，具有抗御旱涝自然灾害的能力，是粮食疏菜的主要产地之一，盛产小麦、玉米及各种蔬菜，沿河沙滩地盛产西瓜、生姜、山楂等特产，是安丘生姜、瓜菜的主产区。

（二）农业生产现状

该区种植业以生产生姜、大葱、瓜菜为主，粮食、花生等作物为辅，全区生姜、大葱、瓜菜面积为11526hm²，占总耕地面积的56.7%，粮食作物及其他面积为5754hm²。

（三）主要障碍因素

(1)土地少，无后备资源，人均占有耕地面积为0.09hm²，比全市平均值少，加之城镇工矿建设用地多，土地十分紧张。

(2)地下水源开采无计划，开采量大，造成水位下降，蔬菜加工企业多，地表水污染严重，使种植业水源越来越少，无有利的农田环境保护措施。

(3)土壤中三要素比例失调，磷素过剩，钾素缺乏。农业生产压力大，而且结构单一，过量施肥，耕地疲劳、连作，土传病害加重。

（四）农作物结构布局调整意见及今后发展方向

该区种植业应以瓜菜、生姜为主，努力提高单产，增加总产，实行区域化管理，全区域测土配方施肥，控制肥料总量，增加氮、钾用量，减少磷素用量，补充中微量元素，建成高产、稳产的瓜菜姜基地。

## 三、中部丘岭粮菜区

该区位于市境中东部，东起石堆镇北部丘岭，经大汶河、新安街道办事处担山管区、兴安街道办事处、凌河等镇（街道办事处）的丘岭地带，至辉曲镇与西南山区相接。区内以老鼠岭为主，自西南延伸到东北，全区总面积为45276km²，包括五处镇（街道办事处）的315个行政村，农业人口220333人，耕地面积为25656hm²，人均占地面积为0.12hm²，旱薄地占70%，土层浅，地力差，水源缺乏。

（一）自然条件与自然资源

该区的丘岭以棕壤、褐土为主，耕层为轻壤，有机质、碱解氮、速效磷、速效钾含量低，东部属牟山水库灌区，西部属尚庄水库灌区，水浇地面积为13524hm²，占全区耕地面积的50%，高产、稳产田的面积为7919hm²，占该区耕地面积的30%。该区作物以小麦、玉米为主，经济作物以生姜、大葱为主，兼有马铃薯、果树、黄烟、棉花。

（二）农业生产现状

该区粮田面积为18267hm²，占耕地面积的7.12%，产量为578kg/667m²，经济作物面积为7389hm²，占耕地面积的28.8%，粮经比例为1∶4，耕作制度多为两年三作、一年两作，经济作物多为一年一作，播种面积为36689hm²，复种指数为1.43，主要轮作方式有小麦—玉米(大豆)两年两作,小麦—玉米(或春玉米、杂粮)一年两作,地瓜、花生、棉花一年一作。该区种植业的主要不足之处为土薄水缺,受干旱影响较大,作物布局不太合理,作物多而杂。

(三)农作物发展方向

该区种植业结构旱区仍以丰产为主,种植抗旱小麦、玉米、地瓜、花生、杂粮等,重点发展安丘蜜桃、黄金梨等;水浇田以经济作物为主,重点发展优势作物生姜、大葱。

农作物内部结构比例也要根据需要进行相应的调整。粮食作物主要增加小麦、玉米面积,逐步压缩地瓜、花生面积;增加安丘蜜桃、黄金梨等名优水果的种植面积。

## 四、中部洼地粮棉区

该区位于安丘中部,北有老鼠岭环抱,东至王官疃岭,南到洪沟河,西接杨埠岭,包括金冢子镇,景芝镇北区、宋官疃管区,官庄镇,兴安街道办事处白芬子管区四处镇(街道办事处)的 145 个行政村,总面积为 24392$hm^2$,占全市总面积的 14.2%,耕地面积为 14688$hm^2$,占全市耕地面积的 15.3%,农业人口 107863 人,人均耕地面积为 0.14$hm^2$,居安丘市之首,农业劳力 38599 名。该区土地资源较为丰富,种植业以粮为主,同时也是安丘市生姜、大葱集中产区之一。

(一)农业生产条件及特点

该区是三面环岭的簸箕形洼地,土壤多为砂姜黑土,质地黏重,耕性差,保肥能力强,供肥能力弱,有机质含量较高,一般为 1.2g/kg 左右,碱解氮含量为 80～120mg/kg,速效磷含量为 40～60mg/kg,速效钾含量为 80～160mg/kg,耕层以下多数为砂姜,不利作物生长,地下水位高,由于板页岩的覆盖无地下水可利用,雨后渗水差,形成易旱、易涝的典型区,境内部分区域为牟山水库南干渠下游,总灌溉面积为 6230$hm^2$,占总耕地面积的 41%,高产、稳产田的面积为 3096$hm^2$,占总耕地面积的 20%。

(二)作物结构和生产水平

该区粮食作物以小麦、玉米、地瓜为主,辅之以杂粮及大豆;经济作物主要是生姜、大葱、甜瓜等。粮田面积为 10470$hm^2$,占总耕地面积的 69%;经济作物面积为 4703$hm^2$,占总耕地面积的 31%。该区地多人少,管理较粗放,粮田投入不足,生姜、大葱田过量施肥,施肥比例失调,主要耕作方式有一年两作的小麦—玉米,一年一作的生姜、花生、地瓜,一年多作的大葱、瓜菜。

(三)障碍因素分析

(1)该区多为砂姜黑土,土壤肥力低,供肥能力弱,质地黏重,耕性差,易旱怕涝,严重防碍作物的生长发育,造成低产。

(2)耕地用养结合差,只用不养,肥力下降,氮、磷、钾比例失调。

(3)作物内部比例不合理,忽视了传统的大蒜、杂粮的生产。

(四)发展方向及计划调整意见

依据该区的自然条件、生产水平及经济基础,充分利用自然资源,在抓好粮食生产的前提下,发挥葱、姜、蒜的生产优势,逐步建成葱、姜、蒜生产基地。

### 五、渠河平原粮菜区

该区位于市境南部，为渠河、小浯河(红沟河)相间的冲积平地，包括景芝镇东南部、石埠子镇、官庄镇三处镇的168个行政村，总面积为22595hm²，耕地面积为14043hm²，占全市总耕地面积的13.7%，农业人口155474人，人均占地面积为0.09hm²。该区土地肥力水平较高，农业资源丰富，生产条件好，机械化程度高，人口密度大，土地资源较缺。

(一)自然条件与自然资源

该区地势平坦，土层深厚，以河潮土为主，土层结构较好，疏松易耕作，土壤中速效养分含量高，区内地下水源比较丰富，潜水较浅，水质好。该区属水库灌区，有三座较大的渠河拦河提水站，水利设施较好，渠系配套齐全，有效灌溉面积为11856hm²，占总耕地面积的84.43%，高产、稳产田的面积为7955hm²，占总耕地面积的56.65%。该区粮食作物以小麦、玉米为主，大豆、杂粮较少；经济作物以蔬菜、瓜类为主。

(二)生产现状

该区粮田面积为6083hm²，占总耕地面积的43.3%，经济作物面积为7960hm²，占总耕地面积的56.7%，粮经比例为7∶9。该区轮作方式以一年两作为主，一年多作面积较大，以生姜为主，粮田复种指数大，单产高，主要种植方式为一年两作，以小麦—玉米为主。

(三)发展方向

该区种植业应以粮食作物的小麦、玉米为主，主攻单产，稳定总产，增加瓜菜、生姜、大葱的面积，保证粮食总产稳定，大幅度提高蔬菜产量，实施规模化种植、区域化管理，逐步建成粮、菜高产优质生产基地。

### 六、西南山丘粮油果区

该区位于西南部的低山丘陵地段，包括石埠子镇、柘山镇、吾山镇、凌河镇红沙沟管区、大盛镇、辉渠镇六处乡镇的256个行政村，耕地面积为19000hm²，占全县总耕地面积的18.7%，农业人口81798人，人均耕地面积为0.11hm²。

(一)农业生产条件及特点

该区多沟谷、山岭，海拔高程为170～523m，潜水埋深为2～15m，矿化度为0.5g/L，地下水源不足，有效灌溉面积为5947hm²，占总耕地面积的31.29%。

该区以丘岭坡地、沟谷梯田和坡麓梯田为主，地块小、坡度大，水土流失严重，土层浅薄，地力差，土壤类型为棕壤和褐土，稳产田面积为5040hm²，占该区总耕地面积的26.5%。

该区土壤有机质缺乏，速效氮、磷较少，属瘠薄土壤。

(二)现有生产状况

该区为安丘市粮油果生产区，全区粮田面积为10107hm²，占总耕地面积的53.2%，经济作物面积为8893hm²，占总耕地面积的46.8%，粮经比例为1∶0.88，粮食作物以小麦、玉米为主；经济作物以花生、果树为主，花生面积为5527hm²，占总耕地面积的29%，占安丘市花生面积的48.5%，花生单产为299kg/667m²，是花生主产区，其次为大桃、大樱桃、草莓，面积为1106hm²，占总耕地面积的5.8%。

该区耕作制度主要是一年一作，占全部耕地面积的50%，两年三作占35%，一年两作占15%，一年一作主要是花生、春地瓜，两年三作主要是小麦—地瓜（玉米）—黄烟（玉米），一年两作是小麦、玉米。

（三）主要障碍因素

该区的主要障碍因素是水源缺乏，土层浅薄，贫瘠，耐旱性能差；其次是山岭坡度大，人力、畜力负担过重，土杂肥和农产品运输困难。另外，水土流失严重，土壤养分含量低微且漏水、漏肥严重，对土壤养分的人工补充量又小，造成土壤肥力低。

（四）发展方向

该区地下水源贫缺但降水较多，应走有机旱作农业的路子，粮食生产应以小麦、地瓜、杂粮抗旱作物为主，同时应抓住花生这一优势，努力搞好经济作物生产，以石埠子镇为主重点发展草莓、大樱桃，以辉渠镇为主重点发展早熟大桃，以柘山镇为主重点发展花生、越夏番茄，实施测土配方施肥，规模化种植，区域化管理。

## 第五节　耕地资源合理利用与改良的建议和措施

### 一、调整农作物结构布局，实现种植规模化、管理区域化

协调粮经比例，保证粮食生产，大力发展经济作物。在粮食作物内部，稳定小麦、玉米面积，主攻单产，增加总产，压缩地瓜、杂粮及豆科作物面积，增加经济作物面积；在经济作物内部，减少棉花、黄烟面积，旱田增加花生面积，水浇田扩大蔬菜面积，尤其是生姜、大葱面积。有条件的地方，充分利用一切可以利用的土地发展果树作物及其他作物，如大樱桃、草莓、早熟大桃、安丘蜜桃、药材、桑蚕及其他工副业原料植物等。

### 二、按地域差异规律，因地制宜，建设标准化生产基地

安丘市地形地貌复杂，地域差异很大，有低山、丘岭，也有平原、涝洼。在作物布局上要做到向优区内集中种植优势作物，改变目前种植结构杂乱、种植种类多、布局分散的不合理状态。今后随着种植区的划分，可在优势区积极发展优势作物，搞专业化生产，以区划为基础形成该作物的标准化生产基地，使优区的自然条件、自然资源得以充分利用，使优势作物的增产潜力得以充分发挥，成为规模化生产、区域化管理，精品化、名牌化加工、形成该优势作物高效益、高质量的生产基地。

安丘市应以目前的优势作物为中心，建成16个标准化生产基地：

（1）以凌河镇大儒林、新安街道办事处韩吉、景芝镇芝畔为中心，建立3个3500$hm^2$的生姜、大葱标准化生产基地。

（2）以官庄镇两河为中心，建立1个3500$hm^2$的大蒜标准化生产基地。

（3）以石埠子镇冢头为中心，建立1个2000$hm^2$的草莓标准化生产基地。

（4）以石埠子镇西部为中心，建立1个2000$hm^2$的大樱桃标准化生产基地。

（5）以官庄镇为中心，建立1个3500$hm^2$的早熟大桃标准化生产基地。

（6）以景芝镇东洼为中心，建立1个6500$hm^2$的小麦、玉米标准化粮食生产基地。

(7)以石堆镇为中心，建立5个1000$hm^2$的出口蔬菜标准化生产基地。

(8)以柘山镇为中心，建立1个10000$hm^2$的花生标准化生产基地。

(9)以新安街道办事处东西张排为中心，建立1个3500$hm^2$的马铃薯标准化生产基地。

(10)以凌河镇红沙沟管区为中心，建立1个5500$hm^2$的西瓜标准化生产基地。

以这些基地为中心，辐射带动周边区域的生产与管理，逐步将四周的区域纳入基地管理之内，实现基地连基地，区域与区域管理无缝隙，最终实现规模化种植、区域化管理全覆盖。

### 三、搞好农田基本建设

(一)以水为中心，山、水、林、田、路综合治理

干旱是安丘市种植业的主要威胁，应进一步扩大水浇地面积，以水为中心搞好山、水、林、田、路的综合治理。在前几年整片划方，建设高产、稳产田的基础上，平原区应进一步搞好水利设施和渠系配套工程，进一步扩大水浇地面积；丘岭区应发展井灌和喷灌相结合；山区有条件的地方应搞好小型蓄水工程，搞好土地整理。

(二)搞好水土保持，防止水土流失

安丘市水土流失严重，致使耕地土层日趋变薄，肥力下降，旱情加重。今后必须十分重视搞好水土保持工作，采取以生物措施为主和工程措施相结合的办法。在山区丘岭，大力提倡种草、种树以提高植被覆盖度，减少雨水直接冲刷；在作物种植方式上，由现在的垂直种植改为环山横向种植等。同时，加强工程措施，修好、建好梯田、地堰，挖好、修好排水沟、截流沟，减缓地面径流。

(三)深耕改土，培肥地力

土地是作物生长的基础，深耕可以加厚活土层、疏松土壤，可以接纳、蓄存更多的水分，提高抗旱能力，有利于作物的生长发育。要有计划地逐年扩大深耕面积，力争在短时间内深耕一遍。

安丘市有6355.6$hm^2$的砂姜黑土洼涝地，是造成这些地区低产的主要原因之一。在这些地区，应有计划地改良土壤，改善土体结构状况，增施磷肥，协调土壤内的氮、磷养分比例，达到改良土壤、培肥地力的目的。

目前，安丘市的耕作制度及作物结构布局对土地重用轻养，因此今后应采取有力措施，培肥地力。应实行合理轮作，重视增施优质厩肥；对于作物秸秆应大力提倡直接还田、过腹还田或沼气发酵后还田，既可提高农作物产品利用率，又能大大增加土壤有机质；积极推广绿肥压青，实行粮肥、经肥间作套种；扩种油料及豆科等养地作物；大力推广配方肥，其养分高，肥效快；低产地块应适当增加化肥用量，走无机换有机的路子，提高地力。

(四)改造低产田

安丘市有20000$hm^2$低产田，由旱、薄及土壤质地低劣等原因造成。针对这些障碍因素，安丘市应投入必要的人力、物力，分别采取兴修水利、培肥地力、改良土壤等措施加以改造。

(五)扩大建设高产、稳产

安丘市水浇地面积为59000$hm^2$，而产量不稳的水浇高产田面积近30000$hm^2$，高产、

稳产田面积只有30000$hm^2$左右。这些粮田多数是由水利配套设施不完善、地力欠佳造成的。今后应在完善水利设施、培肥地力、科学施肥上下功夫，使高产、稳产田不断扩大。

## 四、推广应用科学技术，提高科学种田水平

（一）充分发挥地区优势

农作物优区集中种植优势作物，优势作物采用优良品种。栽培上实施规模化种植、区域化管理，控制化学投入品的施用。只有这样，才能真正发挥地区优势，良种优势，获得作物高产、优质、高效。

（二）科学施肥

全面实施测土配方施肥，在化肥施用上应按养分分区图制定《配方肥施用结构区划图》，依产量、地力考虑投入配方肥的种类和数量，改变目前盲目施用化肥的现象。一是高产瓜菜田要控氮、控磷，增施有机肥、钾肥、中微肥；二是粮田、中低产田要增施有机肥，适当增加化肥用量。

（三）推广应用新技术、新成果

改革开放以来，安丘市推广应用新技术、新成果取得了很大的成就，大大促进了种植业的发展，今后应继续抓好高产攻关、低中产开发、地膜覆盖等新技术、新成果的试验、示范、推广工作，使这些新技术在种植业生产中发挥更大的作用。

## 五、健全农科队伍，普及科学知识，提高农民素质

(1)要进一步加强农业科技体系建设，建立健全农业科技体系交流网，搞好科技咨询服务中心，培训农民科技人才，在1～2年内达到村村有2～3名农业科技“明白人”。

(2)抓好技术培训，启用农民技术员，办好各种农业技术培训班，搞好有关农科情报、技术交流，帮助农民将新技术、新成果及时应用到生产中去。

(3)抓好农业教育，普及农业科学知识，提高广大农民的科学种田水平，深化农业广播学校体制改革，办好农业广播学校。

## 六、发展农业加工业，充分发挥农业龙头企业、种植业基地的带动作用

目前，安丘市具有一定规模的农产品加工企业431家，省级以上农业龙头企业7家，潍坊市级龙头企业70家，年加工能力250多万吨，有保鲜、脱水、罐头和熟食制品等六大类600多个品种，产品出口到日本、美国等50多个国家和地区，年出口创汇2.5亿美元，已发展标准化生产基地56666.67$hm^2$，带动农户20多万户，有力地促进了农业增效、农民增收，推动了现代农业的发展。因此要充分发挥这一优势，使种植业的主副产品多次加工、多次利用、多次增值，使农业真正实现种植基地规模化、工厂化，管理区域化。

# 第八章　耕地资源管理信息系统数据库建设

## 第一节　综　述

### 一、项目的来源及目的、意义

安丘市耕地资源信息系统数据库的建设工作，是农业部沃土工程、科学施用化肥即测土配方施肥工作的重要组成部分，是国家实现农业科学种田，促进粮食稳定生产，实现农业科学施肥经常化、普及化的重要工作，是实现农业耕地地力评价成果资料统一化、标准化的重要计划，是实现综合农业信息资料共享的技术手段。安丘市耕地资源信息系统数据库的建设工作是对最新的土地利用现状的调查成果，它通过对第二次土壤普查的土壤、地貌等，以及本次耕地地力评价工作中采集的土壤化学分析成果进行汇总，建立一个集空间数据库和属性数据库的存储、管理、查询、分析、显示为一体的数据库，为科学种田及施肥、农业的可持续发展、深化农业科学管理工作服务。

### 二、建库单位的组成

为加快安丘市耕地地力评价及耕地资源信息系统数据库的建设，依据农业部县域耕地资源信息系统数据库的建设要求，安丘市由多年来一直从事农业测土施肥管理、研究、耕地地力评价、数据库建设等有一定经验的单位组成联合工作组。

(1)山东省土壤肥料总站：负责耕地地力评价及建库工作组织、协调、标准制定、土壤图成果资料的归属核查处理等。

(2)山东农业大学资源与环境学院：负责耕地地力评价图、土壤化学微量元素系列图及研究报告编制等。

(3)山东天地亚太国土遥感有限公司：负责土地、土壤、坡度、地貌、灌溉分区等图件扫描矢量化及几何校正处理等编图工作，耕地地力评价所有建库资料统一化、标准化处理，空间数据库和属性数据库建设，耕地地力评价成果图件修改编辑及图件输出、数据库建设报告编制等工作。

### 三、建库工作的软硬件环境

(一)主要硬件

计算机10台,HP5000和HP3500绘图仪各1台。

(二)软件

MAPGIS 6.7软件10套,ARCGIS 9.2软件2套,县域耕地资源信息系统软件2套,ENVI 4.5遥感图像处理与分析软件1套。

## 第二节 建库内容及建库工作中主要问题的处理

### 一、建库内容

依据农业部耕地地力评价数据库建设的要求,安丘市耕地资源信息系统数据库包括空间数据库和属性数据库两部分内容。属性数据库依据县域耕地资源信息系统数据字典、建库县提供的有关资料、山东省第二次土壤普查土种归属表及土壤分类代码编制。空间数据库包括土地利用现状图、土壤图、坡度图、灌溉分区图、地貌图、耕地地力调查点点位图、耕地地力评价等级图、土壤化学微量元素系列图等。

### 二、建库工作中的主要问题

安丘市耕地资源信息系统数据库的建设工作由于涉及的内容多,加之部分资料为第二次土壤普查的资料,与县域耕地资源信息系统数据字典的要求对比存在以下问题:

(1)第二次土壤普查的土壤、地貌等成果均为纸介质图,受图纸折叠和自然伸缩的影响,图件变形大,形成较大的误差。

(2)土地利用现状图为2008年以前的现状,近年来交通用地和蔬菜地出现了较大的变化等。

(3)安丘市土壤图中的土种名称与山东省土种归属要求不一致。

(4)安丘市的地貌图为微地貌图,与县域耕地资源信息系统数据字典中地貌划分的名称不能一一对应。

(5)已有资料坐标系不统一问题,如第二次土壤普查图件为1954年北京坐标系,土地利用现状图或行政区划图为1980年西安坐标系等。

(6)已有成果资料专业内容和地名注释错漏,没有统一的土壤分类与代码。

### 三、建库工作中有关问题的处理

(1)依据1∶50000标准分幅地形图,对所有建库的纸介质成果图全部进行几何校正处理,以消除纸介质成果图的误差。

(2)依据较新的航天卫星资料对近年来变化的公路、铁路等进行修改补充。

(3)为使安丘市土种的名称与省归属要求相对应,在耕地资源信息系统数据库建设前,首先对土壤图中所有图斑内容进行了检查统计,对错漏注释及边界问题,提交项目市进行修改补充及编制土种归属表，最后由省土肥站进行土种归属复查处理。为方便县域土壤图的利用和对比，建库后的图中仍保留了原县域土壤图的土种代码，编制了省标、县土壤名称及代码对比表，属性挂接为县域土种代码。

（4）由于县域耕地资源信息系统数据字典中划分的地貌名称少，其地貌名称不能一一对应，在建库时应尽量选择与数据字典中相近的地貌名称进行编码。为方便地貌图的利用和对比，在地貌图中保留了原地貌图的名称和代码，图例中增加了建库数据字典中规定的地貌名称、代码与县原地貌名称、代码的对比表，属性挂接为数据字典中规定的地貌名称和代码。

（5）对已有资料坐标系不统一问题，依据数据库建设要求，所有成果全部统一到高斯—克吕格投影、6 度分带、1954 年北京坐标系中。

（6）对已有成果资料专业内容和地名注释错漏问题，全部打印成图件和文字提交项目县进行全面检查和补充，依据项目县的检查稿逐条进行修改。

（7）对没有统一的土壤分类与代码问题，编制了全省统一的土类、亚类、土属代码及县域土种代码。

由于 20 世纪 80 年代山东省第二次土壤普查汇总时没有制定全省统一的县域土壤代码，因此其无法满足目前全国开展的耕地地力评价及县域耕地资源管理信息系统建库工作统一化、标准化和科学实施测土施肥的需要。为了满足建库和科学施肥工作的需要，依据县域耕地资源管理信息系统数据字典中的土壤类型代码要求及山东省第二次土壤普查土种归属的要求，以满足本次建库工作的需要为基础，安丘市编制了山东省第二次土壤普查分类的土类、亚类、土属、土种的代码。其中土类、亚类、土属的代码以山东省第二次土壤普查土种归属表为准，土种代码以每个县级为单元，按土种的顺序编制。

分类原则与方法：

本次编码工作以山东省第二次土壤普查土种归属的要求为基础，以科学性、完整性、统一化、标准化、可扩展性等为原则，在山东省第二次土壤普查土种归属分类单元中仅对土类、亚类、土属的三个层级进行编码，对土种的四个层级进行编码，每个县域为独立的单元编码。

代码结构与编码方法：

代码结构：采用四个层次的编码方法对山东省第二次土壤普查县域成果进行编码，其代码结构为土类、亚类、土属、土种四个层次。

编码方法：土类代码用第一层二位，用阿拉伯数字表示（每一个土类用两个阿拉伯数字表示，从“01”开始）；亚类代码用第二层二位阿拉伯数字表示，从“01”开始；土属代码用第三层二位阿拉伯数字表示，从“01”开始；土种代码用第四层二位阿拉伯数字表示，按每个县域的土种顺序从“01”开始。

山东省第二次土壤普查土种归属表中未列内容处理：

裸岩是山东省第二次土壤普查土种归属表中未列内容，但是山丘区的部分县土壤图中出现了裸岩图斑，由于中国土壤分类与代码国标中也没有裸岩内容，本次编码不分裸岩岩石类型，相当于增加一个土壤类型处理（土类、亚类、土属、土种）。

# 第三节　数据库标准化

## 一、标准引用

县域耕地资源信息系统数据字典中规定的国标及行业有关技术标准有：

1.《中华人民共和国行政区划代码》(GB/T2260-2002)。

2.《全国耕地类型区、耕地地力等级划分标准》(NY/T309-1996)。

3.《全国中低产田类型划分与改良技术规范》(NY/T310-1996)。

4.《中国土壤分类与代码》(GB/T17296-2000)。

5.全国农业区划委员会:《土地利用现状调查技术规程》。

6.国土资源部:《土地利用现状变更调查技术规程》。

7.《国家基本比例尺地形图分幅与编号》(GB/T13989-1992)。

8.《国土基础信息数据分类与代码》(GB/T13923-1992)。

9.《地球空间数据交换格式》(GB/T17798-1999)。

10.《国际单位制及其应用》(GB/T3100-1993)。

11.《地理点位置的纬度、经度和高程表示方法》(GB/T16831-1997)。

12.《分类编码通用术语》(GB/T10113-2003)。

13.《县以下行政区划代码编制规则》(GB/T10114-2003)。

14.《国际单位制代码》(GB/T9648-1988)。

15. 农业部:《全国耕地地力调查与评价技术规程》。

16. 农业部:《测土配方施肥技术规范(试行)》。

17. 农业部:《测土配方施肥专家咨询系统编制规范(试行)》。

18. 山东省县域土种归属标准。

19.山东省县域耕地地力评价标准等。

20.山东省第二次土壤普查土种归属及代码。

## 二、空间坐标系及建库平台

空间数据坐标系投影:高斯—克吕格,6 度分带,1954 年北京坐标系,1956 年黄海高程系,比例尺为 1∶50000。

数据库采集模板和数据库文件格式:为使所有的建库资料达到统一化和标准化,以及满足所有成果图件的输出和耕地资源地力评价工作的需要,对建库资料的扫描矢量化和几何校正处理工作均采用 MAPGIS 平台,数据库的文件格式为 MAPGIS 的点、线、面文件。待数据库成果评审验收和修改后,将 MAPGIS 的点、线、面格式转换为 shape 格式,由 ARCGIS 平台进行数据库规范化处理,最后将数据库资料导入县域耕地资源信息管理系统。

# 第四节 数据库结构

## 一、空间数据库图层划分

空间数据库图层划分是严格按照县域耕地资源信息系统数据字典要求分层的，每层只反映属性相同的内容。安丘市耕地资源信息系统数据库建设包括土地利用现状图、第二次土壤普查成果和耕地地力评价三部分内容，其全省空间数据库图层划分情况如表8-1所示。

表 8-1 耕地资源信息系统空间数据库分层表

| 序号 | 图层代码 | 图层名称 | 序号 | 图层代码 | 图层名称 |
|---|---|---|---|---|---|
| 1 | AD101 | 行政区划图 | 18 | SP103 | 耕层土壤有效磷等值线图 |
| 2 | AD102 | 县乡村位置图 | 19 | SP104 | 耕层土壤速效钾等值线图 |
| 3 | AD103 | 行政界线图 | 20 | SP105 | 耕层土壤缓效钾等值线图 |
| 4 | AD201 | 辖区边界图 | 21 | SP106 | 耕层土壤有效锌等值线图 |
| 5 | AD202 | 装饰边界图 | 22 | SP108 | 耕层土壤有效钼等值线图 |
| 6 | GE103 | 面状水系图 | 23 | SP109 | 耕层土壤有效铜等值线图 |
| 7 | GE104 | 线状水系图 | 24 | SP110 | 耕层土壤有效硅等值线图 |
| 8 | GE105 | 道路图 | 25 | SP111 | 耕层土壤有效锰等值线图 |
| 9 | GE201 | 坡度图 | 26 | SP112 | 耕层土壤有效铁等值线图 |
| 10 | GE203 | 地貌类型分区图 | 27 | SP201 | 耕层土壤 pH 等值线图 |
| 11 | LM102 | 灌溉分区图 | 28 | SP113 | 耕层土壤交换性钙等值线图 |
| 12 | LU101 | 土地利用现状图 | 29 | SP114 | 耕层土壤交换性镁等值线图 |
| 13 | SB101 | 土壤图 | 30 | | 耕层土壤有效硫等值线图 |
| 14 | SB203 | 地下水矿化度等值线图 | 31 | | 耕层土壤水解性氮等值线图 |
| 15 | SB302 | 耕地地力调查点点位图 | 32 | | 耕地地力评价等级图 |
| 16 | SP101 | 耕层土壤有机质等值线图 | 33 | | 耕层土壤有效硼等值线图 |
| 17 | SP102 | 耕层土壤全氮等值线图 | | | |

注：本表为山东省统一的分层情况，安丘市为部分图件。

## 二、属性数据库结构

属性数据库结构内容严格按县域耕地资源管理信息系统数据字典及建库县提供的资料编制，如表 8-2 所示。

表 8-2　　耕地资源信息系统属性数据库结构表

| 图名 | 属性数据结构 | 字段类型 |
| --- | --- | --- |
| 行政区划图 | 内部标识码:系统内部 ID 号 | 长整型,9 |
| | 实体类型:point,polyline,polygon | 文本型,8 |
| | 实体面积:系统内部自带 | 双精度,19,2 |
| | 实体长度:系统内部自带 | 长整型,10 |
| | 县内行政码:根据国家统计局“统计上使用的县以下行政区划代码编制规则”编制 | 长整型,6 |
| 县乡村位置图 | 内部标识码:系统内部 ID 号 | 长整型,9 |
| | 实体类型:point,polyline,polygon | 文本型,8 |
| | X 坐标:无,Y 坐标:无 | 双精度,19,2 |
| | 县内行政码:根据国家统计局“统计上使用的县以下行政区划代码编制规则”编制 | 长整型,6<br>字符串,6 |
| | 标注类型:村标注、乡标注、县标注 | |
| 行政界线图 | 内部标识码:系统内部 ID 号 | 长整型,9 |
| | 实体类型:point,polyline,polygon | 文本型,8 |
| | 实体长度:系统内部自带 | 长整型,10 |
| | 界线类型:根据国家基础信息标准(GB13923-92)填写 | 文本型,40 |
| 辖区边界图 | 内部标识码:系统内部 ID 号 | 长整型,9 |
| | 实体类型:point,polyline,polygon | 文本型,8 |
| | 实体面积:系统内部自带 | 双精度,19,2 |
| | 实体长度:系统内部自带 | 长整型,10 |
| | 要素代码:依据《国家基础地理信息数据分类与代码》编制要素代码 | 长整型,5 |
| | 要素名称:依据《国家基础地理信息数据分类与代码》编制要素名称 | 文本型,40 |
| | 行政单位名称:单位的实际名称填写 | 文本型,20 |
| 装饰边界图 | 内部标识码:系统内部 ID 号 | 长整型,9 |
| 面状水系图 | 内部标识码:系统内部 ID 号 | 长整型,9 |
| | 实体类型:point,polyline,polygon | 文本型,8 |
| | 实体面积:系统内部自带 | 双精度,19,2 |
| | 实体长度:系统内部自带 | 长整型,10 |
| | 要素代码:依据《国家基础地理信息数据分类与代码》编制要素代码 | 长整型,5 |
| | 要素名称:依据《国家基础地理信息数据分类与代码》编制要素名称 | 文本型,40 |
| | 面状水系码:自定义编码 | 字符串,5 |
| | 面状水系名称:依据 2006 年 10 月版山东省地图册编制 | 字符串,20 |
| | 湖泊储水量:依据 1∶50000 地形图 | 字符串,8 |

续表

| 图名 | 属性数据结构 | 字段类型 |
| --- | --- | --- |
| 线状水系图 | 内部标识码:系统内部 ID 号 | 长整型,9 |
| | 实体类型:point,polyline,polygon | 文本型,8 |
| | 实体长度:系统内部自带 | 长整型,10 |
| | 要素代码:依据《国家基础地理信息数据分类与代码》编制要素代码 | 长整型,5 |
| | 要素名称:依据《国家基础地理信息数据分类与代码》编制要素名称 | 文本型,40 |
| | 线状水系码:自定义编码 | 长整型,4 |
| | 线状水系名称:依据 2006 年 10 月版山东省地图册编制 | 文本型,20 |
| | 河流流量:无 | 长整型,6 |
| 道路图 | 内部标识码:系统内部 ID 号 | 长整型,9 |
| | 实体类型:point,polyline,polygon | 文本型,8 |
| | 实体长度:系统内部自带 | 长整型,10 |
| | 要素代码:依据《国家基础地理信息数据分类与代码》编制要素代码 | 长整型,5 |
| | 要素名称:依据《国家基础地理信息数据分类与代码》编制要素名称 | 文本型,40 |
| | 公路代码:根据国家标准《公路路线命名编号和编码规则命名和编号规则》(GB917.1-89)编制 | 文本型,11 |
| | 公路名称:根据国家标准《公路路线命名编号和编码规则命名和编号规则》(GB917.1-89)编制 | 文本型,20 |
| 地貌类型分区图 | 内部标识码:系统内部 ID 号 | 长整型,9 |
| | 实体类型:point,polyline,polygon | 文本型,8 |
| | 实体面积:系统内部自带 | 双精度,19,2 |
| | 实体长度:系统内部自带 | 长整型,10 |
| | 地貌类型:数据引用自"中国科学院生物多样性委员会　地貌类型代码库"(四类码) | 文本型,18 |
| 灌溉分区图 | 内部标识码:系统内部 ID 号 | 长整型,9 |
| | 实体类型:point,polyline,polygon | 文本型,8 |
| | 实体面积:系统内部自带 | 双精度,19,2 |
| | 实体长度:系统内部自带 | 长整型,10 |
| | 灌溉水源:县提供数据 | 文本型,10 |
| | 灌溉水质:无 | 文本型,4 |
| | 灌溉方法:县提供数据 | 文本型,18 |
| | 年灌溉次数:县提供数据 | 文本型,2 |
| | 灌溉条件:无 | 文本型,4 |
| | 灌溉保证率:无 | 长整型,3 |
| | 灌溉模数:无 | 双精度,5,2 |
| | 抗旱能力:无 | 长整型,3 |

续表

| 图名 | 属性数据结构 | 字段类型 |
| --- | --- | --- |
| 土地利用现状图 | 内部标识码:系统内部 ID 号 | 长整型,9 |
| | 实体类型:point,polyline,polygon | 文本型,8 |
| | 实体面积:系统内部自带 | 双精度,19,2 |
| | 实体长度:系统内部自带 | 长整型,10 |
| | 地类号:国土资源部发布的《全国土地分类》三级类编码 | 长整型,3 |
| | 平差面积:无 | 双精度,7,2 |
| 土壤图 | 内部标识码:系统内部 ID 号 | 长整型,9 |
| | 实体类型:point,polyline,polygon | 文本型,8 |
| | 实体面积:系统内部自带 | 双精度,19,2 |
| | 实体长度:系统内部自带 | 长整型,10 |
| | 土壤省标码:土壤类型省及县分类系统编码 | 长整型,8 |
| 地下水矿化度等值线图 | 内部标识码:系统内部 ID 号 | 长整型,9 |
| | 实体类型:point,polyline,polygon | 文本型,8 |
| | 实体长度:系统内部自带 | 长整型,10 |
| | 地下水矿化度:依据县级矿化度图实际数据填写 | 双精度,5,1 |
| 耕地地力调查点点位图 | 内部标识码:系统内部 ID 号 | 长整型,9 |
| | 实体类型:point,polyline,polygon | 文本型,8 |
| | X 坐标:北京 54 坐标系 | 双精度,19,2 |
| | Y 坐标:北京 54 坐标系 | 双精度,19,2 |
| | 调查点县内编号 AP310102:自定义编号 | 长整型,8 |
| 行政区基本情况数据表 | 县内行政码 SH110102:根据国家统计局“统计上使用的县以下行政 | 长整型,6 |
| | 区划代码编制规则”编制 | 字符串,6 |
| | 省名称:山东省 | 字符串,8 |
| | 县名称:××市,××区,××县 | 字符串,18 |
| | 乡名称:××乡,××镇,××街道 | 字符串,18 |
| | 村名称:××村,××委员会 | 字符串,20 |
| | 行政单位名称:××市,××区,××县,××乡,××镇,××街道, | 字符串,7 |
| | ××村,××委员会 | 字符串,7 |
| | 总人口:无 | 字符串,7 |
| | 农业人口:无 | 双精度,11,2 |
| | 非农业人口:无 | 字符串,20 |
| | 国民生产总值 GNP:无 | |
| 县级行政区划代码表 | 行政单位名称:××市,××区,××县,××乡,××镇,××街道, | 长整型,6 |
| | ××村,××委员会 | 长整型,9 |
| | 县内行政码 SH110102:根据国家统计局“统计上使用的县以下行政 | |
| | 区划代码编制规则”编制 | |

续表

| 图名 | 属性数据结构 | 字段类型 |
| --- | --- | --- |
| 土地利用现状地块数据表 | 内部标识码:系统内部 ID 号 | 长整型 9 |
| | 地类号:国土资源部发布的《全国土地分类》三级类编码 | 字符串,3 |
| | 地类名称:国土资源部发布的《全国土地分类》三级类名称 | 字符串,20 |
| | 计算面积:无 | 双精度,7,2 |
| | 地类面积:无 | 双精度,7,2 |
| | 平差面积:无 | 双精度,7,2 |
| | 报告日期:无 | 日期型,10 |
| 土壤类型代码表 | 土壤省标码:土壤类型省标分类系统编码 | 字符串,8 |
| | 土壤省标名:土壤类型省标分类系统名称 | 字符串,20 |
| 耕地地力调查点基本情况及化验结果数据表 | 灌溉水源:县提供数据 | 字符串,10 |
| | 灌溉方法:县提供数据 | 字符串,18 |
| | 调查点国内统一编号:自定义编号 | 字符串,14 |
| | 调查点县内编号:自定义编号 | 字符串,8 |
| | 调查点自定义编号 AP310103:自定义编号 | 字符串,40 |
| | 调查点类型:耕地地力调查点 | 字符串,20 |
| | 户主联系电话:区号—本地电话号码 | 字符串,13 |
| | 调查人联系电话:区号—本地电话号码 | 字符串,13 |
| 耕地地力调查点基本情况及化验结果数据表 | 调查人姓名:×××× | 字符串,8 |
| | 调查日期:采集当天日期 | 日期型,10 |
| | ≥0℃积温:无 | 字符串,5 |
| | ≥10℃积温:无 | 字符串,5 |
| | 年降水量:县提供数据 | 字符串,4 |
| | 全年日照时数:无 | 字符串,4 |
| | 光能辐射总量:无 | 字符串,4 |
| | 无霜期:县提供数据 | 字符串,3 |
| | 干燥度 CW210107:无 | 双精度,4,2 |
| | 东经:县提供数据 | 双精度,9,5 |
| | 北纬:县提供数据 | 双精度,8,5 |
| | 坡度:地形坡度 | 双精度,6,1 |
| | 海拔:海拔高度 | 双精度,4,1 |
| | 坡向:缺少数据 | 字符串,4 |
| | 地形部位:数据引用《全国耕地类型区、耕地地力等级划分》(NY/T309-1996)和《全国中低产田类型划分与改良技术规范》(NY/T310-1996) | |
| | 田面坡度:依据田面实际坡度 | 字符串,50 |
| | 灌溉保证率:无 | 双精度,4,1 |
| | 排涝能力:无 | 字符串,3 |
| | 梯田类型:无 | 字符串,2 |
| | 梯田熟化年限:无 | 字符串,10 |

续表

| 图名 | 属性数据结构 | 字段类型 |
| --- | --- | --- |
| | 保护块面积:无 | 字符串,3 |
| | 土壤侵蚀类型:无 | 双精度,7,2 |
| | 土壤侵蚀程度:无明显侵蚀,轻度侵蚀 | 字符串,8 |
| | 污染源企业名称:无 | 字符串,20 |
| | 污染源企业地址:无 | 字符串,50 |
| | 液体污染物排放量:无 | 字符串,50 |
| | 粉尘污染物排放量:无 | 双精度,6,1 |
| | 污染面积 LE220105:无 | 双精度,6,1 |
| | 污染物类型:无 | 双精度,9,2 |
| | 污染范围:无 | 字符串,20 |
| | 污染造成的损害:无 | 字符串,40 |
| | 距污染源距离:无 | 字符串,30 |
| | 污染物形态:无 | 字符串,5 |
| | 污染造成的经济损失:无 | 字符串,4 |
| | 省名称:山东省 | 字符串,9 |
| | 县名称:××市,××区,××县 | 字符串,8 |
| | 乡名称:××乡,××镇,××街道 | 字符串,18 |
| | 村名称:××村,××委员会 | 字符串,18 |
| | 户主姓名:×××× | 字符串,8 |
| | 土壤类型代码(国标):根据县提供数据填写 | 字符串,8 |
| | 土类名称(县级):县提供数据 | 字符串,20 |
| 耕地地力调查点基本情况及化验结果数据表 | 亚类名称(县级):县提供数据 | 字符串,20 |
| | 土属名称(县级):县提供数据 | 字符串,20 |
| | 土种名称(县级):县提供数据 | 字符串,20 |
| | 剖面构型:土层符号代码表、土层后缀符号代码表、剖面构型数据编 | 字符串,10 |
| | 码表是根据《中国土种志》整理 | 字符串,8 |
| | 质地构型:无 | 字符串,2 |
| | 耕层厚度:县提供数据 | 字符串,10 |
| | 障碍层类型:无 | 字符串,3 |
| | 障碍层出现位置:无 | 字符串,3 |
| | 障碍层厚度:无 | 字符串,30 |
| | 成土母质:数据引用于《土壤调查与制图》(第二版),农业出版社 | 字符串,6 |
| | 质地:中壤土,重壤土,砂壤土 | 双精度,4,2 |
| | 容重:县提供数据 | 字符串,2 |
| | 田间持水量:县提供数据 | 双精度,4,1 |
| | pH:依据土壤化学分析 pH 值耕地地力等级评价成果填写 | 双精度,4,1 |
| | CEC:依据土壤化学分析 CEC 值耕地地力等级评价成果填写 | 双精度,5,1 |
| | 有机质:依据土壤化学分析有机质值耕地地力等级评价成果填写 | 双精度,6,3 |

续表

| 图名 | 属性数据结构 | 字段类型 |
| --- | --- | --- |
| | 全氮:依据土壤化学分析全氮值耕地地力等级评价成果填写 | 字符串,5 |
| | 全磷:依据土壤化学分析全磷值耕地地力等级评价成果填写 | 双精度,5,1 |
| | 有效磷:依据土壤化学分析有效磷值耕地地力等级评价成果填写 | 字符串,4 |
| | 缓效钾:依据土壤化学分析缓效钾值耕地地力等级评价成果填写 | 字符串,3 |
| | 速效钾:依据土壤化学分析速效钾值耕地地力等级评价成果填写 | 双精度,5,2 |
| | 有效锌:依据土壤化学分析有效锌值耕地地力等级评价成果填写 | 双精度,4,2 |
| | 水溶态硼:依据土壤化学分析水溶态硼值耕地地力等级评价成果填写 | 双精度,6,2 |
| | 有效硅:依据土壤化学分析有效硅值耕地地力等级评价成果填写 | 双精度,4,2 |
| | 有效钼:依据土壤化学分析有效钼值耕地地力等级评价成果填写 | 双精度,5,2 |
| | 有效铜:依据土壤化学分析有效铜值耕地地力等级评价成果填写 | 双精度,5,1 |
| | 有效锰:依据土壤化学分析有效锰值耕地地力等级评价成果填写 | 双精度,6,1 |
| | 有效铁:依据土壤化学分析有效铁值耕地地力等级评价成果填写 | 双精度,6,1 |
| | 交换性钙:依据土壤化学分析交换性钙值耕地地力等级评价成果填写 | 双精度,5,1 |
| | 交换性镁:依据土壤化学分析交换性镁值耕地地力等级评价成果填写 | 双精度,5,1 |
| | 有效硫:依据土壤化学分析有效硫值耕地地力等级评价成果填写 | 双精度,5,1 |
| | 盐化类型:无 | 字符串,20 |
| | 1m 土层含盐量:无 | 双精度,5,1 |
| | 耕层土壤含盐量:无 | 双精度,5,1 |
| | 水解性氮:依据土壤化学分析水解性氮值耕地地力等级评价成果填写 | 双精度,5,3 |
| | 旱季地下水位:无 | 字符串,3 |
| | 采样深度:县提供数据 | 字符串,7 |
| 耕层土壤有机质等值线图 | 内部标识码:系统内部 ID 号 | 长整型,9 |
| | 实体类型:point,polyline,polygon | 文本型,10 |
| | 实体长度:系统内部自带 | 长整型,10 |
| | 有机质:依据土壤化学分析有机质值耕地地力等级评价成果填写 | 双精度,5,1 |
| 耕层土壤全氮等值线图 | 内部标识码:系统内部 ID 号 | 长整型,9 |
| | 实体类型:point,polyline,polygon | 文本型,10 |
| | 实体长度:系统内部自带 | 长整型,10 |
| | 全氮:依据土壤化学分析全氮值耕地地力等级评价成果填写 | 双精度,4,2 |
| 耕层土壤有效磷等值线图 | 内部标识码:系统内部 ID 号 | 长整型,9 |
| | 实体类型:point,polyline,polygon | 文本型,10 |
| | 实体长度:系统内部自带 | 长整型,10 |
| | 有效磷:依据土壤化学分析有效磷值耕地地力等级评价成果填写 | 双精度,5,1 |

续表

| 图名 | 属性数据结构 | 字段类型 |
|---|---|---|
| 耕层土壤 | 内部标识码:系统内部 ID 号 | 长整型,9 |
| 速效钾 | 实体类型:point,polyline,polygon | 文本型,10 |
| 等值线图 | 实体长度:系统内部自带 | 长整型,10 |
| | 速效钾:依据土壤化学分析速效钾值耕地地力等级评价成果填写 | 长整型,3 |
| 耕层土壤 | 内部标识码:系统内部 ID 号 | 长整型,9 |
| 缓效钾 | 实体类型:point,polyline,polygon | 文本型,10 |
| 等值线图 | 实体长度:系统内部自带 | 长整型,10 |
| | 缓效钾:依据土壤化学分析缓效钾值耕地地力等级评价成果填写 | 长整型,4 |
| 耕层土壤 | 内部标识码:系统内部 ID 号 | 长整型,9 |
| 有效锌 | 实体类型:point,polyline,polygon | 文本型,10 |
| 等值线图 | 实体长度:系统内部自带 | 长整型,10 |
| | 有效锌:依据土壤化学分析有效锌值耕地地力等级评价成果填写 | 双精度,5,2 |
| 耕层土壤 | 内部标识码:系统内部 ID 号 | 长整型,9 |
| 有效钼 | 实体类型:point,polyline,polygon | 文本型,10 |
| 等值线图 | 实体长度:系统内部自带 | 长整型,10 |
| | 有效钼:依据土壤化学分析有效钼值耕地地力等级评价成果填写 | 双精度,4,2 |
| 耕层土壤 | 内部标识码:系统内部 ID 号 | 长整型,9 |
| 有效铜 | 实体类型:point,polyline,polygon | 文本型,10 |
| 等值线图 | 实体长度:系统内部自带 | 长整型,10 |
| | 有效铜:依据土壤化学分析有效铜值耕地地力等级评价成果填写 | 双精度,5,2 |
| 耕层土壤 | 内部标识码:系统内部 ID 号 | 长整型,9 |
| 有效硅 | 实体类型:point,polyline,polygon | 文本型,10 |
| 等值线图 | 实体长度:系统内部自带 | 长整型,10 |
| | 有效硅:依据土壤化学分析有效硅值耕地地力等级评价成果填写 | 双精度,6,2 |
| 耕层土壤 | 内部标识码:系统内部 ID 号 | 长整型,9 |
| 有效锰 | 实体类型:point,polyline,polygon | 文本型,10 |
| 等值线图 | 实体长度:系统内部自带 | 长整型,10 |
| | 有效锰:依据土壤化学分析有效锰值耕地地力等级评价成果填写 | 双精度,5,1 |
| 耕层土壤 | 内部标识码:系统内部 ID 号 | 长整型,9 |
| 有效铁 | 实体类型:point,polyline,polygon | 文本型,10 |
| 等值线图 | 实体长度:系统内部自带 | 长整型,10 |
| | 有效铁:依据土壤化学分析有效铁值耕地地力等级评价成果填写 | 双精度,5,1 |
| 耕层土壤 | 内部标识码:系统内部 ID 号 | 长整型,9 |
| pH 等值线图 | 实体类型:point,polyline,polygon | 文本型,10 |
| | 实体长度:系统内部自带 | 长整型,10 |
| | pH:依据土壤化学分析 pH 值耕地地力等级评价成果填写 | 双精度,4,1 |

续表

| 图名 | 属性数据结构 | 字段类型 |
|---|---|---|
| 耕层土壤交换性钙等值线图 | 内部标识码:系统内部 ID 号 | 长整型,9 |
| | 实体类型:point,polyline,polygon | 文本型,10 |
| | 实体长度:系统内部自带 | 长整型,10 |
| | 交换性钙:依据土壤化学分析交换性钙值耕地地力等级评价成果填写 | 双精度,6,1 |
| 耕层土壤交换性镁等值线图 | 内部标识码:系统内部 ID 号 | 长整型,9 |
| | 实体类型:point,polyline,polygon | 文本型,10 |
| | 实体长度:系统内部自带 | 长整型,10 |
| | 交换性镁:依据土壤化学分析交换性镁值耕地地力等级评价成果填写 | 双精度,5,1 |
| 耕层土壤有效硫等值线图 | 内部标识码:系统内部 ID 号 | 长整型,9 |
| | 实体类型:point,polyline,polygon | 文本型,10 |
| | 实体长度:系统内部自带 | 长整型,10 |
| | 有效硫:依据土壤化学分析有效硫值耕地地力等级评价成果填写 | 双精度,5,1 |
| 耕层土壤水解性氮等值线图 | 内部标识码:系统内部 ID 号 | 长整型,9 |
| | 实体类型:point,polyline,polygon | 文本型,10 |
| | 实体长度:系统内部自带 | 长整型,10 |
| | 水解性氮:依据土壤化学分析水解性氮值耕地地力等级评价成果填写 | 双精度,5,3 |
| 耕地地力评价等级图 | 内部标识码:系统内部 ID 号 | 长整型,9 |
| | 实体类型:point,polyline,polygon | 文本型,10 |
| | 实体面积:系统内部自带 | 双精度,19,2 |
| | 等级(县内):'120' | 文本型,2 |
| 耕层土壤有效硼等值线图 | 内部标识码:系统内部 ID 号 | 长整型,9 |
| | 实体类型:point,polyline,polygon | 文本型,10 |
| | 实体长度:系统内部自带 | 长整型,10 |
| | 有效硼:依据土壤化学分析有效硼值耕地地力等级评价成果填写 | 双精度,4,2 |
| 土壤全盐含量分布图 | 内部标识码:系统内部 ID 号 | 长整型,9 |
| | 实体类型:point,polyline,polygon | 文本型,10 |
| | 实体长度:系统内部自带 | 长整型,10 |
| | 全盐:依据土壤化学分析全盐值耕地地力等级评价成果填写 | 双精度,4,1 |
| 耕层土壤有效镁等值线图 | 内部标识码:系统内部 ID 号 | 长整型,9 |
| | 实体类型:point,polyline,polygon | 文本型,10 |
| | 实体长度:系统内部自带 | 长整型,10 |
| | 有效镁:依据土壤化学分析有效镁值耕地地力等级评价成果填写 | 长整型,2 |
| 耕层土壤有效钙等值线图 | 内部标识码:系统内部 ID 号 | 长整型,9 |
| | 实体类型:point,polyline,polygon | 文本型,10 |
| | 实体长度:系统内部自带 | 长整型,10 |
| | 有效钙:依据土壤化学分析有效钙值耕地地力等级评价成果填写 | 长整型,2 |

# 第五节　建库工作方法

## 一、数据库质量控制

数据库质量涉及三个方面的工作：一要满足耕地地力评价工作的需要；二要满足耕地资源信息系统数据库建设的需要；三要满足建库所有成果图件输出的需要。为满足以上三个方面的要求，在数据库建设工作开展前，首先在有关国标、部标和行业标准的基础上，制定了统一的工作平台、工作方法和流程，成果图件图名、图例和色彩编制要求，成果质量检查工作方法，对耕地地力评价基础性图件在建库单位进行初步检查，然后交项目县进行全面检查和修改补充错漏内容，再返回建库单位对所有成果图件安排专人进行全面检查和修改，从而保证了数据库的成果质量。

## 二、建库工作有关规定

建库项目组：设立技术负责一人，全面负责建库工作有关规程的学习、日常建库工作安排、工作进度、质量检查、建库数据库资料汇总、MAPGIS 格式建库成果经 ARCGIS 规范化处理、导入县域耕地资源信息系统等工作。

质量检查组：安排具有工作经验的人员成立检查组，负责所有建库资料的质量检查及修改工作。

制定建库工作标准：在建库工作前，首先将建库图形子图的大小、线的粗细及线型、面的色彩搭配，图件分层，工作方法和流程下发到每一个建库工作人员手中，统一了建库图形扫描矢量化的技术要求。

最终成果检查：待所有成果图评审验收后，依据专家意见，由建库组和耕地地力评价组依据专家和甲方意见进行成果图和数据库修改补充，最后输出成果图件和导入县域耕地资源信息系统。

## 三、建库资料精度及建库工作流程

(一)建库资料精度

为保证建库资料的数学精度，首先形成大于安丘市范围的 1∶50000 标准图幅理论图框，拼接形成县域的 1∶50000 理论图框，以 1∶50000 标准分幅地形图为基础，在地形图和县域土地利用现状图上选择同名地物点(主要为农村道路交叉点等)为几何校正点。为保证县域图件的精度，安丘市选择了不少于 30 个几何校正点，每一个几何校正点均选择地形图附近的四个公里网交叉点，将其校正到县域的理论图框上，形成满足1∶50000精度要求的县域地理底图。以该图为基础，将所有建库成果图件校正到县域地理底图上。

(二)建库工作流程

第一步：按照建库工作的基本要求对土地利用现状、土壤、灌溉分区、地貌、采样点位等图件进行扫描矢量化和几何校正处理、建库组错漏自查和交甲方进行错漏检查、返回建库组修改及编辑、拓扑检查、属性挂接处理等；第二步：将以上成果交耕地地力评价组进行耕地地力评价工作;第三步:耕地地力评价组将其评价成果资料再返回建库组,由建库组按照县域耕地资源信息系统数据库建设要求,对所有建库成果资料进行全面的质量检查及编辑处理、拓扑处理、属性挂接,最后由 MAPGIS-ARCGIS-县域耕地资源信息系统输出成果图件。

(三)主要空间数据库说明

1.行政区划图(地理底图)

以土地利用现状图为背景,分别提取乡镇、村庄、主要工矿企业建设用地,主要道路、河流、境界、行政区划等内容。参考地图或 1∶50000 地形图,对主要道路、双线河流等地物进行连接并加注地物注记。依据卫星影像等资料,对近年来增加的主要道路进行更新。

2.土壤图

依据土壤调查研究报告、土壤志、山东省土壤分类归属标准,编制土种归属对比表和省标与县级对比表图例。在土壤图上保留土壤图原始代码,属性挂接为新编的县域土种代码,可满足各级政府工作的需要。

3.地貌图

由于地貌图为微地貌图,为满足各级政府使用及建库工作的需要,在地貌图中保留了原地貌代码,其属性尽量对应到数据字典中的名称及代码,在图例中增加了对比表,满足了各项工作的需要。

(四)属性库编制方法

严格按照建库数据字典中的要求及建库单位提供的资料编制各种成果图属性代码。

## 第六节 建库成果

安丘市耕地资源信息系统数据库建设成果包括农业部规定格式的数据库和 MAPGIS 格式的成果共计 24 幅图(见表 8-3)。

表 8-3 安丘市耕地资源信息系统数据库建设成果表

| 序号 | 成果图名称 |
| --- | --- |
| 1 | 安丘市土地利用现状图 |
| 2 | 安丘市地貌图 |
| 3 | 安丘市土壤图 |
| 4 | 安丘市坡度图 |
| 5 | 安丘市耕地地力调查点点位图 |
| 6 | 安丘市灌溉分区图 |
| 7 | 安丘市土壤 pH 分布图 |
| 8 | 安丘市耕地地力评价等级图 |

续表

| 序号 | 成果图名称 |
| --- | --- |
| 9 | 安丘市土壤缓效钾含量分布图 |
| 10 | 安丘市土壤碱解氮含量分布图 |
| 11 | 安丘市土壤交换性钙含量分布图 |
| 12 | 安丘市土壤交换性镁含量分布图 |
| 13 | 安丘市土壤全氮含量分布图 |
| 14 | 安丘市土壤速效钾含量分布图 |
| 15 | 安丘市土壤有机质含量分布图 |
| 16 | 安丘市土壤有效硅含量分布图 |
| 17 | 安丘市土壤有效磷含量分布图 |
| 18 | 安丘市土壤有效硫含量分布图 |
| 19 | 安丘市土壤有效锰含量分布图 |
| 20 | 安丘市土壤有效钼含量分布图 |
| 21 | 安丘市土壤有效硼含量分布图 |
| 22 | 安丘市土壤有效铁含量分布图 |
| 23 | 安丘市土壤有效铜含量分布图 |
| 24 | 安丘市土壤有效锌含量分布图 |

安丘市耕地资源管理信息系统数据库建设包括空间数据库和属性数据库两部分内容。空间数据库全部是按照县域耕地资源管理信息系统数据字典要求进行的。属性数据库由于部分资料难以收集到(如土地平差面积等),因此其仅按照县域耕地资源管理信息系统数据字典要求编制了部分内容。如由于耕地地力评价土壤采样点位图利用GPS坐标展绘到地理底图上的点与实际点位误差较大,达不到精度要求,所以耕地地力评价土壤调查采样点位图是依据野外采样点位图经扫描矢量化后形成的,属性挂接为GPS定点的坐标。

# 第九章　测土配方施肥

## 第一节　测土配方施肥的内涵及内容

测土配方施肥技术是根据土壤测试结果、田间试验、作物需肥规律、农业生产要求等，在合理施用有机肥的基础上，提出氮、磷、钾、中量元素、微量元素等肥料数量与配比，并在适宜时间，采用适宜方法施用的科学施肥方法。

测土配方施肥技术包括“测土、配方、配肥、供应、施肥指导”5个核心环节，9项重点内容。

测土配方施肥能够合理供应和调节作物必需的各种营养元素，以满足作物生长发育的需求，对当前农业和农村经济发展具有重要作用：提高产量和改善品质，增强农产品的竞争力；优化化肥资源配置，提高肥料利用率，降低生产成本，提高经济效益；避免和减轻因施肥不科学带来的环境和农产品污染；培肥地力，保障农业的可持续发展。

### 一、土壤测试

土壤是作物生长的基质，也是作物营养元素的主要来源。不同土壤养分的丰缺关系到作物产量的高低；土壤养分的变化要求施肥量也要变化。要做到科学、合理地施用肥料，就必须了解土壤养分状况，对土壤养分进行测试，并根据土壤养分测试结果，提出施肥配方。

### 二、田间试验，施肥推荐

布置田间试验，找出不同土壤类型、不同作物的施肥参数值，将本地不同土壤类型多年来的肥料试验资料及土壤测试数据进行收集、汇总，经专业分析后，提出各类土壤、各种农作物、各种元素的肥料的施肥量、最佳施用量、施肥时期、施肥次数、科学的施肥方法等建议，建立各个土壤区域各种作物的施肥模型，建立起一个系统的、科学的测土配方施肥数据库和专家咨询系统，为农民提供施肥技术推荐。

### 三、专用肥供应

根据当地实际情况和肥料配方，创办配肥站，配制生产出针对性强、技术含量高、农民施用简单的专用配方肥，直接供应农户。

### 四、配套技术

(1)努力开发有机肥资源,实行有机肥与无机肥相结合,生物肥料和有机肥料相结合。

(2)推广化肥深施技术,应用适合当地耕作条件的化肥深施技术和器具。

(3)根据当地实际情况,针对性地施用中、微量元素,做到大量元素和中、微量元素相结合。

(4)根据作物需肥规律,搞好肥料科学运筹,合理确定作物施肥次数、施肥时期和各次的比例分配。

(5)使用肥料利用率高的新型肥料,缓释控效肥料(包括长效碳铵、涂层尿素、包膜肥料),腐殖质、氨基酸肥料,硅、钙、硫矿质肥料,大力推广"BB"肥。

## 第二节 土壤样品的采集

采样要求地点的选择以及采集的土壤都要有代表性。从过去采集土样的情况看,很多农民甚至有的技术人员对采样不够重视,不能严格执行操作程序,取得的土样没有代表性。采集土样是测土配方施肥的基础,如果取样不准,就从根本上失去了测土配方施肥的科学性。

### 一、采样时间

土壤采样时间宜选择在作物收获后至播种前,此时可以更好地反映土壤的基础肥力状况。

### 二、采样点的选择

根据土壤的利用类型确定土壤样品的代表面积,旱田土壤 6.6～33$hm^2$、菜田土壤 3.3$hm^2$、果园土壤 3.3～6.6$hm^2$ 为一个单元,使用 GPS 进行面积测算。对于土壤类型相对单一、地势比较平坦的地区,土样代表面积可适当增加;对于土壤类型比较复杂、地势起伏较大的地区,土样控制面积适当减少。

每个单元随机布设 1 个采样点。由于土壤本身在空间分布上具有较大不均匀性,因此需要在同一采样地点做多点采样,再混合均匀。以中心点定位,用 GPS 确定地理坐标。按田块类型可采用梅花形、棋盘式、蛇形采样方法,一般采 10～20 个样点即可。

### 三、采样方法

大田、菜田表层采样深度一般为 0～20cm,果园为 0～40cm。在每个采样点上,用铲子垂直向下切取厚约 1cm 的土壤,且在每个点上所取得土壤样品质量要基本相等,将和金属采样器接触部分土壤去除后,剔除土壤的侵入体,如作物根系、石块、杂草等,将各点的土壤样品混合均匀,用四分法缩分至 1kg。采样时注意避开路边、地头、沟边、粪堆点、根茬点、局部特殊地形及堆放过肥料的地方。

果园采集土样时应在两棵果树之间选择采样点。

### 四、样品记录

将最后缩分所得的土壤样品装入布袋中，填写样品记录和标签。

记录表内所填内容要求准确、详细。记录表内容包括样品编号、采样地点、采样地基本情况、采样时间、采样方法、其他内容等。

标签要用铅笔填写，写好后，一份放在袋内，另一份系在袋外。标签内容包括样品编号、采样地点、采样时间、采样人等。

### 五、土壤样品的风干

土壤样品通常在气温为25℃～35℃、空气相对湿度为20％～60％的环境下进行干燥。将田间采回的土壤摊平，放在50cm×60cm×2.5cm的盘中，盘可以是搪瓷或塑料等。风干时各个土壤样品应处于同样条件下，同时每个盘都要编号，用一个带编号(用铅笔写)的不怕水湿的塑料标签放于土中。此标签在随后的磨碎前必须取出，以防止被磨碎而混在土中。盛有土壤的盘子可以放在多格的架子中风干，理想条件是：室内有热风(不超过35℃)不断通过土壤表面，热风湿度为30％～70％。干燥期间必须注意防尘，避免直接暴晒。

## 第三节　确定施肥量的方法

掌握目标产量、100kg经济产量所需养分量、土壤有效养分校正系数、肥料利用率、肥料中有效养分含量等参数，利用计算公式即可确定出施肥量。

### 一、目标产量

目标产量(也称“计划产量”)是生产中预计到达的作物产量，是确定施肥量最基本的依据，它只能根据一定的气候、品种、栽培技术和土壤肥力来确定，而不能以欠年为基础盲目追求高产。

目标产量的确定采用“以地定产法”和“前三年平均单产法”：

以地定产法就是根据土壤的肥力水平确定目标产量。该方法设置无肥区和完全肥区两个处理，通过选模和统计运算可得到计划产量(目标产量)与无肥产量的数学式，知道基础产量就可推出该地区作物的目标产量。

前三年平均单产法一般以施肥区前三年平均单产和年递增率为基础确定目标产量，具体计算公式为：

$$\text{目标产量}=(1+\text{年递增率})\times\text{前三年平均单产}$$

粮食、蔬菜作物的年递增率分别为5％～10％、10％～20％。

### 二、目标产量所需养分总量

目标产量所需养分总量用以下公式计算：

$$\text{目标产量所需要养分量}=\frac{\text{目标产量}}{100}\times 100\text{kg 经济产量所需要的养分量}$$

主要作物每100kg经济产量所需要的养分量通过试验或者查表取得。

### 三、土壤有效养分校正系数

土壤有效养分校正系数是指作物吸收的养分量占土壤有效养分测定值的比率。它可通过两种方法得到:一是通过田间试验获得;二是采用经验值,所采用的经验值是:碱解性氮0.3~0.7,有效磷0.4~0.5,速效钾0.5~0.85。

有效养分校正系数受土壤类型、土壤质地、环境条件、施肥量等因素影响,土测值越大,养分校正系数越小;土测值越小,养分校正系数越大。由于土壤具有缓冲性能,可以使缓效养分变成速效养分,作物吸收的养分量可以小于测定值,也可以大于测定值,因此养分校正系数可以小于1,也可以大于1。

### 四、肥料利用率

肥料利用率是指当季作物从所施肥料中吸收的养分占施入肥料养分总量的百分数。由于受作物品种、肥料投入量、土壤肥力、肥料品质、施肥方法、气候条件多因素影响,肥料利用率是最易变动的参数,因此必须测定当地的肥料利用率。测定时采用田间差减法,该方法设置无肥区和施肥区两个处理,每区面积不宜太大,播种管理与一般大田管理相同,成熟后单打计产,即可计算出肥料利用率。在没有田间试验资料的情况下,可利用以下经验值:大田:氮肥30%~40%,磷肥10%~25%,钾肥40%~60%;果树:氮肥10%~25%,磷肥10%~25%,钾肥40%~70%;蔬菜:氮肥30%~60%,磷肥10%~25%,钾肥50%~60%。

### 五、肥料中养分含量

肥料中有效养分含量是个基础参数,可用肥料包装物上标明的含量,也可查相关资料。

## 第四节　测土配方施肥的实施

测土配方施肥涉及面比较广,是一个系统工程,整个实施过程需要政府、科研、技术推广部门同广大农民相结合,配方肥料的研制、销售、应用相结合,现代先进技术与传统实践经验相结合,具有明显的系列化操作、产业化服务的特点。

安丘市的测土配方施肥技术包括"测土、配方、配肥、供应、施肥指导"5个核心环节,9项重点内容。

### 一、田间试验

田间试验是获得各种作物最佳施肥量、施肥时期、施肥方法的根本途径,也是筛选、验证土壤养分测试技术,建立施肥指标体系的基本环节。通过田间试验可掌握各个施肥单元不同作物优化施肥量,基、追肥分配比例,施肥时期和施肥方法;摸清土壤养分校正系数、土壤供肥量、农作物需肥参数和肥料利用率等基本参数;构建作物施肥模型,为施肥分区和肥料配方提供依据。

## 二、土壤测试

随着中国种植业结构的不断调整，高产作物品种不断涌现，施肥结构和数量发生了很大的变化，土壤养分库也发生了明显改变。通过开展土壤氮、磷、钾、中微量元素养分测试，可了解土壤供肥能力状况。

## 三、配方设计

肥料配方环节是测土配方施肥工作的核心。通过总结田间试验、土壤养分数据等，划分不同区域施肥分区；同时，根据气候、地貌、土壤、耕作制度等的相似性和差异性，结合专家经验，提出不同作物的施肥配方。

## 四、校正试验

为保证肥料配方的准确性，最大限度地减少配方肥料批量生产和大面积应用的风险，在每个施肥分区单元，设置配方施肥、农户习惯施肥、空白施肥三个处理，以当地主要作物及其主栽品种为研究对象，对比配方施肥的增产效果，校验施肥参数，验证并完善肥料配方，改进测土配方施肥技术参数。

## 五、配方加工

配方落实到农户田间是提高和普及测土配方施肥技术的最关键环节。目前不同地区有不同的模式，其中最主要的也是最具有市场前景的运作模式就是市场化运作、工厂化加工、网络化经营。

## 六、示范推广

建立测土配方施肥示范区，为农民创建窗口，树立样板，全面展示测土配方施肥技术效果。

## 七、宣传培训

农民是测土配方施肥技术的最终使用者，因此迫切需要向农民传授科学施肥方法和模式；同时还要加强对各级技术人员、肥料生产企业、肥料经销商的系统培训，逐步建立技术人员和肥料商持证上岗制度。

## 八、效果评价检验

测土配方施肥的实际效果，需及时获得农民的反馈信息，不断完善管理体系、技术体系和服务体系。同时，为科学地评价测土配方施肥的实际效果，必须对一定的区域进行动态调查。

## 九、技术研发

技术研发是保证测土配方施肥工作长效性的科技支撑。要重点开展田间试验方法、土壤养分测试技术、肥料配制方法、数据处理方法等方面的研发工作，不断提升测土配方施肥技术水平。

安丘市2007年被列入国家测土配方施肥项目实施单位。自项目实施以来，安丘市按照农业部、省农业厅的统一部署，按照项目实施方案的总体要求，认真制定了实施方案，整合资源，周密安排，充分发挥技术优势，积极开拓，在土样采集、培训宣传、化验室建设、配方制定、配方肥推广、田间试验示范安排、施肥建议卡发放等方面开展了大量工作。

六年来，安丘市共取土样8600个，检测土样样品8550个，5.995万项次。其中，大量元素化验8550个，42750余项次；微量元素化验2500个，12000余项次；缓效钾化验1400个；钙、镁、硫化验4200余项次；硅化验1000项次。根据化验结果安丘市已填写施肥建议卡309670份并发放到农民手中，指导农民科学施肥。

安丘市共安排小麦、玉米、大姜、大葱、大蒜、花生、番茄等肥料“3414”试验、硫单因素试验等共计65处，肥效对比60处。其中，玉米3414试验8处，肥效对比6处；小麦3414试验16处，肥效对比16处；生姜3414试验13处，肥效对比15处；花生3414试验2处，肥效对比2处。

建立健全三级示范区。安丘市共建立万亩示范区4个，其中小麦1个、玉米1个、大姜1个、花生1个，总示范面积为7333hm$^2$；建立镇级示范方16个，村级示范方156个。

测土配方施肥项目的实施，促进了农民施肥观念的转变、施肥结构的改善、土肥体系的建设，提高了土肥技术的服务功能，经济效益、社会效益、生态效益都十分明显。

## 第五节 安丘市主要农作物施肥方案

### 一、小麦施肥方案

(一)小麦菜田改粮田

该粮田为速效磷＞50mg/kg，速效钾＞160mg/kg的粮田，小麦的目标产量为600 kg/667m$^2$以上，最佳施肥量为：纯氮15～18kg/667m$^2$，五氧化二磷3kg/667m$^2$，氧化钾3kg/667m$^2$。

1.施肥方案一

(1)施肥量：土杂肥2000kg/667m$^2$，复合肥(15-15-15)20kg/667m$^2$，尿素26～33kg/667m$^2$。

(2)施肥时期及方法：

①基施肥：优质土杂肥2000kg/667m$^2$。

②播种肥：复合肥(15-15-15)20kg/667m$^2$，种肥分施。

③追肥(返青—拔节期)：尿素26～33kg/667m$^2$，开沟深施。

2.施肥方案二

(1)施肥量：土杂肥2000kg/667m$^2$，配方肥(30-6-6)60kg/667m$^2$。

(2)施肥时期及方法：

①基施肥：优质土杂肥2000kg/667m$^2$。

②播种肥：配方肥(30-6-6)30kg/667m$^2$，种肥分施。

③追肥(返青—拔节期)：配方肥(30-6-6)30kg/667m$^2$，开沟深施。

(二)小麦高产田

该粮田小麦的目标产量为 500kg/667m² 以上,最佳施肥量为:纯氮 14.5kg/667m²,五氧化二磷 7.5kg/667m²,氧化钾 7.9kg/667m²。

1.施肥方案一

(1)施肥量:土杂肥 2000kg/667m²,复合肥(15-15-15)53kg/667m²,尿素15kg/667m²。

(2)施肥时期及方法:

①基施肥:优质土杂肥 2000kg/667m²。

②播种肥:复合肥(15-15-15)35kg/667m²,种肥分施。

③追肥(返青—拔节期):复合肥(15-15-15)18kg/667m²,尿素 15kg/667m²,开沟深施。

2.施肥方案二

(1)施肥量:土杂肥 2000kg/667m²,配方肥(23-10-12)66kg/667m²。

(2)施肥时期及方法:

①基施肥:优质土杂肥 2000kg/667m²。

②播种肥:配方肥(23-10-12)36kg/667m²,种肥分施。

③追肥(返青—拔节期):配方肥(23-10-12)30kg/667m²,开沟深施。

(三)小麦中产田

该粮田小麦的目标产量为 400～500kg/667m²,最佳施肥量为:纯氮 14.6kg/667m²,五氧化二磷 9～10kg/667m²,氧化钾 4.6kg/667m²。

1.施肥方案一

(1)施肥量:土杂肥 2000kg/667m²,复合肥(15-15-15)31kg/667m²,磷酸二铵 22kg/667m²,尿素 22kg/667m²。

(2)施肥时期及方法:

①基施肥:优质土杂肥 2000kg/667m²。

②播种肥:复合肥(15-15-15)15kg/667m²,磷酸二铵 22kg/667m²,种肥分施。

③追肥(返青—拔节期):复合肥(15-15-15)16kg/667m²,尿素 22kg/667m²,开沟深施。

2.施肥方案二

(1)施肥量:土杂肥 2000kg/667m²,配方肥(22-15-8)67kg/667m²。

(2)施肥时期及方法:

①基施肥:优质土杂肥 2000kg/667m²。

②播种肥:配方肥(22-15-8)37kg/667m²,种肥分施。

③追肥(返青—拔节期):配方肥(22-15-8)30kg/667m²,开沟深施。

如果是旱田,上述施肥量播种时一次施入。

(四)小麦低产田

该粮田小麦的目标产量为 350～400kg/667m²,最佳施肥量为:纯氮 12.5kg/667m²,五氧化二磷 7.2kg/667m²,氧化钾 4.3kg/667m²。

1. 施肥方案一

(1)施肥量:土杂肥 2000kg/667m$^2$,复合肥(15-15-15)29kg/667m$^2$,磷酸二铵 7kg/667m$^2$,尿素 17kg/667m$^2$。

(2)施肥时期及方法:

①基施肥:优质土杂肥 2000kg/667m$^2$。

②播种肥:复合肥(15-15-15)20kg/667m$^2$,磷酸二铵 7kg/667m$^2$,种肥分施。

③追肥(返青—拔节期):复合肥(15-15-15)9kg/667m$^2$,尿素 17kg/667m$^2$,开沟深施。

2. 施肥方案二

(1)施肥量:土杂肥 2000kg/667m$^2$,配方肥(22-15-8)70kg/667m$^2$。

(2)施肥时期及方法:

①基施肥:优质土杂肥 2000kg/667m$^2$。

②播种肥:配方肥(22-15-8)35kg/667m$^2$,种肥分施。

③追肥(返青—拔节期):配方肥(15-15-10)35kg/667m$^2$,开沟深施。

如果是旱田,上述施肥量播种时一次施入。

## 二、生姜施肥方案

(一)偏碱性土壤

该土壤分布于安丘市区东部、南部,由石灰岩发育而成,生姜的目标产量为 7500kg/667m$^2$,最佳施肥量为:土杂肥 4000～5000kg/667m$^2$,或者精制有机肥 300～400kg/667m$^2$,纯氮 45～50kg/667m$^2$,五氧化二磷 30kg/667m$^2$,氧化钾 53～70kg/667m$^2$,硼砂1.7kg/667m$^2$,硫酸锌 2.7kg/667m$^2$,偏碱性土壤施硫酸亚铁 35～40kg/667m$^2$。

1. 施肥方案一

(1)施肥量:土杂肥 5000kg/667m$^2$,或精制有机肥 300～400kg/667m$^2$,复合肥(15-15-15) 200kg/667m$^2$,尿素 33～44kg/667m$^2$,硫酸钾 46～80kg/667m$^2$,硼砂 1.7kg/667m$^2$,硫酸锌 2.7kg/667m$^2$,偏碱性土壤施硫酸亚铁 35～40kg/667m$^2$。

(2)施用方法:

①基肥:土杂肥 5000kg/667m$^2$,或精制有机肥 150～200kg/667m$^2$,复合肥(15-15-15)20kg/667m$^2$,硼砂 1.7kg/667m$^2$,硫酸锌 2.7kg/667m$^2$,硫酸亚铁 20kg/667m$^2$。

②追肥:苗期追施复合肥(15-15-15)20kg/667m$^2$,尿素 7～8kg/667m$^2$;三股杈追施复合肥(15-15-15)30kg/667m$^2$,尿素 7～8kg/667m$^2$,硫酸钾 10～20kg/667m$^2$,有机肥 150～200kg/667m$^2$;立秋前后追施复合肥(15-15-15)100kg/667m$^2$,尿素 19～28kg/667m$^2$,硫酸钾 26～45 kg/667m$^2$,硫酸亚铁 20kg/667m$^2$,分 2～3 次追施;后期追施复合肥(15-15-15)30kg/667m$^2$,硫酸钾 10～15kg/667m$^2$。

2. 施肥方案二

(1)施肥量:土杂肥 5000kg/667m$^2$,或精制有机肥 300～400kg/667m$^2$,配方肥(15-8-17)350kg/667m$^2$,硼砂 1.7kg/667m$^2$,硫酸锌 2.7kg/667m$^2$,偏碱性土壤施硫酸亚铁 35～40kg/667m$^2$。

(2)施用方法:

①基肥:土杂肥 5000kg/667m$^2$,或精制有机肥 150～200kg/667m$^2$,配方肥(15-8-17)

20kg/667m$^2$，硼砂 1.7kg/667m$^2$，硫酸锌 2.7kg/667m$^2$，硫酸亚铁 20kg/667m$^2$。

②追肥：苗期追施配方肥（15-8-17）35kg/667m$^2$；三股杈肥追施配方肥（15-8-17）52kg/667m$^2$，精制有机肥 150～200kg/667m$^2$；立秋前后追施配方肥（15-8-17）190kg/667m$^2$，硫酸亚铁 20kg/667m$^2$，分 2～3 次追施；后期追施配方肥（15-8-17）53kg/667m$^2$。

（二）偏酸性土壤

该土壤分布于安丘市区西部，由酸性岩发育而成，生姜的目标产量为 7500kg/667m$^2$，最佳施肥量为：土杂肥 4000～5000kg/667m$^2$，或者精制有机肥 300～400kg/667m$^2$，纯氮 45～50kg/667m$^2$，五氧化二磷 30kg/667m$^2$，氧化钾 53～70kg/667m$^2$，硼砂 1.7kg/667m$^2$，硫酸锌 2.7kg/667m$^2$，偏酸性土壤施过磷酸钙 40～50kg/667m$^2$。

1.施肥方案一

(1)施肥量：土杂肥 5000kg/667m$^2$，或精制有机肥 300～400kg/667m$^2$，复合肥（15-15-15）160kg/667m$^2$，尿素 42～55kg/667m$^2$，硫酸钾 46～80kg/667m$^2$，过磷酸钙 40～50kg/667m$^2$，硼砂 1.7kg/667m$^2$，硫酸锌 2.7kg/667m$^2$。

(2)施用方法：

①基肥：土杂肥 5000kg/667m$^2$，或精制有机肥 150～200kg/667m$^2$，复合肥（15-15-15）16kg/667m$^2$，过磷酸钙 20～25kg/667m$^2$，硼砂 1.7kg/667m$^2$，硫酸锌 2.7kg/667m$^2$。

②追肥：苗期追施复合肥（15-15-15）16kg/667m$^2$；三股杈追施复合肥（15-15-15）24kg/667m$^2$，尿素 8～11kg/667m$^2$，精制有机肥 150～200kg/667m$^2$；立秋前后追施复合肥(15-15-15)80kg/667m$^2$，尿素 22～30kg/667m$^2$，过磷酸钙 20～25kg/667m$^2$，分 2～3 次追施；后期追施复合肥(15-15-15)24kg/667m$^2$，尿素 12～14kg/667m$^2$。

2.施肥方案二

(1)施肥量：土杂肥 5000kg/667m$^2$，或精制有机肥 300～400kg/667m$^2$，配方肥（15-8-17）350kg/667m$^2$，过磷酸钙 40～50kg/667m$^2$，硼砂 1.7kg/667m$^2$，硫酸锌 2.7kg/667m$^2$。

(2)施用方法：

①基肥：土杂肥 5000kg/667m$^2$，或精制有机肥 150～200kg/667m$^2$，配方肥（15-8-17）20kg/667m$^2$，过磷酸钙 20～25kg/667m$^2$，硼砂 1.7kg/667m$^2$，硫酸锌 2.7kg/667m$^2$。

②追肥：苗期追施配方肥（15-8-17）35kg/667m$^2$；三股杈追施配方肥（15-8-17）52kg/667m$^2$，精制有机肥 150～200kg/667m$^2$；立秋前后追施配方肥（15-8-17）190kg/667m$^2$，过磷酸钙 20～25kg/667m$^2$，分 2～3 次追施；后期追施配方肥（15-8-17）53kg/667m$^2$。

### 三、大葱施肥方案

大葱的目标产量为 7000kg/667m$^2$，最佳施肥量为：土杂肥 2500kg/667m$^2$，或者精制有机肥 200～300kg/667m$^2$，纯氮 29kg/667m$^2$，五氧化二磷 8.2kg/667m$^2$，氧化钾 16kg/667m$^2$ 左右。

1.施肥方案一

(1)施肥量：土杂肥 2500kg/667m$^2$，或精制有机肥 200～300kg/667m$^2$，复合肥（15-15-15）55kg/667m$^2$，尿素 45kg/667m$^2$，硫酸钾 15.6kg/667m$^2$。

(2)施用方法：

①基肥：土杂肥 2500kg/667m$^2$，或精制有机肥 200～300kg/667m$^2$，复合肥(15-15-15)8.25kg/667m$^2$。

②追肥：移栽缓苗后追施复合肥(15-15-15)5.5kg/667m$^2$，尿素 5kg/667m$^2$，硫酸钾 2kg/667m$^2$；生长旺盛期追施复合肥(15-15-15)33kg/667m$^2$，尿素 30kg/667m$^2$，硫酸钾 10kg/667m$^2$，分 2～3 次追施；后期追施复合肥(15-15-15)8.25kg/667m$^2$，尿素 10kg/667m$^2$，硫酸钾 3.6kg/667m$^2$。

2.施肥方案二

(1)施肥量：土杂肥 2500kg/667m$^2$，或精制有机肥 200～300kg/667m$^2$，配方肥(25-7-14)120kg/667m$^2$。

(2)施用方法：

①基肥：土杂肥 2500kg/667m$^2$，或精制有机肥 200～300kg/667m$^2$，配方肥(25-7-14)18kg/667m$^2$。

②追肥：移栽缓苗后追施配方肥(25-7-14)12kg/667m$^2$；生长旺盛期追施配方肥(25-7-14)72kg/667m$^2$，分 2～3 次追施；后期追施配方肥(25-7-14)18kg/667m$^2$。

## 四、玉米施肥方案

玉米的目标产量为 600kg/667m$^2$，最佳施肥量为：纯氮 17.5～22.5kg/667m$^2$，五氧化二磷 5～8kg/667m$^2$，氧化钾 12kg/667m$^2$。

1.施肥方案一

(1)施肥量：土杂肥 1000kg/667m$^2$，复合肥(15-15-15)33kg/667m$^2$，尿素 27～38 kg/667m$^2$，硫酸钾 14kg/667m$^2$。

(2)施肥时期及方法：

①基施肥：优质土杂肥 1000kg/667m$^2$。

②播种肥：复合肥(15-15-15)15kg/667m$^2$，种肥分施。

③追肥(小喇叭口—大喇叭口)：复合肥(15-15-15)18kg/667m$^2$，尿素 27～38 kg/667m$^2$，硫酸钾 14kg/667m$^2$，开沟深施。

2.施肥方案二

(1)施肥量：土杂肥 1000kg/667m$^2$，配方肥(22-8-12)70～90kg/667m$^2$。

(2)施肥时期及方法：

①基施肥：优质土杂肥 1000kg/667m$^2$。

②播种肥：配方肥(22-8-12)15～20 kg/667m$^2$，种肥分施。

③追肥(小喇叭口—大喇叭口)：配方肥：(22-8-12)55～70kg/667m$^2$，开沟深施。

## 五、花生施肥方案

花生的目标产量为 500kg/667m$^2$，最佳施肥量为：纯氮 7～10kg/667m$^2$，五氧化二磷 6～8kg/667m$^2$，氧化钾 15kg/667m$^2$。

1.施肥方案一

(1)土杂肥 1000kg/667m$^2$，复合肥(15-15-15)45kg/667m$^2$，尿素 5kg/667m$^2$，硫酸钾

16kg/667m²。

(2)施肥时期及方法：基施肥播种时一次施入，土肥混合，种肥分施。

2. 施肥方案二

(1)施肥量：土杂肥 1000kg/667m²，配方肥(15-8-17)70 kg/667m²。

(2)施肥时期及方法：基施肥播种时一次施入，土肥混合，种肥分施。

### 六、黄瓜施肥方案

黄瓜的目标产量为 12000kg/667m²，最佳施肥量为：土杂肥 4000～5000kg/667m²，或者精制有机肥 400～500kg/667m²，纯氮 60～75kg/667m²，五氧化二磷 30～36kg/667m²，氧化钾 60～70kg/667m² 左右，硼砂 1.7kg/667m²，硫酸锌 2.7kg/667m²。

1. 施肥方案一

(1) 施肥量：土杂肥 5000kg/667m²，或精制有机肥 400～500kg/667m²，复合肥(15-15-15) 200～240kg/667m²，尿素 65kg/667m²，硫酸钾 60～70kg/667m²，硼砂 1.7 kg/667m²，硫酸锌 2.7kg/667m²。

(2)施用方法：

①基肥：土杂肥 5000kg/667m²，或精制有机肥 400～500kg/667m²，硼砂 1.7 kg/667m²，硫酸锌 2.7kg/667m²。

②追肥：移栽缓苗后追施复合肥(15-15-15)20～24kg/667m²；初果期追施复合肥(15-15-15)20～24kg/667m²，尿素 7kg/667m²，硫酸钾 6～7kg/667m²；以后每采收一次追施复合肥(15-15-15)10～15kg/667m²，尿素 3～4kg/667m²，硫酸钾 3～4kg/667m²，总追肥 15～20 次。

2. 施肥方案二

(1)施肥量：土杂肥 5000kg/667m²，或精制有机肥 400～500kg/667m²，配方肥(15-8-17)350kg/667m²，硼砂 1.7kg/667m²，硫酸锌 2.7kg/667m²。

(2)施用方法：

①基肥：土杂肥 5000kg/667m²，或精制有机肥 400～500kg/667m²，硼砂 1.7 kg/667m²，硫酸锌 2.7kg/667m²。

②追肥：移栽缓苗后追施配方肥(15-8-17)35kg/667m²；初果期追施配方肥(15-8-17)35kg/667m²；每采收一次追施配方肥(15-8-17)15kg/667m² 左右，总追肥 15～20 次。

### 七、西瓜施肥方案

西瓜的目标产量为 5000kg/667m²，最佳施肥量为：土杂肥 4000～5000kg/667m²，或者精制有机肥 100～200kg/667m²，纯氮 20～25kg/667m²，五氧化二磷 12.5～15 kg/667m²，氧化钾 22.5～25kg/667m²。

1. 施肥方案一

(1)施肥量：土杂肥 5000kg/667m²，或精制有机肥 100～200kg/667m²，复合肥(15-15-15)80～100kg/667m²，尿素 10kg/667m²，硫酸钾 20kg/667m²。

(2)施用方法：

①基肥：土杂肥 5000kg/667m²，或精制有机肥 100～200kg/667m²，复合肥(15-15-

15)70kg/667m²,硫酸钾 10kg/667m²。

②追肥:坐瓜鸡蛋大小时,结合浇小水追施复合肥(15-15-15)5kg/667m²,尿素5kg/667m²,硫酸钾 5kg/667m²;西瓜膨大期结合浇水追施复合肥(15-15-15)5kg/667m²,尿素 5kg/667m²,硫酸钾 5kg/667m²。

2.施肥方案二

(1)施肥量:土杂肥 5000kg/667m²,或精制有机肥 100～200kg/667m²,配方肥(15-8-17)150kg/667m²。

(2)施用方法:

①基肥:土杂肥 5000kg/667m²,或精制有机肥 100～200kg/667m²,配方肥(15-8-17)70kg/667m²。

②追肥:坐瓜鸡蛋大小时,结合浇小水追施复合肥(15-8-17)40kg/667m²;西瓜膨大期结合浇水追施复合肥(15-8-17)40kg/667m²。

## 八、甜瓜施肥方案

甜瓜的目标产量为 3500kg/667m²,最佳施肥量为:土杂肥 4000～5000kg/667m²,或者精制有机肥 100～200kg/667m²,纯氮 18～21kg/667m²,五氧化二磷 8～10kg/667m²,氧化钾 15～17.5kg/667m²。

1.施肥方案一

(1)施肥量:土杂肥 5000kg/667m²,或精制有机肥 100～200kg/667m²,复合肥(15-15-15)53kg/667m²,尿素 23kg/667m²,硫酸钾 14kg/667m²。

(2)施用方法:

①基肥:土杂肥 5000kg/667m²,或精制有机肥 100～200kg/667m²,复合肥(15-15-15)53kg/667m²。

②追肥:定植缓苗后追施一次尿素 13kg/667m²;定瓜后追施尿素 10kg/667m²,硫酸钾 14kg/667m²。

2.施肥方案二

(1)施肥量:土杂肥 5000kg/667m²,或精制有机肥 100～200kg/667m²,配方肥(15-8-17)100kg/667m²。

(2)施用方法:

①基肥:土杂肥 5000kg/667m²,或精制有机肥 100～200kg/667m²,配方肥(15-8-17)50kg/667m²。

②追肥:定植缓苗后追施配方肥(15-8-17)15kg/667m²;定瓜后追施配方肥(15-8-17)35kg/667m²。

## 九、马铃薯施肥方案

马铃薯的目标产量为 3000kg/667m²,最佳施肥量为:土杂肥 4000～5000kg/667m²,或者精制有机肥 100～200kg/667m²,纯氮 15～18kg/667m²,五氧化二磷 6.5～8.5kg/667m²,氧化钾 25～30kg/667m²。

1. 施肥方案一

(1)施肥量：土杂肥 5000kg/667m²，或精制有机肥 100～200kg/667m²，复合肥(15-15-15)45～55kg/667m²，尿素 16kg/667m²，硫酸钾 45kg/667m²。

(2)施用方法：

①基肥：土杂肥 5000kg/667m²，或精制有机肥 100～200kg/667m²，复合肥(15-15-15)50kg/667m²，尿素 6kg/667m²，硫酸钾 35kg/667m²。

②追肥：花蕾初现期和盛花期随浇水冲施尿素和硫酸钾各追施复合肥(15-15-15)5kg/667m²。

2. 施肥方案二

(1)施肥量：土杂肥 5000kg/667m²，或精制有机肥 100～200kg/667m²，配方肥(12-6-22)120kg/667m²。

(2)施用方法：

①基肥：土杂肥 5000kg/667m²，或精制有机肥 100～200kg/667m²，配方肥(12-6-22)100kg/667m²。

②追肥：分两次追肥，花蕾初现期和盛花期各随浇水冲施配方肥(12-6-22)10kg/667m²。

## 十、大蒜施肥方案

大蒜的目标产量为 1500kg/667m²，最佳施肥量为：土杂肥 4000～5000kg/667m²，或者精制有机肥 100～200kg/667m²，纯氮 18～24kg/667m²，五氧化二磷 6～9kg/667m²，氧化钾 12.5～15kg/667m²。

1. 施肥方案一

(1)施肥量：土杂肥 5000kg/667m²，或精制有机肥 100～200kg/667m²，复合肥(15-15-15)35～40kg/667m²，尿素 25kg/667m²，硫酸钾 20kg/667m²。

(2)施用方法：

①基肥：土杂肥 5000kg/667m²，或精制有机肥 100～200kg/667m²，复合肥(15-15-15)40kg/667m²，硫酸钾 10kg/667m²。

②追肥：分两次追肥，在清明前后追施尿素 15kg/667m²；蒜薹甩缨时追施尿素 10kg/667m²，硫酸钾 10kg/667m²。

2. 施肥方案二

(1)施肥量：土杂肥 5000kg/667m²，或精制有机肥 100～200kg/667m²，配方肥(24-7-14)80kg/667m²。

(2)施用方法：

①基肥：土杂肥 5000kg/667m²，或精制有机肥 100～200kg/667m²，配方肥(24-7-14)40kg/667m²。

②追肥：分两次追肥，在清明前后追施配方肥(24-7-14)15kg/667m²；蒜薹甩缨时追施配方肥(24-7-14)25kg/667m²。

# 专题一　安丘生姜产地土壤属性分析与养分精准管理专题报告

安丘市地处山东半岛，山地、丘陵、平原各占三分之一，适宜多种蔬菜生长，是安丘生姜、大蒜的主产地。安丘生姜是安丘市的知名品牌。1996年安丘市被农业部命名为“中国姜蒜之乡”。2000年，安丘生姜被认定为地理标志产品。2004年5月安丘市获得国家标准管理委员会颁发的“国家级生姜栽培标准化示范区”证书。2009年，安丘生姜被批准为农产品地理标志证明商标。

近几年来，虽然国际市场对生姜的需求量增大，但质量标准要求也在提高。由于姜农的栽培技术欠缺，且普遍存在重茬病害加重、盲目施肥等问题，导致了生姜生产成本增加，产量不高，品质下降，缺乏市场竞争力，很多产品达不到国外市场的要求，直接影响农业的可持续发展和农产品的质量安全。因此，必须开展安丘生姜产地土壤属性分析与品质提高专题技术研究与推广，深入探讨生姜的营养特性、吸肥规律及配套技术，为其高产、稳产、优质提供技术支持。

## 第一节　安丘生姜特性及生产状况

生姜为姜科，属多年生草本植物，现作为一年生蔬菜栽培。其植株形态直立，分枝性强，一般每墩有十多个丛状分枝，植株开展度为45～55cm，主要包括根、地上茎、叶、花、根茎等器官。

安丘生姜营养丰富，产品中含有丰富的糖类、蛋白质、脂肪、纤维素、多种维生素和无机盐，还含有姜辣素、姜油酮、姜烯酚和姜醇等特殊成分，具有特殊的辛香味。由中国医学科学院卫生研究所编著的食物成分表可知，每500g鲜姜含糖类40g、脂肪3.5g、蛋白质7g、纤维素5g、胡萝卜素0.9mg、维生素C 20mg、硫胺素0.05mg、核黄素0.2mg、尼克酸2mg、钙100mg、磷225mg、铁35mg。这些都是维持人的身体健康不可缺少的养分。生姜用途很广，它是一种集调味品、食品加工原料和药用为一体的多用途蔬菜。由于它具有芳香的辛辣风味，有除腥、去臊、去臭的作用，因而是广大群众喜爱的调味作料。姜亦可加工制成姜干、姜粉、姜汁、姜油、姜酒、糖姜片、酱渍姜等多种食品。此外，姜还能入药，俗语说“冬吃萝卜夏吃姜，不劳医生开药方”。中医把姜、葱、蒜、薤韭称为“五辛”。据药书记载，姜性温，味辛，能入胃、脾、肺三经，有解毒、散寒、温胃、发汗、止呕、驱风等功效。因此，姜是医药上良好的健胃、祛寒和发汗剂。安丘生姜耐储藏、耐运输，可远距离调运，还可出口创汇。与其他蔬菜相比，生姜含水量较少，周皮较厚，因而能长期储存。安丘市姜区采用窖藏法，一般存放 3 年质量仍保持良好。在储藏期间，可根据市场需要，随时取出销售，以调节市场供应，也适合远销外地。

自从改革开放以来，种植业结构的调整和高产、高效农业的发展，为安丘生姜生产带来了良好的机遇，其种植面积迅速扩大。同时，随着科技成果的推广和普及，安丘生姜单位面积产量不断提高，经济效益显著。安丘生姜生产已经成为种植业中商品率高、见效快、经济效益好的一个优势行业，也已成为农民致富的重要途径之一。1985 年，安丘市生姜种植面积仅为 $700hm^2$，1997 年达到 $4670\sim5330hm^2$，2010 年已发展到 $14000hm^2$，涌现出一大批安丘生姜生产专业户和专业村，安丘生姜开始由零星栽培向规模化发展，成为安丘市重要的支柱产业之一。安丘生姜产品购销遍及全国各地，并出口日本、美国、韩国等三十多个国家和地区。

## 第二节　安丘生姜土壤属性分析

安丘生姜耕地土壤的理化性状是决定其肥力水平的主要因素，亦是生产优质安丘生姜的基础。为获得优质、高产、高效、可持续发展的产品，安丘市 2008 年对安丘生姜主产地域土壤属性的几个变化因素，在生姜生产实践中进行了印证性调查，从产地耕层土壤取样、化验分析主要有效养分含量，为生姜规范化、科学化管理提供依据。

### 一、安丘生姜产区的土壤情况

安丘生姜全市各镇都有种植，面积较大的有兴安街道办事处、新安街道办事处、凌河镇、景芝镇。全市最适宜种植生姜的面积有 $16666.7hm^2$，较适宜种植生姜的面积有 $19200hm^2$，可以种植生姜的面积有 $21733.3hm^2$，不能种植生姜的面积有 $38400hm^2$，如图 1 所示。2010 年全市生姜种植面积近 $13330hm^2$，单从面积上看，生姜种植还有很大的发展空间。

全市潮土、褐土、棕壤、砂姜黑土四种土壤类型均有生姜种植，其中较适宜种植生姜的土壤类型有三种：①潮土：土壤有机质含量较高，养分亦丰富，宜菜宜粮，分布在海拔 5～80m 的渠河、汶河沿河两岸冲积平原，包括兴安街道办事处、新安街道办事处、凌河镇、景芝镇等镇(街道办事处)；②褐土：是全市最大的一个土类，集中于石堆镇、石埠子镇、官庄镇、兴安街道办事处、新安街道办事处、凌河镇、景芝镇等，土体褐色，有黏化层，呈中性或微碱性；③砂姜黑土：主要分布在金冢子镇、官庄镇及景芝镇的西南部。

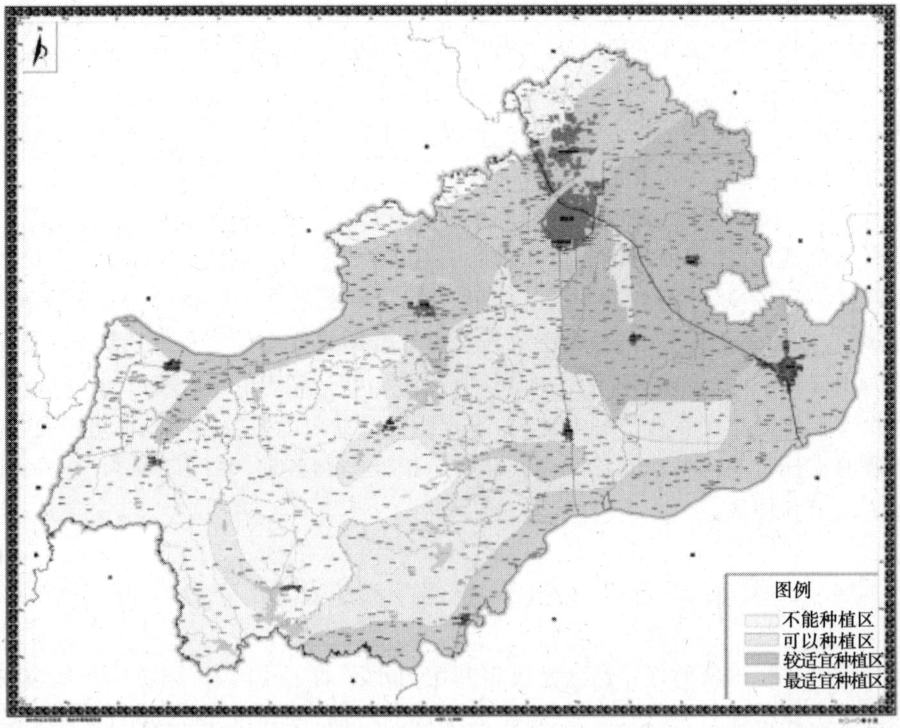


图1 安丘市生姜种植分布图

安丘生姜产区耕地土壤质地分三种:①轻壤土:全市各镇(街道办事处)均有分布,其耕层土壤容重为1.27g/cm$^3$,总孔隙度为51.6%,其中,非毛管孔隙度为12.4%,毛管孔隙度为39.2%,质地较松,通透性好,养分含量中等,土壤中水、肥、气、热状况比较协调,具有一定的保水、保肥性能,适宜优质、高效地发展安丘生姜生产;②中壤土:分布在凌河镇、新安街道办事处、兴安街道办事处、石埠子镇,质地适中,通透性好,保肥、保水能力强,抗旱抗涝,适耕期较长,粮菜生长皆宜,是农业生产上的一种较理想的土壤;③重壤土:分布在官庄镇、金冢子镇、景芝镇东洼及西南部,其耕层土壤容重为1.33g/cm$^3$左右,总孔隙度为49%,其中,非毛管孔隙度为16.1%,毛管孔隙度为32.9%,保肥、保水能力强,潜在肥力高,但养分释放缓慢,质地比较黏重,通透性差,宜耕期短,有季节性内涝。

安丘市生姜主产区地下水丰富,水位一般在地下5～20m,水质较好,矿化度小于2g/L,符合国家农田灌溉水标准。

全市灌溉水pH平均为7.0,变幅为6.65～7.31,其中,地下水平均值为7.11,河水为6.99,库水为6.92,均符合国家农田用水pH为5.5～8.5的标准。

## 二、安丘生姜产区耕地养分状况

从2007年秋季开始到2008年,安丘市从新安街道办事处、兴安街道办事处、凌河镇、金冢子镇、辉渠镇、柘山镇、石堆镇、官庄镇、景芝镇、大盛镇十个镇(街道办事处)的生姜种植区取土样 292 个，以测定土壤有机质、碱解氮、有效磷、速效钾及中微量元素含量，分析近期土壤有效养分存供能力。具体数据如表 1 所示。

表 1 生姜田土壤养分统计表

| 项目 | | 新安街道办事处 | 凌河镇 | 金冢子镇 | 辉渠镇 | 柘山镇 |
|---|---|---|---|---|---|---|
| 有机质(g/kg) | 平均 | 12.87 | 11.18 | 12.93 | 12.02 | 8.80 |
| | 变幅 | 7.9～18.21 | 7.41～15.13 | 11.39～15.47 | 8.19～18.21 | 5.01～12.29 |
| 碱解氮(mg/kg) | 平均 | 123.76 | 100.38 | 92.60 | 104.24 | 79.35 |
| | 变幅 | 37～527 | 39～311 | 69.58～139 | 55～236 | 59.18～106 |
| 有效磷(mg/kg) | 平均 | 66.90 | 78.91 | 76.58 | 49.35 | 35.84 |
| | 变幅 | 5.6～273.3 | 12.2～151.4 | 26.12～219.9 | 5.9～231.3 | 13.3～93.2 |
| 速效钾(mg/kg) | 平均 | 148.50 | 179.86 | 221.37 | 154.99 | 105.00 |
| | 变幅 | 51～454 | 84～390 | 102.5～441 | 64～407 | 44～300 |
| 有效硼(mg/kg) | 平均 | 0.41 | 0.58 | 0.40 | 0.44 | 0.26 |
| | 变幅 | 0.014～0.93 | 0.15～0.98 | 0.23～0.78 | 0.15～0.81 | 0.16～0.51 |
| 有效锌(mg/kg) | 平均 | 1.40 | 1.01 | 1.12 | 1.09 | 0.70 |
| | 变幅 | 0.46～3.6 | 0.21～1.8 | 0.24～1.86 | 0.21～1.86 | 0.18～1.1 |
| 有效铁(mg/kg) | 平均 | 41.56 | 35.19 | 42.83 | 46.81 | 24.53 |
| | 变幅 | 11～70.4 | 7.6～76.2 | 28.8～72 | 7.6～122 | 12.4～39.8 |
| 交换性镁(mg/kg) | 平均 | 0.36 | 0.36 | 0.35 | 0.38 | 0.40 |
| | 变幅 | 0.15～0.88 | 0.12～0.68 | 0.16～0.58 | 0.16～0.67 | 0.19～0.62 |
| 交换性钙(mg/kg) | 平均 | 4.22 | 3.76 | 3.68 | 3.49 | 3.53 |
| | 变幅 | 1.36～8.19 | 1.92～5.38 | 2.64～5.28 | 1.96～6.2 | 1.2～5.38 |
| 有效硫(mg/kg) | 平均 | 57.02 | 45.28 | 32.09 | 32.09 | 29.75 |
| | 变幅 | 12.74～116.68 | 12.41～114.44 | 13.39～55.72 | 13.39～55.72 | 12.85～64.52 |

| 项目 | | 石堆镇 | 大盛镇 | 官庄镇 | 景芝镇 | 兴安街道办事处 |
|---|---|---|---|---|---|---|
| 有机质(g/kg) | 平均 | 10.41 | 11.41 | 10.76 | 13.94 | 11.85 |
| | 变幅 | 4.44～16.05 | 5.23～15.7 | 8.98～13.02 | 6.83～19.34 | 7.2～16.2 |
| 碱解氮(mg/kg) | 平均 | 89.74 | 100.63 | 77.37 | 111.86 | 90.16 |
| | 变幅 | 31～202.16 | 29～179 | 41.86～145 | 36.0～224.03 | 37～184 |
| 有效磷(mg/kg) | 平均 | 69.63 | 48.33 | 32.18 | 88.92 | 72.33 |
| | 变幅 | 13.6～144.7 | 23.5～107.3 | 21.8～60.35 | 12.60～232.4 | 10.4～175.7 |

续表

| 项目 | | 石堆镇 | 大盛镇 | 官庄镇 | 景芝镇 | 兴安街道办事处 |
|---|---|---|---|---|---|---|
| 速效钾(mg/kg) | 平均 | 183.07 | 135.83 | 133.65 | 186.43 | 138.15 |
| | 变幅 | 81～482 | 74～274 | 87～213 | 57～401 | 51～326 |
| 有效硼(mg/kg) | 平均 | 0.4 | 0.35 | 0.49 | 0.51 | 0.32 |
| | 变幅 | 0.26～0.67 | 0.2～0.67 | 0.22～0.75 | 0.23～1.17 | 0.01～0.67 |
| 有效锌(mg/kg) | 平均 | 0.77 | 0.98 | 1.00 | 0.77 | 1.02 |
| | 变幅 | 0.17～1.48 | 0.04～1.24 | 0.56～1.74 | 0.26～1.6 | 0.14～0.62 |
| 有效铁(mg/kg) | 平均 | 16.27 | 47.84 | 11.13 | 24.51 | 4.08 |
| | 变幅 | 7.0～33.8 | 22.4～79.8 | 7.20～14.00 | 9.2～80.0 | 1.98～8.41 |
| 交换性镁(mg/kg) | 平均 | 0.51 | 0.41 | 0.30 | 0.41 | 0.36 |
| | 变幅 | 0.17～0.88 | 0.16～0.71 | 0.16～0.52 | 0.14～0.77 | 0.14～0.62 |
| 交换性钙(mg/kg) | 平均 | 3.44 | 4.37 | 3.43 | 4.10 | 4.08 |
| | 变幅 | 1.76～6.12 | 2.14～9.09 | 1.82～5.54 | 2.16～8.70 | 1.98～8.41 |
| 有效硫(mg/kg) | 平均 | 36.81 | 27.23 | 31.49 | 32.28 | 47.16 |
| | 变幅 | 12.54～129.54 | 13.18～85.07 | 12.65～64.38 | 12.74～99.23 | 12.94～13.06 |

由表1可看出，安丘市生姜田有效养分含量很不平衡，不同田块间变幅较大，有机质、碱解氮、速效钾相对不足，有效磷过剩，个别地块有效锌、有效铁、有效硼都缺乏。

近四年，安丘市生姜产量稳产、高产，增产幅度较大。这表明安丘市土壤有效养分供过于耗，施肥力水平较高。

## 三、安丘生姜产地区域

生姜的主产品是肉质块茎，产地最适土壤性状为：总孔隙度较大，容重较小，有机质含量较丰富，质地比较疏松，肥、水、气、热变化缓冲能力较强，耕性好；土壤pH值为中性或弱酸、弱碱性；碱解氮、有效磷、速效钾等有效养分较丰富；土壤含盐量低于0.02%，重金属元素含量符合国家规定标准。据本次调查结果，安丘生姜主产区宜选择安丘市中东部，汶河、渠河两岸，下小路、安五路两侧的广大地区。建议各镇(街道)政府统筹规划，正确引导，抓好区域化种植、管理，以龙头企业、专业合作化组织为依托建立基地，搞好生产经营管理。

安丘市生姜产量高、品质好，主要是受当地独特的地理环境和自然环境的影响。这里地势平坦、土层深厚，土壤及水中可溶性钾含量高，加上四季分明，特别是8～9月气候适宜、昼夜温差较大，光照也比较充足，降雨适中，适于生姜块茎膨大，养分积累。正是因为有着优越的土壤、气候条件，安丘生姜才得以长足的发展，并远销欧、美、日本、韩国及东南亚地区。

## 第三节 当前安丘生姜生产中存在的问题及原因

安丘生姜有着多年的种植历史，自明朝万历年间就有种植。但是随着长年累月的种植，由于肥料施用不当和栽培管理不善，安丘生姜生产中出现了一定的问题。

### 一、盲目施肥，土壤养分平衡失调

生姜田内连续多年种植，其吸收的养分种类相似，带走养分的比例相同，使土壤中某些养分亏缺，营养平衡受到破坏。同时，在生姜的施肥上研究资料太少，现在很难查找到关于生姜施肥量的资料，对生姜的施肥量无据可依，造成盲目施肥现象普遍存在；在肥料的应用上不能做到合理配施，导致土壤中的营养平衡失调，缺素症状明显、突出，使生姜产品的产量、品质和经济效益都受到不同程度的影响。

### 二、过量施肥，增加土壤中盐分积累

由于一味地追求高产，生姜栽培施肥量较大，尤其是化肥的施入量，远远超过生姜栽培的合理施肥量。

据调查，生姜种植一季化肥的使用量最少的不低于 300kg/667m$^2$，多的可达 600kg/667m$^2$。这样连年过量的施入，造成土壤中肥料过多，这些肥料除被作物部分吸收外，还有部分残留在土壤中，致使大量盐分聚集在土壤表层，形成次生盐渍化，影响生姜作物的生长发育，降低了生姜的产量和品质，不利于生姜的可持续发展。

生姜过量施肥的原因有三点：一是对生姜的施肥量无据可依；二是经济效益的驱使；三是生姜的需肥特性给人们造成了误解（由于生姜的耐肥能力远高于粮食作物，使人们认为只要造不成肥害，就是施肥没有过量）。

### 三、土壤的物理性状变劣，保肥、保水能力降低

在生姜生产中，大部分农民过量使用化肥，而忽视有机肥料的投入和施用。由于化肥对土壤团粒结构有破坏作用，加上长期相同的耕作，不进行深耕翻，形成浅耕层，结构退化，土壤板结变硬，物理性状不良，通透性变差，致使土壤中有机质含量降低，肥力衰退，土壤保肥、保水能力降低，需氧型的微生物活性下降，生姜根系发育不良，吸收养分和水分的能力下降，正常生长受到较大影响，成为生姜高产、优质的障碍因素。

### 四、土传病虫害增多，危害日益严重

由于生姜连年种植，结构单一，得不到合理轮作；农民不注意田内的卫生，病株残体未能及时清除；大量使用未经腐熟的鸡粪等动物粪便，使有害线虫、病原菌、残留毒素在土壤中越积累越多，土壤带菌量逐年增大，形成“毒土”，导致生姜感病机率增加，土传病虫害加重，如姜瘟病、姜癞皮病均呈上升趋势，严重影响生姜的生产。

## 第四节 生姜养分精准管理及合理培肥

通过取土化验，查明了安丘市生姜田内土壤养分丰缺状况。通过大量试验明确了生姜氮、磷、钾，以及微量元素硼、锌、铁的吸收规律；建立了生姜大量和中微量元素精准施肥指标体系；得出生姜中高产最大产量和最佳产量施肥量；研究明确了有机肥、硅肥、硫肥适宜用量及增产效果。以土壤测试、试验示范及生姜施肥参数为依据，确立了施足底肥，增施有机肥，有机无机结合，苗期少追，盛长初期重施氮、磷、钾肥，盛长后期补施氮、钾肥，增施中微量元素肥料的施肥原则；制定了生姜中高产施肥方案。以养分精准管理为核心，系统研究了生姜适宜播期、种植规格、栽培方式以及病虫害的综合防治等配套技术措施，形成了生姜高产、高效的栽培技术规程。

试验研究是进行生姜精准施肥技术的基础，它包括氮、磷、钾田间“3414”小区试验，肥效对比试验，锌、硼、铁微量元素“3414”小区试验，有机硅肥肥效对比试验等几个类型。完成生姜的相关试验，布置田间肥料效应小区试验，摸清土壤养分、校正系数、土壤供肥量、生姜最佳施肥量和肥料利用率、生姜需肥规律等基本参数。建立生姜不同施肥区的施肥指标体系，为生姜精准施肥提供依据。项目实施过程中共布置完成氮、磷、钾“3414”田间小区试验，肥效对比试验，锌、硼、铁微量元素“3414”试验，有机硅肥效果试验，生姜中产地块优化施肥最佳方案的选择与分析试验等。

### 一、大量元素“3414”试验设计及结果（见表2）

“3414”试验方案中3指N、P、K 3个因素，4指每个因素4个水平，14指试验总计14个处理，0水平指不施肥，1水平＝2水平×0.5，2水平指当地最佳施肥量，3水平＝2水平×1.5（该水平为过量施肥水平）。

通过试验找出了生姜实现最大产量施肥量为：纯氮63.2kg/667m$^2$，纯五氧化二磷61.7kg/667m$^2$，纯氧化钾88kg/667m$^2$；最佳产量施肥量为：纯氮55.6kg/667m$^2$，纯五氧化二磷30.8kg/667m$^2$，纯氧化钾53.3kg/667m$^2$。

表2 大量元素“3414”试验设计及结果

| 编号 | 处理 | N | P | K | 亩施N(kg) | 亩施$P_2O_5$(kg) | 亩施$K_2O$(kg) |
|---|---|---|---|---|---|---|---|
| 1 | $N_0P_0K_0$ | 0 | 0 | 0 | 0 | 0 | 0 |
| 2 | $N_0P_2K_2$ | 0 | 2 | 2 | 0 | 30 | 70 |
| 3 | $N_1P_2K_2$ | 1 | 2 | 2 | 25 | 30 | 70 |
| 4 | $N_2P_0K_2$ | 2 | 0 | 2 | 50 | 0 | 70 |
| 5 | $N_2P_1K_2$ | 2 | 1 | 2 | 50 | 15 | 70 |
| 6 | $N_2P_2K_2$ | 2 | 2 | 2 | 50 | 30 | 70 |
| 7 | $N_2P_3K_2$ | 2 | 3 | 2 | 50 | 45 | 70 |

续表

| 编号 | 处理 | N | P | K | 亩施 N(kg) | 亩施 $P_2O_5$(kg) | 亩施 $K_2O$(kg) |
|---|---|---|---|---|---|---|---|
| 8 | $N_2P_2K_0$ | 2 | 2 | 0 | 50 | 30 | 0 |
| 9 | $N_2P_2K_1$ | 2 | 2 | 1 | 50 | 30 | 35 |
| 10 | $N_2P_2K_3$ | 2 | 2 | 3 | 50 | 30 | 105 |
| 11 | $N_3P_2K_2$ | 3 | 2 | 2 | 75 | 30 | 70 |
| 12 | $N_1P_1K_2$ | 1 | 1 | 2 | 25 | 15 | 70 |
| 13 | $N_1P_2K_1$ | 1 | 2 | 1 | 25 | 30 | 35 |
| 14 | $N_2P_1K_1$ | 2 | 1 | 1 | 50 | 15 | 35 |

## 二、锌、硼、铁微量元素"3414"试验设计及结果(见表 3)

经试验得出最大产量施肥量为:硫酸锌 2.8kg/667m$^2$,硼砂 1.3kg/667m$^2$,硫酸亚铁 55.6kg/667m$^2$;最佳产量施肥量为:硫酸锌 2.7kg/667m$^2$,硼砂 1.7kg/667m$^2$,硫酸亚铁 40.1kg/667m$^2$。

表 3　　锌、硼、铁微量元素"3414"试验设计及结果

| 序号 | 试验处理 | 编码 | | | 亩施硫酸锌(kg) | 亩施硼肥(kg) | 亩施硫酸亚铁(kg) |
|---|---|---|---|---|---|---|---|
| | | Zn | B | Fe | | | |
| 1 | $Zn_0B_0Fe_0$ | 0 | 0 | 0 | 0 | 0 | 0 |
| 2 | $Zn_0B_2Fe_2$ | 0 | 2 | 2 | 0 | 2 | 60 |
| 3 | $Zn_1B_2Fe_2$ | 1 | 2 | 2 | 1.5 | 2 | 60 |
| 4 | $Zn_2B_0Fe_2$ | 2 | 0 | 2 | 3 | 0 | 60 |
| 5 | $Zn_2B_1Fe_2$ | 2 | 1 | 2 | 3 | 1 | 60 |
| 6 | $Zn_2B_2Fe_2$ | 2 | 2 | 2 | 3 | 2 | 60 |
| 7 | $Zn_2B_3Fe_2$ | 2 | 3 | 2 | 3 | 3 | 60 |
| 8 | $Zn_2B_2Fe_0$ | 2 | 2 | 0 | 3 | 2 | 0 |
| 9 | $Zn_2B_2Fe_1$ | 2 | 2 | 1 | 3 | 2 | 30 |
| 10 | $Zn_2B_2Fe_3$ | 2 | 2 | 3 | 3 | 2 | 90 |
| 11 | $Zn_3B_2Fe_2$ | 3 | 2 | 2 | 4.5 | 2 | 60 |
| 12 | $Zn_1B_1Fe_2$ | 1 | 1 | 2 | 1.5 | 1 | 60 |
| 13 | $Zn_1B_2Fe_1$ | 1 | 2 | 1 | 1.5 | 2 | 30 |
| 14 | $Zn_2B_1Fe_1$ | 2 | 1 | 1 | 3 | 1 | 30 |

## 三、有机硅肥试验

试验设计两个处理:一是对照(不施硅肥),二是每亩施有机硅肥 111kg。经试验,使用有机硅肥区比对照区亩增产生姜 558.2kg,增产率达 9.3%,经 $t$ 检验增产效果达极显著水平。这说明有机硅肥这一新肥种在生姜上极具推广价值。

## 四、生姜中产地块优化施肥最佳方案的选择与分析

近年生产中，姜农施肥偏重于氮肥而忽视磷、钾肥。为达到科学、合理施肥的目的，安丘市对生姜氮、磷、钾优化施肥技术进行了试验研究。

（一）材料与方法

供试生姜品种为安丘生姜。试验田土壤含有机质 13.89mg/kg、碱解氮 58.3mg/kg、速效磷 10.7mg/kg、速效钾 217.0mg/kg。试验采用三因素五水平二次正交通用旋转回归设计方案，小区面积为 $30m^2$，随机排列。因素及编码如表 4 所示。

表 4　$N$、$P_2O_5$、$K_2O$ 的设计水平及编码

| 编码值 | 设计水平（$kg/667m^2$） | | |
|---|---|---|---|
| | $X_1(N)$ | $X_2(P_2O_5)$ | $X_3(K_2O)$ |
| −1.682 | 0 | 0 | 0 |
| −1 | 12.16 | 6.08 | 16.22 |
| 0 | 30.00 | 15.00 | 40.00 |
| 1 | 47.84 | 23.92 | 63.78 |
| 1.682 | 60.00 | 30.00 | 80.00 |

供试肥料分别为尿素、过磷酸钙和硫酸钾，肥料施用方式：基肥：纯氮 20％，五氧化二磷 60％，氧化钾 20％；追肥：纯氮 60％，五氧化二磷 40％，氧化钾 60％；补充肥：纯氮 20％，氧化钾 20％。以产量为纵坐标，以纯氮、五氧化二磷、氧化钾的用量为自变量，建立产量与施肥量间的数学模型，进而模拟三因素所有水平间相互组合的农艺方案，从中选出最佳方案作为生姜高产栽培的施肥标准。

（二）结果分析

采用二次正交旋转回归设计法，进行了生姜氮、磷、钾肥施用量的试验，建立了生姜产量与纯氮、五氧化二磷、氧化钾肥用量的三元二次数学模型。通过对模型的解析得出，氮肥用量对生姜产量影响最大，但用量过多会引起减产，应用计算机模拟寻优，筛选出试验条件下亩产超 2500kg 中产水平的农艺方案 14 个，最高产量为 $2614.06kg/667m^2$，相应的肥料用量为纯氮 $38.69kg/667m^2$，五氧化二磷 $18.91kg/667m^2$，氧化钾 $51.90kg/667m^2$，其比例为 2∶1∶2.7。

## 五、生姜对氮、磷、钾吸收分配规律试验

安丘是生姜的重点产区，研究生姜的需肥特性，对于获取生姜高产、稳产具有重要意义。2007 年，我们在山东农业大学有关专家、教授的帮助下，对氮、磷、钾三要素在生姜体内的吸收与分配进行了初步研究，并对生姜的合理施肥进行了初步探讨。

（一）材料与方法

供试品种为安丘生姜。姜幼芽出土后，每隔一月取样一次，每次取 5 株，按器官分别烘干、称重，研磨过筛后，进行氮、磷、钾分析。凯氏法定氮，钒钼黄比色法测磷，火焰光度

法测钾。

(二)结果与分析

1. 生姜对氮、磷、钾的吸收规律(见表5、图2、图3)

生姜对氮、磷、钾吸收表现出典型的“S”形曲线，这说明生姜对氮、磷、钾的吸收与自身的生长规律相一致。

从表5可以看出，生姜对氮、磷、钾的吸收量及比例因不同的生育期而不同。总的来说，生姜对钾的需求量最大，氮次之，磷最少，全生育期吸收纯氮、五氧化二磷、氧化钾的比例为9.73∶1∶15.1。随着生长的进行，钾的比例下降，而氮的比例略有升高，纯氮、五氧化二磷、氧化钾的比例由幼苗期的7.32∶1∶15.67，发展到盛长后期的10.7∶1∶14.5。

**表5　　生姜不同生育期吸收氮、磷、钾的量及比例**

| 生育期 | 吸收量(mg/株) | | | 吸收比例(%) | | |
|---|---|---|---|---|---|---|
| | 氮 | 磷 | 钾 | 氮 | 磷 | 钾 |
| 幼苗期 | 293.6 | 40.1 | 628.5 | 12.12 | 16.09 | 16.70 |
| 旺盛生长前期 | 839.1 | 83.2 | 1283.3 | 34.61 | 33.39 | 34.10 |
| 旺盛生长中期 | 528.5 | 54.6 | 818.3 | 21.80 | 21.91 | 21.74 |
| 旺盛生长后期 | 762.9 | 71.3 | 1033.5 | 31.47 | 28.61 | 27.46 |
| 全生育期 | 2424.1 | 249.2 | 3763.6 | 100.00 | 100.00 | 100.00 |

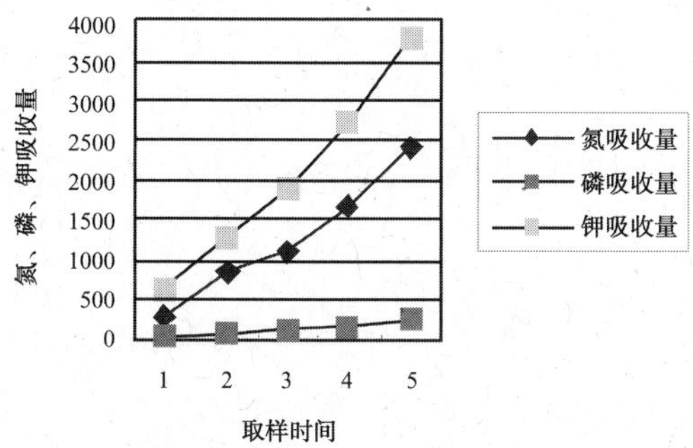


图2　生姜对氮、磷、钾吸收动态折线图

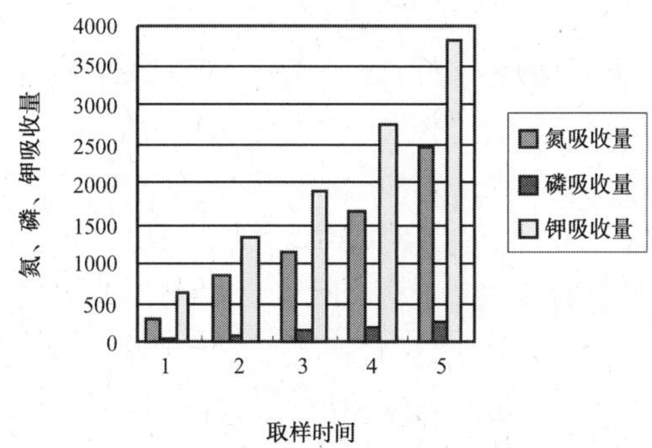


图3　生姜对氮、磷、钾吸收动态柱形图

注：1取样时间在6月22日，2取样时间在7月22日，3取样时间在8月22日，4取样时间在9月22日，5取样时间在5月22日。

2. 不同器官氮、磷、钾含量的变化(见表6)

因不同器官的功能及氮、磷、钾在植株体的作用不同，氮、磷、钾在不同器官的含量差异较大，在不同生育期氮、磷、钾的含量也发生不同程度的变化。

表 6　生姜不同器官吸收氮、磷、钾的分配率

| 月/日 | | | 6/22 | 7/22 | 8/22 | 9/22 | 10/22 |
|---|---|---|---|---|---|---|---|
| 分配率(%) | 主枝叶 | N | 14.29 | 30.51 | 14.47 | 9.21 | 5.58 |
| | | $P_2O_5$ | 10.00 | 20.27 | 9.70 | 5.7 | 4.03 |
| | | $K_2O$ | 8.23 | 12.52 | 7.53 | 4.07 | 3.01 |
| | 主枝 | N | 45.54 | 14.41 | 5.28 | 3.53 | 2.18 |
| | | $P_2O_5$ | 45.00 | 17.61 | 5.82 | 3.26 | 2.02 |
| | | $K_2O$ | 53.86 | 27.07 | 9.82 | 6.08 | 3.59 |
| | 侧枝叶 | N | 0 | 18.45 | 35.64 | 37.20 | 27.08 |
| | | $P_2O_5$ | 0 | 13.95 | 28.81 | 30.87 | 25.67 |
| | | $K_2O$ | 0 | 10.69 | 17.41 | 18.87 | 15.91 |
| | 侧枝 | | 0 | 17.24 | 16.76 | 16.64 | 19.37 |
| | | $P_2O_5$ | 0 | 27.24 | 28.90 | 26.39 | 24.38 |
| | | $K_2O$ | 0 | 28.08 | 37.07 | 41.68 | 39.87 |
| | 根茎 | N | 36.90 | 17.59 | 26.67 | 31.44 | 44.15 |
| | | $P_2O_5$ | 40.00 | 19.27 | 25.80 | 31.41 | 42.27 |
| | | $K_2O$ | 36.54 | 19.24 | 26.14 | 25.44 | 34.50 |
| | 根 | N | 3.87 | 1.80 | 1.18 | 1.98 | 1.64 |
| | | $P_2O_5$ | 5.00 | 1.66 | 0.97 | 2.37 | 1.63 |
| | | $K_2O$ | 1.37 | 2.40 | 2.03 | 2.86 | 3.12 |

从表 6 可以看出，幼苗期不同器官的含氮量相差较大，但至收获时差距缩小。从全生育期来看，除根内氮含量较稳定外，其余均呈下降趋势。总的来看，含氮量为侧枝叶＞主枝叶＞根茎＞侧枝＞主枝＞根，叶片含氮量高，是由于氮素是叶绿素的重要组成成分，叶片要进行光合作用，就必须有充足的氮素来满足代谢的要求。从变化幅度看，尤以叶片及根茎降低最多，特别是主枝叶，其发生早，早衰严重，氮素外运，使之变化更甚；而根茎含氮量下降，则是由于碳水化合物积累快所致。

器官含磷量的变化与含氮量不同，除苗期外，总趋势是侧枝＞侧枝叶＞根茎＞主枝叶＞主枝＞根。幼苗期，各器官尤其是根，磷含量变化较大，而盛长期则基本稳定。这是由于磷是细胞质、细胞核的组成成分，因苗期分生组织细胞所占比例较大，细胞质浓、核大所致。

钾含量除根稳定在 4%范围以下，其余器官均变化较大，总趋势是侧枝＞主枝＞根茎＞侧枝叶＞主枝叶，可见枝的含钾量高于叶片，根茎居中。这与钾促进碳水化合物的合成与运输，提高茎秆纤维素、木质素含量，增强茎秆坚韧程度，防止倒伏的作用密切相关。此外，钾在体内几乎呈离子状态存在，虽不参与有机物的合成，但对体内酶的活性有重要作用，因而钾多集中于生长旺盛的幼嫩部位，故钾含量侧枝＞主枝，侧枝叶＞主枝叶。根茎中钾含量下降主要是由于碳水化合物增加迅速所致，而叶片及枝的含钾量下降，可能与植株衰老有关，至于根内钾含量稳定，可能与钾离子首先进入根内，尔后再运转到其他部位，这样根就需要相对稳定的钾离子浓度有关。

3. 氮、磷、钾在各器官的分配规律

从表 6 可以看出，氮、磷、钾的分配与各器官干物质的积累相一致，随着生长的延续及各器官量的增大，氮、磷、钾的量也逐渐增加。氮、磷、钾吸收后，首先向最需要的部位即生长中心分配。从表 6 不难看出，氮、磷、钾在根内的分配较稳定，一般均在 5%以下。6 月 22 日测定，氮、磷、钾在主枝的分配最高，分别为 45.54%、45.0%和 53.86%；7 月 22 日时，氮在主枝叶的分配率较高，磷、钾在侧枝的分配量较高。随着生长的进行，氮、磷、钾向根茎的分配量越来越大，最终分别占总吸收量的 44.15%、42.27%和 34.5%。

综上所述，生姜吸收的氮、磷、钾尽管向不同器官的分配量及比例起伏不定，但向根茎的输送量则是与日俱增，且除钾的分配量略低于侧枝外，氮、磷则均以根茎内的分配量为最高。

4. 讨论与结论

生姜在幼苗期，吸收氮、磷、钾的量仅占总量的 14.4%，但苗期吸钾比例特高，因此苗期追肥应氮、钾配合，这样才可满足苗期需钾量高的特点。盛长初期，姜农有“立秋”大追肥的习惯。从试验结果看，此期追肥氮、磷、钾的吸收速度最快，三者应配合施用。另外，最好是追施饼肥，一则氮、磷、钾均衡，二则肥效期长，可适应生姜生长期长的特点。至 9 月中旬时，地上茎叶基本稳定，而根茎迅速膨大，所需氮、磷、钾量多，所以最好在此时再补施速效化肥，尤其是钾、氮肥，以满足根茎膨大的需要。

由试验可看出，生姜所需氮、磷、钾的量是相当高的，每生产 1000kg 根茎约需纯氮 6.36kg，五氧化二磷 0.58kg，氧化钾 9.29kg，特别是氮、钾，生姜的需求量高于番茄、黄瓜等蔬菜作物。生姜对钾的需求量尤其高，全生育期钾比氮高 46.4%，苗期高 83.3%。因此应结合不同时期合理施肥，施肥原则是：施足底肥，苗期少追，适量补钾，盛长初期重施氮、磷、钾，盛长后期补施钾、氮，每次用肥，均应考虑氮、磷、钾配合施用。

## 六、有机肥的增产作用及对土壤理化性状的影响

随着化肥的不合理使用和大量投入，生姜田土壤的理化性状越来越差。为探讨有机肥对生姜的增产作用及对土壤理化性状的影响我们安排了有机肥专门试验。使用肥料为好而绿有机肥，含有机质不低于 50%，含氮、磷、钾不低于 4%。试验地点安排在凌河镇石家庄村，土壤类型均为非石灰性河潮土，地势平坦，肥力均匀，水浇条件良好。试验前取试验地土壤进行基础养分化验，化验结果如表 7 和表 8 所示。试验设五个处理，随机排列，重复三次，试验小区面积为 30$m^2$。处理一：施复合肥(15-15-15)300kg/667$m^2$；处理二：施复合肥(15-15-15)300kg/667$m^2$＋有机肥 150kg/667$m^2$；处理三：施复合肥(15-15-15)300kg/667$m^2$＋有机肥 200kg/667$m^2$；处理四：施复合肥(15-15-15)300kg/667$m^2$＋有机肥 250kg/667$m^2$；处理五：施复合肥(15-15-15)300kg/667$m^2$＋有机肥 300kg/667$m^2$。

表 7 试验地的土壤情况

| 供试作物 | 试验地点 | 土壤类型 | 有机质(g/kg) | 碱解氮(mg/kg) | 速效磷(mg/kg) | 速效钾(mg/kg) | pH 值 |
|---|---|---|---|---|---|---|---|
| 生姜 | 凌河镇石家庄 | 非石灰性河潮土 | 11.7 | 93.7 | 46.2 | 121.9 | 7.1 |

表 8 试验地的物理性状

| 供试作物 | 试验地点 | 土壤类型 | 土壤容重($g/cm^3$) | 孔隙度(%) | 田间持水量(%) |
|---|---|---|---|---|---|
| 生姜 | 凌河镇石家庄村 | 非石灰性河潮土 | 1.55 | 50.4 | 18.3 |

(一)生姜生物学性状比较

生姜施用好而绿有机肥后较对照处理早出芽 1～2 天,根系发育快,植株长势旺叶色浓绿,茎粗,叶厚有光泽,干叶尖差,分枝多 2～3 个。

(二)生姜产量结果统计

生姜施用好而绿有机肥后处理二平均亩产生姜 3727.97kg,比处理一(对照)亩产生姜 3304.13kg 增产 423.84kg,增产率为 12.83%;处理三平均亩产生姜 3901.03kg,比处理一(对照)亩产生姜 3304.13kg 增产 596.9kg,增产率为 18.06%;处理四平均亩产生姜 3868.00kg,比处理一(对照)亩产生姜 3304.13kg 增产 563.87kg,增产率为 17.06%;处理五平均亩产生姜 4056.03kg,比处理一(对照)亩产生姜 3304.13kg 增产 751.9kg,增产率为 22.76%。

经分析,生姜施用好而绿有机肥的处理较不施有机肥的处理差异达极显著水平。

(三)小结

(1)生姜施用好而绿有机肥较对照处理能明显促进作物生长,作物长势旺盛,抗逆性增强,品质改善。

(2)生姜施用好而绿有机肥能明显提高产量,亩增产生姜 423.84～751.90kg,增产率为 12.83%～22.76%。

(3)生姜田增施有机肥,对土壤的理化性状有很好的改良作用,增加了有机质,提高了土壤的保水、保肥作用,培肥了地力。土壤容重降低 0.08～0.24$g/cm^3$,土壤孔隙度增加 0.7%～4.2%,田间持水量增加 0.1%～1.9%,有机质增加 0.6～1.1g/kg,如表 9 所示。

(4)建议生姜田每亩使用精制有机肥 200～300kg,或者使用优质土杂肥 4000～5000kg。

表 9　　收获后试验田土壤理化性状统计表

| 处理 | 土壤容重 ($g/cm^3$) | 孔隙度 (%) | 田间持水量 (%) | 有机质 (g/kg) | 碱解氮 (mg/kg) | 速效磷 (mg/kg) | 速效钾 (mg/kg) | pH |
|---|---|---|---|---|---|---|---|---|
| 一 | 1.54 | 49.9 | 18.1 | 11.7 | 95.7 | 50.2 | 128.9 | 7.1 |
| 二 | 1.46 | 50.6 | 18.2 | 11.4 | 100.2 | 51.3 | 140.3 | 7.1 |
| 三 | 1.32 | 53.6 | 18.2 | 12.3 | 105.8 | 49.8 | 145.5 | 7.1 |
| 四 | 1.34 | 54.1 | 21.3 | 12.6 | 99.9 | 52.6 | 152.1 | 7.0 |
| 五 | 1.30 | 54.0 | 22.0 | 12.8 | 113.2 | 55.0 | 150.7 | 7.0 |

(四)生姜精准施肥技术

通过三年大量肥料试验,初步探讨了一套生姜精准施肥技术:①增施有机肥,实行有机无机配合,改良土壤培肥地力。高产生姜亩施优质有机肥 4000～5000kg,或者亩施商品有机肥 200～300kg。②确定化肥最佳使用数量,提高化肥利用率。中产地块推荐化肥使用数量为:纯氮 40kg/667$m^2$,纯五氧化二磷 20kg/667$m^2$,纯氧化钾 40～50kg/667$m^2$;高产地块推荐化肥使用数量为:纯氮 55kg/667$m^2$,纯五氧化二磷 30kg/667$m^2$,纯氧化钾 53～70kg/667$m^2$。③生姜施肥原则:施足底肥,苗期少追,盛长初期重施氮、磷、钾肥,盛长后期补施氮、钾肥。基肥有机肥 50%,氮、磷、钾肥 25%,锌、硼、铁微量元素肥料全部基施;苗期追施 10%;三股杈追施 10%,有机肥 50%;立秋前后再追施 40%;后期追施 15%。

## 七、生姜硫单因素试验

为明确硫对生姜生长的影响,我们在高、中产地块生姜上安排了不同施硫量试验,以期找出最佳施硫量,以提高生姜的产量和质量,为生姜精准施肥提供可靠的依据。

(一)试验的时间和地点

试验于 2010 年 3 月开始,至 11 月结束,共安排两个试验点:高产田试验点安排在安丘市新安街道办事处东仓村刘顺乾生姜地;中产田试验点安排在安丘市兴安街道办事处马莲埠村胡树明的生姜地。

(二)材料与方法

1. 供试土壤

高产地块在东仓村,其土壤类型为轻壤表均质非石灰性河潮土,地势平坦,肥力均匀,水浇条件良好,长年种植蔬菜;中产田在马莲埠村,其土壤类型为轻壤表均质洪积冲积物淋溶褐土,地貌为丘陵缓平地,试验地地势平坦,肥力均匀,有水浇条件。其基本情况如表10所示。

表 10　　硫单因素试验地块基础情况表

| 试验地点 | 土壤类型 | 有机质(g/kg) | 有效硫(mg/kg) | 碱解氮(mg/kg) | 有效磷(mg/kg) | 速效钾(mg/kg) | pH | 有效锌(mg/kg) | 有效硼(mg/kg) | 有效铁(mg/kg) | 有效铜(mg/kg) | 有效锰(mg/kg) |
|---|---|---|---|---|---|---|---|---|---|---|---|---|
| 新安街道办事处东仓村 | 轻壤表均质非石灰性河潮土 | 13.6 | 39.2 | 148 | 53.1 | 190 | 6.9 | 0.78 | 0.46 | 11.6 | 0.95 | 15.3 |
| 兴安街道办事处马莲埠村 | 轻壤表均质洪积冲积物淋溶褐土 | 12.7 | 31.8 | 136 | 40.6 | 135 | 7.2 | 0.61 | 0.43 | 10.7 | 1.03 | 16.2 |

2. 供试肥料

试验用有机肥为市场供应商品有机肥，含氮、磷、钾 4%，有机质 30%；复合肥(15-15-15)含氮、磷、钾 45%；硫为市场购买硫黄。

3. 供试作物

供试作物为安丘缅姜。

4. 试验方案与方法

(1)试验处理

根据土壤肥力状况，试验地选高、中产地块分别安排试验，共安排两处，各试验点分别设五个处理。处理一：有机肥、化肥当地推荐施肥量(有机肥 300kg/667m$^2$，化肥 400kg/667m$^2$)；处理二：处理一＋硫 1kg/667m$^2$；处理三：处理一＋硫 2kg/667m$^2$；处理四：处理一＋硫 4kg/667m$^2$；处理五：处理一＋硫 6kg/667m$^2$。各处理重复三次，小区随机排列，小区面积为 30m$^2$，四周设保护行。

(2)肥料施用

有机肥基施 100kg/667m$^2$，小培和大培各 100kg/667m$^2$，化肥基施 100kg/667m$^2$，三股杈施 25kg/667m$^2$，小培 50kg/667m$^2$，大培 100kg/667m$^2$，后期每隔 20 天追施一次，共用肥 125kg/667m$^2$。

硫为硫黄，用作基肥，生姜播种时开沟基施。

其他田间栽培管理：浇水、打药、除草等均按当地栽培措施进行，做到均匀一致。

(三)试验结果与分析

1. 不同处理对作物生物学性状的影响

表 11　　新安街道办事处东仓村高产地块生姜生物学性状

| 试验处理 | 生姜生育旺盛期长势 | 株高(cm) | 分枝数(个) | 苗重(kg/667m$^2$) |
|---|---|---|---|---|
| 一 | 叶色绿，长势正常 | 89.1 | 10.7 | 3395.2 |
| 二 | 叶色绿，长势正常 | 91.5 | 11.5 | 3397.6 |
| 三 | 叶色绿，长势略旺 | 91.7 | 12.1 | 3419.7 |
| 四 | 叶色深绿，长势旺 | 89.6 | 12.4 | 3688.5 |
| 五 | 叶色深绿，长势旺，茎秆粗壮 | 92.0 | 13.8 | 3893.8 |

高产地块生姜增施硫肥，对植株生长有一定的促进作用，生姜叶色略绿，田间长势稍旺，茎秆粗壮，株高、分枝数和苗重略有增加。

表 12 兴安街道办事处马莲埠村中产地块生姜生物学性状

| 试验处理 | 生姜生育旺盛期长势 | 株高(cm) | 分枝数(个) | 苗重(kg/667m$^2$) |
|---|---|---|---|---|
| 一 | 叶色绿 | 89.1 | 10.7 | 3395.2 |
| 二 | 叶色绿 | 91.5 | 11.5 | 3397.6 |
| 三 | 叶色略绿 | 91.7 | 12.1 | 3419.7 |
| 四 | 叶色深绿 | 89.6 | 12.4 | 3688.5 |
| 五 | 叶色深绿 | 92.0 | 13.8 | 3893.8 |

中产地块生姜增施硫肥，对植株生长也有一定的促进作用，叶色、株高、分枝数和苗重等略有改善，但效果不是很明显。

2. 硫对生姜产量及产值的影响(见表 13、表 14)

表 13 新安街道办事处东仓村高产点生姜产量与产值统计

| 试验处理 | 亩产量(kg) | 亩增产(kg) | 增产率(%) | 亩产值(元) | 亩增值(元) |
|---|---|---|---|---|---|
| 一 | 5389.4 | — | — | 19041.84 | — |
| 二 | 5438.7 | 49.3 | 0.9 | 19579.32 | 177.48 |
| 三 | 5591.8 | 202.4 | 3.8 | 20130.48 | 728.64 |
| 四 | 5706.6 | 314.2 | 5.9 | 20543.76 | 1141.92 |
| 五 | 5746.2 | 356.8 | 6.6 | 20686.32 | 1284.48 |

注:2010 年生姜价格按 3.60 元/kg 计算。

该高产点处理一(对照)亩产生姜 5389.4kg，亩产值为 19401.84 元；处理二平均亩产生姜 5438.7kg，比对照亩增生姜 49.3kg，增产率为 0.9%，亩产值为 19579.32 元，比对照亩增值 177.48 元；处理三平均亩产生姜 5591.8kg，比对照亩增生姜 202.4kg，增产率为 3.8%，亩产值为 20130.48 元，比对照亩增值 728.64 元；处理四平均亩产生姜 5706.6kg，比对照亩增生姜 317.2kg，增产率为 5.9%，亩产值为 20543.76 元，比对照亩增值 1141.92 元；处理五平均亩产生姜 5746.2kg，比对照亩增生姜 356.8kg，增产率为 6.6%，亩产值为 20686.32 元，比对照亩增值 1284.48 元。

经 $F$ 检验，区组间 $F$ 值 $=0.79<F_{0.05}$，未达显著水平，处理间 $F$ 值 $=17.43>F_{0.01}$，差异达极显著水平。

表 14　　兴安街道办事处马莲埠中产点产量与产值分析

| 试验处理 | 亩产量(kg) | 亩增产(kg) | 增产率(%) | 亩产值(元) | 亩增值(元) |
|---|---|---|---|---|---|
| 一 | 4475.3 | — | — | 16111.08 | — |
| 二 | 4492.5 | 17.2 | 0.4 | 16173.00 | 61.92 |
| 三 | 4538.6 | 63.3 | 1.4 | 16338.96 | 227.88 |
| 四 | 4659.2 | 183.9 | 4.1 | 16773.96 | 662.04 |
| 五 | 4682.5 | 207.2 | 4.6 | 16857.00 | 745.92 |

注:2010 年生姜价格按 3.60 元/kg 计算。

该中产点处理一(对照)亩产生姜 4475.3kg,亩产值为 16111.08 元;处理二平均亩产生姜 4492.5kg,比对照亩增生姜 17.2kg,增产率为 0.4%,亩产值为 16173.00 元,比对照亩增值 61.92 元;处理三平均亩产生姜 4538.6kg,比对照亩增生姜 63.3kg,增产率为 1.4%,亩产值为 16338.96 元,比对照亩增值 227.88 元;处理四平均亩产生姜 4659.2kg,比对照亩增生姜 183.9kg,增产率为 4.1%,亩产值为 16773.12 元,比对照亩增值 662.04 元;处理五平均亩产生姜 4682.5kg,比对照亩增生姜 207.2kg,增产率为 4.6%,亩产值为 16857.00 元,比对照亩增值 745.92 元。

经 $F$ 检验,区组间 $F$ 值=0.979<$F_{0.05}$,未达显著水平,处理间 $F$ 值=15.40>$F_{0.01}$,差异达极显著水平。这说明施用硫肥具有明显的增产效果。

3.投入产出比对比表(见表 15、表 16)

表 15　　新安街道办事处东仓村高肥力点投入产出对比表

| 试验处理 | 亩产量(kg) | 亩产值(元) | 亩投入硫黄价值(元) | 亩净增收入(元) | 投入产出比 |
|---|---|---|---|---|---|
| 一 | 5389.4 | 19401.84 | 0 | — | — |
| 二 | 5438.7 | 19579.32 | 6 | 171.48 | 1∶28.6 |
| 三 | 5591.8 | 20130.48 | 12 | 716.64 | 1∶59.7 |
| 四 | 5706.6 | 20543.76 | 24 | 1117.92 | 1∶46.6 |
| 五 | 5746.2 | 20686.32 | 36 | 1248.48 | 1∶34.7 |

高肥力点处理二比对照亩净增收入 171.48 元,投入产出比为 1∶28.6;处理三比对照亩净增收入 716.64 元,投入产出比为 1∶57.9;处理四比对照亩净增收入 1117.92 元,投入产出比为 1∶46.6;处理五比对照亩净增收入 1248.48 元,投入产出比为1∶34.7。

表 16　　兴安街道办事处马莲埠村中肥力点投入产出情况

| 试验处理 | 亩产量（kg） | 亩产值(元) | 亩投入硫黄价值（元） | 亩净增收入（元） | 投入产出比 |
| --- | --- | --- | --- | --- | --- |
| 一 | 4475.3 | 16111.08 | 0 | — | — |
| 二 | 4492.5 | 16173.00 | 6 | 55.92 | 1∶9.32 |
| 三 | 4538.6 | 16338.96 | 12 | 215.88 | 1∶17.99 |
| 四 | 4659.2 | 16773.12 | 24 | 638.04 | 1∶26.59 |
| 五 | 4682.5 | 16857.00 | 36 | 709.92 | 1∶19.72 |

中肥力点处理二比对照亩净增收入 55.92 元，投入产出比为 1∶9.32；处理三比对照亩净增收入 215.88 元，投入产出比为 1∶17.99；处理四比对照亩净增收入 638.04 元，投入产出比为 1∶26.59；处理五比对照亩净增收入 709.92 元，投入产出比为 1∶19.72。

(四)小结

(1)生姜增施硫肥可以不同程度地促进其生育性状。

(2)生姜增施硫肥可以提高产量产值。高产点亩增产 49.3～356.8kg，增产率为 0.9%～6.6%，亩增产值 177.48～1284.48 元；中产点亩增产 17.2～207.2kg，增产率为 0.4%～4.6%，亩增产值 61.92～745.92 元。

(3)生姜增施硫肥提高了生姜产值。高产试验点投入产出比为 1∶28.6～1∶46.6；中产点投入产出比达 1∶9.32～1∶26.59。

(4)生姜高产点增施硫肥后的增产幅度和投入产出比高于低产点，这是由于生姜连续大量增施含硫复合肥补充了土壤中的硫养分，而高产田效果好于中产田。说明高产点中潜在性缺乏硫养分，在今后生产施肥时，应指导姜农有针对性地增施硫肥。

## 八、硫包衣肥料在生姜生产上的应用试验

本试验是在安丘生姜上实施汉枫硫包衣尿素和硫包衣复合肥田间试验示范。通过试验，总结硫包衣肥料对生姜的增产增收效果，为生姜精准施肥提供依据。

试验于 2010 年 4～11 月实施，承试地点安排在安丘市凌河镇石家庄村王庆杰生姜田内进行。承试点土壤类型为轻壤表均质非石灰性河潮土，试验前取 0～30cm 土壤进行养分化验，其基础养分情况为：有机质 12.43g/kg，全氮 1.21g/kg，碱解氮 154.6mg/kg，有效磷 124mg/kg，速效钾 268mg/kg，pH6.9，有效锌 0.85mg/kg，有效硼 0.58mg/kg，有效铁 35.68mg/kg，有效硫 42.79mg/kg。

硫包衣肥料由汉枫缓释肥料有限公司提供：硫包衣尿素含氮量 37%；硫包衣复合肥氮、磷、钾含量为 42%，其中含氮 16%，五氧化二磷 10%，氧化钾 16%，价格为 2200 元/吨；普通尿素为市场购买，价格为 1800 元/吨，含氮量为 46%；普通含氯复合肥为市场购买，价格为 2400 元/吨，含氮 15%，五氧化二磷 15%，氧化钾 15%。

供试作物：安丘缅姜。

(一)试验方案和方法

试验共设四个处理,按等养分设计,三次重复,各处理面积为 133m²,小区随机排列。

处理一:施用当地推荐的含氯复合肥,亩用量为 400kg,折合为亩用纯氮 30kg,纯五氧化二磷 30kg,纯氧化钾 30kg;处理二:40%硫包衣尿素+60%普通尿素+与处理一等纯量的磷、钾肥;处理三:20%硫包衣尿素+80%普通尿素+与处理一等纯量的磷、钾肥;处理四:硫包衣复合肥。亩施氮、磷、钾总量与处理一相同,共 180kg 纯养分,折硫包衣复合肥为 428.6kg/667m²。

(二)肥料施用与田间管理

当地生姜施肥一般按六次施用:第一次为基肥;第二次为三股叉时期追肥;第三次为立秋前小培追肥;第四次为立秋后 20 天大培施肥;第五次为第四次追肥后 20 天追肥;第六次为第五次追肥后 20 天追肥。

试验基肥为有机肥,亩用量为 40kg;第二次追肥为总用肥量的 20%;小培用量为总用肥量的 20%;大培用量为总施肥量的 30%;第五次追肥为总用肥量的 20%;第六次追肥为总用肥量的 10%。

生姜于 2010 年 2 月 19 日催芽,4 月 8 日播种,10 月 25 日收获。田间浇水、治病虫等按当地常规方法进行。

(三)试验结果与分析(见表 17)

表 17 生姜生物学性状表

| 试验处理 | 立秋前后长势 | 收获期长势 | 株高(cm) | 分枝数(个) | 苗重(kg/667m²) | 白星病病叶率(%) | 炭疽病病叶率(%) |
|---|---|---|---|---|---|---|---|
| 一 | 叶色绿,长势中等 | 叶色略黄,先早衰,叶尖干枯早 | 100.5 | 13.4 | 5381.2 | 5.2 | 1.8 |
| 二 | 叶色浓绿,长势旺 | 叶色绿,早衰略晚,干叶尖略差 | 104.9 | 14.9 | 6012.3 | 4.7 | 1.8 |
| 三 | 叶色绿,长势中等 | 叶色淡绿,干叶尖略重 | 101.3 | 14.9 | 5595.5 | 4.8 | 1.7 |
| 四 | 叶色浓绿,长势旺 | 叶色绿,干叶尖差,早衰晚,茎秆粗壮 | 108.8 | 15.4 | 6018.4 | 4.6 | 1.6 |

从田间生姜植株长势看,生姜施用硫包衣尿素和硫包衣复合肥后,其生育性状有不同程度的改善:生长中后期生姜叶色较对照绿,茎秆粗壮,长势旺;后期衰败晚,干叶尖差,染病轻,白星病病叶率比对照低 0.4%~0.6%,炭疽病病叶率比对照低 0.1%~0.2%,株高比对照高出 0.8~3.3cm,分枝数比对照多 1.5~2.0 个,姜苗鲜重比对照多 214.3~967.2kg/667m²。当地姜农常说:在生姜不旺长的情况下,有苗就有姜,因此,生姜只要苗旺、苗壮,其产量就会明显增加。

1.不同处理对生姜产量及产值的影响(见表18)

表18　生姜产量产值统计表

| 试验处理 | 重复 | 亩产量(kg) | 亩增产(kg) | 亩产值(元) | 亩增值(元) |
|---|---|---|---|---|---|
| 一 | 1 | 6087.9 | | | |
| | 2 | 6005.3 | | | |
| | 3 | 6186.4 | | | |
| | 平均 | 6093.2 | | 21935.52 | |
| 二 | 1 | 6654.8 | | | |
| | 2 | 6507.6 | | | |
| | 3 | 6672.7 | | | |
| | 平均 | 6611.7 | 518.5 | 23802.12 | 1866.60 |
| 三 | 1 | 6530.1 | | | |
| | 2 | 6706.4 | | | |
| | 3 | 6378.1 | | | |
| | 平均 | 6538.2 | 445.0 | 23537.52 | 1602.00 |
| 四 | 1 | 6793.2 | | | |
| | 2 | 6910.5 | | | |
| | 3 | 6701.4 | | | |
| | 平均 | 6801.7 | 108.5 | 24486.12 | 2550.60 |

注:鲜姜按3.60元/kg计算。

从统计结果看:处理一三个重复平均亩产鲜姜6.93.2kg,亩产值达21935.52元;处理二平均产量达6611.7kg,比对照平均亩增产生姜518.5kg,增产率达8.5%,亩产值达23802.12元,比对照亩增值1866.60元;处理三平均产量达6538.2kg,比对照平均亩增产生姜445.0kg,增产率达7.3%,亩产值达23537.20元,比对照亩增值1602.00元;处理四平均产量达6801.7kg,比对照平均亩增产生姜708.5kg,增产率达11.6%,亩产值达24486.12元,比对照亩增值2550.60元。从产量与产值统计表可看出,效果自上而下顺序为处理四>处理二>处理三。

经$F$检验,区组间$F$值$=0.13<F_{0.05}$,未达显著水平,处理间$F$值$=14.88>F_{0.01}$,差异达极显著水平,增产效果明显。

2.不同处理投入产出比(见表19)

从表19中看出,处理一亩产生姜6093.2kg,产值为1935.52元,亩投入肥料为4.00元,亩净收入21031.52元,投入产出比为1∶23.3;处理二亩产生姜6611.7kg,产值为3802.12元,亩投入肥料为87.00元,亩净收入为2915.12元,投入产出比为1∶25.8;处理三亩产生姜6538.2kg,产值为3537.52元,亩投入肥料为0.53元,亩净收入为2666.99元,投入产出比为1∶26.1;处理四亩产生姜6801.7kg,产值为4486.12元,亩投入肥料为42.81元,亩净收入为3543.31元,投入产出比为1∶24.97。

表 19　　生姜不同处理的入产出效益分析表

| 试验处理 | 亩产量(kg) | 亩产值(元) | 亩投入(元) | 亩净收入(元) | 投入产出比 |
|---|---|---|---|---|---|
| 一 | 6093.2 | 21935.52 | 904.00 | 21031.52 | 1∶23.3 |
| 二 | 6611.7 | 23802.12 | 887.00 | 22915.12 | 1∶5.8 |
| 三 | 6538.2 | 23537.52 | 870.53 | 22666.99 | 1∶26.1 |
| 四 | 6801.7 | 24486.12 | 942.81 | 23543.31 | 1∶24.97 |

其中：含氯复合肥(5-15-15)价格为 2260 元/吨，硫包衣复合肥价格为 2200 元/吨，硫包衣尿素价格为 2200 元/吨，普通尿素价格为 2100 元/吨，过磷酸钙价格为 600 元/吨，氯化钾价格为 2600 元/吨，商品有机肥价格为 2000 元/吨，生姜价格为 3.6 元/kg。

(四)小结

(1)生姜施用硫包衣肥料，可以不同程度地改善其生育性状，叶色绿，茎秆粗壮，后期抗早衰，干叶尖差，株高，茎粗，分枝数增加，抗病性增强。

(2)生姜施用硫包衣肥料可以增加产量，提高效益。处理四亩产最高达 6801.7kg，比对照增加 708.5kg，增产率达 11.6%，亩增加产值 2550.60 元；其次为处理二，亩产量为 6611.7kg，比对照亩增产 518.5kg，增产率达 8.5%，亩增加产值 1866.60 元；处理三亩产量为 6538.2kg，比对照亩增产 445.0kg，增产率达 7.3%，亩增加产值 1602.00 元。

(3)生姜使用硫包衣肥料提高了投入产出比。处理三最高，达 1∶24.97，比对照提高 2.8；处理二达 1∶25.8，比对照提高 2.5；处理四达 1∶24.97，比对照提高 1.67。

(4)生姜施用硫包衣肥料后，其生育性状和经济性状明显改善，建议下步在增加示范的基础上，加大大田推广应用范围。

## 九、生姜栽培种植规格试验

(一)试验地点、材料与方法

1. 试验地点

(1)地点一：山东省安丘市石堆镇东王里居村。该试验地的土壤分析结果如表 20 所示。

表 20　　试验地土壤分析结果

| 分析项目 | 有机质(g/kg) | 速效氮(mg/kg) | 有效磷(mg/kg) | 速效钾(mg/kg) | pH |
|---|---|---|---|---|---|
| 分析结果 | 10.16 | 70 | 25 | 113 | 6.9 |

(2)地点二：山东省安丘市兴安街道办事处四海官庄。该试验地的土壤分析结果如表 21 所示。

表 21　　试验地土壤分析结果

| 分析项目 | 有机质(g/kg) | 速效氮(mg/kg) | 有效磷(mg/kg) | 速效钾(mg/kg) | pH |
|---|---|---|---|---|---|
| 分析结果 | 9.4 | 72 | 25.6 | 124 | 7.1 |

(3)地点三:山东省安丘市凌河镇王家赤埠。该试验地的土壤分析结果如表 22 所示。

表 22　　试验地土壤分析结果

| 分析项目 | 有机质(g/kg) | 速效氮(mg/kg) | 有效磷(mg/kg) | 速效钾(mg/kg) | pH |
|---|---|---|---|---|---|
| 分析结果 | 11.1 | 51 | 40.1 | 134 | 6.9 |

2.试验时间

试验于 2009 年 3～11 月实施。

3.试验品种

供试作物为安丘生姜

4.试验设计

处理一:行距 60cm,株距 25cm,开沟深度 10cm;处理二:行距 70cm,株距 20cm,开沟深度 15cm;处理三:行距 60cm,株距 25cm,开沟深度 15cm;处理四:行距 70cm,株距 20cm,开沟深度 10cm。

每个处理用地 133m$^2$,选择地理环境条件、肥水管理一致的地块,各处理随机排列。栽培管理措施按当地丰产栽培措施进行。

(二)试验结果与分析

1.各试验点生姜生育性状分析(见表 23 至表 26)

表 23　　生姜生育性状考察——平均株高　　单位:cm

| | 处理一 | 处理二 | 处理三 | 处理四 |
|---|---|---|---|---|
| 地点一 | 63.0 | 77.8 | 68.2 | 70.8 |
| 地点二 | 67.8 | 83.7 | 79.3 | 69.3 |
| 地点三 | 69.3 | 85.2 | 69.5 | 70.1 |

表 24　　生姜生育性状考察——平均茎直径　　单位:cm

| | 处理一 | 处理二 | 处理三 | 处理四 |
|---|---|---|---|---|
| 地点一 | 0.856 | 0.926 | 0.716 | 0.914 |
| 地点二 | 0.856 | 0.934 | 0.738 | 0.948 |
| 地点三 | 0.876 | 1.076 | 0.751 | 0.97 |

表 25　　生姜生育性状考察——平均株苗数　　单位:株

| | 处理一 | 处理二 | 处理三 | 处理四 |
|---|---|---|---|---|
| 地点一 | 10.3 | 12.3 | 12.1 | 8.2 |
| 地点二 | 10.1 | 12.5 | 12.6 | 8.2 |
| 地点三 | 9.4 | 13.7 | 13.8 | 8.7 |

表 26　　生姜生育性状考察——平均株苗重　　单位:kg

| | 处理一 | 处理二 | 处理三 | 处理四 |
|---|---|---|---|---|
| 地点一 | 0.38 | 0.97 | 0.7 | 0.64 |
| 地点二 | 0.55 | 0.96 | 0.73 | 0.67 |
| 地点三 | 0.53 | 1.03 | 0.89 | 0.71 |

2.产量结果分析

生姜收获时按五点取样,每点取十株测生姜茎块产量,并按各小区单收单称统计出每个处理的生姜产量(见表 27)。

经统计分析得,重复间差异不显著,处理间差异极显著,$F_{处理}=14.76>F_{0.01}=9.78$。

表 27　　生姜田间测产　　单位:kg/667m²

| | 处理一 | 处理二 | 处理三 | 处理四 |
|---|---|---|---|---|
| 地点一 | 5505.1 | 6318.5 | 5493.8 | 5584.4 |
| 地点二 | 5329.3 | 6105.8 | 5489.6 | 5395.1 |
| 地点三 | 5563.2 | 6693.8 | 5610.2 | 5521.6 |

表 28　　新复极差分析表

| 处理 | 平均产量(kg/667m²) | 差异显著性 | |
|---|---|---|---|
| | | 0.05 | 0.01 |
| 处理二 | 6372.7 | a | A |
| 处理三 | 5531.2 | b | B |
| 处理四 | 5500.4 | b | B |
| 处理一 | 5465.9 | b | B |

(三)小结

从生姜的生育状况考察表分析,处理二的平均株高、平均直径、平均苗数、平均苗重都略高于其他处理;从产量考察表分析,处理二的生姜产量高于其他处理。因此本试验结果得出处理二为最佳生姜栽培种植规格,即行距 70cm,株距 20cm,开沟深度 15cm 的种植规格适合生姜的丰产。

## 十、生姜不同播种时期试验

(一)试验品种

供试作物为安丘缅姜。

(二)试验时间及地点

本试验于2008年3～11月实施,承试地点为安丘市石堆镇西莲池村高产良田。

(三)试验设计

本试验共设不同播种期的五个处理,分别重复三次,共18个小区,五个处理的播种期分别为3月29日、4月6日、4月14日、4月22日、4月30日,以3月29日播种为对照。试验地采用地膜覆盖的播种方式,行距为72cm,株距为25cm,播种深度为5cm,每个试验小区的面积为30m$^2$,试验区四周设保护行。试验地地势平坦,肥力均匀,水浇条件良好,除小区播种期不同外,其他浇水、管理措施均匀一致,均按当地丰产栽培措施进行。试验分别对生姜的出苗时间、幼苗期(三股杈期)、生长旺盛期以及收获期的生理性状及产量情况进行调查记录。试验地的基础地力情况如表29所示。

**表29 试验地的基础地力调查表**

| 试验地点 | 土壤类型 | 有机质(%) | 全氮(%) | 速效氮(mg/kg) | 速效磷(mg/kg) | 速效钾(mg/kg) | pH值 |
|---|---|---|---|---|---|---|---|
| 石堆镇西莲池 | 轻壤洪积冲积物淋溶褐土 | 12.4 | 0.825 | 127.8 | 81.3 | 131.0 | 7.1 |

(四)结果分析

在试验过程中,分别对生姜的出苗时间、生理指标及产量情况进行了考察记录,如表30至表34所示。

生姜播种后每天调查出苗情况,出苗日期为出苗率达到80%以上时,不同播种时间处理的出苗时间也不同。由表30中的数据可看出,随着播种日期的后移,出苗越来越快。从出苗情况看,生姜不宜过早,太早温度比较低,达不到所需积温,反而容易冻伤幼芽,影响出苗生长。

**表30 不同播种时间生姜出苗时间**

| 处理 | 播种时间 | 出苗时间 |
|---|---|---|
| 一 | 3月29日 | 4月26日 |
| 二 | 4月6日 | 4月28日 |
| 三 | 4月14日 | 5月5日 |
| 四 | 4月22日 | 5月10日 |
| 五 | 4月30日 | 5月16日 |

表 31　幼苗期(三股杈期)生姜生理指标调查情况表

| 处理 | 播种时间 | 主茎直径(cm) | 主茎高(cm) | 主茎叶面积($m^2$/667$m^2$) |
|---|---|---|---|---|
| 一 | 3月29日 | 0.768 | 35.6 | 206.8 |
| 二 | 4月6日 | 0.790 | 37.4 | 215.4 |
| 三 | 4月14日 | 0.785 | 39.2 | 212.6 |
| 四 | 4月22日 | 0.765 | 36.5 | 208.5 |
| 五 | 4月30日 | 0.759 | 35.1 | 203.7 |

表 32　生长旺盛期生姜生理指标调查情况表

| 处理 | 播种时间 | 主茎粗直径(cm) | 主茎高（cm） | 总叶面积($m^2$/667$m^2$) | 分枝数(个) |
|---|---|---|---|---|---|
| 一 | 3月29日 | 0.851 | 92.6 | 4565.3 | 14.4 |
| 二 | 4月6日 | 0.872 | 103.8 | 4879.3 | 14.6 |
| 三 | 4月14日 | 0.870 | 105.5 | 4768.2 | 13.7 |
| 四 | 4月22日 | 0.863 | 104.3 | 4539.6 | 13.1 |
| 五 | 4月30日 | 0.855 | 104.7 | 4467.8 | 12.9 |

表 33　收获期生姜生理指标调查表

| 处理 | 播种时间 | 主茎粗直径(cm) | 主茎高（cm） | 总叶面积($m^2$/667$m^2$) | 分枝数(个) |
|---|---|---|---|---|---|
| 一 | 3月29日 | 1.002 | 92.6 | 5326.9 | 15.3 |
| 二 | 4月6日 | 1.123 | 103.8 | 5487.6 | 16.1 |
| 三 | 4月14日 | 1.035 | 105.5 | 5329.7 | 14.8 |
| 四 | 4月22日 | 0.996 | 104.3 | 5167.2 | 14.2 |
| 五 | 4月30日 | 0.985 | 104.7 | 5155.4 | 14.0 |

表 34　收获期生姜产量调查表

| 处理 | 播种时间 | 产量(kg/667$m^2$) |
|---|---|---|
| 一 | 3月29日 | 14750.6 |
| 二 | 4月6日 | 15453.7 |
| 三 | 4月14日 | 15393.1 |
| 四 | 4月22日 | 14487.2 |
| 五 | 4月30日 | 14324.7 |

通过表34的调查数据可以看出，各播种期处理中，4月6日播种的处理生姜产量最高，其次为4月14日播种的，3月29日播种的处理次之，4月30日播种的处理产量最低。

对生姜进行 $F$ 检验，结果如表 35 所示。由该表可看出，各处理间产量差异显著，重复间差异不显著，进一步进行差异性分析，结果(见表 36)表明，4 月 6 日和 4 月 14 日播种的生姜处理产量较高，两处理间无显著差异，但是比 3 月 29 日播种的处理产量明显增加，差异极显著；产量相对较低的处理 4 月 22 播种的和 4 月 30 日播种的处理，生姜产量差异不明显，但是与 3 月 29 日、4 月 6 日以及 4 月 14 日播种的处理生姜产量差异极显著。由此可得出，本地覆膜栽培生姜在 4 月 6 日至 14 日播种产量最高，是适宜生姜高产的播种日期。

**表 35　生姜产量 $F$ 检验结果**

| | 重复 1 | 重复 2 | 重复 3 | 重复合计 | | |
|---|---|---|---|---|---|---|
| 处理一 | 4885.5 | 4936.2 | 4928.9 | 14750.6 | | |
| 处理二 | 5131.4 | 5187.5 | 5134.8 | 15453.7 | | |
| 处理三 | 5135.8 | 5150.4 | 5106.9 | 15393.1 | | |
| 处理四 | 4803.4 | 4846.3 | 4837.5 | 14487.2 | | |
| 处理五 | 4793.2 | 4768.4 | 4763.1 | 14324.7 | | |
| 处理合计 | 24749.3 | 24888.8 | 24771.2 | 74409.3 | | |
| 变因 | 平方和 | 自由度 | 均方 | $F$ 值 | $F_{0.05}$ | $F_{0.01}$ |
| 区组间 | 2251.308 | 2 | 1125.654 | 1.4997 | 4.46 | 8.65 |
| 处理间 | 357260.097 | 4 | 89315.0243 | 119 | 3.84 | 7.01 |
| 误差 | 6004.60667 | 8 | 750.575833 | | | |
| 总变异 | 363264.704 | 14 | | | | |

**表 36　差异显著性分析结果**

| 处理 | 播种时间 | 平均产量 | 差异显著性 | |
|---|---|---|---|---|
| | | | 0.05 | 0.01 |
| 一 | 3 月 29 日 | 4943.90944 | b | B |
| 二 | 4 月 6 日 | 5179.56499 | a | A |
| 三 | 4 月 14 日 | 5311.64527 | a | A |
| 四 | 4 月 22 日 | 4999.04942 | c | C |
| 五 | 4 月 30 日 | 4801.16199 | c | C |

(五)小结

通过对不同播种期处理生姜各生理指标调查及收获期姜块产量结果调查分析可知，本地覆膜栽培生姜播种的适宜时间为 4 月上旬至中旬，播种太早，由于温度较低，出苗缓慢，影响生长，4 月底播种，温度相对较高，出苗生芽过快，容易形成细长苗。从调查结果看，后期播种的生姜主茎细长，分枝数少，叶总面积少，产量低；3 月底播种的生姜植株较矮，但是分枝数多，叶总面积较大，相对后期播种的生姜产量较高；4 月上旬至中旬播种的生姜，主茎粗壮，高度合适，分枝数多，叶总面积大，产量最高。综上可知，本地覆膜栽培生姜在 4 月上旬至中旬播种利于高产。

## 十一、大拱棚“生姜—大葱”种植模式技术试验

安丘市是大拱棚种植生姜的主要种植区，全市共有 1000$m^2$ 以上大拱棚超过 2000$hm^2$，主要种植生姜、大葱、西瓜、甜瓜。其中“生姜—大葱”轮作的种植面积在 670$hm^2$左右。采用大拱棚的“生姜—大葱”一年两作种植模式，即 1 月下旬就进行生姜催芽，2 月下旬至 3 月上旬播种，7 月中旬鲜姜上市，随后栽培大葱，大葱收获后再次种植生姜。这不仅使生姜这种需储存老化做进一步深加工的蔬菜变成了一道鲜嫩名菜，而且将大葱收获季节提前到开春前上市销售，避开了生姜、大葱发病高峰，降低了用药成本，提高了农产品质量。两季亩收入 3.5 万到 4 万元，比传统种植模式多收入近 2 万元，是目前最好的一种种植模式。三年来，安丘市推广“生姜—大葱”一年两作种植模式，取得了很好的经济效益。现将这种模式的种植技术要点介绍如下：

(一)生姜栽培技术要点

1. 整地建棚

11 月份或封冻前选南北向地块，撒施腐熟优质土杂肥 4000kg，深耕 25～30cm，耕后耙细整平。建造一个宽 8～14m，顶端高 1.8～2m，两边高 0.5m 的大拱棚，拱棚上覆厚 0.06mm 的 EVP 无滴膜，无滴膜下 10cm 悬挂一层 0.025mm 厚的薄膜，大棚根据棚膜的宽度设两道或三道放风口，播种前 10 天左右封棚，提高棚内气温和地温。

2. 打沟造墒

按行距 65cm、深 15cm 打姜沟，在沟底撒施复合肥 25kg、硫酸锌 3kg、硼砂 1kg、有机钙肥 40kg，将肥与土混合均匀，灌透水造墒待播。

3. 生姜催芽技术

采用火炕催芽，1 月下旬(春节前后)从姜窖中取出姜种，在室内平铺的草苫或地上晾晒 1～2 天，然后堆放 2～3 天“困姜”，在姜种上炕前做好选种、掰种工作。排放姜种前，先在土炕及四周铺一层麦秧，厚约 10cm，麦秧上再铺放两三层草纸，将种姜一层一层地平放，排列整齐，堆放厚度以 50～60cm 为宜，上部用棉被盖严，不透光。室内火炕温度保持在 20℃～23℃，催芽 35 天后待姜芽长到 1cm 左右时即可播种。

4. 播种

在造好墒的沟底排放姜种，株距 25cm，方向一致，排好后覆土 2～3cm。播种后浇一次生根水(温度较高的深井水)，然后每沟生姜用 0.004cm 地膜做小拱棚保温。

5. 田间管理

(1)温度控制。出苗前一般不放风，尽量提高大棚内温度和地温，不浇水，待出齐苗后可适当浇水。出苗后，当小拱棚内温度达到 20℃以上时及时破小拱棚放风放苗。大拱棚内温度达到 24℃以上时才能放风，温度低于 16℃时闭风提温，使小棚内温度保持在 20℃～23℃。

(2)水分控制。播前在沟内灌透水,播时浇生根水,播后出苗前一般不浇水,待生姜进入“三杈期”后需水量加大、温度上升时,需5～7天浇一次水,后期温度较高时需3～5天浇一次水,始终保持土壤湿润,出姜前7天停止浇水。

(3)合理追肥。在施足基肥的前提下,棚栽生姜在“三杈期”以前不需追肥,进入“三杈期”结合小培土顺沟撒施硫酸钾复合肥(15-15-15)20～25kg,以后结合浇水冲施50%硫酸钾肥料10～15kg 2～3次。6月上旬大培土一次,这次培土要培厚、培严并结合培土施硫酸钾复合肥(15-15-15)40～50kg,培土后结合浇水再次冲施50%硫酸钾肥10～15kg 1～2次。

(4)收获。进入7月中旬生姜即可收获,收获后除土、洗净、包装上市。

(二)大葱栽培技术要点

1.育苗

选择日本进口品种夏黑、元藏、晚抽一本等耐热品种,每亩准备苗床60m²,遮阴育苗。在生姜收获前40天左右整地育苗。苗床选用土壤疏松、有机质丰富、地势平坦、灌溉方便的砂壤土。播种前,每60m²均匀撒施腐熟农家肥300kg,翻入土壤20cm土层,整平,做成平畦,畦宽1.2m,灌足底水待播。

苗床每60m²用种量为75～100g,将种子掺入1kg细干土中均匀撒播,然后覆盖过筛细土1cm左右,搭小拱棚覆膜保湿、覆遮阴网遮阴。出苗后注意通风,苗床温度保持在25℃以下。

2.苗床管理

苗床干旱时适当浇小水,定植前10天左右停止浇水,以促根壮苗。当葱秧长到30cm左右、横径粗0.7～0.8cm时,即可移栽定植。

3.定植方法及密度

生姜收获后及时将姜苗清除棚外并将大棚膜上覆一层遮阴网,在棚内撒施腐熟有机肥2000kg,深耕细耙整平,按行距90～100cm开沟,沟深25～30cm,沟底撒施复合肥10kg,与土混合待移栽。移栽时先引水浇沟,水深3～4cm,水下渗后按株距2.5～3cm的要求将葱苗栽入沟内。栽葱时,叶片分杈方向要与沟向平行或略有小锐角,以便田间管理时少伤叶。

4.田间管理

(1)肥水管理。缓苗期后一般不浇水,并注意雨后排水。定植后40～45天,每亩追施优质腐熟土杂肥1500kg,施于沟脊,锄于沟内,而后浇一次水,该期应当浇水2～3次;定植后80天左右,每亩施用生物菌肥50kg,施于葱行两侧,中耕培土、浇水,该期每4～5天浇一次水;定植后95天左右,每亩施生物菌肥50kg,撒在行间,浅中耕、浇水,该期浇2次水,收获前10天停止浇水。

(2)培土。当大葱进入旺盛生长期后,随着叶鞘加长,应当分次培土,每次培土3～4cm,将土培到外层叶的基部,一般培土3～5次。

(3)收获。进入来年1月中旬,大葱假茎(葱白)长到25cm以上时,大葱价好即可陆续收获上市,直至种植生姜。

# 第五节 采取综合措施提高生姜品质

## 一、搞好以养分精准管理为中心的生姜配套体系推广

(一)搞好示范推广

在项目实施过程中,由市农业局和镇(街道)农业综合服务中心根据土壤化验结果,针对不同地块、生姜产量水平和作物种植状况,计算并推荐生姜精准施肥量,指导农户具体施用。每个镇根据生姜种植特点,建立成方连片(13hm$^2$ 以上)生姜精准施肥示范区,树立标牌展示精准施肥技术效果,以点带面,辐射带动全市大面积推广这一新技术,并利用示范区召开现场会议 2 次,引导农民全面应用精准施肥技术。

(二)加大宣传、培训力度

宣传、培训包括市乡两级技术人员培训、农民技术培训、宣传材料印发、专家电视讲座、配方方案研讨五个方面。安丘市农业局技术人员对镇技术人员和农民进行直接培训,同时还多次邀请山东农业大学教授、莱阳农业大学教授、潍坊农科院专家进行专题讲课和深入田间现场指导,极大提高了全市生姜栽培水平。安丘市广泛开展农民技术培训,每年分春、夏、秋三期进行,共计培训 5000 人;充分利用广播、电视、报刊、宣传车、网络等新闻媒体、舆论工具,采取多种形式,广泛宣传,提高广大农民的精准施肥意识。

(三)以化验数据及生姜试验示范为依据,确定生姜施肥参数,搞好生姜养分精准管理

经试验示范得出,生姜高产田土壤养分利用率:高产田为氮 46.8%,磷 42.1%,钾 54.6%;中产田为氮 48.9%,磷 43.0%,钾 55.8%。化肥当季利用率:高产田为氮 32.7%,磷 18.7%,钾 42.3%;中产田为氮 34.1%,磷 19.7%,钾 43.8%。每生产 1000kg 生姜氮、五氧化二磷、氧化钾的吸收量:高产田为氮 6.36kg,五氧化二磷 0.58kg,氧化钾 9.29kg;中产田为氮 6.28kg,五氧化二磷 0.54kg,氧化钾 9.17kg。

高产田生姜亩施肥量:氮 55.6kg,五氧化二磷 30.8kg,氧化钾 53.3kg;亩施有机肥 4000kg,有机硅肥 100~150kg,有效硼 1.7kg,有效锌 2.7kg,有效铁 40.1kg,硫 4~6kg。中产田生姜亩施肥量:氮 40kg,五氧化二磷 20kg,氧化钾 50kg;亩施有机肥 3000kg,有机硅肥 100kg,硼砂 1kg,硫酸锌 2kg,有效铁 40.1kg,硫 4~6kg。

适宜种植生姜的土壤类型是潮土、褐土。适宜种植生姜的土壤质地是轻壤土。

## 二、确定适宜的栽培季节及相应的配套技术

生姜应适时播种,不可过早或过晚。若播种过早,地温低,热量不足,播种后种姜迟迟不能出苗,极易导致烂种或死苗;若播种过晚,则出苗迟,从而缩短了生长期,造成减产。在采用保护措施后也可提早播种或延迟收获,从而延长生姜生长期,收到显著增产效果,但必须保证小环境的条件适于生姜生长。一般华北地区可在 4 月下旬至 5 月上旬播种,若采用地膜覆盖可较露地提早 20 天播种。

（一）露地栽培

1. 培育壮芽

培育壮芽是获得生姜丰产的首要环节，只有健壮的幼芽才可能长出苗壮的幼苗，才能为植株的旺盛生长奠定良好的基础。所以，各姜区均需对种姜进行必要处理，以培育壮芽。

（1）选种。应选择姜块肥大、丰满，皮色光亮，肉质新鲜，不干缩，不腐烂，未受冻，质地硬，无病虫害的健康姜块做种，严格淘汰姜块瘦弱干瘪、肉质变褐及发软的种姜。

（2）晒姜与困姜。于适期播种前20～30天（3月中下旬），从储藏窖内取出种姜，稍稍晾晒后，用清水冲洗去掉姜块上的泥土，平铺在草席或干净的地上晾晒1～2天（傍晚收进屋内，以防夜间受冻）后，收进室内堆放2～3天（困姜），如此经过2～3次重复，种姜晒困即结束。

（3）催芽。催芽可促使种姜幼芽尽快萌发，使种植后出苗快而整齐，因而是一项很重要的技术措施。催芽可在室内或室外筑的催芽池内进行。催芽过程中的温度是形成壮芽的关键。通常以保持22℃～25℃较为适宜，如高于28℃，虽发芽较快，但因姜芽徒长，表现瘦弱。催芽方法主要是火炕催芽。根据姜种的多少，先在火炕上靠近烧火的一端用砖将没有墙的两面垒50cm高的围墙，围墙内糊一层报纸，内铺10cm厚的干麦秸（麦秸压实），然后把晒好的姜块精密地立摆在火炕上，一般摆5层姜，姜层高约60cm，把姜摆好后烧火提温，一般一天早、中、晚各烧一次火，若温度高，中午这次火可不烧，使姜层内的温度保持在20℃～23℃，不能超过25℃。从烧火开始，3天内姜层上不能覆盖东西，以便排除水蒸气，防止姜烂；3天后在姜层上先用报纸盖严，再盖上一层棉被。一般15天之后姜芽开始萌动，这时温度可加大到27℃～28℃。待姜芽长到1cm高时，温度可降低到20℃左右，使姜芽肥胖而不徒长。当芽高为1.5cm左右时，即可掰块播种。选芽掰块的办法是：将整块姜种分掰成50～60g重的种块，即500g姜掰8～10块，每块姜留1～2个壮芽，其余抹掉。用种量为280kg/667m$^2$左右。

2. 精细整地，精准施肥

（1）深翻施底肥。选定姜田后，有条件的地方应进行秋耕晒垡，以改善土壤结构，增加有效养分含量。为增加土壤肥力，可在耕翻土壤时施入大量有机肥，一般每亩应施优质土杂肥5000kg以上，第二年土壤解冻后，整平耙细。若非冬闲地，应在种姜前10～15天内倒好茬。

（2）起垄施种肥。采用起垄沟种方式。具体做法是：在整平耙细的土地上按东西或南北向开沟，沟距为55～65cm，沟宽为30cm，沟深为20cm左右。为便于浇水，沟不宜过长，过长地块可打截划区种植。在开好的沟内用镢沿姜沟的南侧（东西向沟）或西侧（南北向沟）开一小沟，将肥料施入沟内，然后用二齿钩将肥料与土壤混匀，以防灌水时冲走。一般此时施入的肥料量为每亩75kg左右饼肥、50kg有机硅钙肥。

3. 播种

（1）掰姜种。种姜催芽时姜块较大，虽有的姜区催芽前已将大块掰成小块，但出芽后仍需进行挑选，在种姜下地前再进行掰姜。掰姜的过程实际是进行块选和芽选的过程。掰姜掌握的姜块大小以50～75g为宜。

(2)播种方法。播种沟浇透底水后，即可把选好的种姜按一定株距排放沟中。排放姜种有两种方法：一是平播法，即将姜块水平放在沟内，使幼芽方向保持一致。若是东西向沟，则姜块沿沟南沿使芽一致向南；若是南北向沟，则姜块沿沟的西沿使芽一致向西。放好姜种后用手轻轻按入泥中使姜芽与土面相平，而后用手从姜垄中下部扒些湿润细土盖住姜芽，以免烈日晒伤幼芽。另一种方法为竖播法，即不管什么方向的沟，芽一律向上，其余措施与平播法相同。

种姜播好后可用镢或二齿钩将垄上部的湿土扒下，盖住种姜，而后用耧地耙子耧平即可。一般要求覆土的厚度为4～5cm，若覆土太厚，则下部地温较低，不利于发芽；若覆土太薄，则因土壤表层易干，同样影响发芽。有些地区在种姜播好后覆土前撒施少量速效化肥，南方则施入大量有机肥，然后再覆土。

(3)播种密度。不同条件下的播种密度不同，一般土壤肥力高、肥水条件好、种姜块为50～75g的地块，每亩栽5500株左右，行距65cm，株距20cm左右；土壤肥力及肥水条件中等、姜块为50g左右时，每亩栽6000株左右，行距60cm，株距18cm；土壤肥力及肥水条件差、种姜块小于50g时，每亩栽7500株，行距55cm，株距18cm左右。

4.田间管理

(1)遮阴。生姜为耐阴性作物，不耐高温，但生姜的幼苗期正处在炎热的夏季，阳光强烈，因而必须对其采取遮阴措施，才能使姜苗生长良好；否则姜苗矮小，导致减产。对生姜进行遮阴处理的方法为：用谷草插成稀疏的花篱，通常高度为60cm，透光率为50%左右，或设置遮阴网。8月上旬立秋之后，天气转凉，光照渐弱，为促进光合作用可拔除姜草。

(2)中耕除草。生姜根系浅，主要分布于土壤表层，因此，不易多次中耕，以免伤根。一般应在幼苗期结合浇水进行1～2次浅中耕，一方面松土保墒，另一方面清除杂草。生姜苗期长，植株生长缓慢，又恰在高温多雨季节，杂草萌发力强，若管理不及时，极易造成草荒，影响姜苗生长。所以幼苗期及时除草是保证苗全、苗旺的重要措施。

(3)合理浇水。姜根系浅，对水分的吸收力不强，因而要求土壤湿润，要经常灌溉，但它又不耐涝，土壤又不能积水，所以要解决这一矛盾，必须根据其不同生长阶段的特点进行合理浇水。

①发芽期：为保证生姜顺利出苗，在播前浇透底水的情况下，一般在出苗前不进行浇水，而要等幼芽70%出土后再浇水，要根据天气情况、土壤质地及土壤水分状况而灵活掌握。如姜田为砂质土，保水性差，有时尚未等生姜出苗，土壤已十分干燥，这种情况下就应酌情浇一小水。为了防止土壤板结，影响出苗，要始终保持地面湿润。若姜田为黏质土壤，保水能力强，出苗前未表现缺水症状，就要等幼苗出齐后再浇水。出苗后的第一水要浇得适时，若过早，地温下降，土壤板结，影响幼芽出土；过晚，姜苗受旱，芽尖易干枯。一般应在浇第一水后，2～3天接着浇第二水，然后中耕松土，提温保墒，促进幼苗生长。

②幼苗期：生姜苗期长，幼苗生长慢，生长量少，因而需水不多，但因其根系不发达，吸水力弱，再加苗期地面裸露，尤其是幼苗后期气温高，土壤水分蒸发快，若不及时浇水，会造成土壤干旱，影响幼苗正常生长。但若幼苗期浇水过大，易降低土壤通透性，影响根系发育。因而苗期，尤其是幼苗前期，以浇小水为主，浇水后土壤不黏时即进行浅中耕，以促根壮棵；幼苗后期天气炎热，土壤水分蒸发量加大，应根据天气情况合理浇水。夏季浇

水时以早晚为好，不要在中午浇水。另外，暴雨过后注意排水防涝，有条件者可在暴雨后用井水透地降温，以防引发病害。

必须说明的是，幼苗期供水要均匀，若土壤供水不匀，植株生长不良，姜苗矮小，新生叶片常常不能正常伸展而呈扭曲状，造成所谓“挽辨子”现象，影响姜苗正常生长。

③旺盛生长期：立秋后天气转凉，生姜进入旺盛生长期，地上茎叶迅速生长，地下根茎快速膨大。此期生长速度快，生长量大，需水量多，为满足其对水分的要求，促进植株生长，要求土壤始终保持湿润状态，每4～5天浇一水。为了保证生姜收获后根茎上能黏带泥土，便于储藏，可在收获前2～3天浇最后一水。

(4)精准追肥与培土。生姜生长期长，对肥料的需要量大，但因不同生长时期植株生长速度及生长量差异很大，因而对肥料的吸收速度及吸收量也有较大差异。特别是其生长后期对肥料吸收很多，单靠在种植前施入的基肥远远不能满足其需要，因此必须结合其生长需肥特点合理追施肥料。

生姜发芽期生长量极小，主要以种姜储存的养分供应其生长，从土壤中吸收的养分极少，基肥充足，因而不需追肥。

幼苗期其生长速度慢，吸肥量虽不多，但其生长期长，为了提苗壮棵，应在苗高30cm左右，发生1～2个分枝时追一次小肥，以氮素化肥为主，每亩用20kg左右的硫酸铵或10kg尿素。

立秋前后，姜苗生长速度加快，由幼苗期转入旺盛生长期，是生长的转折时期。为了满足其迅速生长的需要，应在此期结合拔除姜草(影草)进行追肥。此期的追肥量要大，养分要全面，一般应亩施饼肥75kg，三元复合肥75kg，或磷酸二铵25kg，硫酸钾25kg。追肥时可在拔除姜草后于姜沟北侧(东西向沟)或东侧(南北向沟)距植株基部15cm左右处开深沟，将肥料施入沟中，而后覆土封沟培垄，最后灌透水。这样，原来姜株生长的沟即变为了垄。

9月中旬后，植株地上部的生长基本稳定，主要是地下根茎的膨大。为保证根茎膨大的养分供应，可在此期追部分速效化肥，尤其是土壤肥力低，保水、保肥力差的土壤，一般应亩施硫酸铵15kg，硫酸钾25～30kg。追肥时可在垄下开小沟施入，亦可将肥料溶解在水中顺水冲入。

生姜施肥时，一定要按其需肥规律合理施用，若前重后轻，尤其是氮肥用量过多，就可能使植株前期地上茎叶徒长，后期脱肥，表现早衰，降低产量。磷、钾肥有促进体内养分运转、增强植株抗性的作用。若氮肥过多，磷、钾肥不足，就会使地上茎叶旺长，不利于养分向地下根茎输送，从而使产量降低，品质下降。

生姜根茎生长要求黑暗湿润的环境，因此应随生姜的生长进行培土。第一次培土是在拔除姜草大追肥后进行的，以后可结合浇水施肥，视情况进行第二次、第三次培土。若培土过浅，就会降低产量。

(二)保护地栽培

生姜保护地栽培技术规程与常规露地栽培技术规程的基本步骤是相同的，但保护地栽培技术规程又有其特点。

1.提早播种

生姜生长期与产量关系极为密切，生长期越长，产量越高。因此，保护地提早播种是获得生姜高产的关键。根据不同保护类型的性能及生态效应和近年来的生产实践，地膜覆盖栽培可在4月上旬至中旬；大棚覆盖栽培可在3月下旬；地膜覆盖加盖大棚栽培可在3月上旬至中旬；日光温室栽培可在2月下旬。

2.加温催芽

生姜提早播种必然要提早催芽，且催芽时间比播期提早25天左右，因为催芽期温度尚低，难于保证幼芽在适期萌发，故而应采用加温方法催芽。生姜加温催芽的方法较多，常用的有火炕催芽法、电热温床催芽法、电热毯催芽法。

火炕催芽要求催芽前建造火炕。选背风向阳处（最好紧靠东西墙南侧）先砌长2～3m、宽1.5m、高0.4～0.5m的池子，池内用土坯建成“迷宫”型火道，池的南侧开留宽30cm、高40cm左右的烧火口，池顶用土坯墁好，在池的四角各建一个高出池顶1.5m、内径10cm左右并与火道相通的烟囱，烟囱之间砌高1m左右的墙，点火后若四角烟囱出烟量相近，则说明建造良好，若有不出烟的烟囱，应找出原因，并加以改建。姜种上炕前的处理与露地栽培相同。在排姜种前先在炕中间竖2～3个草把子，以利散热、散湿及测温。炕底铺一层15cm厚的麦穰，其上放姜25cm左右，隔层麦穰后再放姜，共放三层。顶部盖10cm左右麦穰后，用泥封严。此后每天早晚在烧火口点火，但不能用大火，以暗火最佳。其间保持姜池内温度为25℃～30℃，待姜芽萌动时，保持温度为22℃～25℃，姜芽达1cm左右时即可播种。

生姜也可采用迴龙火炕、电热温床及电热毯催芽。其温度管理与迷宫火炕相同，但利用电热温床及电热毯催芽时，姜种排放高度在50cm以内为佳，中间不需隔麦穰。

3.重施基肥

保护地栽培生姜，生长期长，单株生长量大，产量高，对肥料的吸收量多，再加覆盖栽培施肥不便。因此，应加大基肥施用量。一般每亩施优质土杂肥10000kg以上，深翻后，开沟起垄，在沟底每亩施入75kg饼肥，50kg(15-15-15)复合肥，25kg尿素，30kg硫酸钾，75kg硅钙有机肥，为防止地下害虫，可一并施入2kg辛硫磷颗粒剂。

4.宽垄稀播

为充分发挥保护地生姜生长期长的优势，以发展单株，扩大群体，进而在提高产量的同时，提高商品品质，保护地栽培生姜的密度应小于露地栽培。据笔者多年试验及群众生产经验，种植生姜以行距65cm、株距20～22cm，每亩栽植5000株为宜；种植小姜以行距60cm、株距20cm、每亩栽植5500株左右为宜。

5.除草覆盖

生姜保护栽培，尤其是地膜覆盖栽培，田间杂草发生时，难于除掉。因此，保护栽培生姜可在播种后盖膜前施用除草通、氟乐灵、扑草净等除草剂。但必须注意，进行绿色食品蔬菜生产时，严禁使用任何除草剂。为提高地膜效应，可选用宽幅地膜，一次覆盖2～4沟，无须割开，两边压实，中间隔一定距离压一小堆土。大棚栽培生姜，最好在整地后播种前，提早5～7天盖棚，以利地温提高；若不能提早盖棚，则应在盖地膜后及时盖棚。

6. 温光调节

大棚生姜栽培的温度，一般要求播后苗前保持为25℃～30℃，为促进早出苗，以尽可能提高地温，可不进行通风；生姜出苗后，应严格温度管理，使白天温度保持在22℃～28℃，勿高于30℃，夜间温度保持在15℃～18℃，勿低于13℃。光照的调节主要靠棚膜挡光，故而撤膜前无须进行专门的遮光处理。至6月上中旬气温高时，可撤膜换上遮阳网（透光率为60%），也可继续利用棚膜作遮阴物，但必须注意顶部与基部均进行大通风。

地膜覆盖生姜栽培因不能改变气温而难于对温度进行调节，对顶土时的生姜幼芽，要进行破膜处理，以防高温灼伤幼芽。其光照的调节与露地栽培相同。

7. 水肥管理

生姜保护地栽培使地面的水分蒸发量降低，故而浇水次数较露地栽培减少。一般出苗前为防止地温降低，不得浇水；出苗后浇一次透水，之后始终保持地面湿润。待7月中旬撤除地膜及棚膜后，其管理与露地相同。

生姜保护栽培因生长期延长，姜苗提早生长，故而追肥也应适当较露地提早，一般提苗肥可在6月上旬结合浇水，顺水冲施少量氮肥（15kg/667m$^2$尿素），至7月初再冲施同量尿素。大追肥也应比露地栽培提早进行，一般在7月下旬撤除地膜，先划锄松土，晾晒2～3天后，开沟施肥，追肥量与露地栽培相同，之后的管理也可参考露地栽培进行。

## 三、病虫害综合防治

（一）病害

1. 姜腐烂病

（1）症状。姜腐烂病又称“姜瘟病”，是生姜生产中最常见、且在各姜区普遍发生的一种毁灭性病害，发病地块一般减产10%～20%，重者达50%以上，甚至绝产，对生姜的生产构成严重威胁，是制约生姜发展的一大因素。发病时病菌一般先在地上茎基部及根茎上侵染危害。发病初，叶片卷缩、下垂而无光泽，而后叶片由下至上变枯黄色，病株基部初呈暗紫色，后变水浸状黄褐色，继而根茎变软腐烂，有白色发臭的黏液，最后地上部凋萎枯死，并易从茎秆基部折断倒伏。

（2）防治方法。生姜腐烂病的发病期长、传播途径多，防治较为困难，因而在栽培上应以农业防治措施为主，辅之以药剂防治，以切断传播途径，尽可能地控制病害的发生及蔓延。

①轮作换茬。因生姜腐烂病菌可在土壤中存活2年以上，因此轮作换茬是切断土壤传菌的重要途径，尤其是对于已发病的地块，要间隔2～3年才可种姜。种植生姜的前茬地应是新茬或粮食作物地块，而菜园地以葱蒜茬较好，种过番茄、茄子、辣椒、马铃薯等茄科作物，特别是发生过青枯病的地块，不宜种植生姜。

②选用无病姜种，杜绝种姜传菌。生姜收获前，可在无病姜田严格选种，在姜窖内单放单储，翌年下地前再进行严格挑选，清除种姜带菌隐患。

③选地、整地。姜田应选地势较高、能灌能排的壤土地，整地时地面要平，姜沟不宜过长，以防排水不畅、田间积水，引发病害。

④施净肥。种植生姜所用肥料应保证无姜腐烂病病菌，因而不可用病姜、病株及带菌土壤沤制土杂肥，所用的有机肥必须经充分腐熟后使用。

⑤浇净水。姜田最好采用井水灌溉，并防止水污染，严禁将病株向水渠及水井中乱扔。如有条件，可采用塑料软管灌溉。

⑥病株处理。当田间发现病株后，除应及时拔除中心病株外，还应将四周 0.5m 以内的健株一并去掉，并挖去带菌土壤，在病穴内撒施石灰，然后用干净的无菌土掩埋。为防止浇水时病菌向下传播，应使水流绕过发病地带。

2.斑点病

(1)症状。斑点病主要危害叶片，叶斑黄白色，梭形或长圆形，细小，长 2～5mm，斑中部变薄，易破裂或成穿孔。严重时，病斑密布，全叶似星星点点，故又名“白星病”。病部可见针尖小点，即分生孢子器。

(2)防治方法。①避免连作，不要在低洼地种植，注意清沟排渍，做好清洁田园工作；②避免偏施氮肥，注意增施磷、钾肥及有机肥；③发病初期喷洒 70％甲基硫菌灵可湿性粉剂 1000 倍液加 75％百菌清可湿性粉剂 1000 倍液，隔 7～10 天喷 1 次。

3.炭疽病

(1)症状。炭疽病危害叶片，多先自叶尖或叶缘现病斑，初为水渍状褐色小斑，后向下、向内扩展成椭圆形、梭形或不定形褐斑，斑面云纹明显或不明显，数个病斑连合成斑块，叶片变褐干枯。潮湿时斑面现小黑点，即病菌分生孢子盘。

(2)防治方法。①避免姜地连作；②注意田间卫生，收获时彻底收集病残物烧毁；③抓好以肥水管理为中心的栽培防病，增施磷、钾肥和有机肥，避免偏施氮肥，高畦深沟，清沟排渍；④及时喷洒 70％甲基硫菌灵可湿性粉剂 1000 倍液加 75％百菌清可湿性粉剂 1000 倍液，或 40％多硫悬浮剂 500 倍液、50％苯菌灵可湿性粉剂 1000 倍液、50％复方硫菌灵可湿性粉剂 1000 倍液、30％氧氯化铜悬浮剂 800 倍液，10～15 天 1 次，防治 2～3 次，注意喷匀、喷足。

(二)虫害

1.姜螟

(1)危害特点。姜螟(玉米螟)为危害生姜的主要害虫，其食性很杂，危害时以幼虫咬食嫩茎，钻到茎中继续危害，故又叫“钻心虫”。生姜植株被姜螟咬食后，造成茎空心，水分及养分运输受阻，使得姜苗上部叶片枯黄凋萎，茎秆易于折断。

(2)防治方法。叶面喷洒 90％敌百虫 800 倍液，或 50％马拉硫磷 1000 倍液，或敌杀死 2000～3000 倍液等，亦可用这些药剂注入地上茎的虫口。

2.异形眼蕈蚊

(1)危害特点。异形眼蕈蚊是生姜储藏期的主要害虫，幼虫俗称“姜蛆”，也危害田间种姜，对生姜的产量和品质造成一定影响。因异形眼蕈蚊幼虫有趋湿性和隐蔽性，初孵幼虫即蛀入生姜皮下取食，在生姜“圆头”处取食，以丝网粘连虫粪、碎屑覆盖其上，幼虫藏身其中，幼虫身体不停蠕动，头也摆动拉动线网。生姜受害处仅剩表皮、粗纤维及粒状虫粪，还可引起生姜腐烂。

(2)防治方法

①姜窖内防治：生姜入窖前彻底清扫姜窖，用80%敌敌畏1000倍液喷窖，或放姜时，在姜堆内放入盛有敌敌畏原液的开口小瓶数个，或在放好姜后，点燃部分柴草对敌敌畏原液加热，使其蒸出，对姜窖进行熏蒸，均有良好防治效果。亦可同时采用几种方法进行防治。

②田间防治：精选姜种，发现被害种姜立即淘汰，或用80%敌敌畏1000倍液浸泡种姜5～10min，以杜绝害虫从姜窖内传至田间。

3.蓟马

(1)危害特点。蓟马是一种食性很杂的害虫，除危害生姜外，还危害百合科、葫芦科和茄科等多种蔬菜作物，也能危害烟草、棉花等作物。蓟马的成虫和若虫均以锉吸式口器吸食植物汁液。姜叶受害时，产生很多细小的灰白色斑点；受害严重时，叶片枯黄，扭曲。

(2)防治方法

①农业防治：早春清除田间杂草和残株、落叶，集中烧毁或深埋，消灭越冬成虫或若虫。栽培过程中勤灌水，勤除草，可减轻其危害。

②药剂防治：可用药剂有：50%敌敌畏乳油1000倍液喷雾；40%乐果乳油1000倍液喷雾；40%乐果乳油1000倍液与50%敌敌畏乳油1000倍液混用喷雾，效果更显著；3%马拉硫磷粉剂和1.5%乐果粉剂1∶1混合，每亩22.5～30kg，可在清晨露水未干时直接喷粉；2.5%溴氰菊酯3000倍液喷雾。

③物理防治：葱蓟马有趋向蓝色的习性，可在姜地设置蓝色粘板，将蓟马粘在粘板上，能减少蓟马的危害。

## 四、适时收获、储藏

生姜的收获分收种姜、收嫩姜、收鲜姜三种。

(一)收种姜

生姜与其他作物不同，种姜发芽长成植株形成新姜后，其种姜内部组织完好，既不腐烂也不干缩，因而有“姜够本”之说。种姜一般应与鲜姜一并在生长结束时收获，也可以提前于幼苗后期收获，但应注意不能损伤幼苗。

(二)收嫩姜

收嫩姜是在根茎旺盛生长期，趁姜块鲜嫩时提早收获，此时根茎含水量高，组织柔嫩，纤维少，辛辣味淡，适于腌渍、酱渍或加工糖姜片、醋酸盐水姜芽等多种食品。

(三)收鲜姜

露地栽培一般待初霜到来之前，生姜停止生长后及时收获。收鲜姜时，一般应在收获前2～3天浇一水，使土壤湿润、土质疏松。收获时可用手将生姜整株拔出，或用镢整株刨出，轻轻抖落根茎上的泥土，然后自地上茎基部将茎秆用手折下或用刀削去，保留2cm左右的地上残茎，摘去根，随即趁湿入窖，无须晾晒。延迟收获生姜大棚栽培者，可在10月上旬扣膜，进行延迟生产。扣棚后，白天温度控制在25℃～30℃，夜间控制在15℃～18℃，延迟生姜的收获期一般掌握在11月上旬。收获后立即收藏，一般用井窖储藏，挖深为3～4m、直径为1m左右的竖井，井底挖2个或3个洞，洞宽为1.5m，高为1～1.1m，长为2m，并在底部放一层细沙，将姜紧密地立摆在一起，排完一层姜后，在表面盖一层1cm厚的细沙(沙不干不湿)，同时将姜缝内灌满细沙，再摆第二层，一般摆7层，姜层厚80～90cm，姜层离窖顶20cm。大雪前将井口用玉米秸盖一下，不要盖严。大雪后封口，封前先下窖检查姜有无变化，并立即将井口封严，保持井窖温度15℃～17℃。

# 专题二　安丘市耕地改良利用分区专题研究

耕地是农业生产和农业可持续发展的重要基础。耕地维持着作物生产力、影响着环境的质量和动植物以及人类的健康。自1979～1985年第二次土壤普查以来，随着农村经营体制、耕作制度、作物品种、种植结构、产量水平和肥料使用等方面的显著变化，耕地利用状况也发生了明显改变。近年来，虽然对部分耕地实施了地力监测，但至今对区域中低产耕地状况及其障碍因素等仍缺乏系统性、实用性的调查分析，使耕地利用与改良难以适应新形势下农业生产发展的要求。因此，开展区域耕地地力调查评价，摸清区域中低产耕地状况及其障碍因素，有的放矢地开展中低产耕地的科学改良利用，挖掘区域耕地的生产潜力，对于安丘市耕地资源的可持续利用具有十分重要的意义。

## 一、耕地改良利用分区原则与分区系统

（一）耕地改良利用分区原则

耕地改良利用区划的基本原则是：从耕地自然条件出发，主导性、综合性、实用性和可操作性相结合。按照因地制宜、因土适用、合理利用和配置耕地资源，充分发挥各类耕地的生产潜力，坚持用地与养地相结合，近期与长远相结合的原则进行。以土壤组合类型、肥力水平、改良方向和主要改良措施的一致性为主要依据。同时，考虑地貌、气候、水文和生态等条件以及植被类型，参照历史与现状等因素综合考虑进行分区。

（二）耕地改良利用分区系统

根据耕地改良利用原则，将影响耕地利用的各类限制因素归纳为耕地自然环境要素、耕地土壤养分要素和耕地土壤物理要素，将全市耕地改良利用划分为三个改良利用类型区，即耕地自然环境条件改良利用区、耕地土壤培肥改良利用区、耕地土体整治改良利用区，并分别用大写字母E、N和P表示。在各改良利用类型区内，再根据相应的限制性主导因子，续分为相应的具体改良利用亚类。

## 二、耕地改良利用分区方法

（一）耕地改良利用分区因子的确定

耕地改良利用分区因子是指参与评定改良利用分区类型的耕地诸属性。由于影响因素很多，我们根据耕地地力评价，遵循主要因素原则、差异性原则、稳定性原则、敏感性原则，进行了限制主导因素的选取。考虑与耕地地力评价中评价因素的一致性，考虑各土壤养分的丰缺状况及其相关要素的变异情况，选取耕地土壤有机质含量、耕地土壤有效磷含量、耕地土壤速效钾含量、耕地土壤有效锌含量和耕地土壤有效硼含量因素作为耕地土壤

养分状况的限制性主导因子；选取灌溉保证率、坡度和有效土层厚度作为耕地自然环境状况的限制性主导因子；选取耕层质地条件和土体构型作为耕地土壤物理状况的限制性主导因子。

(二)耕地改良利用分区标准

依据农业部《全国中低产田类型划分与改良技术规范》，根据山东省各县区耕地地力评价资料，综合分析目前全省各耕地改良利用因素的现状水平，同时针对影响安丘市耕地利用水平的主要因素，邀请具有土壤管理经验的相关专家进行分析，制定了耕地改良利用各主导因子的分区及其耕地改良利用类型的确定标准。具体分级标准如表 1 所示。

表 1　耕地改良利用主导因子分区标准

| 耕地改良利用区划 | 限制因子 | 代号 | 分区标准 |
| --- | --- | --- | --- |
| 耕地土壤培肥改良利用区(N) | 有机质(o,g/kg) | No | <12 |
| | 有效磷(p,mg/kg) | Np | <15 |
| | 速效钾(k,mg/kg) | Nk | <100 |
| | 有效锌(zn,mg/kg) | Nzn | <0.5 |
| | 有效硼(b,mg/kg) | Nb | <0.5 |
| 耕地自然环境条件改良利用区(E) | 灌溉保证(i,%) | Ei | 灌溉保证率低于 50% |
| | 坡度[s,(°)] | Es | >10° |
| | 有效土层(d,cm) | Ed | <60cm |
| 耕地土体整治改良利用区(P) | 耕层质地(t) | Pt | 砂土、砂壤、粗骨土 |
| | 土体构型(c) | Pc | 土体中有障碍层次 |

(三)耕地改良利用分区方法

在 GIS 支持下，利用耕地地力评价单元图，根据耕地改良利用各主导因子分区标准在其相应的属性库中进行检索分析，确定各单元相应的耕地改良利用类型，通过图面编辑生成耕地改良利用分区图，并统计各类型面积比例。

## 三、耕地改良利用分区专题图的生成

(一)耕地土壤培肥改良利用分区图的生成

根据耕地土壤养分限制因素分区标准把安丘市耕地有机质分为两类，即有机质改良利用区和有机质非改良利用区。有机质改良利用区以代号 No 标注；同样，有效磷改良利用区用代号 Np 标注，速效钾改良利用区用代号 Nk 标注，有效锌改良利用区用符号 Nzn 标注，有效硼改良利用区用代号 Nb 表示。编辑生成的耕地土壤培肥改良利用分区图如图 1 所示。

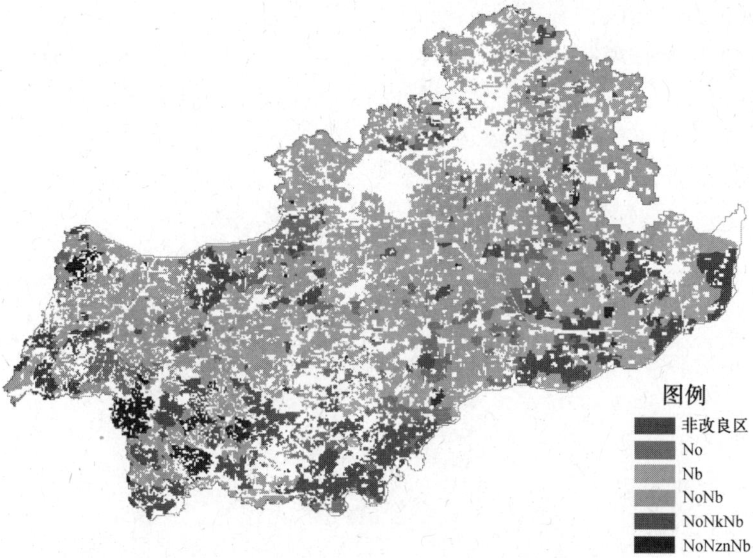


图 1　耕地土壤培肥改良利用分区图

（二）耕地自然环境条件改良利用分区图的生成

根据耕地自然环境条件限制因素分区标准进行安丘市耕地改良利用分区。灌溉保证条件分为灌溉保证条件改良利用区和灌溉保证条件非改良利用区，改良利用区用代号 Ei 标注；坡度条件分为坡度条件改良利用区和坡度条件非改良利用区，坡度条件改良利用区以代号 Es 标注；有效土层厚度分为有效土层改良利用区和有效土层非改良利用区，有效土层改良利用区以代号 Ed 标注，如图 2 所示。

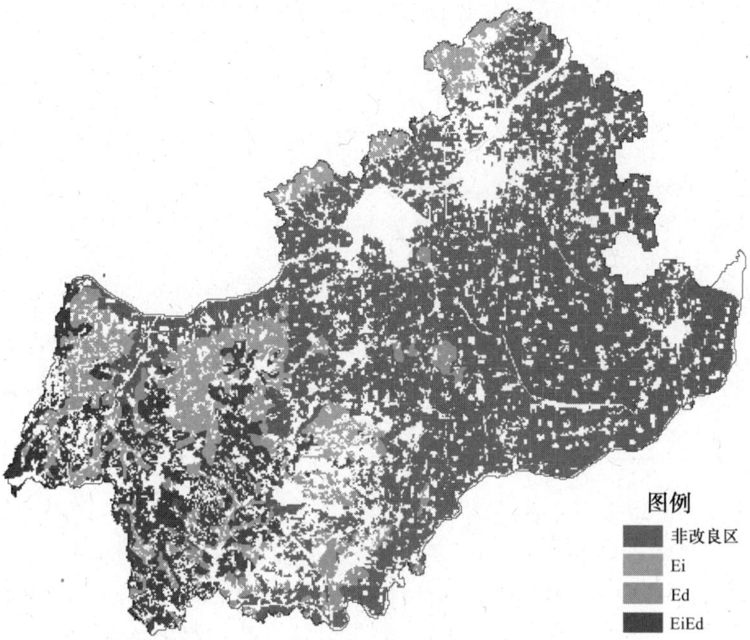


图 2　耕地自然环境条件改良利用分区图

(三)耕地土体整治改良利用分区图的生成

根据耕地土地条件限制因素分区标准,耕地耕层质地条件改良利用区用符号 Pt 标注,耕地土体构型改良利用区用符号 Pc 标注。在 GIS 下检索生成耕地土体整治改良利用分区图(见图 3)。

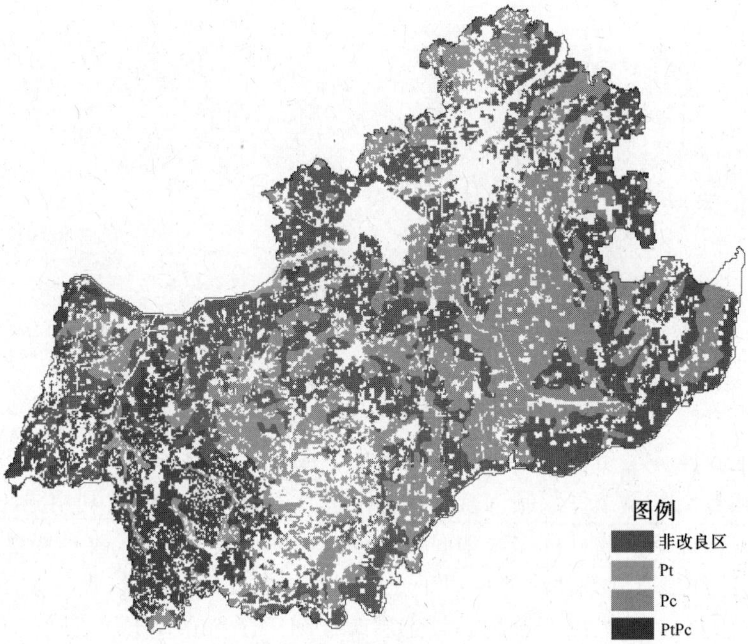


图 3　耕地土体整治改良利用专题图

## 四、耕地改良利用分区结果分析

(一)耕地土壤培肥改良利用分区面积统计及问题分析

安丘市耕地土壤培肥改良利用区各改良利用类型面积及其比例如表 2 所示。

表 2　安丘市耕地土壤培肥改良利用分区面积统计表

| 改良利用分区 | No | Nb | NoNb | NoNkNb | NoNznNb | 非改良区 | 总计 |
|---|---|---|---|---|---|---|---|
| 面积($hm^2$) | 10397.51 | 20493.22 | 45685.02 | 4454.65 | 2772.03 | 12197.57 | 96000 |
| 百分比(%) | 10.83 | 21.35 | 47.59 | 4.64 | 2.88 | 12.71 | 100 |

由图 1 和表 2 可以看出,安丘市土壤主要养分状况总体一般,非改良耕地面积为 12197.57$hm^2$,占总耕地面积的 12.71%。其中缺乏有机质的耕地面积为 63309.21$hm^2$,占总耕地面积的 65.94%;缺乏硼素的耕地面积为 73404.92$hm^2$,占总耕地面积的 76.46%。缺乏单一养分的耕地面积为 30890.73$hm^2$,占总耕地面积的 32.18%;同时缺乏两种养分的耕地面积为 45685.02$hm^2$,占总耕地面积的 47.59%;同时缺乏三种养分的

耕地面积为 7226.68hm²，占总耕地面积的 7.52％。全区磷素含量较高，不需培肥改良。由此可以看出，安丘市土壤养分的特点是耕地中养分缺乏较普遍，主要是有效硼和有机质在不同地区不同程度的缺乏，需要培肥改良的耕地分布比较广泛，在全市的各个地区均有分布，不需改良的地区在东北部有一个较大的集中区域。

从各类型面积比例看出，安丘市耕地土壤培肥改良的主要方向为增施硼肥，同时应注重有机肥料的施用，逐步提高土壤有机质和有效硼含量。

（二）耕地自然环境条件改良利用分区面积统计及问题分析

安丘市耕地自然环境条件改良利用区各改良利用类型面积及其比例如表 3 所示。

**表 3　　安丘市耕地自然环境条件改良利用分区面积统计表**

| 改良利用分区 | Ei | Ed | EiEd | 非改良区 | 总计 |
|---|---|---|---|---|---|
| 面积(hm²) | 12787.8 | 3881.21 | 12794.97 | 66536.02 | 96000 |
| 百分比(%) | 13.32 | 4.04 | 13.33 | 69.31 | 100 |

由图 2 和表 3 可以看出，安丘市耕地自然环境条件整体很好。在对安丘市耕地自然环境条件分析的基础上，得出只有 30.69％的耕地面积需要改良，需要改良的耕地主要分布在安丘市的西北部地区。其中灌溉保证水平需要提高的耕地面积为 25582.77hm²，占总耕地面积的 26.65％；有效土层厚度需要改善的耕地面积为 16676.18hm²，占总耕地面积的 17.37％。单一自然条件需要改善的耕地面积为 16669.01hm²，占总耕地面积的 17.36％；多种自然条件需要改善的耕地面积为 12794.97hm²，仅占总耕地面积的 13.33％。可见，安丘市耕地自然环境条件改良利用的主要方向为改善耕地灌溉条件，尤其是西北部地区的灌溉条件，提高灌溉保证率；其次是增加有效土层厚度，防止水土流失，保护耕层土壤。

（三）耕地土体整治改良利用分区面积统计及问题分析

安丘市耕地土体整治改良利用区各改良利用类型面积及其比例如表 4 所示。

**表 4　　安丘市耕地土体整治改良利用分区面积统计表**

| 改良利用分区 | Pt | Pc | PtPc | 非改良区 | 总计 |
|---|---|---|---|---|---|
| 面积(hm²) | 1904.22 | 39582.94 | 11965.06 | 42547.78 | 96000 |
| 百分比(%) | 1.98 | 41.23 | 12.46 | 44.33 | 100 |

由图 3 和表 4 可以看出，安丘市耕地土体结构整体较好，不需改良的耕地面积为 42547.78hm²，占总耕地面积的 44.33％，需要改良的耕地分布比较广泛，主要分布在安丘市中东部地区和西北部部分山区，耕层中含有黏土、砂姜等障碍性层次。其中耕层质地较差的耕地面积为 13869.28hm²，占总耕地面积的 14.44％；土体构型较差的耕地面积为 51548 hm²，占总耕地面积的 53.69％。单一条件较差的耕地面积为 41487.16hm²，占总耕地面积的 43.21％；两种条件都较差的耕地面积为 11965.06hm²，占总耕地面积的 12.46％。

总之，安丘市地区宜采取秸秆还田、增施有机肥料等措施来改善偏砂的土壤表层质地，除此之外，还应采取深耕等措施来改善不良的土体结构，这将是安丘市耕地土体整治改良的主要方向。

## 五、耕地改良利用对策及措施

（一）增加经济投入，加大耕地保护力度

农业是既要承担自然风险又有市场风险的弱质产业，保护农业是国民经济发展中面临的重大问题。由于调控体制不健全，受经济利益驱使，各层次资金投入重点向非农业倾斜，资金投入不足已成为农业生产发展的主要制约因素。要使农业增产就要增加耕地投入，加强中低产田改造，不断提高耕地的质量，从而提高耕地利用的经济效益。安丘市宜进一步加强对耕地改良利用的投入，通过对耕地的改良逐步消除制约耕地生产力的限制因素，培肥地力，改善农业生产条件和农田生态环境。

（二）平衡施肥，用养结合，增施有机肥料，培肥地力

长期以来，安丘市在耕地开发利用上重利用，轻培肥；重化肥，轻有机肥。全市化肥的施用量逐年增加，但有机肥投入量却逐年减少，且投入的化肥以氮、磷肥为主，引起土壤养分特别是有效硼含量的下降和矿质养分的失衡，导致耕地肥力下降。全市普遍存在有效硼含量偏低等限制性因素。因此，安丘市要持续提高中低产耕地的基础地力，为农作物生长创造高产基础，必须将用土与养土妥善结合起来，广辟有机肥源，重视有机肥的施用，提倡冬种绿肥和使用有机—无机复混肥。同时应利用中低产耕地调查评价成果，科学指导化肥的调配，采用科学优化平衡施肥，重视合理增施硼肥和微肥，不断培肥地力，实现中低产耕地资源的永续利用。

（三）加强水利建设，改善灌溉条件，注重农田基本设施建设

水是作物生长的必要条件，灌排条件与耕地的基础地力有着密切的关系。因而可以通过采取以下措施，实现自然降水的空间聚集，改善区域农田的土壤水分状况，推广节水灌溉技术，改善和扩大灌溉面积。

(1)健全灌溉工程，改善灌区输水、配水设备，加强灌溉作业管理，改进地面灌溉技术，采用增产、增值的节水灌溉方法和灌溉技术。加强水利建设，修筑田埂，防止水土冲刷；安排好水利规划，修好水渠，防止渗漏，加强管理，提高引灌水的利用率。

(2)人工富集天然降水，建造大、中、小型蓄水池、塘等蓄水体系，将集纳雨水、拦截径流和蓄水有效结合起来，在作物需水的关键时期进行灌溉，解决作物的需求和降水错位的矛盾，以充分发挥水分的增产效果。

(3)改善土壤结构，增加土壤的蓄水能力，通过对土壤增施有机物料（如施用有机肥、秸秆还田等）和应用土壤改良剂，改良土壤结构，增强土壤结构的稳定性，提高土壤对降水的入渗速率和持水量。

（四）采用农业措施改良土壤质地、改善土体结构

安丘市东北部山区耕地土壤限制性因素主要为土层中含有黏土、砂姜等障碍性层次，水土流失严重。因此要从调整土地利用结构和建设基本农田起步，改广种薄收为集约经营，改单一经营为农、林、牧、副全面发展，因地制宜，全面规划，综合治理，连续治理，实行

生物措施与工程措施相结合，坡地治理与沟道治理相结合，田间工程和蓄水保土耕作相结合。在不宜种粮的棕壤性土和褐土性土上，因地制宜地大力发展果、药土特产；在土层较厚的地方，可以发展果粮间作，以尽快提高经济效益；在交通不便的山区选种板栗、银杏等；在土层薄、水土流失严重的地方，应先种草、养畜，发展牧业生产。

（五）集约化利用耕地资源，发展生态型可持续农业，改善生态环境

耕地生态环境质量的高低是保证农作物持续稳产、高产、优产、高效的重要前提。根据安丘市资源优势以及生态环境的特点，因地制宜地利用耕地资源，通过合理轮作、科学间作套种等措施，增加复种指数，努力提高耕地资源的利用率；注重多物种、多层次、多时序、多级质能、多种产业的有机结合，农、林、牧、副、渔并举，建立生态型可持续农业系统，达到经济、生态和社会效益的高度统一。此外，应重新审视耕地承包到户政策所致的耕地经营权分散在新形势下出现的不利耕地资源规模集约经营的缺点，努力探讨建立“公司＋农户”或各种专业化合作组织等耕地规模集约经营模式，提高全市耕地资源的集约经营和经济效益。

# 专题三　安丘市砂姜黑土改良利用专题报告

砂姜黑土由于结构不良，理化性状较差，致使产量低而不稳，阻碍了农业生产的发展。因此，改良利用砂姜黑土已成为当前亟待解决的重要课题之一。近几年来，安丘市对砂姜黑土进行了综合性的改良利用，取得了较显著的经济效果。如位于新安街道办事处的市良种场及周边的大洼地，$26hm^2$耕地，全部为砂姜黑土，几年来通过改善排灌条件，增施有机肥、磷肥，秸秆还田，压砂等一系列措施，粮食产量已由改良前的 $361kg/667m^2$ 上升到 $703kg/667m^2$，增长 1.9 倍，且很多田块已成为旱涝保收的瓜菜姜良田。

由此可见，只要因地制宜，采取综合改良措拖，砂姜黑土同样可以创高产、优质。近年来，为更好地对砂姜黑土地状况及其障碍等因素进行系统性、实用性的调查分析、改良，使砂姜黑土地的利用与改良适应新形势下农业生产发展的要求，安丘市大力推广了良种场的经验，有的放矢地开展砂姜黑土地的科学改良利用，挖掘了砂姜黑土地的生产潜力，取得了很好的效果。

## 一、砂姜黑土在安丘市的分布

砂姜黑土是一种具有黑黏土层和潜育性砂姜层等障碍因素的土壤，它最早被称为“砂姜土”、“潜育褐土”、“青黑土”等，第二次土壤普查后，全国统一采用了砂姜黑土的名称。

砂姜黑土在安丘市分布于低洼地区，大部分属缓平坡地，主要分布在安丘市金冢子镇、景芝镇(宋官疃管区、临浯管区)、新安街道办事处(担山管区、贾戈管区)、官庄镇、石堆镇五处镇(街道办事处)境内，面积为 $6355.6hm^2$，占可利用土地面积的 6.62%。其中，分布面积最大的是金冢子镇，面积为 $2352.1hm^2$，占本镇可利用面积的 34%；最小的是景芝镇临浯管区洼，面积为 $330hm^2$，占临浯管区可利用土地面积的 8%。砂姜黑土共有四个土种，分别是：$Ga_1$6/8、$Ga_1$6/1、$Ga_2$5/10、$Ga_2$5/3，其中面积最大的土种是 $Ga_2$5/10 (中壤表厚砂姜腰砂姜黑土)，计 $4022.9hm^2$，主要分布在金冢子镇、景芝镇宋官疃管区；最小的土种是 $Ga_1$6/1 (重壤表黑土裸露砂姜黑土)，计 $990.4hm^2$，主要分布在景芝镇宋官疃管区、临浯管区，官庄镇。

## 二、砂姜黑土的特征、特性和形成

### (一)特征、特性

#### 1.特征

砂姜黑土的主要特征是有两个诊断层(或称层段)，即“腐泥性黑土层”和“潜育性砂姜层”。从剖面来看，其表层为灰黑色或后期覆盖的浅黄色的壤质或黏质土，厚薄不等，下为暗黑色，黏重坚硬，呈棱状或棱块状的土层和灰黄色，并含有砂姜的土层组成。底土层有锈纹、锈斑、铁子等，黑土层多出现在20～65cm处，平均厚度为35.7cm；砂姜层平均出现在78.1cm以下，有黑土裸露，耕层多为重壤。

2.生产特性

(1)易旱怕涝：干时裂缝，拉断根系，跑墒散湿，加重干旱；湿时黏粒膨胀，孔隙堵塞，影响通透性。

(2)耕性差：干时硬，湿时黏，耕作费劲，适耕期短。

(3)保肥力强，供肥力差，有机质含量高，速效养分含量低，养分分解释放慢。

(4)土性发冷，作物不易拿全苗，发老苗不发小苗，对作物有较强的选择性。

(二)砂姜黑土的形成

安丘市砂姜黑土是一种历史悠久的耕作土壤，是在草甸沼泽化的基础上经过脱沼泽过程而发育成的土壤类型，分布在地势低洼而较平坦、地下水位较浅的涝洼地区。砂姜黑土两个基本发生层的形成不仅与安丘市所处的冷热交替、干湿交替的气候、土壤水分条件有关，而且与安丘市富含碳酸钙的成土母质关系密切。成土母质的来源主要是含有较多游离碳酸钙的洪积冲积物，砂姜层是在潜水作用影响下，碳酸钙经过淋溶淀积而形成的。另外，安丘市也有独特的砂姜黑土，即“金冢子大洼砂姜黑土”，它的形成是由于底土层有一层杂色页岩的阻塞，使碳酸钙淀积形成了砂姜层。

在湿润积水的条件下，死亡的喜温性动植物的残体和随水而来的有机物质处在嫌气条件下，分解慢，使表层土壤有机质得到积累；当雨季到来之前，气温升高，积水退干，又进行好气性的分解。这样干湿交替，循环往复，在生物的积累和水渍的共同作用下，形成了黑土层。

## 三、砂姜黑土的理化性状

土壤的理化性状影响土壤的水、肥、气、热状况，是决定土壤肥力的主要因素。现将砂姜黑土的理化性状分别叙述如下：

(一)砂姜黑土的物理性状(见表1)

土壤的物理性状是衡量土壤质地好坏，结构及松紧度是否适中，透水、通气是否适合，水、气、热状况是否协调的标准。

从表1可以看出，砂姜黑土的容重偏大，总孔隙度、团粒结构偏小。这说明砂姜黑土的质地黏重，结构不良，大小孔隙度比不适宜(一般为12～4)，通透性差，所以易积水形成内涝。由于物理性状差，造成土壤紧实，遇干旱时，土壤板结，易龟裂，不利于土壤微生物活动，使水、气、热不协调，不利于作物生长。当地群众对砂姜黑土有这样的谚语：“干如砖，湿如鳔，不干不湿甩不掉。”

表 1　　砂姜黑土的物理性状分析表

| 层次(cm) | 容重(g/cm³) | 总孔隙度(%) | 毛管孔隙度(%) | 通气孔隙度(%) | 田间持水量(%) | 透水性(mL/h) | 大小孔隙比值 | 备注 |
|---|---|---|---|---|---|---|---|---|
| 0～20 | 1.34 | 494 | 316 | 167 | 853 | 1238 | 18∶1 | 平均值 |
| 20～60 | 1.36 | 490 | 303 | 191 | 24.0 | 1063 | 1∶15 | 平均值 |

（二）砂姜黑土的化学性质

土壤的化学性质是衡量土壤肥力的高低，保肥、供肥性能的强弱，各种养分含量比例是否协调的标准。1982 年土壤普查时砂姜黑土的化学性质如表 2 所示，2010 年土壤普查时其化学性状如表 3 所示。

表 2　　砂姜黑土 1982 年化学性状分析表

| 层次(cm) | 有机质(g/kg) | 全氮(g/kg) | 碱解氮(mg/kg) | 速效磷(mg/kg) | 速效钾(mg/kg) | C∶N | N∶P∶K | pH 值 |
|---|---|---|---|---|---|---|---|---|
| 0～20 | 11.1 | 0.52 | 62.7 | 3.04 | 84.7 | 12.3∶1 | 20.6∶1∶27.9 | 7.3 |

注：表内数值均是平均值。

表 3　　砂姜黑土 2010 年化学性状分析表

| 层次(cm) | 有机质(g/kg) | 全氮(g/kg) | 碱解氮(mg/kg) | 速效磷(mg/kg) | 速效钾(mg/kg) | 缓效钾(mg/kg) | N∶P∶K | pH 值 |
|---|---|---|---|---|---|---|---|---|
| 0～20 | 11.62 | 1.00 | 102.61 | 52.26 | 167.95 | 610.02 | 2∶1∶3.2 | 6.8 |
| 变幅 | 3.6～23.8 | 0.45～1.6 | 40～334 | 6.9～178 | 81～439 | 461～1109 | — | 5.6～7.6 |

注：表内数值是平均值，样本数为 290 个。

从表 2 可看出，砂姜黑土所含养分中，全氮、碱解氮，按全国分级标准属缺乏范围，速效磷极缺乏，有机质含量虽然较丰富，但由于其不利于土壤好气性微生物活动，使腐殖质失去活性而老化，所以释放养分慢。同时因代换量过大（代换量为 27.3CEC，适宜代换量为 20CEC），保肥性虽强，但供肥性能差，这是造成砂姜黑土肥力差、地力薄的主要原因。

从表 3 可看出，2010 年砂姜黑土所含养分中，全氮、碱解氮、有效磷、速效钾与 1982 年比较，都有大幅度提高，其中全氮、碱解氮、速效钾提高近 2 倍，有效磷提高 17.2 倍，由 1982 年的极缺乏，上升为丰富；pH 由 1982 年的 7.3 降低为 6.8。

通过理化性状的分析可知，安丘市砂姜黑土通过长期的改良，所含养分全氮、碱解氮、有效磷、速效钾等各项指标均有很大幅度的提高，达到了高产粮田的标准，但砂姜黑土土壤紧实，易旱易涝，水、肥、气、热不协调，通透性差，不利于微生物活动，养分释放慢，速效养分缺乏，肥力低，供肥力差的主要特点没有从根本上改变，这也是造成砂姜黑土难实现高产、优质的主要原因，与现代农业对农田的高标准要求相差很远。

造成砂姜黑土低产的另一方面原因是：砂姜黑土分布在低平洼地上，地下水位高，排灌配套不佳，加之安丘市降雨量大部集中在6、7、8月，常积水成灾，造成秋季作物减产，因施肥不当，过量使用化肥，有机肥使用相对减少，造成氮、磷、钾比例失调。

砂姜黑土低产的原因还有很多，例如：一家一户耕种，不利于大机械深耕，连续使用旋耕，耕层浅，形成犁底层，造成黏土层出现部位高等障碍因素，对作物根系下扎也是极为不利。

针对上述问题，采取相应措施，对砂姜黑土进行彻底改良，是安丘市食品安全区域化建设的要求，也是高产、优质、高效农业的要求。

## 四、砂姜黑土的改良利用

(一)主攻干旱，搞好水利设施

安丘市砂姜黑土地区的广大农民，对砂姜黑土的改良积累了丰富的经验。他们采取深挖沟(排水沟)，高筑路，划方田和路沟栽树等措施，解决了涝的问题。目前影响生产的主要因素是干旱。针对降水不足和土壤保水性差的主要矛盾，安丘市采取了打机井、修提水站，搞好水利配套，灌溉面积不断扩大，并不断改善灌溉方法，科学用水，取得了较好的效果。

着重强化农田节水设施建设，积极开展田间微型节水工程：平整土地，改造畦块，完善田间灌溉渠道，配置田间软管送水、喷灌、滴灌节水灌溉设施等。围绕小麦、玉米、棉花、生姜、瓜菜生产，重点推广土壤水库营建、聚水保墒、冬小麦测墒灌溉农田综合节水技术模式。

(1)平整土地。改造畦地，变大畦为小畦，宽畦为窄畦，长畦为短畦，使全市59000$hm^2$耕地实现节水畦规格要求；加深耕作层，由目前的耕深15～20cm加深到25～30cm，加厚活土层，增强土壤涵水能力。

(2)利用渠道防渗输水和管道输水，防止输水过程水源浪费。建设防渗渠，实改防渗渠灌溉面积达2000$hm^2$，建20km防水渠，并积极推广管道输水和地面软管道退管浇水、田间闸管灌溉技术。

(3)推广冬小麦测墒灌溉技术。冬小麦测墒灌溉是根据小麦墒情、田间持水量指标进行灌溉，是一项有效节水措施。2010年，安丘市在砂姜黑土地建小麦定位测墒点5个，有效监控面积为30000$hm^2$，根据不同农时季节，定期定时监测土壤墒情，指导小麦灌溉，提高水的利用率。

(4)大田果树、园林类经济作物采取低压管道输水灌溉配套穴灌技术、喷头式喷灌技术、喷水带微灌技术、小管出流穴灌技术、滴灌或微喷灌技术；配套田间施肥技术采取灌溉前穴(行)施基肥(有机肥、化肥)，灌溉过程中结合灌溉或通过灌溉系统追施化肥，实现水肥一体化。

(二)深翻改土，以砂压黏，改良土壤质地

砂姜黑土表面黏重，下层紧实，结构不良，通透性差，水、肥、气、热不协调，耕作困难，易起坷垃，不易拿全苗。针对这些弱点，安丘市因地因土制宜，采取相应的有效改良措施，主要做法是：①在挖沟排涝的基础上，大搞深翻改土，熟化了土壤，加厚了活土层，耕层由15cm加深到25cm左右，打破了犁底层，有利于根系的下扎和水分、养分的运行，为根繁叶茂打下基础。②调砂压黏，调运汶、潍、渠河滩砂土压黏，压砂量为15$m^3$/667$m^2$，通过拉砂压黏，改善了土壤的物理性状，使土壤松散，耕作方便，减少了坷垃，易拿全苗。通过试验，连续压砂3年后，砂姜黑土土壤的物理性状就有了明显改善(见表4)。

表4　砂姜黑土压砂与不压砂物理性状对照表

| 项目 | 容重($g/cm^3$) | | | 孔隙度(%) | | |
|---|---|---|---|---|---|---|
| | 1 | 2 | 3 | 1 | 2 | 3 |
| 不压砂 | 1.41 | 1.40 | 1.43 | 47.8 | 48.1 | 47.0 |
| 压砂 | 1.24 | 1.28 | 1.31 | 54.6 | 52.7 | 51.5 |
| 相差 | 0.17 | 0.12 | 0.12 | 6.3 | 4.6 | 4.5 |

由表4可看出，砂姜黑土改良后，容重平均减少0.14$g/cm^3$，土壤孔隙度平均增大5.1%，因而使物理性状得到了改善，有利于微生物的活动和养分转化。水、肥、气、热趋于协调，增强了抗旱抗涝能力。

(三)增施有机肥，培肥地力，改善土壤理化性状

全市有机肥资源有粪类、堆肥、沤肥、栏圈类、饼肥类等(包括酒糟2万吨，粉渣1万吨，豆腐渣、柠檬渣等约计2万吨，葱皮、葱叶、牛蒡皮、甘蓝叶等约计50万吨)。据不完全统计，安丘市有机肥资源总量为726.345万吨左右，其中饼肥类约6.3万吨，堆、沤肥类700万吨左右(包括鸡粪)，杂肥类20万吨左右。全市有机肥亩拥有量为5152kg，现实际亩均施用量为3500kg，利用率低，且大部分简单堆沤即施用，急需工厂生产精制有机肥，因此增肥改土有很大的潜力。

实施地力培肥，增施有机肥，每年可使有机肥利用率提高4%，每亩可增施有机肥200kg，五年亩多增施1000kg；安丘每年有机肥销售量为1万多吨，通过广泛宣传，加上鼓励政策，推广有机与无机相结合措施，全市每年有机肥销售数量达3～5万吨。每亩增施精制商品有机肥数量达30kg，对提升土壤有机质含量、培肥改土将起到极大的促进作用。

如安丘市良种场，2002年养猪31头，2009年增加到125头，并与外贸食品有限公司建起了标准化养鸡场，年产优质土杂肥90000kg，连续7年每亩耕地保证使用优质土杂肥2500kg，使土壤的有机质含量由2002年的10.78～11.55g/kg，提高到2009年的11.25～12.12g/kg；碱解氮由74.5～80.2mg/kg，提高到100.2～110.0mg/kg；速效磷由42.0～50.5mg/kg，提高到45.4～54.8mg/kg；速效钾由77～80mg/kg，提高到133～141mg/kg(见表5)。

表5　增施有机肥对砂姜黑土的影响

| 年份 | 有机质(g/kg) | | | 碱解氮(mg/kg) | | | 速效磷(mg/kg) | | | 速效钾(mg/kg) | | |
|---|---|---|---|---|---|---|---|---|---|---|---|---|
| | 1 | 2 | 3 | 1 | 2 | 3 | 1 | 2 | 3 | 1 | 2 | 3 |
| 2002 | 11.55 | 11.46 | 10.78 | 80.2 | 79.2 | 74.5 | 46.9 | 42.0 | 50.5 | 80 | 77 | 79 |
| 2005 | 11.73 | 11.92 | 11.00 | 91.6 | 92.4 | 85.9 | 50.1 | 43.9 | 22.5 | 117 | 90 | 75 |
| 2009 | 12.12 | 12.15 | 11.25 | 100.2 | 110.0 | 101.4 | 53.2 | 45.4 | 54.8 | 141 | 135 | 133 |
| 7年相差 | 0.57 | 0.69 | 0.47 | 20.0 | 30.8 | 26.9 | 6.3 | 3.4 | 4.3 | 61 | 58 | 54 |

另外，广种绿肥、绿肥压青也能增加土壤有机质，是用地、养地，降低生产成本，改良砂姜黑土的途径之一。

（四）秸秆还田

据试验，麦糠堆肥或玉米秸秆堆肥的有机质含量为48%左右。结合有机质提升项目，可利用秸秆堆肥或直接还田，改良土壤，培肥地力，这也是改良砂姜黑土的一条有效措施。安丘市良种场从2002年开始，对4hm$^2$小麦、玉米田实行麦秸、麦糠和玉米秸全还田，到2004年小麦、玉米秸秆全还田3次，秸秆还田后，土壤结构改变，耕层由紧实变为疏松，地发暄。据2005年化验测定，连续3次秸秆全还田的麦田20cm耕层较未还田的对照容重下降0.09～0.1g/cm$^3$，孔隙度增加3.4～4.2%，有机质增加0.2～0.3g/kg，碱解氮增加14～23mg/kg（见表6）。

表6 秸秆还田对砂姜黑土理化性状的影响

| 处理 | 地号 | 容重(g/cm$^3$) | 总孔隙度(%) | 有机质(g/kg) | 碱解氮(mg/kg) |
|---|---|---|---|---|---|
| 3次秸秆全还田 | 2 | 1.28 | 52.7 | 12.1 | 112 |
| 未还田 | 2 | 1.39 | 48.5 | 11.9 | 98 |
| 3次秸秆全还田 | 3 | 1.31 | 51.5 | 11.6 | 109 |
| 未还田 | 3 | 1.40 | 48.1 | 11.3 | 86 |

（五）大力推广地膜覆盖技术

实践证明，地膜覆盖具有保墒和改良土壤的作用。

1.提高地温

利用透明地膜覆盖，通常可使5cm深表土层温度提高3℃～6℃，有利于早春发苗和增进根系生长。春季大棚内进行地膜覆盖，其增温效果十分显著，据测定，在春季大棚辣椒田中，地膜覆盖可使5～20cm深土层日均地温比单用大棚提高0.5℃～2℃；秋季地膜覆盖也有很好的增温效果。

2.防旱、防涝

在覆盖了地膜的畦面上，雨水顺膜流入畦沟而被排走，土壤水分通常不致于过分饱和。不降雨时，土壤下层的水分可自下向上垂直运行，畦沟中的水也可沿畦边向畦中部横向转移，供给植株吸收。天旱时，薄膜阻碍了土壤水分蒸发，有保水作用，可减少灌溉次数。

3.防土壤板结

在作物生长期，因为地膜覆盖使土壤外表减少了风吹雨淋及人在管理中的践踏，能使土壤维持较好的蓬松情况，避免土壤板结，使土壤容重降低，孔隙度增加。

4.防养分散失

地膜覆盖后，土壤温湿度适宜，通透性好，土壤最高温度可达30℃，因此，土壤微生物增长，活性加强，可加速有机质分解和转化，增进土壤有益微生物的活动和滋生，增加土壤团粒结构，改善土壤物理性状。土壤中有效养分增长，通常可节约肥料1/3左右。因为地膜的阻隔，可避免土壤中氮素的挥发，避免雨水冲刷而造成的淋溶散失，起到保肥作用。

5.有利于加强近地面株间的光照

膜自身和膜下水滴的反射作用，通常能够反射10%～20%的太阳光量，使近地面株间的光照加强，植株中下部叶片能获得较多的太阳辐射能，因此光合作用加强，产量提高。

6.增产增收

地面盖膜后，土壤的水、肥、气、热条件得到改良，为作物的生长发育提供良好的土壤环境条件，能加速作物生长发育进程和根系发达，如可使茄果类、瓜类、豆类、蔬菜比露地栽培提早5～10天采收；使西瓜比露地栽培提早10～15天收获。

安丘市每年在玉米、花生、地瓜、生姜、瓜菜等作物上使用的地膜覆盖面积达26667$hm^2$，增产10%～20%，尤其在砂姜黑土地每年推广应用3000$hm^2$，收到了很好的改良土壤、增产增收的作用。

（六）平衡施肥，用养结合，培肥地力

安丘市砂姜黑土有机质平均含量为11.62g/kg，变幅为3.6～23.8g/kg；碱解氮平均含量为102.61mg/kg，变幅为40～334mg/kg；速效磷平均含量为52.26mg/kg，变幅为6.9～178mg/kg；速效钾平均含量为167.95mg/kg，变幅为81～439mg/kg；氮、磷、钾比例为2∶1∶3.2，耕层养分变幅过大，比例失调。

长期以来，安丘市在耕地开发利用上重利用，轻培肥，全市肥料的施用量不是很理想，特别是有机肥投入量逐年减少，且投入的化肥以氮肥和复合肥(15-15-15)为主，引起土壤矿质养分的失衡，导致耕地肥力下降。因此要持续提高砂姜黑土耕地的基础地力，为农作物生长创造高产基础，必须将用土与养土妥善结合起来，利用砂姜黑土耕地调查评价成果，科学指导化肥的调配，采用科学优化平衡施肥，重视合理增施有机肥、磷肥及微肥，不断培肥地力，实现中低产耕地资源的持续利用。

（七）因土种植

砂姜黑土在没有改造好之前，要做到因土种植，主要种植小麦、高粱、大豆等作物。排水好的地区，也可种植棉花、玉米等。因小麦的生长和发育直到成熟均在旱季，避开了雨季，形不成涝的危害，高粱、玉米较耐涝，可适当地搭配种植。

总之，安丘市的砂姜黑土地区与市良种场的土壤条件基本相同，并且深耕改土，水利配套已进行多年，从1990年就推广实施测土配方施肥，到目前已有10多年的时间，科学种田水平逐步提高，通过采取综合措施改良砂姜黑土地，收到了较好效果。目前全市有80%以上的砂姜黑土地已培肥成中产以上稳产田，粮棉油、瓜果菜、生姜等都已经大面积栽培。

# 主要参考文献


[1]山东省土壤肥料工作站．山东土壤．北京:中国农业出版社,1994

[2]山东农业科学院．山东蔬菜．上海:上海科学技术出版社,1997

[3]金继运等译．土壤肥力与肥料．北京:中国农业科技出版社,1998

[4]中化信深达信息技术有限公司．《中国肥料手册》2001 版．河南化工,2002(6)

[5]张福锁等著．中国主要作物施肥指南．北京:中国农业大学出版社,2009

[6]潍坊市土壤肥料工作站．潍坊市土壤(内部资料),1987

[7]安丘县农业局．安丘土壤(内部资料),1983

[8]安丘县土地资源调查办公室．土地资源调查报告(内部资料),1989

[9]安丘县农业区划委员会办公室．安丘县农业区划(内部资料),1984

[10]安丘市国土规划局．土地面积年报(内部资料),2007

[11]安丘市国土规划局．土地利用现状图(内部资料),2007

[12]安丘市统计局．安丘市统计年鉴(内部资料),2007～2010

# 附　图

## 安丘市土地利用现状图

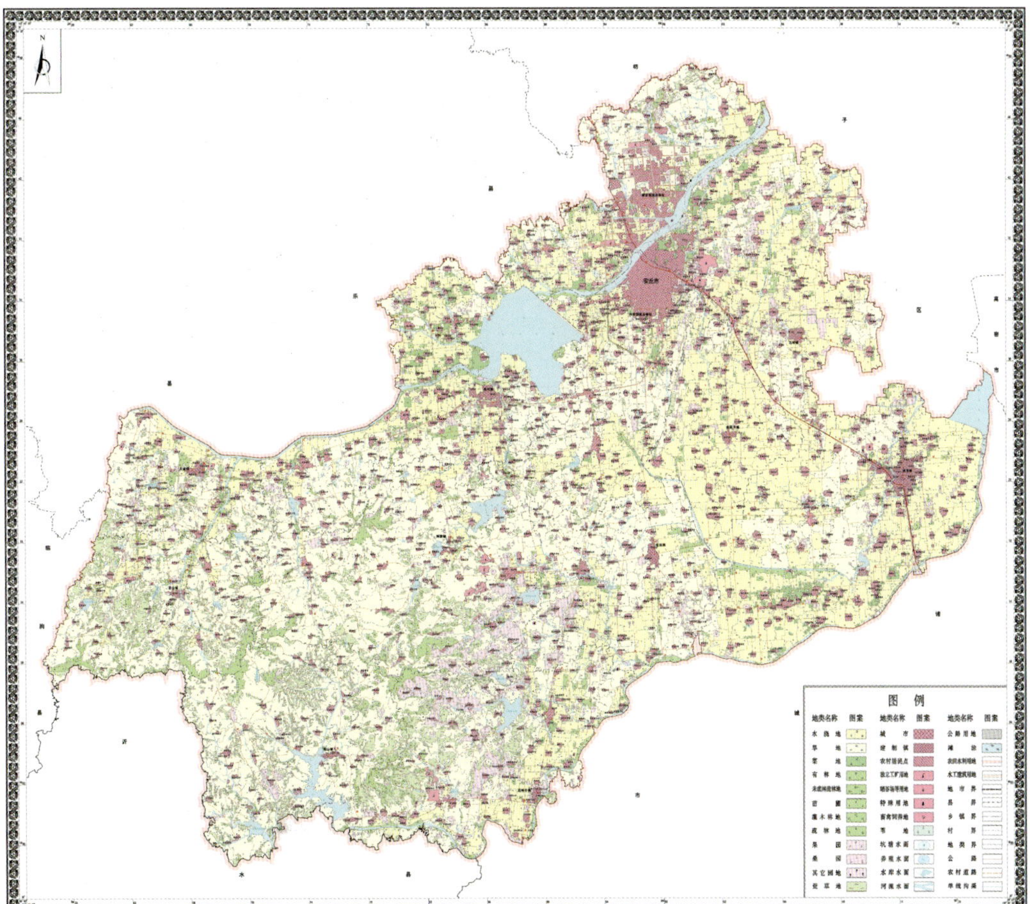


1954年北京坐标系　1956年黄海高程系　　比例尺：1:500000　　山东天地亚太国土遥感有限公司　二〇一〇年十月

山东农业大学资源与环境学院

# 安丘市地貌图

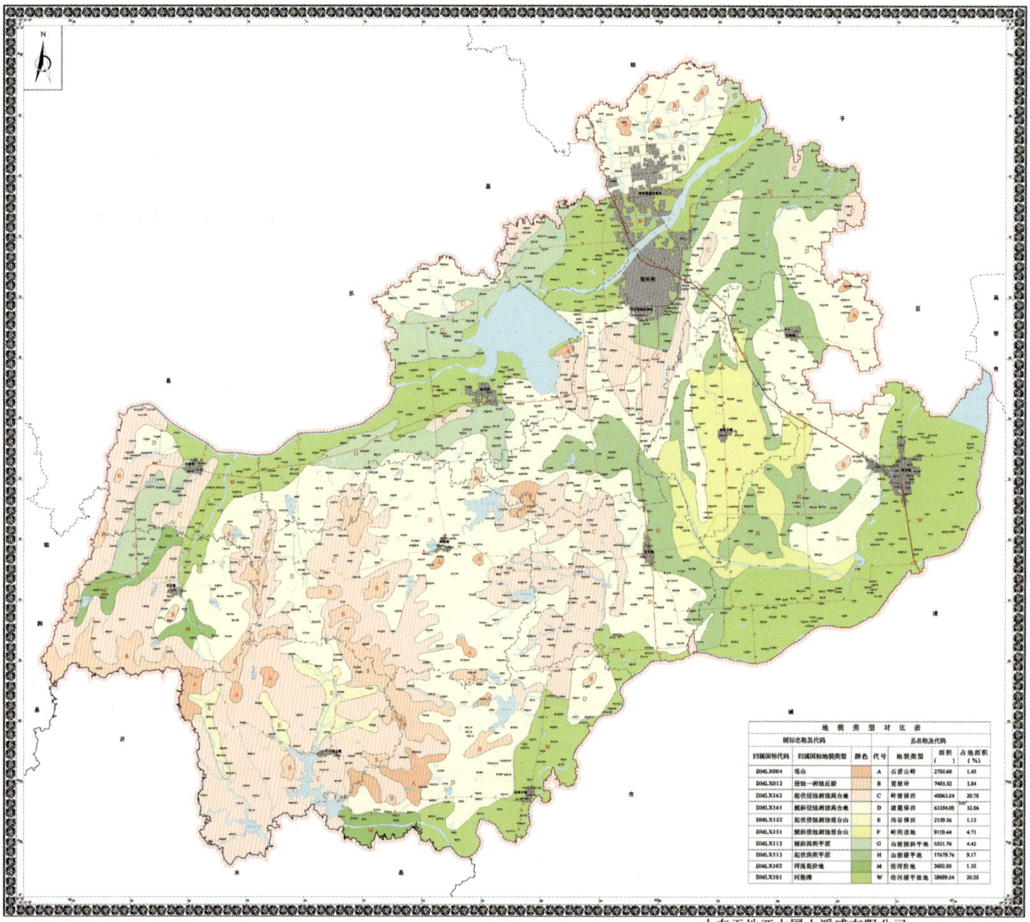


1954年北京坐标系　1956年黄海高程系　　比例尺：1:500000　　山东天地亚太国土遥感有限公司　山东农业大学资源与环境学院　二〇一〇年十月

# 安丘市土壤图

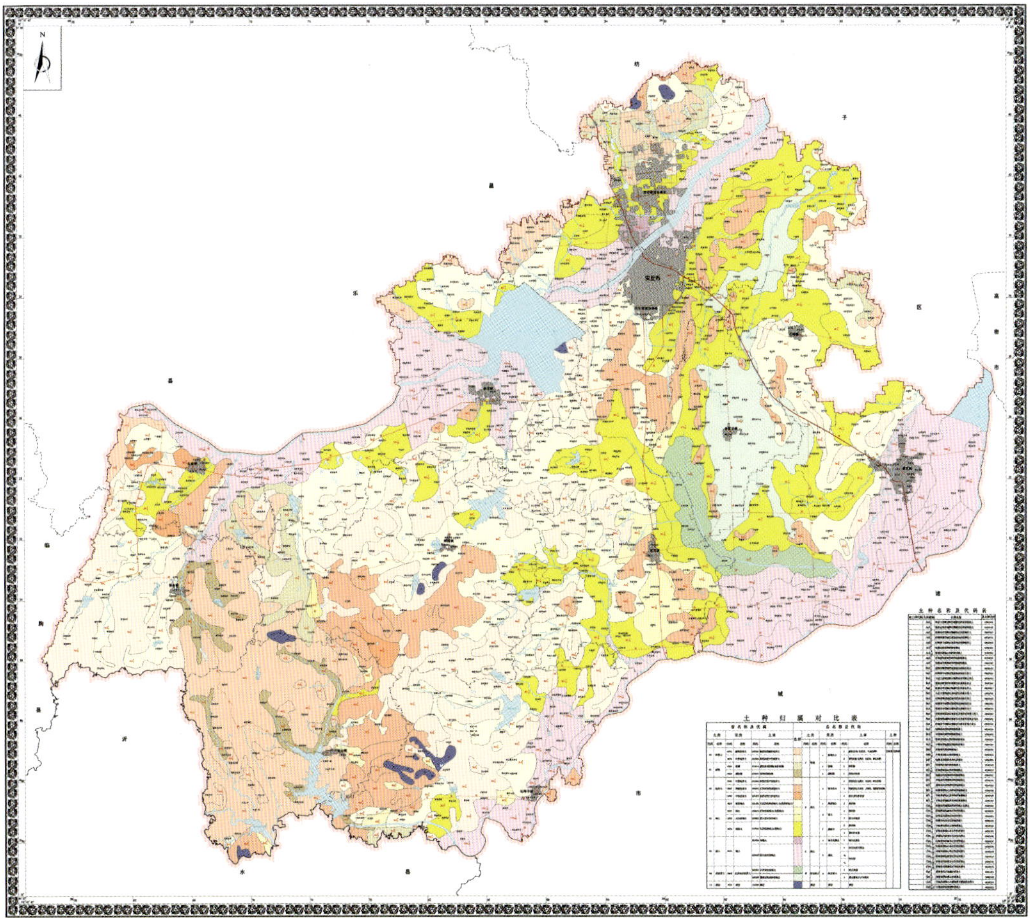

1954年北京坐标系　1956年黄海高程系

比例尺：1:500000

山东天地亚太国土遥感有限公司
山东农业大学资源与环境学院

二〇一〇年十月

# 安丘市坡度图

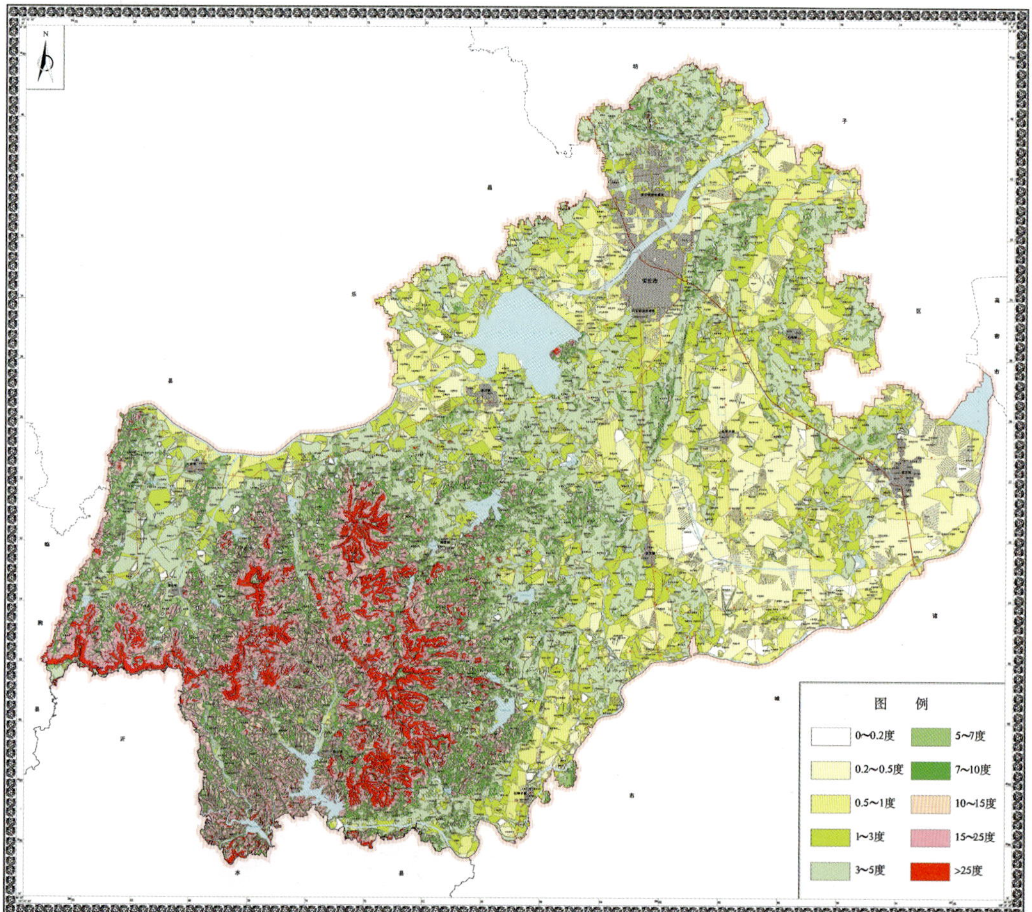


1954年北京坐标系　1956年黄海高程系　　比例尺：1:500000　　山东天地亚太国土遥感有限公司 山东农业大学资源与环境学院　二〇一〇年十月

# 安丘市耕地地力调查点点位图

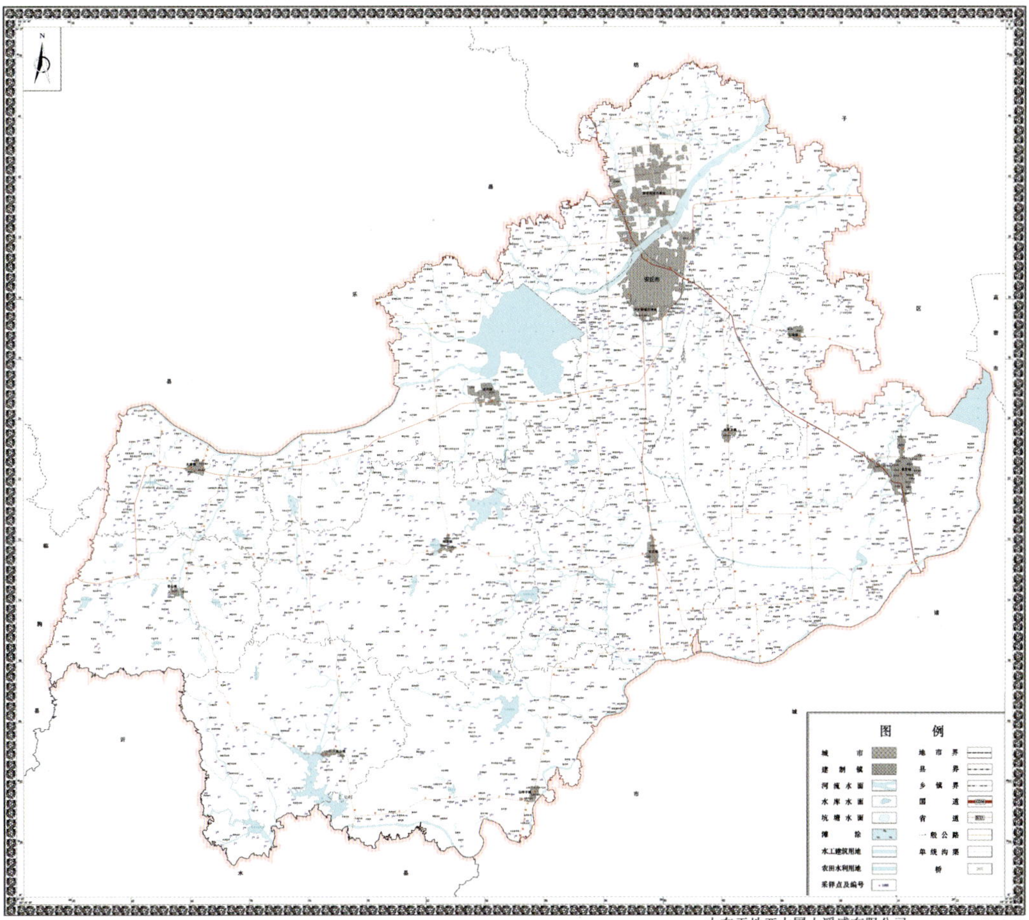


1954年北京坐标系　1956年黄海高程系　　比例尺：1:500000　　山东天地亚太国土遥感有限公司　山东农业大学资源与环境学院　二〇一〇年十月

# 安丘市灌溉分布图

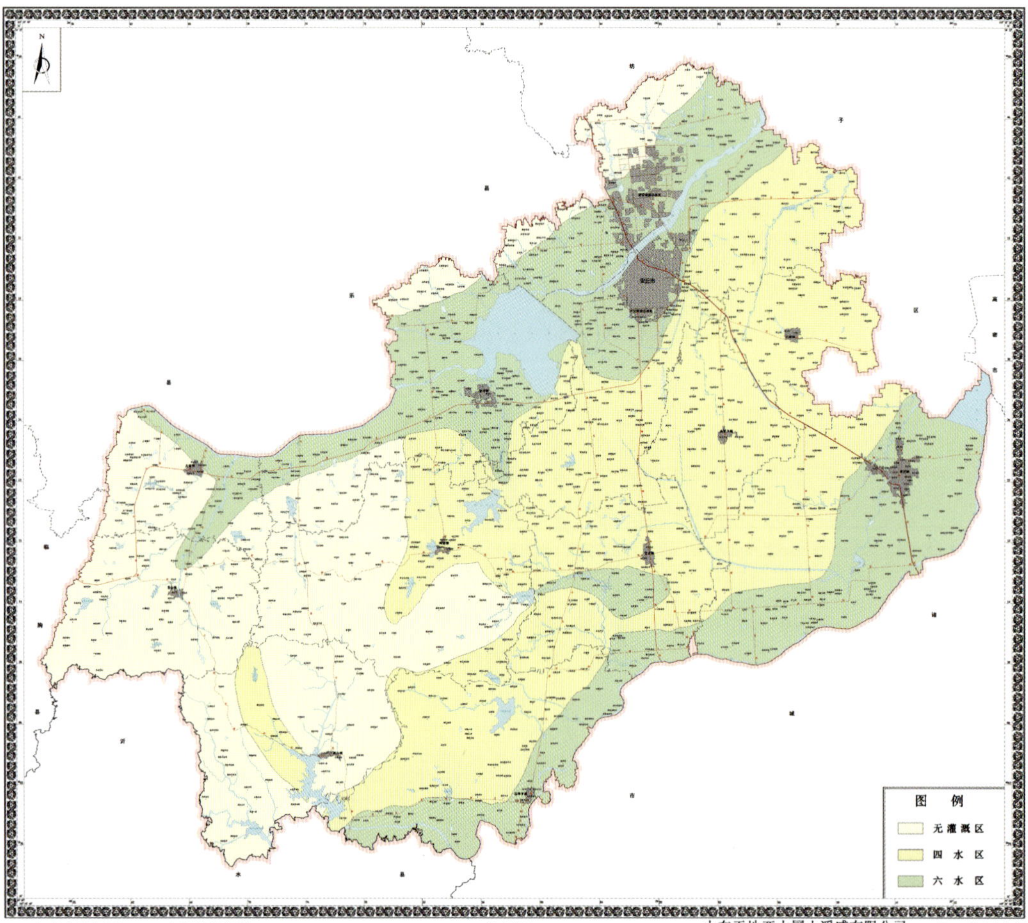


1954年北京坐标系　1956年黄海高程系　　比例尺：1:500000　　山东天地亚太国土遥感有限公司　山东农业大学资源与环境学院　二〇一〇年十月

# 安丘市土壤pH分布图

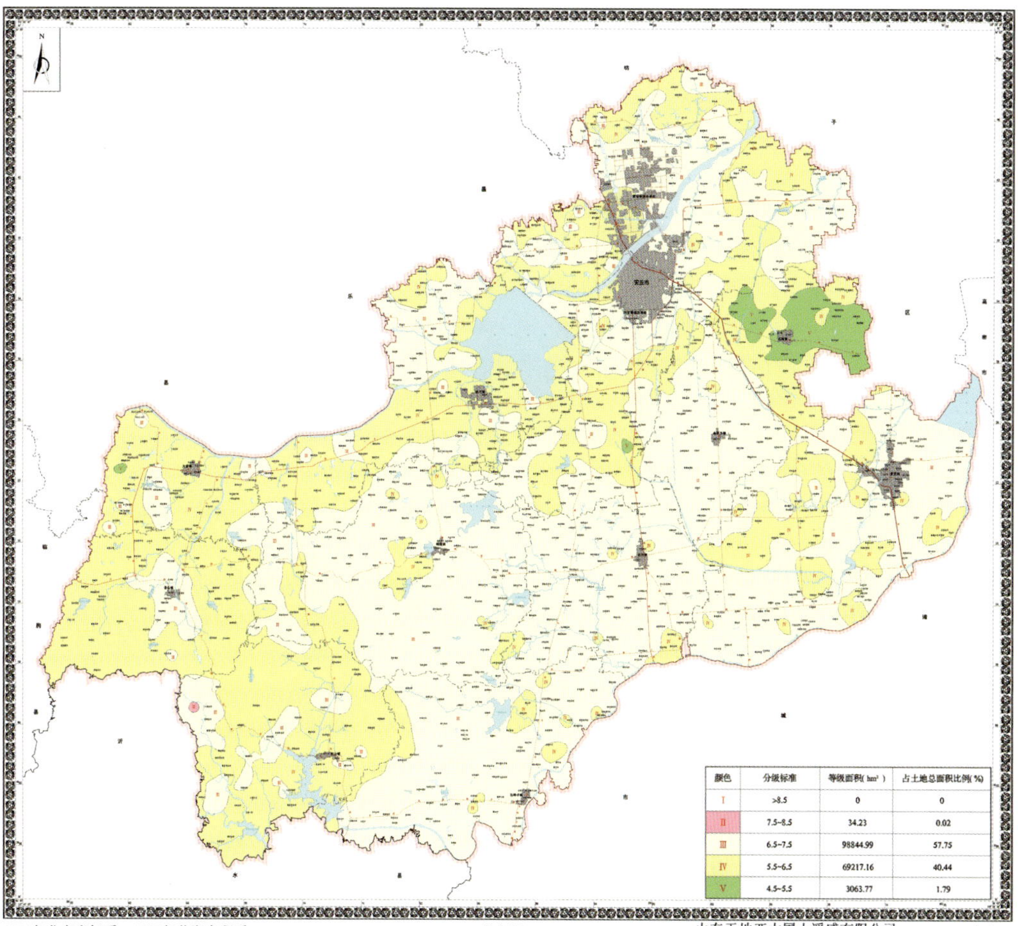

| 颜色 | 分级标准 | 等级面积(hm²) | 占土地总面积比例(%) |
|---|---|---|---|
| Ⅰ | >8.5 | 0 | 0 |
| Ⅱ | 7.5~8.5 | 34.23 | 0.02 |
| Ⅲ | 6.5~7.5 | 98844.99 | 57.75 |
| Ⅳ | 5.5~6.5 | 69217.16 | 40.44 |
| Ⅴ | 4.5~5.5 | 3063.77 | 1.79 |

1954年北京坐标系　1956年黄海高程系　　比例尺：1:500000　　山东天地亚太国土遥感有限公司　山东农业大学资源与环境学院　二〇一〇年十月

# 安丘市耕地地力评价等级图

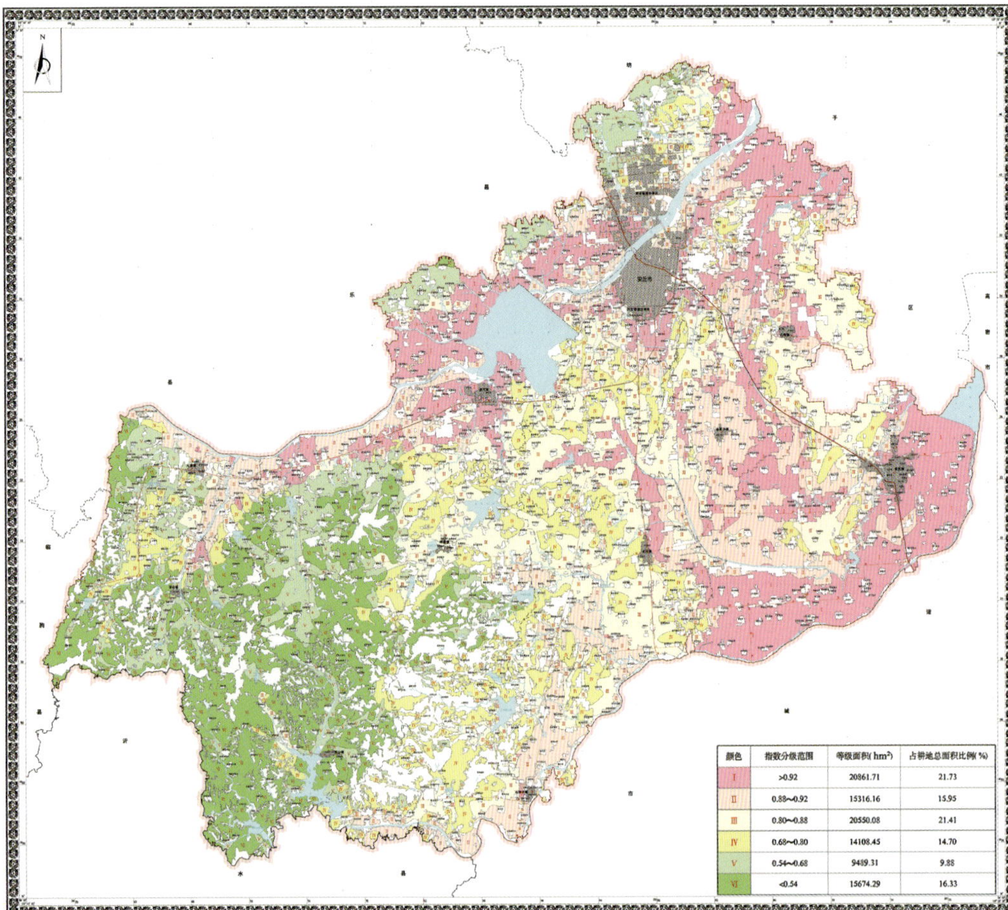

| 颜色 | 指数分级范围 | 等级面积(hm²) | 占耕地总面积比例(%) |
| --- | --- | --- | --- |
| Ⅰ | >0.92 | 20861.71 | 21.73 |
| Ⅱ | 0.88～0.92 | 15316.16 | 15.95 |
| Ⅲ | 0.80～0.88 | 20550.08 | 21.41 |
| Ⅳ | 0.68～0.80 | 14108.45 | 14.70 |
| Ⅴ | 0.54～0.68 | 9489.31 | 9.88 |
| Ⅵ | <0.54 | 15674.29 | 16.33 |

1954年北京坐标系　1956年黄海高程系　　比例尺：1:500000　　山东天地亚太国土遥感有限公司　山东农业大学资源与环境学院　二〇一〇年十月

# 安丘市土壤缓效钾含量分布图

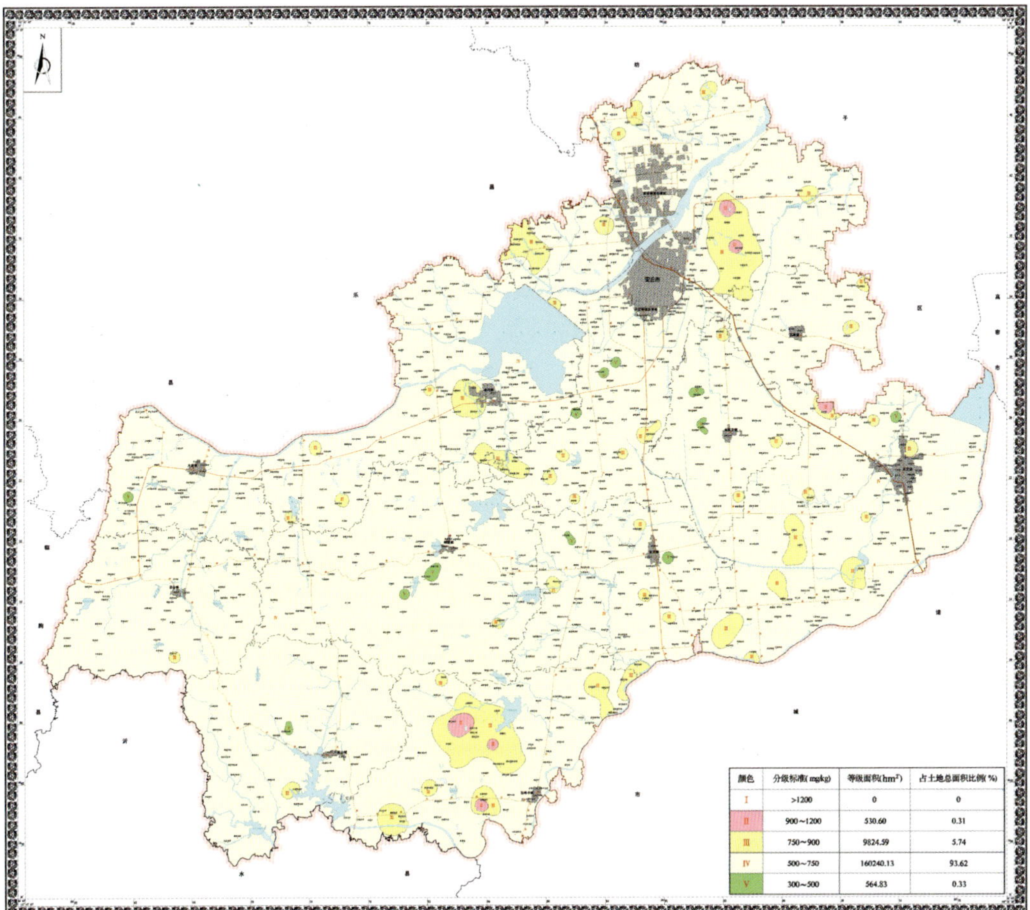


| 颜色 | 分级标准(mg/kg) | 等级面积($hm^2$) | 占土地总面积比例(%) |
|---|---|---|---|
| Ⅰ | >1200 | 0 | 0 |
| Ⅱ | 900～1200 | 530.60 | 0.31 |
| Ⅲ | 750～900 | 9824.59 | 5.74 |
| Ⅳ | 500～750 | 160240.13 | 93.62 |
| Ⅴ | 300～500 | 564.83 | 0.33 |

1954年北京坐标系　1956年黄海高程系　　比例尺：1∶500000　　山东天地亚太国土遥感有限公司　山东农业大学资源与环境学院　二〇一〇年十月

# 安丘市土壤碱解氮含量分布图

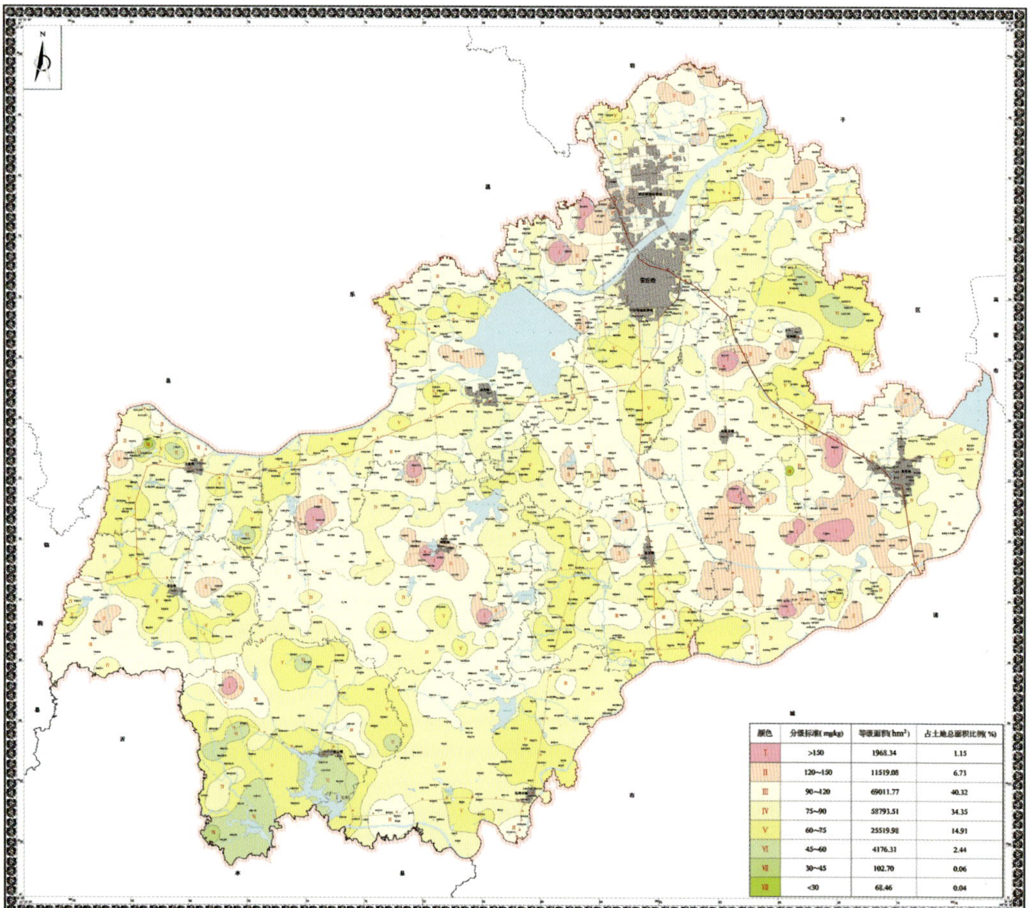


1954年北京坐标系　1956年黄海高程系　　比例尺：1:500000　　山东天地亚太国土遥感有限公司　山东农业大学资源与环境学院　二〇一〇年十月

# 安丘市土壤交换性钙含量分布图

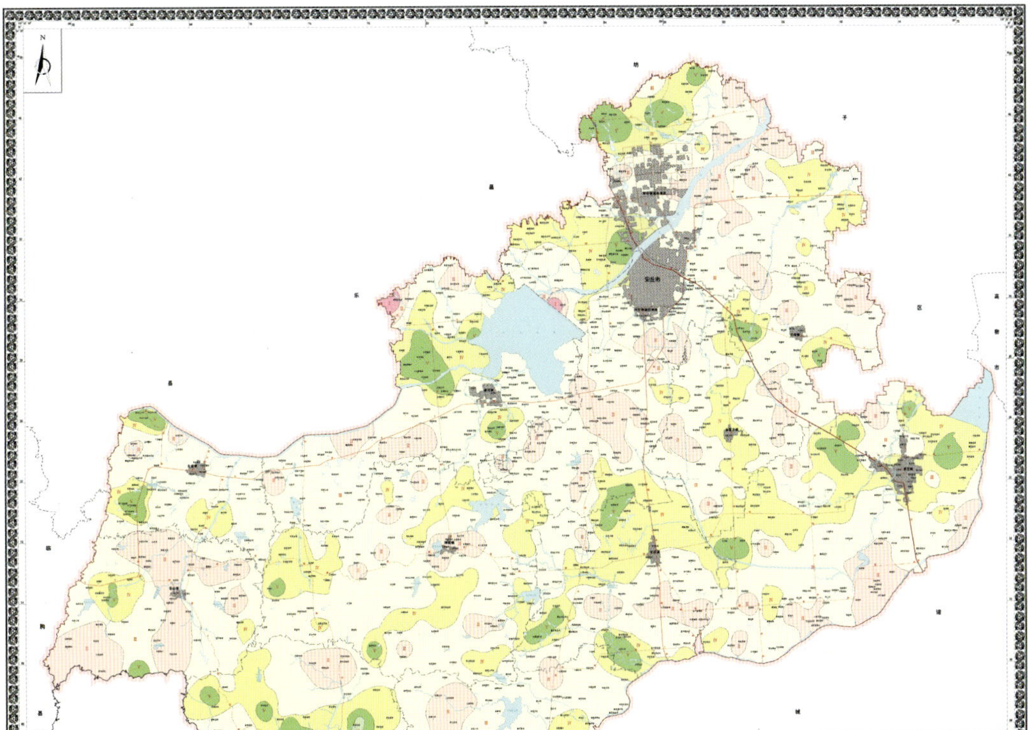


| 颜色 | 分级标准(mg/kg) | 等级面积(hm²) | 占土地总面积比例(%) |
|---|---|---|---|
| Ⅰ | >6000 | 239.62 | 0.14 |
| Ⅱ | 4000～6000 | 24116.47 | 14.09 |
| Ⅲ | 3000～4000 | 99290 | 58.01 |
| Ⅳ | 2500～3000 | 39846.08 | 23.28 |
| Ⅴ | 2000～2500 | 7565.28 | 4.42 |
| Ⅵ | 1500～2000 | 102.70 | 0.06 |

1954年北京坐标系　1956年黄海高程系　比例尺：1∶500000

山东天地亚太国土遥感有限公司　二〇一〇年十月
山东农业大学资源与环境学院

# 安丘市土壤交换性镁含量分布图

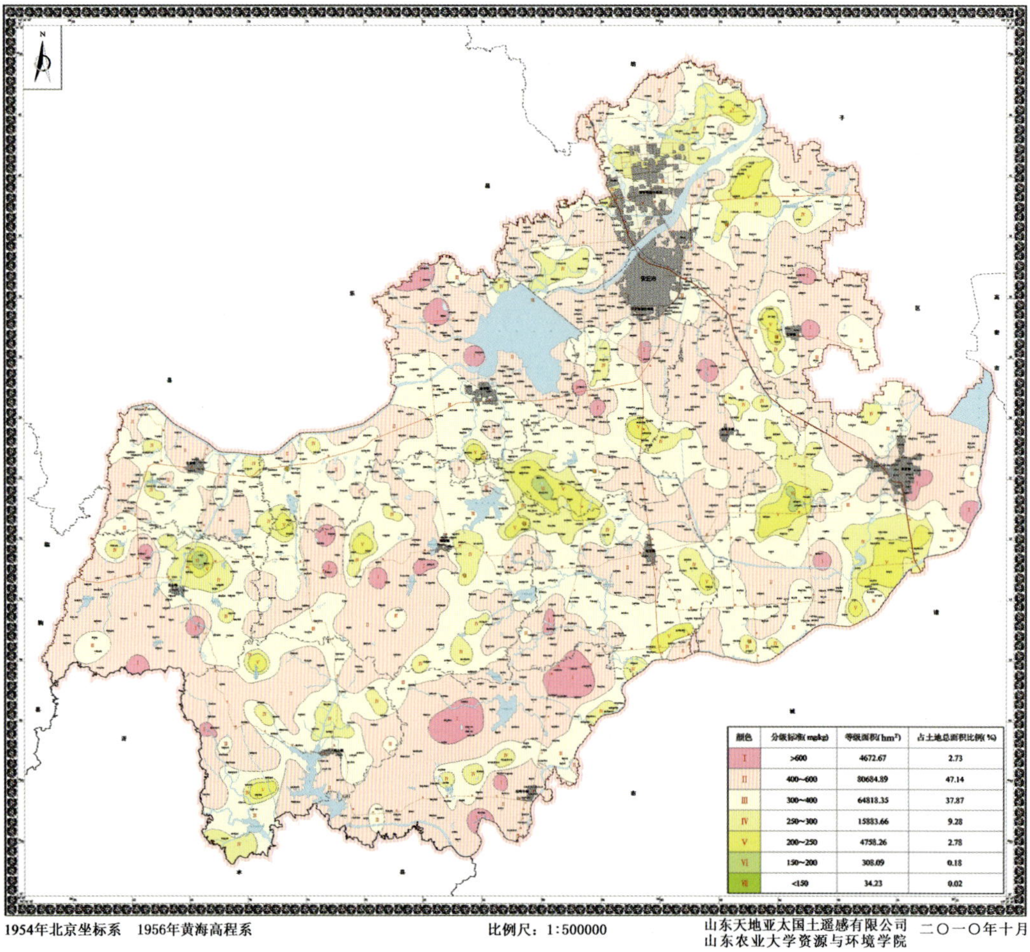


| 颜色 | 分级标准(mg/kg) | 等级面积(hm²) | 占土地总面积比例(%) |
|---|---|---|---|
| Ⅰ | >600 | 4672.67 | 2.73 |
| Ⅱ | 400~600 | 80684.89 | 47.14 |
| Ⅲ | 300~400 | 64818.35 | 37.87 |
| Ⅳ | 250~300 | 15883.66 | 9.28 |
| Ⅴ | 200~250 | 4758.26 | 2.78 |
| Ⅵ | 150~200 | 308.09 | 0.18 |
| Ⅶ | <150 | 34.23 | 0.02 |

1954年北京坐标系　1956年黄海高程系　　比例尺：1∶500000　　山东天地亚太国土遥感有限公司
山东农业大学资源与环境学院　二〇一〇年十月

# 安丘市土壤全氮含量分布图

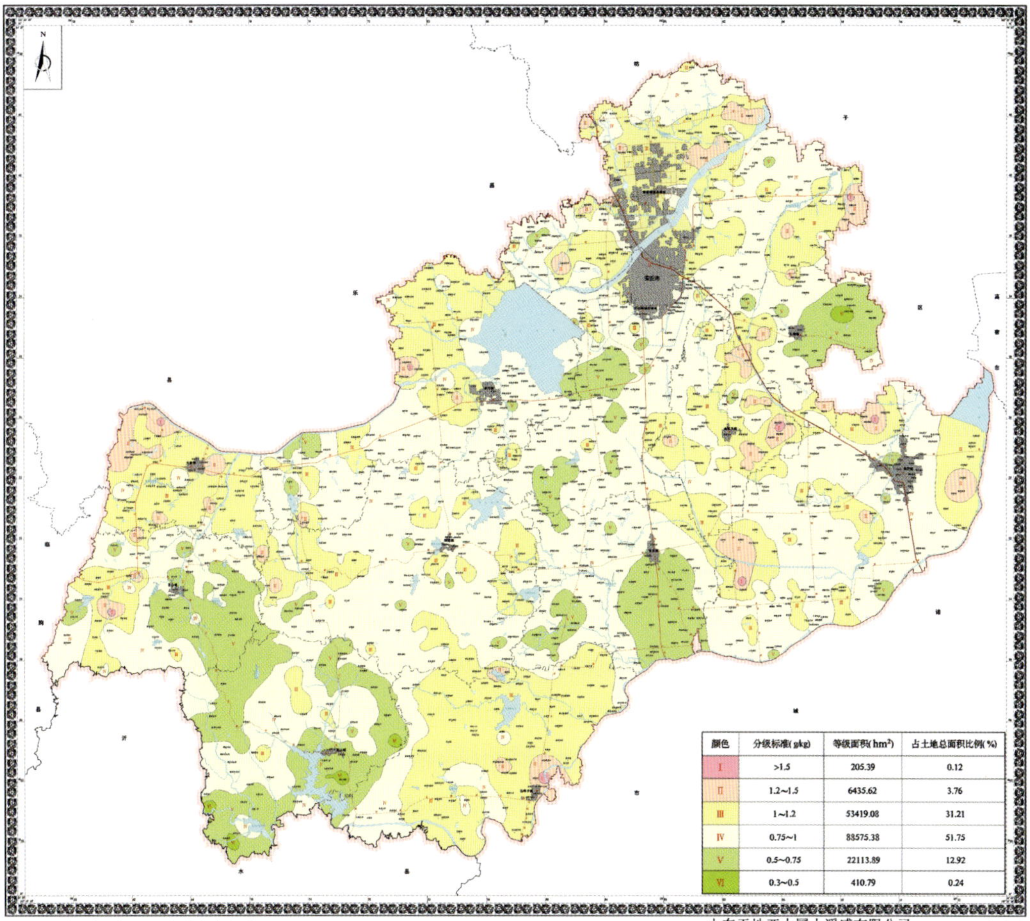

| 颜色 | 分级标准(g/kg) | 等级面积(hm²) | 占土地总面积比例(%) |
|---|---|---|---|
| Ⅰ | >1.5 | 205.39 | 0.12 |
| Ⅱ | 1.2~1.5 | 6435.62 | 3.76 |
| Ⅲ | 1~1.2 | 53419.08 | 31.21 |
| Ⅳ | 0.75~1 | 88575.38 | 51.75 |
| Ⅴ | 0.5~0.75 | 22113.89 | 12.92 |
| Ⅵ | 0.3~0.5 | 410.79 | 0.24 |

1954年北京坐标系　1956年黄海高程系　　比例尺：1:500000

山东天地亚太国土遥感有限公司
山东农业大学资源与环境学院　二〇一〇年十月

# 安丘市土壤速效钾含量分布图

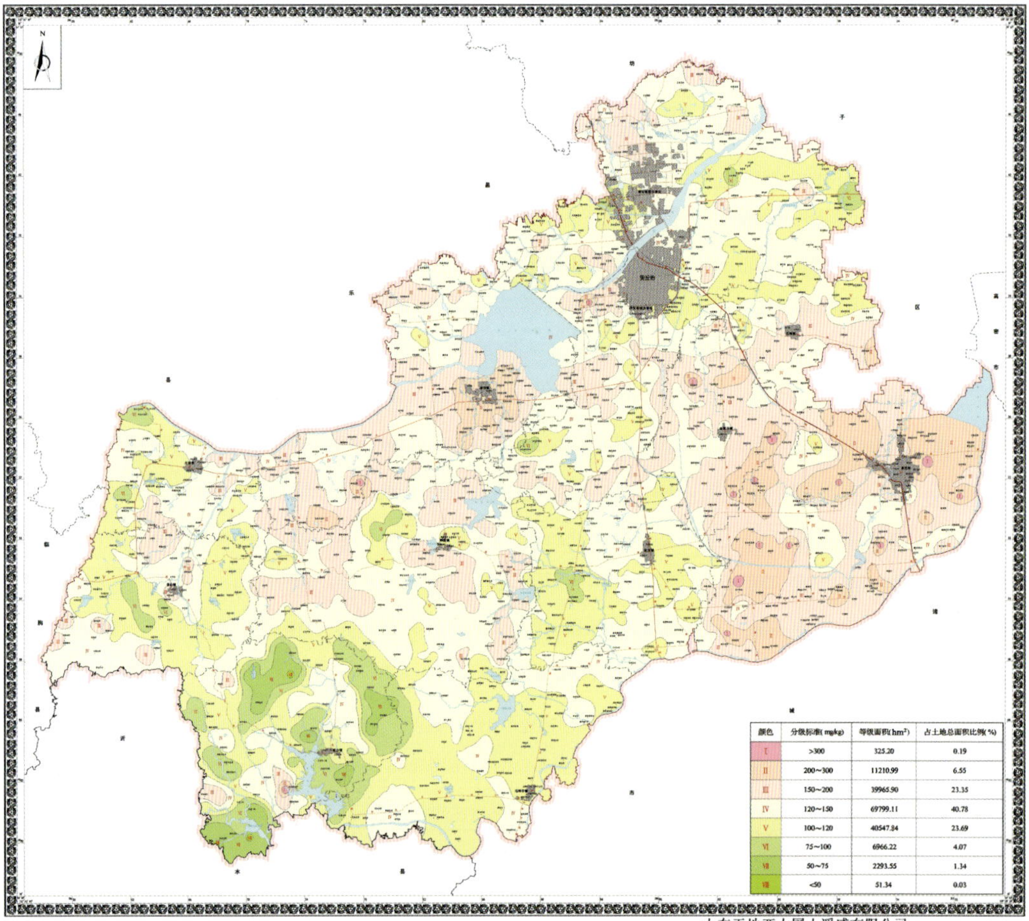

| 颜色 | 分级标准(mg/kg) | 等级面积($hm^2$) | 占土地总面积比例(%) |
|---|---|---|---|
| Ⅰ | >300 | 325.20 | 0.19 |
| Ⅱ | 200~300 | 11210.99 | 6.55 |
| Ⅲ | 150~200 | 39965.90 | 23.35 |
| Ⅳ | 120~150 | 69799.11 | 40.78 |
| Ⅴ | 100~120 | 40547.84 | 23.69 |
| Ⅵ | 75~100 | 6966.22 | 4.07 |
| Ⅶ | 50~75 | 2293.55 | 1.34 |
| Ⅷ | <50 | 51.34 | 0.03 |

1954年北京坐标系　1956年黄海高程系　　比例尺：1:500000　　山东天地亚太国土遥感有限公司　山东农业大学资源与环境学院　二〇一〇年十月

# 安丘市土壤有机质含量分布图

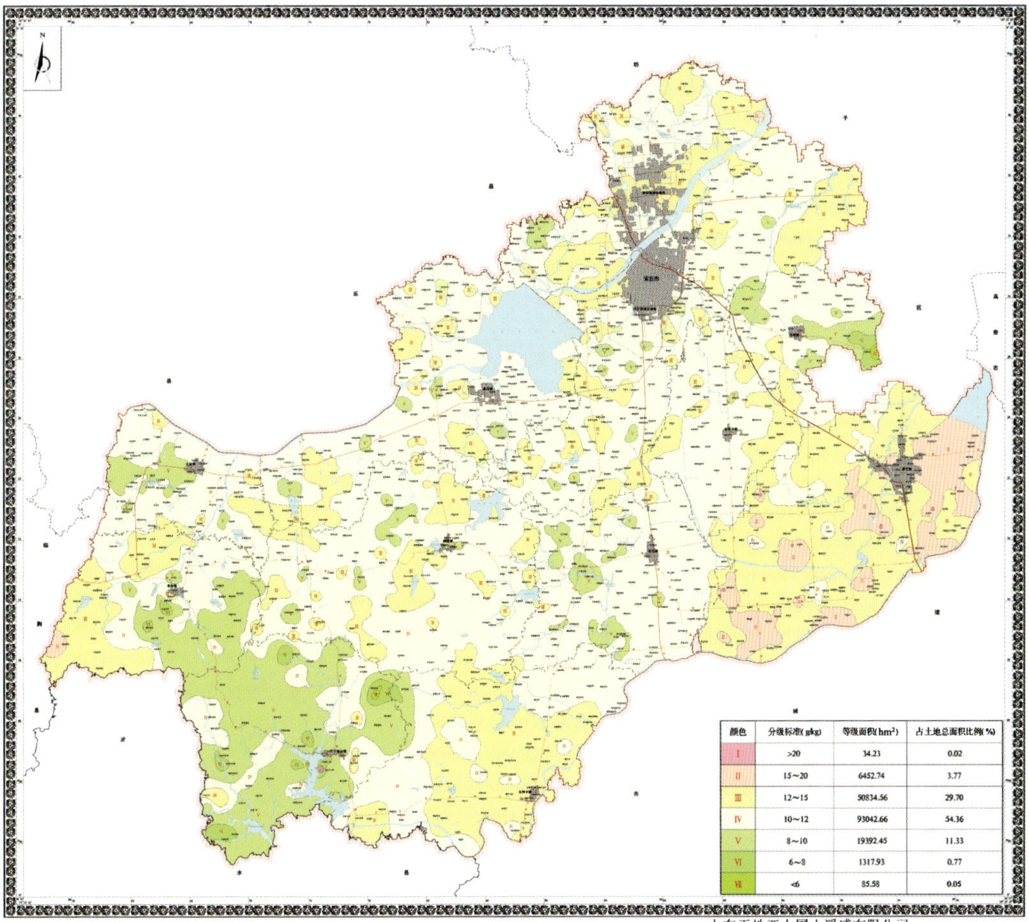


1954年北京坐标系　1956年黄海高程系　　比例尺：1:500000　　山东天地亚太国土遥感有限公司　山东农业大学资源与环境学院　二〇一〇年十月

# 安丘市土壤有效硅含量分布图

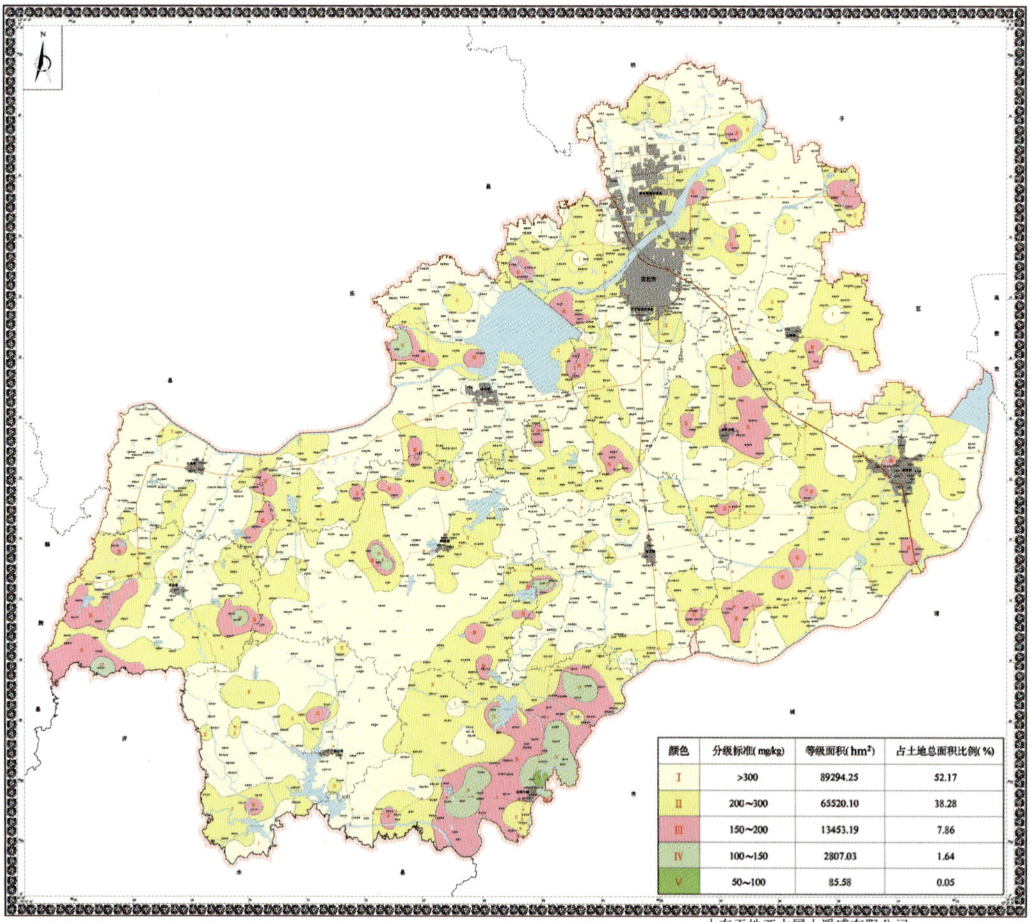


| 颜色 | 分级标准(mg/kg) | 等级面积($hm^2$) | 占土地总面积比例(%) |
|---|---|---|---|
| Ⅰ | >300 | 89294.25 | 52.17 |
| Ⅱ | 200~300 | 65520.10 | 38.28 |
| Ⅲ | 150~200 | 13453.19 | 7.86 |
| Ⅳ | 100~150 | 2807.03 | 1.64 |
| Ⅴ | 50~100 | 85.58 | 0.05 |

1954年北京坐标系　1956年黄海高程系　　比例尺：1:500000　　山东天地亚太国土遥感有限公司　山东农业大学资源与环境学院　二〇一〇年十月

# 安丘市土壤有效磷含量分布图

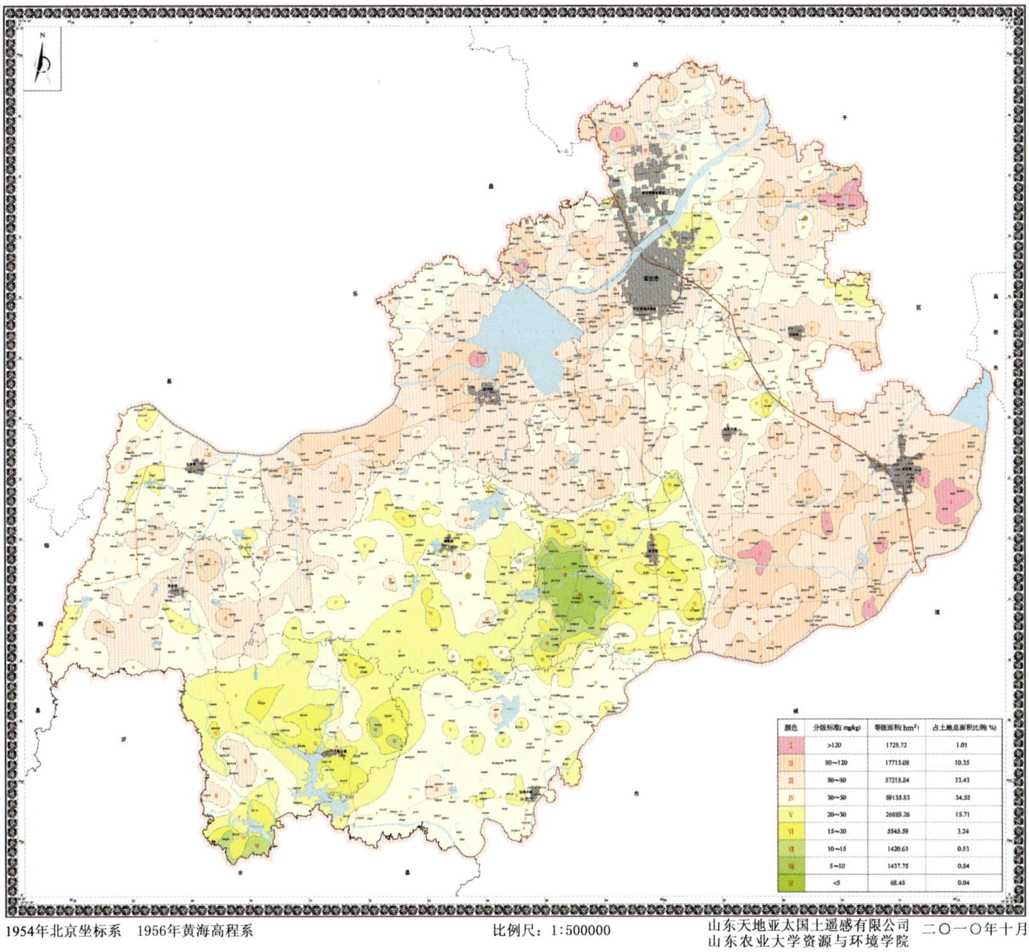

| 颜色 | 分级标准(mg/kg) | 等级面积(hm²) | 占土地总面积比例(%) |
|---|---|---|---|
| Ⅰ | >120 | 1728.72 | 1.01 |
| Ⅱ | 80~120 | 17715.08 | 10.35 |
| Ⅲ | 50~80 | 57218.84 | 33.43 |
| Ⅳ | 30~50 | 59135.83 | 34.55 |
| Ⅴ | 20~30 | 26889.26 | 15.71 |
| Ⅵ | 15~20 | 5545.59 | 3.24 |
| Ⅶ | 10~15 | 1420.63 | 0.83 |
| Ⅷ | 5~10 | 1437.75 | 0.84 |
| Ⅸ | <5 | 68.45 | 0.04 |

1954年北京坐标系　1956年黄海高程系　　比例尺：1:500000　　山东天地亚太国土遥感有限公司　山东农业大学资源与环境学院　二〇一〇年十月

# 安丘市土壤有效硫含量分布图

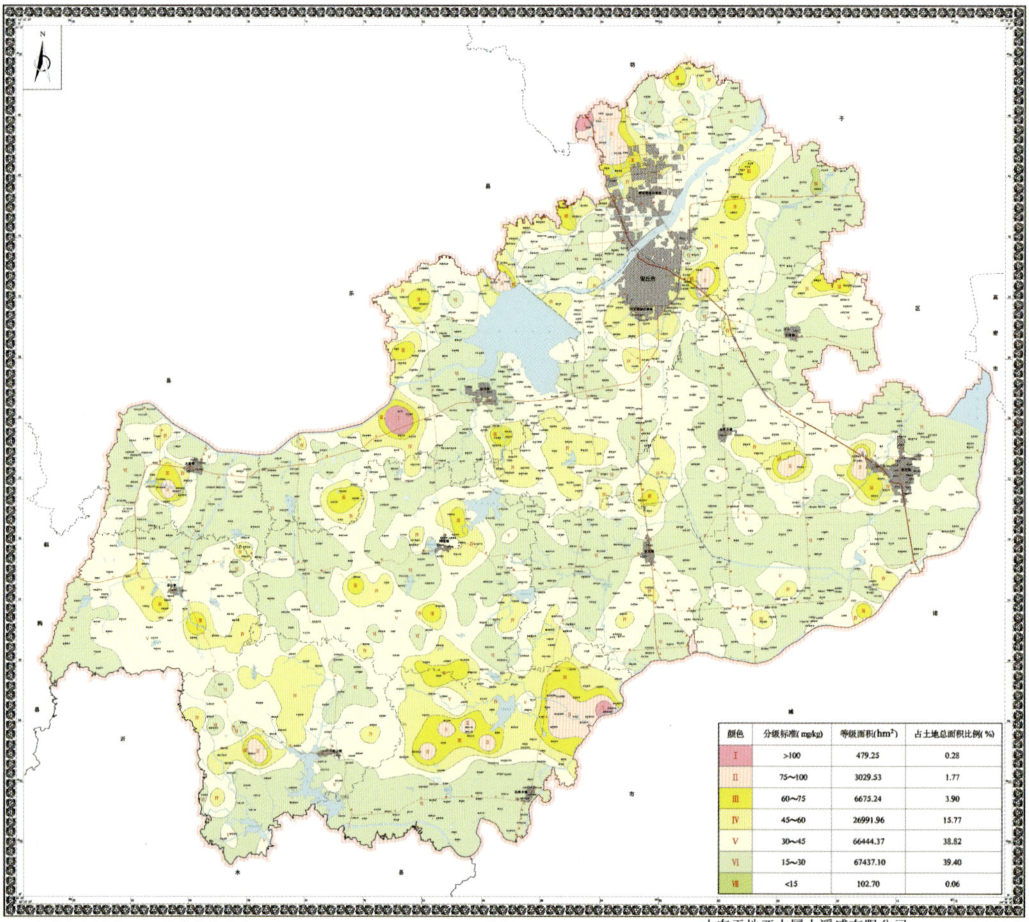


1954年北京坐标系　1956年黄海高程系　　比例尺：1∶500000　　山东天地亚太国土遥感有限公司　山东农业大学资源与环境学院　二〇一〇年十月

# 安丘市土壤有效锰含量分布图

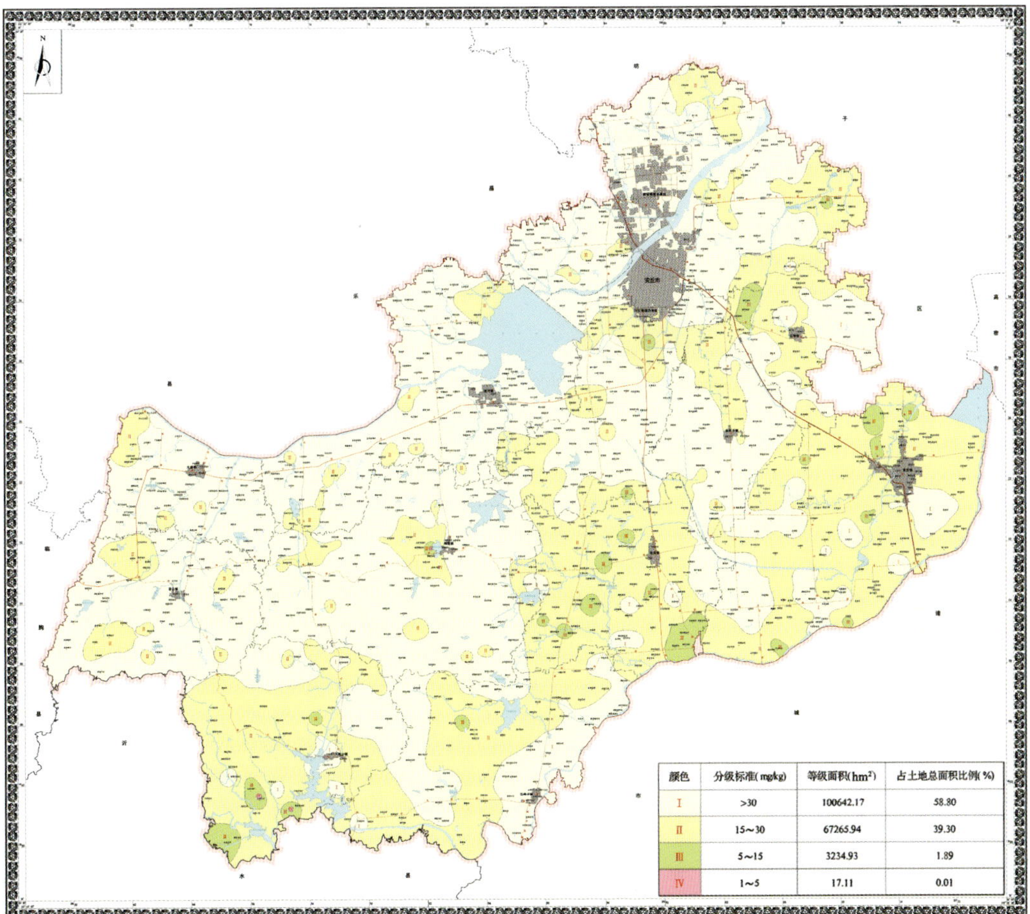

| 颜色 | 分级标准(mg/kg) | 等级面积($hm^2$) | 占土地总面积比例(%) |
|---|---|---|---|
| Ⅰ | >30 | 100642.17 | 58.80 |
| Ⅱ | 15～30 | 67265.94 | 39.30 |
| Ⅲ | 5～15 | 3234.93 | 1.89 |
| Ⅳ | 1～5 | 17.11 | 0.01 |

1954年北京坐标系　1956年黄海高程系　　比例尺：1:500000　　山东天地亚太国土遥感有限公司　山东农业大学资源与环境学院　二〇一〇年十月

# 安丘市土壤有效钼含量分布图

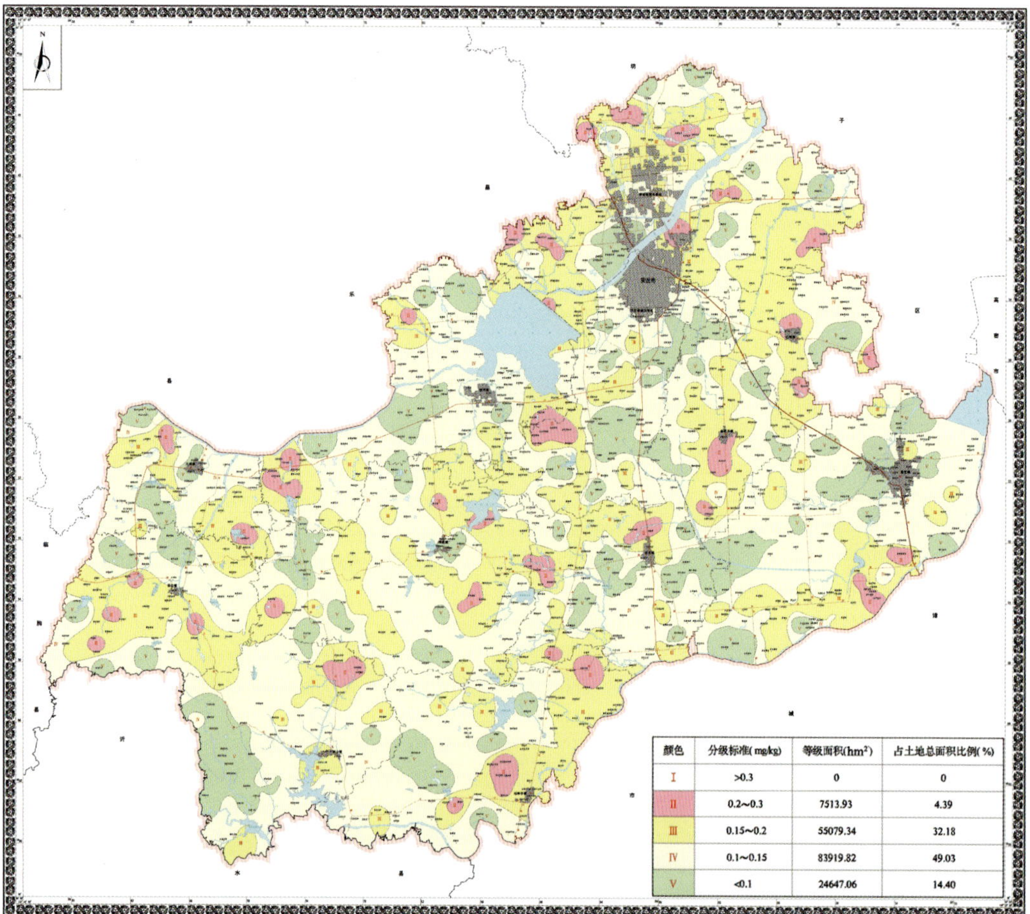

| 颜色 | 分级标准(mg/kg) | 等级面积(hm²) | 占土地总面积比例(%) |
|---|---|---|---|
| Ⅰ | >0.3 | 0 | 0 |
| Ⅱ | 0.2～0.3 | 7513.93 | 4.39 |
| Ⅲ | 0.15～0.2 | 55079.34 | 32.18 |
| Ⅳ | 0.1～0.15 | 83919.82 | 49.03 |
| Ⅴ | <0.1 | 24647.06 | 14.40 |

1954年北京坐标系　1956年黄海高程系　　比例尺：1:500000　　山东天地亚太国土遥感有限公司　山东农业大学资源与环境学院　二〇一〇年十月

# 安丘市土壤有效硼含量分布图

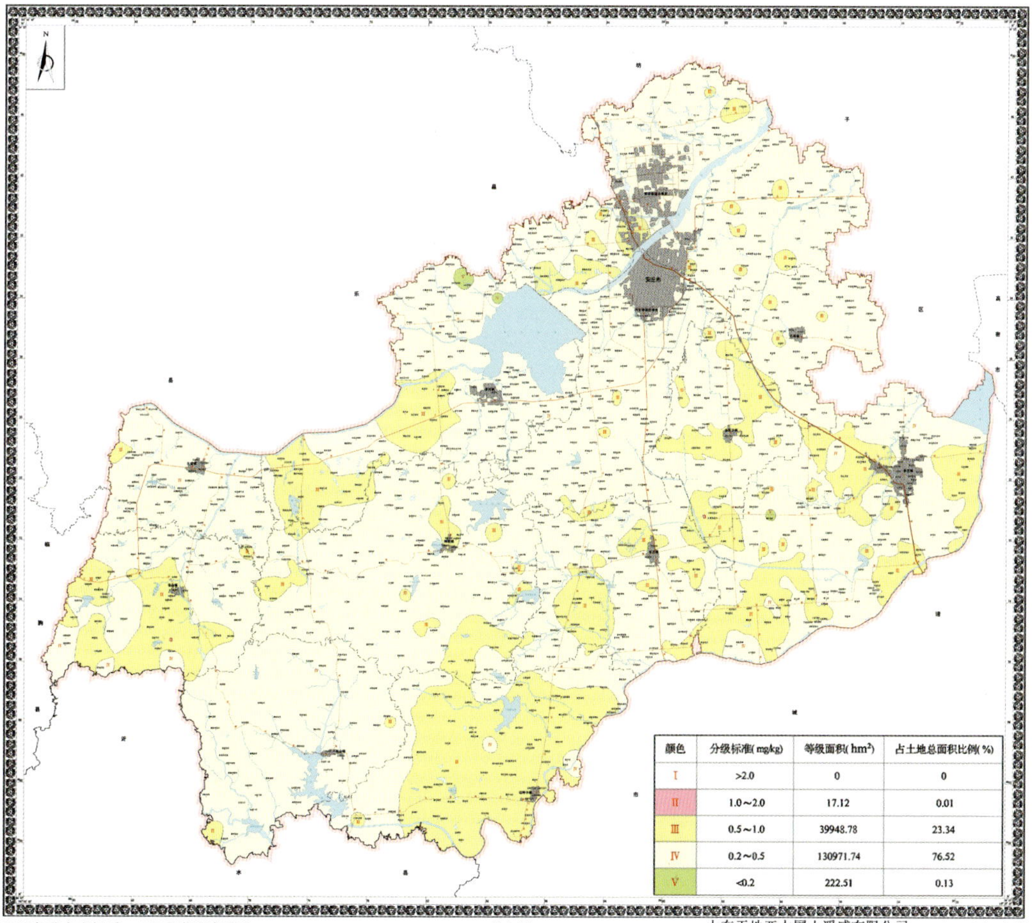

| 颜色 | 分级标准(mg/kg) | 等级面积(hm²) | 占土地总面积比例(%) |
|---|---|---|---|
| Ⅰ | >2.0 | 0 | 0 |
| Ⅱ | 1.0～2.0 | 17.12 | 0.01 |
| Ⅲ | 0.5～1.0 | 39948.78 | 23.34 |
| Ⅳ | 0.2～0.5 | 130971.74 | 76.52 |
| Ⅴ | <0.2 | 222.51 | 0.13 |

1954年北京坐标系　1956年黄海高程系　比例尺：1:500000　山东天地亚太国土遥感有限公司 山东农业大学资源与环境学院　二〇一〇年十月

# 安丘市土壤有效铁含量分布图

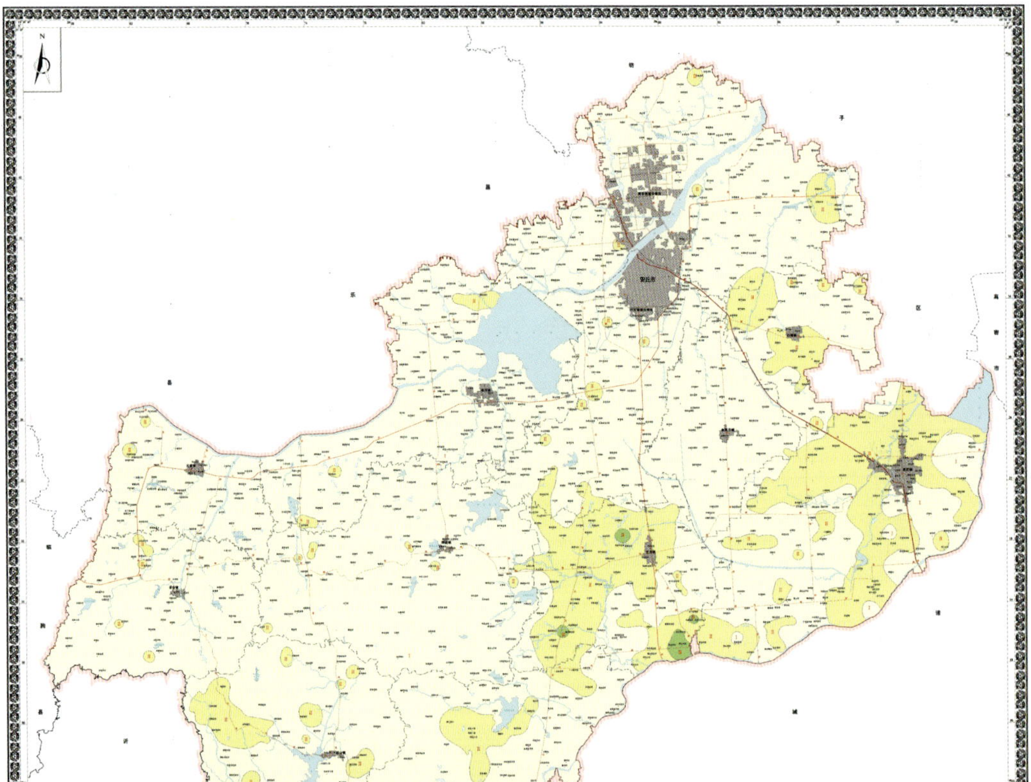


| 颜色 | 分级标准(mg/kg) | 等级面积($hm^2$) | 占土地总面积比例(%) |
|---|---|---|---|
| Ⅰ | >20 | 142028.69 | 82.98 |
| Ⅱ | 10～20 | 28754.91 | 16.80 |
| Ⅲ | 4.5～10 | 376.55 | 0.22 |

1954年北京坐标系　1956年黄海高程系　　比例尺：1:500000　　山东天地亚太国土遥感有限公司　山东农业大学资源与环境学院　二〇一〇年十月

# 安丘市土壤有效铜含量分布图

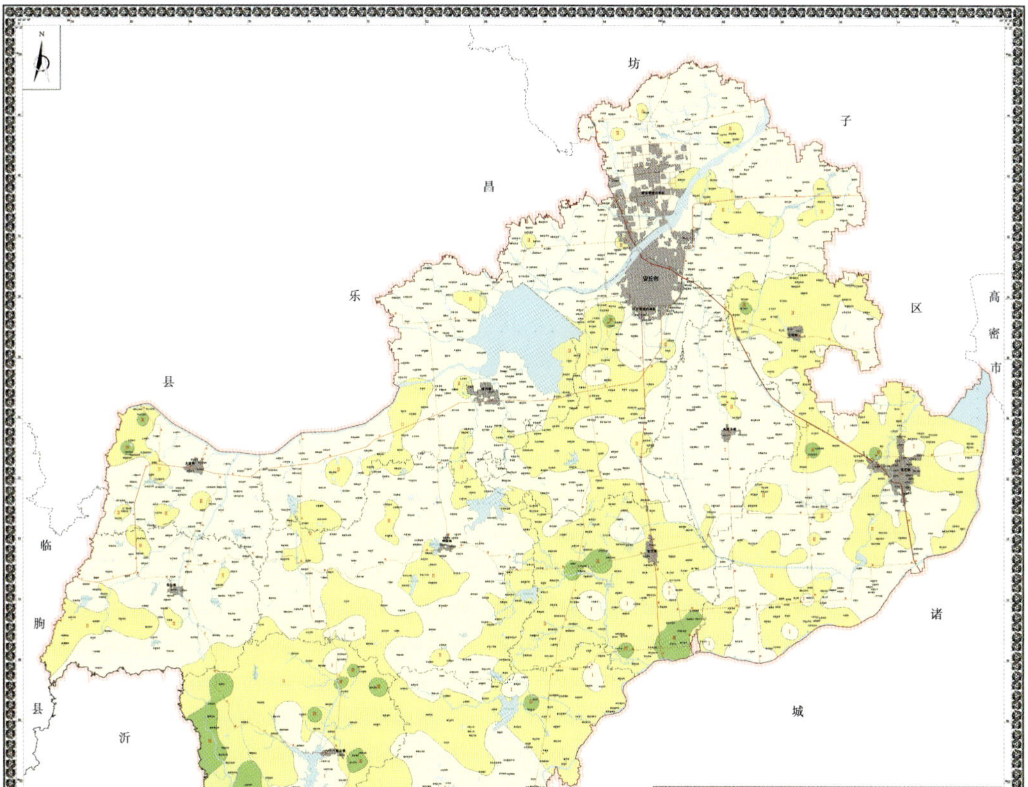


| 颜色 | 分级标准(mg/kg) | 等级面积($hm^2$) | 占土地总面积比例(%) |
|---|---|---|---|
| Ⅰ | >1.8 | 99067.50 | 57.88 |
| Ⅱ | 1.0～1.8 | 67300.17 | 39.32 |
| Ⅲ | 0.2～1.0 | 4792.48 | 2.80 |

1954年北京坐标系　1956年黄海高程系　比例尺：1∶500000

山东天地亚太国土遥感有限公司
山东农业大学资源与环境学院　二〇一〇年十月

# 安丘市土壤有效锌含量分布图

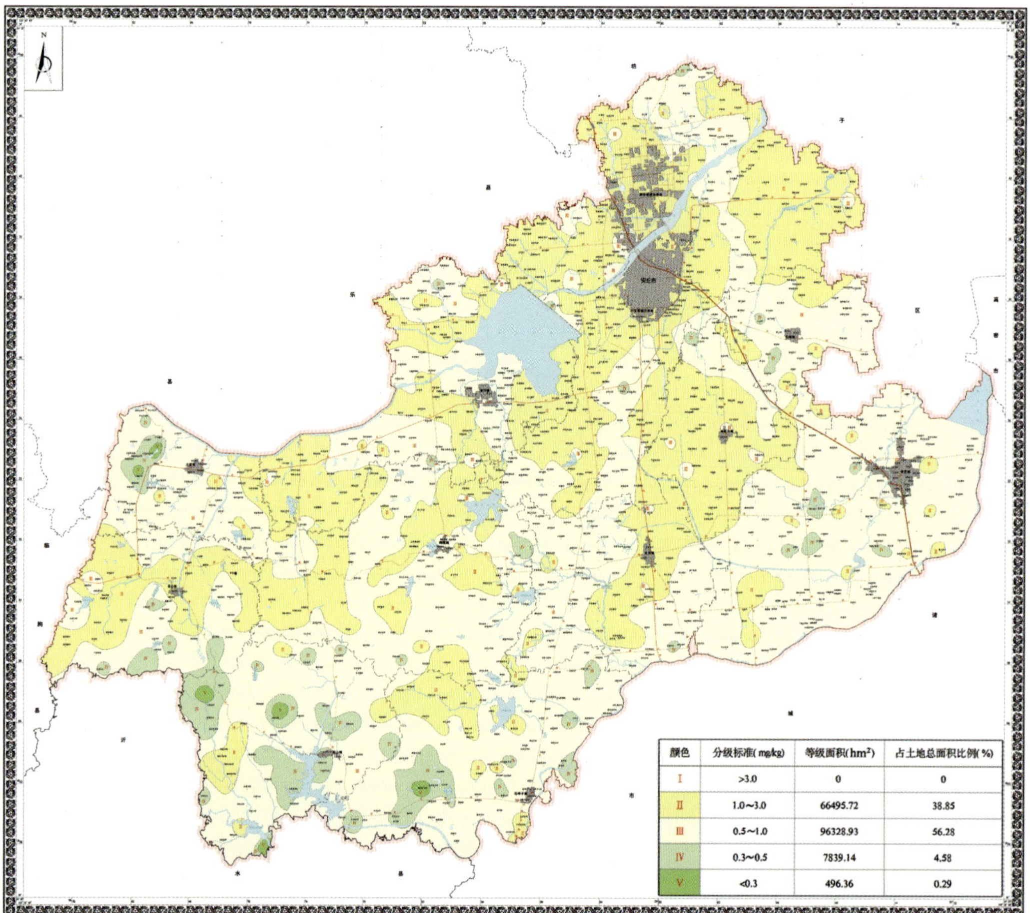

| 颜色 | 分级标准(mg/kg) | 等级面积(hm²) | 占土地总面积比例(%) |
|---|---|---|---|
| Ⅰ | >3.0 | 0 | 0 |
| Ⅱ | 1.0～3.0 | 66495.72 | 38.85 |
| Ⅲ | 0.5～1.0 | 96328.93 | 56.28 |
| Ⅳ | 0.3～0.5 | 7839.14 | 4.58 |
| Ⅴ | <0.3 | 496.36 | 0.29 |

1954年北京坐标系　1956年黄海高程系　　比例尺：1:500000　　山东天地亚太国土遥感有限公司 山东农业大学资源与环境学院　二〇一〇年十月